Matthias Erhardt · Frank Hörner
Ina Katharina Uphoff · Egbert Witte (Hrsg.)

Der skeptische Blick

Matthias Erhardt
Frank Hörner
Ina Katharina Uphoff
Egbert Witte (Hrsg.)

# Der skeptische Blick

Unzeitgemäße Sichtweisen
auf Schule und Bildung

**VS VERLAG**

Bibliografische Information der Deutschen Nationalbibliothek
Die Deutsche Nationalbibliothek verzeichnet diese Publikation in der
Deutschen Nationalbibliografie; detaillierte bibliografische Daten sind im Internet über
<http://dnb.d-nb.de> abrufbar.

1. Auflage 2011

Lektorat: Dorothee Koch

VS Verlag für Sozialwissenschaften ist eine Marke von Springer Fachmedien.
Springer Fachmedien ist Teil der Fachverlagsgruppe Springer Science+Business Media.
www.vs-verlag.de

Umschlaggestaltung: KünkelLopka Medienentwicklung, Heidelberg
Redaktion, Korrektur und Satz: Christina Roth, Bochum
Gedruckt auf säurefreiem und chlorfrei gebleichtem Papier
Printed in Germany

ISBN 978-3-531-17360-3

# Inhalt

## III. Bildlichkeit und Medien

## IV. Bildungsromane und Musealisierung

# Vorwort

In Zeiten der Standardisierung, der Ökonomisierung und der Evaluation steht *der skeptische Blick* nicht hoch im Kurs. Gleichwohl ist er gefragter denn je. Denn im Halbschatten der Verdummung gedeiht der courante Mensch, der sich der Widerständigkeit der Welt entzieht und sich im Klima der Halbbildung dem Zeitgeist unterwirft.

Walter Müller stand und steht seit jeher für den skeptischen Einsatz und das unbequeme Nachfragen ein, wider die schnellen Lösungen, die nur eines sind: bequem. Im Schnittpunkt von Schulpädagogik und Allgemeiner Pädagogik, zwischen historischer und systematischer Forschung sind die Einsätze Walter Müllers verortet, stets dem Sog einer sich praxisnah gerierenden Pädagogik widerstehend, die im Dunkeln der Rezeptologie das Licht der Theorie scheut.

In diesem Licht, im Zeichen von Skepsis und Kritik, sind unter dem Titel „Der skeptische Blick" nunmehr Beiträge im Schulterschluss entstanden, die sich auf das Spektrum des wissenschaftlichen Arbeitens von Walter Müller beziehen und damit Schlaglichter auf ein reiches Œuvre werfen, das eines nicht ist: langweilig, einspurig und gesetzt. Vielmehr verrät es gelegentlich feine Ironie, spielerische Leichtigkeit und engagierte Aufrichtigkeit in der Mehrsprachigkeit.

Diese Mehrsprachigkeit findet ihre Orte: von der Sexualpädagogik, über Grundfragen der transzendentalkritisch-skeptischen Pädagogik bis hin zu Schulwandbildforschung und Lehrplantheorie, weiter über Bildlichkeiten, Bildungsromane hin zu Fragen von Musealisierungen – um wahrhaftig nur eine mögliche Route anzudeuten. Die Reisen hier sind reich, stoßen auf viel Sehens- und Bedenkenswertes und erreichen oft auch die Stille von Davos. Sie zeigt ihr Gesicht im permanenten Hinterfragen von Selbstverständlichkeiten, in der konstruktiven Kritik, in bildungspolitischen Einmischungen und radikaler Schulkritik.

In dem breiten Feld der wissenschaftlichen Auseinandersetzung Walter Müllers zeigen sich seine große Skepsis gegen Einschränkungen des Vernunftgebrauchs, der unnachgiebige Widerstand gegen eine Funktionalisierung von Schule und Universität, gegen die Indienstnahme des Menschen als bloßes Humankapital und die Diskreditierung des bildungsphilosophischen Sprachspieles.

Seine wissenschaftliche Haltung war stets unprätentiös, und sie war ihm wert, Studierende freizulassen in die Selbstständigkeit im Denken, diese bedingungslos zu fördern und zu stärken, kurzum: Studierende im Nichtdenken zu stören, ihre Selbstverständlichkeiten zu hindern. Dieser Kern der Hochschuldidaktik trägt reiche Früchte, so dass die Freude an der Lehrtätigkeit bis heute nicht versiegt.

Das vorliegende liber amicorum, bei dem leider nicht alle berücksichtigt werden konnten, die diese Festgabe durch einen Beitrag bereichert hätten, ist nicht nur ein Zeichen der Wertschätzung Walter Müllers, sondern mit ihm ist auch die Hoffnung verbunden, Störenfriede versammelt zu haben, die die Verdummung der Menschen unterbrechen, zum Nachdenken anregen und zum Weiterdenken auffordern.

Gedankt sei an dieser Stelle Christina Roth für ihre konstruktive und detaillierte Redaktion und Korrektur der Beiträge.

Würzburg, im Dezember 2010
*Die Herausgeber*

# I. Skepsis / Theorie

# Der skeptische Blick der Psychoanalyse
# Ein nicht ausschließlich offener Brief

*Helmwart Hierdeis*

> „Prüfet alles. Das Gute behaltet!"
> *Paulus* (1 Thess 5, 21)

**Lieber Walter,**

Du siehst, ich schreibe Dir einen ‚offenen Brief'. Wie andere dieser Art hat er einen bestimmten Adressaten (nämlich Dich) und einen Adressatenkreis (den ich nur ahnen kann). Von den üblichen ‚offenen Briefen' unterscheidet ihn, dass er keine Anklage und keine Rechtfertigung enthält, die ich für so wichtig hielte, dass auch andere davon Kenntnis haben müssten. Im Gegenteil: Ich möchte einige Deiner Gedanken zur Möglichkeit oder Notwendigkeit der Skepsis in der Pädagogik aufgreifen und sie vor dem Hintergrund der Psychoanalyse abwägen. Die Briefform wähle ich, weil sie am ehesten zu unseren sonstigen Gesprächen passt, in denen wir nie vergessen, dass die Sache von unseren Personen nicht zu trennen ist. Außerdem verlangt der Brief keine Systematik. Die Assoziationen dürfen sich einmal hierhin, einmal dorthin ausbreiten, und der Schluss muss kein Resümee enthalten, sondern kann auch in der Ankündigung einer Fortsetzung bestehen.

Deine Mitarbeiterinnen und Mitarbeiter hatten mit Blick auf Deine persönliche Theoriegeschichte die Idee, dass Du zu Deinem 65. Geburtstag mit Variationen zum Thema „Skepsis" geehrt werden solltest. Nun ist Skepsis nicht gerade das Augenfälligste an Dir. Mir zumindest kommt in der Erinnerung zunächst anderes in den Sinn: Spontaneität, Liebenswürdigkeit, Humor, Lust am Spiel, Offenheit, Zugewandtheit, Klugheit, Neugier, die Fähigkeit, zuzuhören und vor dem Urteil nachzudenken – lauter Eigenschaften, die den Umgang mit Dir angenehm und anregend machen. Um den Skeptiker hinter alledem zu entdecken, muss man mit Dir etwas länger ins Gespräch kommen: über „Gott und die Welt", über „das Leben", über das, wen oder was Du liebst oder ablehnst – und natürlich über „die Wissenschaft", besonders über „unsere Wissenschaft", die Pädagogik. Oder man muss lesen, was Du geschrieben hast.

Vor mehr als zwanzig Jahren bist Du in einer Festschrift für Wolfgang Fischer der Frage nachgegangen, ob „Skepsis eine pädagogische Lebensform" sei.[1] Wer Dich näher kannte und wer wusste, in welcher Himmelsrichtung Deine theoretischen Leitsterne zu suchen waren, konnte diese Frage nur für rhetorisch halten. Du hast Dich damals nicht lange mit der historischen und systematischen Einbettung der Skepsis in das pädagogische Denken aufgehalten; die war bereits durch Wolfgang Fischer[2], Dieter-Jürgen Löwisch, Jörg Ruhloff und Peter Vogel[3] erfolgt. Auch um Immanuel Kants Kritikverständnis[4], das ja mehr als der klassische Skeptizismus die „Transzendentalkritik" (als Mutter des pädagogischen Skeptizismus) in der Pädagogik genährt hat, hast Du Dich nicht gekümmert. Dir ging es seinerzeit nicht um eine theoretische Weiterführung oder um terminologische Verfeinerungen, sondern Dich ärgerte die Skepsis-Feindlichkeit einiger Pädagogen der Gegenwart. Unter ihnen war Dir besonders Wolfgang Brezinka aufgefallen.[5] Er – beunruhigt durch eine von ihm schon früh diagnostizierte „Wertunsicherheit" der Gesellschaft[6] und aufgeregt fixiert auf ein paar rauschhafte Übertreibungen von Pädagogen der „Neuen Linken"[7] – konnte oder wollte offenbar nicht verstehen, dass Erzieher, die sich dem Skeptizismus verschrieben haben, in ihrer pädagogischen Praxis nicht zwangsläufig indifferent sind und damit die Entwicklung der Heranwachsenden ignorieren.

Du hast damals darauf hingewiesen, dass, wer so großen Wert auf die Vermittlung von absoluten Gewissheiten legt und im Erlernen des Zweifels im Kindes- und Jugendalter schon den Untergang von Wertordnung und Gesellschaft wittert, die „pädagogische Fragestellung" verengt. Er sieht nämlich nur die Alternative, „entweder wenigstens ein Mindestmaß an definitivem Wissen und ver-

---

1   Walter Müller: Skepsis – eine pädagogische Lebensform? In: Dieter-Jürgen Löwisch/Jörg Ruhloff/Peter Vogel (Hg.): Pädagogische Skepsis. Wolfgang Fischer zum einundsechzigsten Geburtstag. Sankt Augustin 1988, 115–126.

2   Vgl. Wolfgang Fischer: Unterwegs zu einer skeptisch-transzendentalkritischen Pädagogik. Ausgewählte Aufsätze 1979–1988. Sankt Augustin 1989.

3   Vgl. Dieter-Jürgen Löwisch/Jörg Ruhloff/Peter Vogel (Hg.): Pädagogische Skepsis. Wolfgang Fischer zum einundsechzigsten Geburtstag. Sankt Augustin 1988; siehe auch die vertiefend systematisierende Arbeit von Christian Schönherr: Skepsis als Bildung. Skeptisch-transzendentalkritische Pädagogik und die Frage nach ihrer „Konstruktivität". Würzburg 2003; sowie insbesondere die Beiträge von Norbert Meder, Jörg Ruhloff, Lothar Wigger, Andreas Dörpinghaus, Peter Vogel und Andreas Poenitsch in: Norbert Meder (Hg.): Zwischen Gleichgültigkeit und Gewissheit. Herkunft und Wege pädagogischer Skepsis. Beiträge zum Werk Wolfgang Fischers. Würzburg 2003.

4   Vgl. Immanuel Kant: Kritik der reinen Vernunft. In: Kants Gesammelte Schriften. III. Band. Berlin/Leipzig 1900–1955.

5   Müller, Skepsis – eine pädagogische Lebensform?, a. a. O., 115 ff.

6   Wolfgang Brezinka: Erziehung in einer wertunsicheren Gesellschaft. München/Basel 1986.

7   Vgl. Wolfgang Brezinka: Die Pädagogik der Neuen Linken. Analyse und Kritik. München [6]1981.

bindlichen Werten zu vermitteln oder die Heranwachsenden der völligen Beliebigkeit und Unverbindlichkeit auszuliefern."[8] Dahinter steckte für Dich eine
einseitige und verzerrte Auffassung von Skepsis. Mit Odo Marquards „Abschied
vom Prinzipiellen"[9] und Wolfgang Fischers „Transzendentalkritik"[10] im Hinterkopf hast Du die blinden Flecken der Skepsisgegner markiert: „Übersehen wird
dabei, daß eine skeptische Haltung nicht bedeutet, alles und jedes ständig in
Zweifel ziehen zu *müssen,* sondern den Absolutheitsanspruch von allem und
jedem von Fall zu Fall argumentativ bezweifeln zu *können*; übersehen wird, daß
Skepsis nicht das Ziel verfolgt, alle metaphysischen Fragen des Lebens zu tilgen,
sondern sie vor definitiven Lösungen zu retten; daß die Anerkennung verbind-
licher Werte und Normen, der Glaube an die Gültigkeit gut fundierter Erkenntnis
und die Bewährtheit bestimmter Sprachstile mit einer skeptischen Lebensform
durchaus vereinbar sind, solange deren Vorläufigkeit und begrenzte Gültigkeit
nicht zugunsten irgendeines Exklusivitäts- und Letztheitsstandpunkts aufgehoben werden."[11]

Für Dich war (und ist) also die „skeptische Lebensform" genau das „Gegenteil von Indifferentismus", nämlich eine „relativ dauerhafte, handlungsbestim-
mende, alltägliche Grundhaltung oder [...] durch Regeln geleitete alltägliche
Sprachpraxis von Erziehern und/oder Zöglingen."[12] Mit dieser Festlegung konn-
test Du Dich auch auf Theodor Ballauffs sokratisches Credo stützen: „Aber daß
alles zu bedenken und jedes Wort, jede Tat zu überlegen und zu erwägen sei, das
gilt es allerdings zu erlernen, gegen alle Bedenken- und Gedankenlosigkeit."[13]

Wir haben uns in der Vergangenheit mehrfach gemeinsam über Brezinkas geradezu militante Skepsisfeindlichkeit gewundert. Sie erschien uns umso merkwür-
diger, da er es doch gewesen war, der schon vor fünfzig Jahren den Dogmatismus der konfessionellen Pädagogik kritiert und das vernünftige Abwägen im
Rahmen seiner „Philosophie der Erziehung"[14] ausführlich gewürdigt hatte. Hat er
irgendwann davor gewarnt, dass Erzieher, die dieses Abwägen in Erziehung und
Unterricht praktizieren, standpunktlos werden und die Jugend unfähig für ethische Entscheidungen machen können? Mir ist keine einschlägige Stelle bekannt.
Wenn ich außerdem daran denke, dass er sich dem Kritischen Rationalismus

---

8    Müller, Skepsis – eine pädagogische Lebensform?, a. a. O., 120.
9    Odo Marquard: Abschied vom Prinzipiellen. Stuttgart 1987.
10   Fischer, Unterwegs zu einer skeptisch-transzendentalkritischen Pädagogik, a. a. O.
11   Müller: Skepsis – eine pädagogische Lebensform?, a. a. O., 121 (Hervorhebung im Original).
12   Ebd., 115.
13   Theodor Ballauff: Skeptische Didaktik. Heidelberg 1970. Zit. ebd., 121.
14   Wolfgang Brezinka: Metatheorie der Erziehung. Eine Einführung in die Grundlagen der Erzie-
     hungswissenschaft, der Philosophie der Erziehung und der Praktischen Pädagogik. München
     ⁴1974.

verpflichtet sah, der die radikale theoretische Selbstkritik zum obersten Gebot gemacht hatte,[15] dann frage ich mich, mit welch selektivem Blick ihr pädagogischer Adept die Gewährsleute seines wissenschaftstheoretischen Konzepts, vor allem Karl Popper und Hans Albert, rezipiert haben muss.

Oder habe ich da etwas grundsätzlich missverstanden? Sind pädagogische Wissenschaft und pädagogischer Alltag nicht nur graduell, sondern radikal getrennte Welten? Gibt es unterschiedliche Legitimationen und Reichweiten für das Rationale: eine für ‚die da oben‘, denen zuzutrauen ist, dass ihr kritisches Denken keinen Schaden anrichtet, und eine für ‚die da unten‘, die der Lenkung bedürfen, weil das Denken sie sonst unsicher und für die Gesellschaft untauglich macht? Erinnert Dich das nicht auch an den Religionsunterricht unserer Kindheit und Jugend mit seinen Frageverboten und Vertröstungen auf spätere Einsicht, deren hierarchieerhaltenden Sinn wir erst viel später erkannten? „Viel Ordnung aus wenig Gesetz; viel Sicherheit aus einem Minimum an Denken", hat Rupert Riedl das Prinzip genannt, das der evolutionären Hierarchiebildung zugrunde liegt.[16] Die Angst des Dogmatikers vor dem Skeptizismus ist, so vermute ich, die Angst davor, die eigenen Glaubensentscheidungen begründen zu müssen und damit die Definitionshoheit zu verlieren, mitsamt der an sie gekoppelten sozialen Macht. – Aber wieso bin ich jetzt bei Brezinka hängen geblieben, wo ich mir doch nur Deine skeptische Position klar machen wollte!

Ein paar Jahre später hast Du im Zusammenhang mit Deiner Habilitationsschrift „Skeptische Sexualpädagogik"[17] die „Skepsis" in Anlehnung an Wolfgang Fischer auf eine „methodische Maxime" zugespitzt, deren „Intention [...] sich nicht in erster Linie darauf [richtet], die Grundprobleme einer Lösung näher zu bringen, sondern gleichsam das ‚Problematische‘ an solchen Grundproblemen möglichst umfassend, differenziert und gründlich vor Augen zu führen und dadurch durchschaubarer als bisher werden zu lassen. Erst in zweiter Linie interessiert sie sich für mögliche ‚bessere‘ Lösungen."[18] Dieser Umschreibung hast Du ein paar Hinweise zur Methode hinzugefügt: Es gehe um die „Aufdeckung unreflektierter theoretischer Prämissen und fragwürdiger Aussagen über die Wirklichkeit", um den „Nachweis logischer Widersprüche", um die „Ermittlung sprachlicher Unklarheiten und Ungereimtheiten" und um den „Hinweis auf mögliche ungewollte

15 Vgl. ebd.
16 Rupert Riedl: Die Ordnung des Lebendigen. Systembedingungen der Evolution. München/Zürich 1990, 246.
17 Walter Müller: Skeptische Sexualpädagogik. Möglichkeiten und Grenzen schulischer Sexualerziehung. Weinheim 1992.
18 Ebd., 13.

Nebenwirkungen und auf unbedacht gebliebene Konsequenzen".[19] Die Verfahren dazu lägen in den Methodologien der Hermeneutik, der Empirie und der Transzendentalkritik bereits vor.[20]

Damit hattest Du zweifellos recht. Aber wenn das der ganze Ertrag sein soll, dann frage ich mich, warum Ihr, nämlich Deine Mitskeptiker und Du, darauf verfallen seid, „Skepsis" an die Stelle von „Kritik" zu setzen. Nachdem ich in Deinen Texten keine Antwort darauf gefunden habe, bin ich der Argumentation von Wolfgang Fischer nachgegangen, auf den Du Dich vorrangig beziehst, und ihr habe ich entnommen, dass er, aus Irritation, Verwunderung oder Ärger über manche Objektivitätsansprüche der Wissenschaft, den Skepsis-Begriff Immanuel Kants reanimieren und ihn gegen theoretische Scheingewissheiten der Gegenwart in Stellung bringen wollte[21]. Aber was erfasst eine ‚Skepsis' Kantscher Provenienz schärfer? Inwieweit ist der Begriff methodologisch fruchtbarer als die ‚Kritik' in ihren Funktionen Metakritik, Methodenkritik, Theoriekritik, Sprachkritik, Ideologiekritik, Wissenskritik, Verwertungskritik? Wenn ich Fischer richtig verstanden habe, so hat für ihn alle wissenschaftliche Kritik ihren Ursprung in einer „Skepsis" genannten fundamentalen Prüfungsbereitschaft gegenüber angenommenen oder behaupteten Prinzipien, Gültigkeiten, Vernünftigkeiten und Dogmen[22]. Sie nach Kant nochmals ins Spiel zu bringen, schien ihm sinnvoll, weil ‚Kritik' für ihn im wissenschaftlichen Diskurs durch die eben abgeflauten Kontroversen zwischen dem Kritischen Rationalismus und der Kritischen Theorie ihre begriffliche Schärfe verloren hatte und im Alltagsdiskurs der „Neuen Linken" und ihrer Kontrahenten vielfach beliebig geworden war[23]. Auch wenn sich die Verwendung von „Kritik" nicht vermeiden ließ, so blieb der Begriff offenbar vor allem der „Transzendentalkritik" und ihren wichtigsten Analyseobjekten vorbehalten: Letztheitsansprüchen, behaupteten Lösungskapazitäten des Wissens und unplausiblem Argumentieren[24]. Aber diese Kritik ist heute, über die „Transzendentalkritik" hinaus, längst wissenschaftstheoretisches Allgemeingut. Ob die Wissenschaft allerdings danach handelt, steht auf einem anderen Blatt. – Sollte es übrigens Fischers Skepsis gegen den eigenen Skepsis-Begriff

---

19    Ebd.
20    Ebd., 14.
21    Vgl. Wolfgang Fischer: Die skeptische Methode kann pädagogisch nicht entbehrt werden. In: ders., Unterwegs zu einer skeptisch-transzendentalkritischen Pädagogik, a. a. O., 43–62.
22    Vgl. Wolfgang Fischer: Über das Kritische einer transzendentalkritischen Pädagogik. In: ders., Unterwegs zu einer skeptisch-transzendentalkritischen Pädagogik, a. a. O., 69, 71.
23    Ebd., 63.
24    Ebd., 80.

gewesen sein, die ihn sagen ließ, letztlich sei auch die skeptische Methode „kein zeitloses Prinzip"[25]? Nur: wer hätte das ernsthaft behaupten wollen?

Das also ist, in groben Zügen, die Metatheorie hinter Deiner „Skepsis als Lebensform" und hinter Deiner „Skeptischen Sexualpädagogik". Methodologisch bringt sie nichts Neues, aber sie macht, vor allem in ihrer ideologiekritischen Funktion, sensibel und misstrauisch gegen alle Standpunkte, die keine weiteren Fragen mehr zulassen. Sie begegnen uns heute weniger im metaphysischen als im ökonomisch-technologischen Gewand, selbst in der Pädagogik, wenn Du Dir die aktuelle Bildungsdiskussion ansiehst[26].

Weil Du immer noch und vielleicht stärker als je zuvor davon überzeugt bist, dass, um mit Wolfgang Fischer zu sprechen, „die skeptische Methode pädagogisch nicht entbehrt werden [kann]"[27], hast Du vor kurzem dazu noch einmal Stellung bezogen, diesmal in Form einer polemischen Fiktion[28]: Ein Vertreter des pädagogischen Skeptizismus wird vor eine Evaluierungskommission zitiert. Dort soll er sich zu den altbekannten Vorwürfen des Indifferentismus, der Wertzersetzung und des fehlenden Nutzens äußern. Das gibt ihm seinerseits die Chance, seinen ganzen Ärger über das Geschwätz vom Positionieren, über die Behauptung sicheren Wissens, den Zahlenfetischismus, dogmatische Schwärmerei und ein funktionales Bildungsverständnis loszuwerden – fundiert und schlagfertig, aber, wie mir scheint, ohne die Hoffnung, bei diesem Quasi-Gericht, dem Du übrigens eine erstaunliche Belesenheit unterstellst, irgend eine Einsicht wecken zu können.

Skepsis als spöttische Besserwisserei? Als schmollendes Beharren? Als gelehrtes Nachmaulen? Als resignierte Geste? Ich weiß: das wäre Dir als Wissenschaftler und Pädagoge zu wenig. Mir auch; denn für mich ist unbestreitbar, dass die Wissenschaft nur durch die prinzipiellen Zweifel an der Angemessenheit von Fragen, Wahrnehmung, Erkenntnis und Sprache ihre herausragende Rolle in der kulturellen Evolution spielen konnte und weiterhin spielen kann. Ebenso unbezweifelbar ist, dass die Erziehung etwas davon in den nachwachsenden Generationen verankern muss, wenn ihr daran liegt, dass „Kinder denken lernen", was

---

25  Fischer, Die skeptische Methode,, a. a. O., 62.

26  Vgl. Helmwart Hierdeis: Das Unbehagen in der Bildungskultur. In: Dieter Korczak (Hg.): Spurensuche. Kulturwissenschaftliche Interpretationen und gesellschaftliche Rezeption. Kröning 2010, 171–190.

27  Fischer, Die skeptische Methode, a. a. O., 62.

28  Walter Müller. Vor der Kommission. Zur Evaluation eines skeptischen Pädagogen. In: Agnieszka Dziebicka/Josef Bakic/Wolfgang Horvath (Hg.): In bester Gesellschaft. Einführung in pädagogische Klassiker der Pädagogik von Diogenes bis Baudrillard. Wien 2008, 202–208.

nach Kant heißt, dass sie zu den „Prinzipien" ihres Handelns vordringen[29]. Voraussetzung dafür ist, dass der Pädagoge selbst die Resultate seiner Skepsis „als revidierbare Ausgangspunkte, keineswegs als unbezweifelbare Prämissen [...], sondern als Hilfe bei einer illusionslosen, undogmatischen, relativ enttäuschungsfesten, selbstkritischen Praxis"[30] begreift. Der Rest ist Didaktik – bis in die Universität hinein.

Vielleicht bist Du auch vor Jahresfrist in der Zeitschrift des Deutschen Hochschulverbands auf die Aussage von Reinhart Kosellek gestoßen, es sei die Hauptaufgabe des Historikers, „zunächst einmal davon auszugehen, dass immer alles anders war als gesagt. Und diese Regel trifft fast immer zu. Die zweite Regel ist, dass immer alles anders ist als gedacht. Und wenn man diese Regeln kennt, dann hat man was gelernt. Dann muss man nämlich fragen, wie es dahinter eigentlich aussieht, wenn es anders ist als gesagt und anders ist als gedacht. Diejenigen, die bei mir überhaupt was gelernt haben, haben das hoffentlich mitgenommen: [...] die professionelle Skepsis, die das Selbstbewusstsein mit Selbstkritik verbinden kann."[31] Auch wenn es bei Kosellek nicht um Dogmen, sondern um Fehleinschätzungen geht, so wirst Du mir doch zustimmen, dass er zu Recht eine grundsätzliche Vorsicht anspricht hinsichtlich dessen, was wir über die Welt zu wissen glauben und wie wir über sie reden. Vielleicht gibst Du mir aber auch recht, wenn ich verallgemeinere und sage, dass alles, was ich soeben mit Bezug auf Deine oder Eure theoretische Grundlegung über Skepsis, Kritik, Zweifel und Vorsicht geschrieben habe, sich ausschließlich auf Irrtumsmöglichkeiten bezieht, die in der kognitiven und instrumentellen Unschärfe unserer Erkenntnis und in der Unzulänglichkeit unserer Sprache liegen. Hier hat die Skepsis zweifellos ein weites Betätigungsfeld, und es wäre im Alltag wie in der Wissenschaft schon viel gewonnen, gäbe es da und dort ein gelegentliches Eingeständnis des Nichtgenauwissens, der dogmatischen Verblendung – und eine gelegentliche Korrektur.

---

29 Immanuel Kant: Über Pädagogik [1803]. Bochum o. J., 36.
30 Heinz-Elmar Tenorth: Skepsis und Kritik. Über die Leistungen kritischer Philosophie im System des Erziehungswissens. In: Jürgen-Dieter Löwisch/Jörg Ruhloff/Peter Vogel (Hg.): Pädagogische Skepsis. Wolfgang Fischer zum einundsechzigsten Geburtstag. Sankt Augustin 1988, 23–34. hier: 29. – Damit entgeht der Pädagoge den Gefahren der „Selbstzufriedenheit des Vorwegbescheidwissens" und der „Verklärung der Negativität zur Erlösung", auf die Max Horkheimer und Theodor W. Adorno in ihrer Kritik an der „bürgerlichen Skepsis" verweisen (vgl. Dialektik der Aufklärung. Frankfurt 1984, 25). – Ich danke Hans Czuma für diesen Hinweis.
31 Zit. nach der Rubrik „Fundsachen" in: Forschung & Lehre. Alles was die Wissenschaft bewegt. 7 (2010).

Dennoch wundere ich mich, dass die von Euch Transzendentalkritikern so kenntnisreich, theoriegesättigt und engagiert vorgetragene Rechtfertigung der Skepsis auch ihren blinden Fleck hat. Ich meine Euer, für meine Begriffe, verkürztes Verständnis der Beziehung zwischen erkennendem Subjekt und Erkenntnisobjekt in dem Sinne: Hier bin ich, dort ist das Andere, und jetzt will ich einmal mein ganzes Beobachtungs- und Erkenntnisvermögen einsetzen, um herauszufinden, wie es sich mit ihm verhält. Auch dem radikalsten Skeptiker muss doch auffallen, dass seine Zweifel und seine Kritik nicht allen möglichen Fragen oder Problemen gleichermaßen gelten, die das Leben an ihn heranspült oder denen er sich selbst zuwendet. Die Methodologie nennt diesen Umstand, je nach Paradigma, „Entdeckungszusammenhang" oder „Erkenntnisinteresse" – und schreitet dann weiter, ohne den Forscher darauf zu verpflichten, die kulturellen und historischen (einschließlich der lebensgeschichtlichen) Bedingungen zu reflektieren, unter denen seine Subjektivität entstanden ist und sich weiter entwickelt. Dabei können sie gerade dann virulent werden, wenn er sich einem Forschungsgegenstand zuwendet, der mit seiner Lebensgeschichte und -erfahrung zu tun hat. Siegfried Bernfeld hat das schon 1925 in seinem „Sisyphos" für die pädagogische Wissenschaft und Praxis beschrieben,[32] Theodor W. Adorno vor mehr als fünfzig Jahren für die Soziologie,[33] Habermas seit den 60er Jahren des vergangenen Jahrhunderts für die Wissenschaften generell, vorrangig aber für die Sozialwissenschaften[34]. „Selbstreflexion der Wissenschaft", hieß das bei ihm.[35] Diese Selbstreflexion ist für ihn dann wissenschaftlich, wenn sie „tiefenhermeneutisch" verfährt, weil sie nur auf diese Weise die Auslassungen und Verzerrungen des ‚Textes' herausfindet, den wir als forschende Subjekte zusammen mit den Forschungsobjekten bilden, und weil sie den hinter den Textmodifikationen liegenden Sinn aufzuspüren versucht[36] – analog zum „szenischen Verstehen" in der Psychoanalyse, das den Forscher wie den Therapeuten einschließt,[37] oder, wenn Dir das nicht zu gewagt erscheint, analog zu den Versuchen in der analytischen Traumdeutung, sich dem ‚Urtext' oder ‚Originaltext' der träumenden Person anzunähern[38].

---

32  Siegfried Bernfeld: Sisyphos oder die Grenzen der Erziehung. Frankfurt 1973.
33  Theodor W. Adorno: Negative Dialektik. Frankfurt 1966.
34  Jürgen Habermas: Erkenntnis und Interesse. Frankfurt 1973, 91.
35  Ebd.
36  Habermas, Erkenntnis und Interesse, a. a. O., 262 ff.
37  Wolfgang Mertens: Psychoanalyse. Geschichte und Methoden. München ³2004, 53.
38  Vgl. Helmwart Hierdeis: Traumtexte – Der Traum als Text. In: Dieter Korczak (Hg.): Die Macht der Träume. Antworten aus Philosophie, Psychoanalyse, Kultursoziologie und Medizin. Kröning 2008, 61–76.

Aber, wirst Du einwenden, hat nicht die Wissenschaft und mit ihr die Kultur seit Aristoteles in einem überwältigenden Ausmaß von der klaren Trennung zwischen Subjekt und Objekt profitiert? Darüber brauchen wir nicht zu streiten. Meine Gegenfrage: Haben wir seit Aristoteles nicht ein erhebliches Wissen über die psychischen Bedingungen des Erkennens dazugewonnen, von dem er und seine Nachfolger bis ins 19. Jahrhundert hinein noch keine Ahnung haben konnten und das uns klar macht, dass die Wissenschaft mit ihrem „Ideal eines affektlosen Erkennens"[39] einer Fiktion erlegen ist? „Wenn es das Unbewusste wirklich gäbe, dann hätten wir es längst erforscht", sagte mir vor etwa zehn Jahren ein Kollege aus der Psychologie (es hätte leicht auch einer aus unserer eigenen Zunft sein können), der, zusammen mit einem Ko-Evaluator, dabei war, dem Rektor der Innsbrucker Universität zu empfehlen, die psychoanalytischen Inhalte unseres Studienplans zu löschen und sie durch Elemente des „erziehungswissenschaftlichen Kerncurriculums" zu ersetzen. Womit haben wir es hier zu tun? Mit Zynismus? Mit blanker Unkenntnis? Mit dem Bedürfnis nach Eindeutigkeit? Mit der psychoökonomisch bedingten Ausblendung eines „Störfaktors"? Mit dem „Widerstand gegen Selbsterkenntnis"[40]?

Wilhelm Dilthey wusste bereits vor mehr als hundert Jahren, dass wir es bei der Erforschung der Welt nicht mit etwas außerhalb von uns Befindlichem zu tun haben, sondern mit „in der inneren Erfahrung gegebenen Tatsachen des Bewusstseins"[41]. Sigmund Freud hätte sich demnach auf einen in der Geschichte der Wissenschaftstheorie gewichtigen Zeugen berufen können, als er seine religionskritische Schrift „Die Zukunft einer Illusion" folgendermaßen ausklingen ließ: „Man hat [...] versucht, die wissenschaftliche Bemühung radikal zu entwerten durch die Erwägung, daß sie, an die Bedingungen unserer eigenen Organisation gebunden, nichts anderes als subjektive Ergebnisse liefern kann, während ihr die wirkliche Natur der Dinge außer uns unzugänglich bleibt. Dabei setzt man sich über einige Momente hinweg, die für die Auffassung der wissenschaftlichen Arbeit entscheidend sind, daß unsere Organisation, d.h. unser seelischer Apparat, eben im Bemühen um die Erkundung der Außenwelt entwickelt worden ist, also ein Stück Zweckmäßigkeit in seiner Struktur realisiert haben muß, daß er selbst ein Bestandteil jener Welt ist, die wir erforschen sollen, und daß er solche Erforschung sehr wohl zuläßt, daß die Aufgabe der Wissenschaft voll umschrieben ist, wenn wir sie darauf einschränken zu zeigen, wie uns die Welt infolge der Eigen-

---

39    Mertens, Psychoanalyse, a. a. O., 57.
40    Ebd., 55.
41    Wilhelm Dilthey: Einleitung in die Geisteswissenschaften. Versuch einer Grundlegung für das Studium der Gesellschaft und der Geschichte. In: ders.: Gesammelte Schriften. Band 1. Stuttgart/Göttingen ⁴1959, XVIII.

art unserer Organisation erscheinen muß, daß die endlichen Resultate der Wissenschaft gerade wegen der Art ihrer Erwerbung nicht nur durch unsere Organisation bedingt sind, sondern auch durch das, was auf diese Organisation gewirkt hat, und endlich daß das Problem einer Weltbeschaffenheit ohne Rücksicht auf unseren wahrnehmenden seelischen Apparat eine leere Abstraktion ist, ohne praktisches Interesse."[42] – Das könnte ein Konstruktivist der Gegenwart nicht treffender sagen.[43]

Du siehst: Für Freud existiert hinter dem zu reflektierenden historisch-kulturellen Zusammenhang, in den Subjekt und Objekt hineinverwoben sind, eine evolutionär-anthropologische Determinante. Das forschende Subjekt mag mit vernünftigen Gründen über Gegenstand und Methode entscheiden: Für die Erkenntnis gibt es keinen archimedischen Punkt. Allerdings ist der „seelische Apparat" (hier schlägt bei Freud noch einmal eine mechanistische Begrifflichkeit durch, über die er theoretisch längst hinaus war) zu einer besonderen Leistung fähig: Ich kann durch ihn meine eigene Bedingtheit als Produkt von Evolution, Kultur und Gesellschaft ins Auge fassen – allgemein und im Hinblick auf meine persönliche Lebensgeschichte, und das nicht nur an der Oberfläche der ‚Fakten', sondern auch hinsichtlich meiner unbewussten Verarbeitungsprozesse. *Die Introspektion ist die Quelle der psychoanalytischen Skepsis.* Sie lässt mich sehen, in welchem Ausmaß ich in der Lage bin, mich selbst zu täuschen, falsche Intentionen vorzugeben, Ängste zu verbergen und zu kompensieren, Konflikte zu verdrängen, verzerrte und lückenhafte Texte zu erzeugen. Das dabei gewonnene Wissen kann ich dann anwenden, um andere Menschen und die Kultur, in der wir uns bewegen, besser zu verstehen – und das alles, *ohne die Skepsis gegenüber dem psychoanalytischen Wissen selbst aufzugeben.* Die Möglichkeit, das kritische Potenzial der Psychoanalyse auf die analysierende Person, auf die Welt, in der sie lebt, und auf das analytische Wissenssystem anzuwenden, ist, abgesehen von der therapeutischen Relevanz, die eigentliche Leistung der Freudschen Theorie vom Unbewussten.[44]

Die pädagogische Transzendentalkritik und die ihr dienende Skepsis kann es sich als Verdienst anrechnen, besonders empfindlich gegen alle Einseitigkeiten, Ver-

---

42    Sigmund Freud: Die Zukunft einer Illusion. Gesammelte Werke [= GW] XIV. Frankfurt 1999, 380.

43    Vgl. Ernst von Glasersfeld: Konstruktivismus statt Erkenntnistheorie. In: Theo Hug (Hg.): Technologiekritik und Medienpädagogik. Zur Theorie und Praxis kritisch-reflexiver Medienkommunikation. Baltmannsweiler 1998, 9–21; ders.: Stellungnahme eines Konstruktivisten zur Wissenschaft. In: Theo Hug (Hg.): Einführung in die Wissenschaftstheorie und Wissenschaftsforschung. Band 4. Baltmannsweiler 2001, 34–47.

44    Vgl. Mertens, Psychoanalyse, a. a. O., 50 ff.

absolutierungen, lückenhaften Begründungen, Formen des Scheinwissens, sprachlichen Verschleierungen ... in unserer Disziplin zu sein, das heißt: aufmerksam gegen das ganze Arsenal an Techniken, mit denen sich so leicht theoretische und praktische ‚Autorität' behaupten lässt. An den zugrundeliegenden Intentionen und Motiven hat sie weder Interesse, noch verfügt sie über das analytische Instrumentarium, um sie aufzudecken. Also: Skepsis als Lebensform? Ja. Als pädagogische Lebensform? Erst recht ja, weil das pädagogische Gewissen den Zweifel am erzieherischen Sein, Verhalten und Handeln braucht. Aber (Du kennst mein ceterum censeo): Die Skepsis muss *psychoanalytisch aufgeklärt* sein.

An der Transzendentalkritik habe ich bemängelt, dass sie methodisch ausschließlich auf das etablierte Repertoire – vorrangig des hermeneutischen Spektrums – zurückgreift. Dabei übersieht sie die eben schon genannte psychoanalytische Tiefenhermeneutik als Methode, die nicht nur nach der Beschaffenheit und dem Sinn des vorhandenen ‚Textes' fragt, wie zum Beispiel die Geisteswissenschaftliche Hermeneutik („Textkritik"), sondern auch nach dem Sinn von Verzerrungen und Auslassungen („Sinnkritik")[45]. Allem voran fehlt ihr die von Freud erfundene, praktizierte und theoretisch entfaltete methodische *Introspektion* (als Selbst- und Fremdanalyse), die heute, weit über die Therapie hinaus, den Anspruch hat, als „Selbstreflexion" die dialogischen Beziehungen analytisch aufzuklären, in denen Forscher, Psychologen, Pädagogen, Theologen, Ärzte, Therapeuten ... stehen.

Wenn ich mich umsehe, ist es, von wenigen Enklaven abgesehen, bei diesem Anspruch geblieben. Skepsis braucht Zeit, wenn sie aufgeklärt-aufklärend und nicht bloß blinde oder törichte Negation sein will. Sie muss unterscheiden können zwischen überholten und fruchtbaren Fragen, damit sie nicht wirkungslos bleibt. Sie muss, wenn sie öffentlich gemacht wird, eine Ahnung haben von ihrer Wirkung, damit sie konstruktiv ist und sinnvolle Diskurse in Gang setzt. Sie braucht eine vernünftige Legitimation, damit sie als Methode wie als Habitus nicht zu übergehen ist. Und je mehr sie sich auf Introspektion stützt, desto mehr Raum braucht das mühselige Geschäft, im Umgang mit der eigenen Person und im Dialog mit anderen den unbewussten Intentionen auf die Spur zu kommen.

Das ist im großen Feld der ökonomiebeherrschten und damit unter einen atemberaubenden Zeitdruck geratenen Wissenschaft kaum mehr möglich. Die Pädagogik bildet da insgesamt keine Ausnahme. Selbst Psychoanalyse und Psychoanalytische Pädagogik an den Universitäten laufen Gefahr, zur abfragbaren

---

45    Vgl. Habermas (unter Berufung auf Alfred Lorenzer), Erkenntnis und Interesse, a. a. O., 262 ff.

Lehre zu pervertieren. Es ist schon seltsam: In der Ausbildung von Analytikern gilt als selbstverständlich, dass sie psychoanalytisch zu organisieren ist, von einer pädagogischen Ausbildung professioneller Pädagogen ist noch kaum die Rede[46]. Die aktuelle Situation der organisierten Bildung und Ausbildung von Pädagogen ist in den letzten Jahren mehrfach und laut beschrieben worden, unter anderem gerade durch Wissenschaftler, die sich der transzendentalkritischen und der psychoanalytischen Skepsis verbunden fühlen.[47] Du kennst meine eigenen Beiträge[48] dazu. Ein paar positive Beispiele sind Dir vielleicht auch bekannt: Martin Gerspachs Organisation einer psychoanalytisch-selbstreflexiven Ausbildung von Früh-, Heil- und Sozialpädagogen in Darmstadt[49]; Achim Würkers Lehrerbildungskonzept unter der Devise des „Szenischen Verstehens"[50]; Heiner Hirblingers psychoanalytische Theorie und Praxis zur „Schule als emotionaler Raum"[51] oder die über vierzig Jahre andauernden Analysen pädagogischer Institutionen durch Deinen Würzburger Kollegen Günther Bittner[52] – alles Versuche, mit Hilfe der psychoanalytischen Introspektion pädagogische Beziehungen von innen her aufzuklären und ihre unbewussten Dynamiken sichtbar zu machen. Es gibt keine bessere Schulung einer methodischen Skepsis gegenüber der Welt als eine analytisch fundierte Skepsis sich selbst gegenüber.

46    Auf einige dieser Ausnahmen mache ich aufmerksam in: Helmwart Hierdeis: Selbstreflexive Lehrerbildung. In: Rolf Göppel/Annedore Hirblinger/Heiner Hirblinger/Achim Würker (Hg.): Schule als Bildungsort und „emotionaler Raum". Der Beitrag der Psychoanalytischen Pädagogik zu Unterrichtsgestaltung und Schulkultur. Opladen/Farmington Hills 2010, 175–197.

47    Andreas Gruschka et al.: Das Bildungswesen ist kein Wirtschaftsbetrieb. Fünf Einsprüche gegen die technokratische Umsteuerung des Bildungswesens. In: Forschung & Lehre. 9 (2005), 480–481; dies.: Frankfurter Erklärung vom 10.10.2005 (<http://forum-kritische-pädagogik. de>); vgl. Paul Konrad Liessmann: Theorie der Unbildung. Die Irrtümer der Wissensgesellschaft. Wien 2006.

48    Hierdeis, Das Unbehagen in der Bildungskultur, a. a. O.; ders: Geld, Bildung und Demokratie. Was darf Bildung kosten? In: Dieter Korczak (Hg.): Geld und andere Leidenschaften. Macht, Eitelkeit und Glück. Kröning 2006, 113–131.

49    Siehe dazu: <http://www.sozarb.h-da.de/service/downloads>, besonders die Module 6 und 14.

50    Achim Würker: Lehrerbildung und Szenisches Verstehen. Professionalisierung durch psychoanalytisch reflektierte Selbstreflexion. Baltmannsweiler 2007; vgl. dazu auch Heinrich Dauber/ Ralf Zwiebel (Hg.): Professionelle Selbstreflexion aus pädagogischer und psychoanalytischer Sicht. Bad Heilbrunn 2006, mit Beispielen selbstreflexiver Arbeit in Ausbildung und Praxis.

51    Heiner Hirblinger: Erfahrungsbildung im Unterricht. Die Dynamik unbewusster Prozesse im unterrichtlichen Beziehungsfeld. Weinheim/München 1999; ders.: Einführung in die psychoanalytische Pädagogik der Schule. Würzburg 2001; ders.: Unterrichtskultur. Band 1: Emotionale Erfahrungen und Mentalisierung in schulischen Lernprozessen. Band 2: Didaktik als Dramaturgie im symbolischen Raum. Gießen 2010.

52    Vgl. zum Beispiel Günther Bittner: Tiefenpsychologie und Kleinkindererziehung. Paderborn 1979; ders.: Problemkinder. Zur Psychoanalyse kindlicher und jugendlicher Verhaltensauffälligkeiten. Göttingen 1994; ders.: Metaphern des Unbewussten. Eine kritische Einführung in die Psychoanalyse. Stuttgart 1998 (mit umfangreicher Bibliographie).

Das hätte ich Dir als praktizierendem Skeptiker alles nicht sagen müssen. Aber bei einem Blumenstrauß ist es auch nicht anders: Man kennt zwar die einzelnen Blumen mit Namen, aber gebunden wirken manche wie noch nie gesehen. Um diesen Eindruck zu verstärken, gebe ich Dir noch etwas Sigmund Freud dazu.

„Skepsis" war nicht gerade eines seiner wichtigen Themen, aber ihre Ambivalenz – wissenschaftlich notwendig und weiterführend einerseits, reaktionär, wenn nicht gar krankhaft andererseits – hat er gelegentlich angesprochen. In der Wissenschaft ist sie für ihn angebracht, um Täuschungen zu vermeiden, weil sie nichts annehmen soll, ohne es vorher streng geprüft zu haben. Aber der Skeptizismus kann, wie Freud am eigenen Leibe erfahren hat, in die Verteufelung des Neuen – hier der Psychoanalyse – ausarten, „während er das bereits Bekannte und Geglaubte respektvoll verschont [...]."[53] – das alte Problem der Balance zwischen der Erhaltung des Gewohnten und der Weiterentwicklung, zwischen ‚Konservativen' und ‚Fortschrittlichen', das die kulturelle Evolution bestimmt. Dabei war Freuds Selbstkritik viel ausgeprägter als seine Neigung, Andersdenkenden Fehler nachzuweisen. Schon gar nicht wollte er sich auf Polemiken mit ihnen einlassen, weil er solche Auseinandersetzungen in den meisten Fällen schlichtweg für unfruchtbar hielt[54]. (Dem müssen wir beide uns nicht unbedingt anschließen.) Andererseits wusste er, dass Skepsis sich bis zur Neurose steigern kann[55] – ein Symptom für Beziehungs- und Weltängste. Dass ihm Patienten in der Therapie skeptisch gegenübertraten, fand er normal. Er vertraute darauf, dass sich die Zweifel im Laufe der Behandlung auflösen würden.[56] Den Skeptikern an den Langzeitwirkungen der Analyse gab er sogar teilweise recht: Die einmalige „Kur" war für ihn keine Prophylaxe für das ganze unvorhersehbare Leben. Schließlich verlangte er ja auch eine „unendliche Analyse", das heißt: eine lebenslange „Selbstanalyse" für alle, die den Beruf des Analytikers ausübten.[57] – Kannst Du Dir das Gelächter und Kopfschütteln vorstellen, wollte jemand etwas Vergleichbares vom Pädagogen verlangen?

Ein Freudscher Satz, der auch in Bonmotsammlungen auftaucht (Du kannst bei Google nachsehen), lautet: „Wenn man sich für einen Skeptiker hält, tut man gut daran, gelegentlich auch an seiner Skepsis zu zweifeln."[58] Freud stellt damit

---

53  Sigmund Freud: Die Widerstände gegen die Psychoanalyse. In: GW XIV. Frankfurt 1999, 100 f. (Ich danke Hans Jörg Walter für die Suche nach Skepsis-Belegen bei Freud.)
54  Vgl. Sigmund Freud: Allgemeine Neurosenlehre. In: GW XI. Frankfurt 1999, 250.
55  Vgl. Sigmund Freud: Zur Einleitung der Behandlung. In: GW VIII. Frankfurt 1999, 458.
56  Vgl. ebd.
57  Vgl. Sigmund Freud: Die endliche und die unendliche Analyse. In: GW XVI. Frankfurt 1999, 57–99.
58  Sigmund Freud: Traum und Okkultismus. In: GW XV. Frankfurt 1999, 57.

nicht die Skepsis als solche in Frage, wohl aber gibt er zu überlegen, ob sie im Einzelfall in Zielrichtung und Intensität angemessen ist. Im konkreten Fall ging es darum, dass er bestimmte telepathische Phänomene, wie zum Beispiel die Gedankenübertragung, noch nicht ausreichend erklären konnte. Sein selbstironischer Nachsatz, der in der Regel nicht mitzitiert wird, lenkt die ‚Skepsis an der Skepsis' in eine besondere Richtung: „Vielleicht gibt es auch bei mir die geheime Neigung zum Wunderbaren, das der Schaffung okkulter Tatbestände entgegenkommt."[59] Diese Neigung zum Irrationalen, die Okkultes konstruiert, wäre, ihm zufolge, einer eigenen Analyse zu unterziehen, weil sie aus einem verborgenen Bedürfnis stammt. Das ist die eine Bedeutung des Satzes. Die andere: Wer seine Skepsis nicht hin und wieder zurückstellen kann, verbaut sich damit den Weg für überraschende Einsichten und Erfahrungen. Das gilt für die Wissenschaft und erst recht für Beziehungen. Daher und damit zum letzten Mal Freud: Die „erwünschteste Einstellung", sagt er, ist eine „wohlwollende Skepsis".[60]

Jetzt kannst Du „Einstellung" durch „Lebensform" ersetzen, und Freud drückt genau aus, was Du denkst – an dieser Stelle zumindest.

*Helmwart*

---

59   Ebd.
60   Freud, Allgemeine Neurosenlehre, a. a. O., 250.

# Selbstbestimmte Bildung versus übergreifende Kultur
# Versuch einer Klärung

*Karl Helmer*

Wissenschaften organisieren Wissen nach Leitbegriffen. Diese Leitbegriffe stammen in der Regel aus Leitdisziplinen, die zeitbezogen besondere Erfolge verzeichnen und Theorien anbieten, die sich auf andere Disziplinen scheinbar einfach übertragen lassen. Im 19. Jahrhundert, verstärkt in seiner zweiten Hälfte, fiel der Biologie diese Rolle zu. Man sprach von Wachstum, Blüte und Verfall eines Volkes, einer literarischen Gattung, der Metaphysik. In Psychologie und Pädagogik wurden Entwicklung und Wachstum zu organisierenden Begriffen. In den sechziger und siebziger Jahren des 20. Jahrhunderts erlangte der Begriff der Gesellschaft mit seinen Teilbegriffen Kommunikation und Emanzipation Leitfunktion. Den theoretischen Hintergrund lieferte die Kritische Theorie. Die Pädagogik wurde Sozialwissenschaft. Von schichtenspezifischer Erziehung und soziokulturellen Bedingungen war die Rede. Emanzipation und Kommunikation regierten den Unterricht. Die Schaffung gleicher Bildungschancen für alle gehörte zu den politischen Schlagworten.

Seit etwa fünfzehn Jahren ist der Begriff der Kultur zu einem Leitbegriff avanciert, und er hat inzwischen den der Gesellschaft in dieser Funktion weithin abgelöst. Will man prüfen, ob Kultur und Bildung zusammenpassen, ob sie einander stützen und ergänzen, ob Kultur gar die Maße vorgibt, ist vorab zu klären, welche Begriffe mit den Worten angezeigt sind.

In drei Schritten soll zunächst von geschichtlichen Auffälligkeiten der Begriffe Kultur und Bildung gehandelt, sodann eine begriffliche Schärfung versucht werden. Schließlich wird vom Gedanken einer selbstbestimmten Bildung aus ein mögliches Verhältnis von Kultur und Bildung beschrieben und kritisch befragt.

## 1    Zur Begriffsgeschichte von Kultur und Bildung[1]

Im Jahre 1784 stellt Moses Mendelssohn fest:

„Die Worte Aufklärung, Kultur, Bildung sind in unsrer Sprache noch neue An-
kömmlinge, sie gehören vor der Hand bloß zur Büchersprache. Der gemeine Haufe
versteht sie kaum [...]. Indessen hat der Sprachgebrauch, der zwischen diesen
gleichbedeutenden Worten einen Unterschied angeben zu wollen scheint, noch nicht
Zeit gehabt, die Grenzen derselben festzusetzen. Bildung, Kultur, Aufklärung sind
Modifikationen des geselligen Lebens, Wirkungen des Fleißes und der Bemühungen
der Menschen, ihren geselligen Zustand zu verbessern. [...] Bildung zerfällt in Kultur und Aufklärung. Jene [die Kultur] scheint mehr auf das Praktische zu gehen [...].
Aufklärung hingegen scheinet sich mehr auf das Theoretische zu beziehen.“[2]

Mendelssohn beobachtet zu seiner Zeit, womit die Begriffsgeschichte zu tun hat.
Eine veränderte Welt verlangt ein neues Verständnis, fällige Reflexionen führen
zu neuen Worten und Begriffen, und tradierte Begriffe verändern sich. Im
18. Jahrhundert kumulieren diese Erscheinungen. Reinhart Koselleck spricht von
der Sattelzeit, jenseits derer gebräuchliche Begriffe für uns der Übersetzung und
Kommentierung bedürfen, während diesseits geläufige Begriffe an unser heuti-
ges Verständnis heranreichen.[3] Das trifft auch für Kultur und Bildung zu. Beide
Begriffe rücken mit dem neu aufkommenden Sprachgebrauch ins Licht und sind
seither beständiger Änderung und Beanspruchung ausgesetzt.

Cicero begründet die Wortfügung der Kultur des Geistes. Das lateinische cultura
bezeichnet dem Wortsinn nach den Ackerbau. In den „Tusculanae disputationes"
wird die Übertragung deutlich:

---

1    Vgl. Karl Helmer: Kultur. In: Dietrich Benner/Jürgen Oelkers (Hg.): Historisches Wörterbuch
     der Pädagogik. Weinheim/Basel 2004, 237–257; Dietrich Benner/Friedhelm Brüggen: Bild-
     samkeit/Bildung. In: Historisches Wörterbuch der Pädagogik. Weinheim/Basel 2004, 174–215;
     Rudolf Vierhaus: Bildung. In: Geschichtliche Grundbegriffe. Historisches Lexikon zur poli-
     tisch-sozialen Sprache in Deutschland [Stuttgart 1972]. Studienausgabe. Stuttgart 2004. Band
     1, 508–551.
2    Moses Mendelssohn: Über die Frage: Was heisst Aufklärung? [Berlinische Monatsschrift. 4
     (1784), 193 f.] In: ders.: Ästhetische Schriften in Auswahl. Herausgegeben von O. F. Best.
     Darmstadt 1974, 267.
3    Vgl. Reinhart Koselleck: Vergangene Zukunft. Zur Semantik geschichtlicher Zeiten. Frankfurt
     am Main 1989, 62 ff.; ders.: Einleitung. In: Geschichtliche Grundbegriffe. Historisches Lexi-
     kon zur politisch-sozialen Sprache in Deutschland [Stuttgart 1972]. Studienausgabe. Stuttgart
     2004. Band 1, XII–XXVII.

„Wie ein Acker, auch wenn er fruchtbar ist, ohne Pflege keine Frucht tragen kann, so auch der Geist nicht ohne Belehrung."[4]

Aus der Analogie wird die Metapher cultura animi, Kultur des Geistes. Diese Wortfügung wird in römischer Zeit nicht sprachbildend. Das Begriffsfeld von Kultur fasst die lateinische Sprache vielmehr vorwiegend mit den Substantiven civilitas und humanitas.

Am Ende des 17. Jahrhunderts greift der Rechtstheoretiker Samuel von Pufendorf (1632–1694) im Zusammenhang der Naturrechtslehre die Metapher auf. Im Naturzustand lebt der Mensch barbarisch, erst im geselligen Leben kann er glücklich werden. Die drei Hauptbegriffe soziales Leben, kultivierte Lebensführung und Geisteskultur fasst Pufendorf mit dem einen Wort Kultur zusammen.[5] Erst jetzt, mit der semantischen Neufassung, kann man von einem deutlich umrissenen Begriff der Kultur sprechen. Kultur ist als Ergebnis säkularisierender Neudeutung dessen zu verstehen, was bis dahin theologisch mit christianitas, Christlichkeit, gefasst wurde.[6] Diese neue Deutung von Kultur als Geisteskultur *und* als geselliger Zustand greift nur langsam. Bis ins 18. Jahrhundert wird der Begriff weiterhin unter einem ausgedehnten semantischen Feld gefasst, in dem die Bezeichnung Kultur randständig bleibt.

Die Prüfung der Geschichte des Begriffs der Bildung zeigt deutliche Parallelen. Auch hier gilt, dass das sprachliche Zeichen im 18. Jahrhundert für Sachverhalte geläufig wird, die, anders beschnitten und akzentuiert, vordem unter einer ganzen Reihe von Worten gefasst werden. Zugleich hat man zu gewärtigen, dass mit dem von Mendelssohn als neu empfundenen, tatsächlich aber lediglich erneuerten Wort Bildung auch eine Wandlung und Festigung des Begriffs beginnt. In der Sache werden seit griechischer Zeit Ziel und Nutzen von Lehren und Lernen unter der Maßgabe geistiger Bildung reflektiert. Forma und formatio, imago und imitatio, Gestalt und Gestaltung, Ebenbild und Nachahmung, werden althochdeutsch zu bildunga, mittelhochdeutsch zu bildung.[7] In der Mystik wird das deutsche Wort Bildung auf die innere Formung des Menschen gewandt. Meister

---

4    „ut ager quamvis fertilis sine cultura fructuosus esse non potest, sic sine doctrina animus." (Marcus Tullius Cicero: Gespräche in Tusculum. Tusculanae Disputationes. Lat.-dt., hg. und übersetzt von Olaf Gigon. München/Zürich ⁶1992, II. 13, 122 ff.

5    „socialis vita, vitae cultus, cultura animi". Nach F. Rauhut: Die Herkunft der Worte und Begriffe Kultur, Civilisation und Bildung. In: Germanisch-Romanische Monatsschrift. NF III (1953), 83.

6    Vgl. Rauhut, Die Herkunft der Worte und Begriffe, a. a. O., 84.

7    Vgl. Karl Helmer/Gaby Herchert: Vorbild und Beispiel. In: Dietrich Benner/Jürgen Oelkers (Hg.): Historisches Wörterbuch der Pädagogik. Weinheim/Basel 2004, 1108–1114.

Eckhart spricht vom Lassen des Ich und von der Überbildung durch Gott. Ähnliche Gedanken werden unter dem Wort Bildung durch den Pietismus bis ins 18. Jahrhundert getragen, ohne vorerst andere überlieferte Bedeutungen zu verdrängen. Noch in der zweiten Hälfte des 18. Jahrhunderts findet sich das Wort Bildung als Bezeichnung für Gestalt und Gestaltung allgemeiner Art. In Adelungs Wörterbuch von 1774 heißt es: „sie hatte eine vortreffliche, eine einnehmende Bildung"[8] in der Bedeutung „sie hatte ein vortreffliches, einnehmendes Äußeres". Der Göttinger Anthropologe Johann Friedrich Blumenbach spricht von der Bildung von Organen, Kant von der Bildung der Himmelskörper. Bis ins 18. Jahrhundert hat also auch der Begriff der Geistesbildung keine festen Grenzen, und er ist durch ein weites semantisches Feld abgedeckt, in dem der Gebrauch des Wortes Bildung Episode bleibt. Zugleich wird sichtbar, dass das Wort Bildung in Mode kommt und für heterogene Felder beansprucht wird.

Wilhelm von Humboldt führt die um 1800 ausgiebig geführte Diskussion um Kultur und Bildung zu einem vorläufigen Ende. Kultur, so heißt es bei ihm, fügt den zivilisierten „äusseren Einrichtungen und Gebräuchen und der darauf Bezug habenden innren Gesinnung" eine Veredlung durch Wissenschaft und Kunst hinzu. Ziel der zivilisierenden und kultivierenden Höherentwicklung ist die Bildung des Menschen. Bildung ist „etwas Höheres und Innerliches, nemlich die Sinnesart, die sich aus der Erkenntniss und dem Gefühle des gesammten geistigen und sittlichen Strebens harmonisch auf die Empfindung und den Charakter ergiesst."[9] Kultur meint nun vornehmlich die äußeren gesellschaftlichen Einrichtungen der Wissenschaften und Künste, Bildung die harmonische Gestaltung der Empfindung und des Charakters.

Mit diesen Auslegungen ist für kurze Zeit eine gewisse Statik der Begriffe erreicht, die alsbald wieder zerfließt. Ganz generell haben wir es seither mit Begriffen zu tun, deren Felder wandern. Das gilt allgemein und spezifisch bei bleibender Konstanz der semantischen Zeichen auch für die Leitbegriffe Kultur und Bildung. Ihre Felder fluktuieren, die Zentren verschieben sich, Akzente werden gesetzt und gelöscht, die Breite nimmt zu und ab, ihre Maßgeblichkeit wächst und schwindet. Bewegung ist das Hauptcharakteristikum. Reinhart Koselleck nennt vier Merkmale dieser Bewegung. Als erstes ist eine *Demokratisierung* der

---

8   Johann Christoph Adelung: Grammatisch-kritisches Wörterbuch der Hochdeutschen Mundart. Band 1. 1774, 912.

9   Wilhelm von Humboldt: Ueber die Verschiedenheit des menschlichen Sprachbaus und ihren Einfluss auf die geistige Entwicklung des Menschengeschlechts [1830–35]. In: ders.: Gesammelte Werke. Hg. von der Königlich Preußischen Akademie der Wissenschaften. Berlin 1903–1936. Band VII, 30.

Begriffe festzustellen. Der Kreis der Gebildeten wächst, die Schreiber- und Leserkreise werden größer. Die ständische Hierarchie schwindet, und der Bürger behauptet seine neue Stellung durch Besitz und Bildung. Weiterhin ist von einer *Verzeitlichung kategorialer Bedeutungsgehalte* zu sprechen. Die Begriffe Kultur und Bildung sind mit ‚Erwartungsmomenten' aufgeladen. Bürger beanspruchen Bildung und wollen Teilhabe an der Kultur. Die Begriffe werden mit Zukunftsvorstellungen, Zukunftsprogrammen von einer gebildeten und kultivierten bürgerlichen Gesellschaft befrachtet. Diese Tendenzen setzen Bildung und Kultur, drittens, der *Ideologisierung* aus. Kollektivsingulare finden Verbreitung: Die Nation, die Geschichte, die Bildung, die Kultur werden Berufungsbegriffe mit sakralem Anspruch, sie werden „Leer- und Blindformeln", die „ökonomisch, theologisch, politisch" besetzt werden. Leitbegriffe werden, viertens, *politisiert*, parteilich ausgelegt und beansprucht. Wissen ist Macht, Bildung für alle sind Schlagworte der Arbeiterbewegung. Demokratisierung, Verzeitlichung, Ideologisierung und Politisierung erzeugen diffuse, fluktuierende Begriffsfelder, die nur schwer kontrollierbar sind.[10]

Am Beispiel der Nationalerziehung sei diese Entwicklung schlaglichtartig beleuchtet. Im Jahre 1808, Napoleon beherrscht Europa, das Reich ist aufgelöst, verfasst Johann Gottlieb Fichte die „Reden an die deutsche Nation". Er ruft auf zur Rettung der Nation durch Bildung der Menschen, zur „Erziehung der Nation, deren bisheriges Leben erloschen und Zugabe eines fremden Lebens geworden" ist. „Wir wollen die Deutschen zu einer Gesamtheit bilden."[11] Kein neuer Stand der Bildung solle entstehen. „Die Bildung des Individuums [...] und die Nationalbildung ist allgemeine Menschenbildung mit besonderer Berücksichtigung auf die bedingende Eigentümlichkeit der Nation."[12]

Der Nationalgedanke wirkt über die Befreiungskriege hinaus und bestimmt das politische Leben bis ins 20. Jahrhundert. Bildung und Kultur sind weithin durch ihn bestimmt.

> „Sprache, Sitte und Recht, Märchen und Sagen, Literatur [...] und Geschichte [...] der Deutschen, des Mittelalters und der Frühzeit vor allem, rücken ins Zentrum der Aufmerksamkeit; man ist auf der Suche nach Geist und Wesen der Nation. [...] Nation wird zum Schlüssel für das Verständnis von Kultur und Geschichte der eigenen

---

10 Vgl. Kosellek, Einleitung, a. a. O., hier: XVII–XIX.
11 Johann Gottlieb Fichte: Reden an die deutsche Nation. In: Fichtes Werke. Hg. von Immanuel Hermann Fichte [1846]. Neudruck Berlin 1971, Band 7, 274.
12 Reinhold Bernhard Jachmann. In: ders./Franz Passow (Hg.): Archiv Deutscher Nationalbildung (1812), H. 7, zitiert nach Rudolf Vierhaus: Bildung. In: Geschichtliche Grundbegriffe, a. a. O., I, 525 f.

Lebenswelt, der Identität. Und aus der Feststellung wird die Forderung: was national ist, soll erhalten und gepflegt, erinnert, entwickelt, befreit, gesteigert werden; man muss dem nationalen Charakter treu sein. Die Tradition soll vergegenwärtigt werden in Büchern, Editionen, Reihenwerken und Sammlungen, in Kunstwerken, Historienbildern, [...] in Denkmälern für die Großen der Nation: Dürer und Gutenberg und Schiller, Beethoven und Mozart, Goethe, Bonifatius und Luther und Hermann oder Arminius. [...] Über Schule und Lesebuch, Ballade und historischen Roman, über die volkstümlichen Denkmals- und Jubiläumsfeste, über Lieder und Gesangvereine reicht dieses kulturell-historische Nationalbewusstsein in wachsendem Maße in breitere Volksschichten hinein."[13]

Kultur wird Nationalkultur, Bildung wird nationale Bildung.

Nach dem gewonnenen Krieg und der Reichsgründung von 1870/71 steigert sich das Nationale zum Nationalismus. Man ist stolz darauf, Deutscher zu sein, und hält die eigene Nation für besser als die anderen, ja, für einzigartig. „Das Ganze ist ein nationaler Gefühls- und Stimmungspatriotismus [...] mit lauten Hurratönen und bombastischer Rhetorik."[14] Chauvinistische Großsprecherei verbindet sich mit naiven Mythologemen von Gefolgschaft und Nibelungentreue, und sie führt unter Wilhelm II. in den Weltkrieg. Der Nationalsozialismus knüpft hier an und untermauert und ideologisiert Kultur und Bildung mit Biologismen und politischen Wahnvorstellungen.

Dies führte dazu, dass nach dem Zweiten Weltkrieg Kultur als Trägerin der Menschenverachtung desavouiert wurde. Im Jahre 1966 bemerkte Adorno:

„Alle Kultur samt der dringlichen Kritik daran, ist Müll. Indem sie sich restaurierte nach dem, was in ihrer Landschaft ohne Widerstand sich zutrug, ist sie gänzlich zur Ideologie geworden [...]. Wer für die Erhaltung der radikal schuldigen und schäbigen Kultur plädiert, macht sich zum Helfershelfer, während, wer der Kultur sich verweigert, unmittelbar die Barbarei befördert, als welche Kultur sich enthüllte."[15]

Das Verdikt war durchschlagend wirksam, die kritische Beschreibung der Tragik, eine bestimmte Kultur ablehnen zu müssen, ohne Kultur jedoch der Barbarei Vorschub zu leisten, blieb selten reflektiert. Bis in die achtziger Jahre des vergangenen Jahrhunderts hinein blieb der Begriff der Kultur negativ besetzt und

---

13  Thomas Nipperdey: Deutsche Geschichte 1800–1866. Bürgerwelt und starker Staat. München 1998, 305 f.

14  Thomas Nipperdey: Deutsche Geschichte 1866–1918. Zweiter Band. Machtstaat vor der Demokratie. München 1998, 264.

15  Theodor W. Adorno: Negative Dialektik [1966]. In: ders.: Gesammelte Schriften. Band 6. Frankfurt am Main 1973, 359 f.

fand in der Theorie keinen Ort. Das Wort hatte „einen ideologischen Klang",
bemerkt Herbert Schnädelbach 1992, „es roch nach Restauration, nach Nichts-
gelernt-Haben. Stattdessen verbreitete sich die Rede von ‚Gesellschaft', ja dieser
Ausdruck wurde geradezu zum Erkennungszeichen des modernen linken Intel-
lektuellen."[16] Diese Zusammenhänge fordern Beachtung, machen sie doch verständlich, aus welchen Gründen dem Begriff der Kultur in Deutschland über
einige Jahrzehnte keine Orientierungskraft zugestanden wurde.

## 2 Konturierung der Begriffe

Prüft man das heute umläufige Verständnis von Kultur, fällt auf, dass es offenbar
nicht von einer wissenschaftlichen Disziplin abgelesen ist, vielmehr im politischen Sprachgebrauch fußt. Vom Kampf der Kulturen ist die Rede, von Migran-
ten aus unterschiedlichen Kulturen, von Leitkultur. Erst im Nachhinein wird die
Diskussion von der Kulturphilosophie aufgelesen, begrifflich geschärft und ver-
arbeitet. Das allerdings ist höchst dringlich, da die Vokabel zum Modewort geworden ist und für so unterschiedliche Zusammenhänge wie Wohn- und Be-
triebskultur, Forschungskultur, Streitkultur, Kulturarbeit, Schlafkultur, Spielkul-
tur, Unterrichts- und Lernkultur[17] beansprucht wird.

Auch das Begriffsfeld von Bildung ist weit gefächert. Politisch spricht man von
Bildungsarmut, Bildungschancen und Bildung von unten, ökonomisch von Bil-
dungsinvestitionen, Bildungsplanung und Bildungsmanagement. Im Haus der
Pädagogik ist von Bildungsgängen, Bildungsprojekten die Rede, von Fort- und
Weiterbildung, von Ausbildung und Auszubildenden, von kultureller und interkultureller Bildung. Die angedeutete Pluralisierung lässt eine Orientierung an
bildungstheoretischem Denken aus. Dennoch bleibt es die Aufgabe der theoretischen Pädagogik, zu prüfen und zu klären, damit wenigstens in der eigenen Disziplin ein Mindestmaß an Klarheit der diffusen Rederei Grenzen setzt. Angesichts des unübersichtlichen Sprachgebrauchs sind Kultur, Bildung und ihr Zusammenhang begrifflich so zu fassen, dass sie theoretischen Ansprüchen genügen.

---

16 Herbert Schnädelbach: Kulturkritik nach Adorno. Plädoyer für eine kritische Kulturphilosophie. In: Information Philosophie. (1992), H. 4, 6–20, hier: 6. Vgl. ders.: Das kulturelle Erbe
der Kritischen Theorie. In: ders.: Philosophie in der modernen Kultur. Vorträge und Abhandlungen. Band 3. Frankfurt am Main 2000, 104–126.
17 Zur Kritik vgl. Walter Müller: Schnee von gestern. Was ist das Neue an der „Neuen Unterrichtskultur"? In: Vierteljahrsschrift für wissenschaftliche Pädagogik. 84 (2008), 323–335.

Zunächst fällt auf, dass die Kulturwissenschaft Felder zu besetzen sucht, die traditionell von der Bildungstheorie beansprucht werden:[18]

Menschliches Reflektieren und Handeln in Opposition zum natürlich bestimmten Verhalten und Leben kann Bildung heißen, heute wird es auch Kultur genannt.

Die Formung der persönlichen Möglichkeiten des Erkennens, Urteilens, Handelns, der Empfindung und des Charakters wird Bildung genannt. Kulturtheoretisch wird sie auch als Kultivierung persönlicher Fähigkeiten bezeichnet.

Die Orientierung an reflektierten Maßgaben sozialen Handelns, an Recht und Sitte ist Kern der Bildung. Kulturtheoretisch ist von Kultivierung sozialer Beziehungsformen die Rede.

Die Formung des Wahrnehmens der vielfältigen Erscheinungen menschlichen Schaffens, der Weisen des Ausdrucks in ihrer ganzen Breite und ihrer Reflexion, zugleich die Formung der Gestaltungskraft in Sprache, Kunst und Medien sind Aufgaben ästhetischer Bildung. In der Kulturtheorie ist von den speziellen Weisen des Ausdrucks von Kultivierung die Rede. Deutlicher als in der Bildungswissenschaft kommen in der Kulturwissenschaft Gegenständlichkeiten und Stilisierungen in den Blick: Architektur, Wohnung, Gärten, Mode, Pflege und Zurichtung des Körpers, Mimik und Gestik, Tanz und Ritus.

Aus dieser Beschreibung, die von den Phänomenen ausgeht, könnte man den Schluss ziehen, Kultur und Bildung meinten im Grunde dasselbe, und es sei an der Zeit, Bildungswissenschaft als Kulturwissenschaft zu betreiben und Bildungstheorie als Kulturtheorie zu verstehen. Doch lehren die letzten Jahrzehnte Vorsicht. Die Deklarierung der Pädagogik zur Sozialwissenschaft brachte der Erziehungswissenschaft für einige Zeit Gewinne, die sie allerdings mit gewaltigen Verlusten bezahlte; besonders der Gedanke der Bildung wurde weit zurückgedrängt. Die Bildungstheorie dürfte gut daran tun, sich auf ihre eigenen Felder zu besinnen und keins von ihnen leichtsinnig preiszugeben. Das wird nicht nur in Hinsicht der Kulturwissenschaft wichtig sein, sondern auch angesichts einer in den eigenen Reihen seit einigen Jahren propagierten Hinwendung zur Hirnforschung. Wie also könnten vor diesem Hintergrund Kultur und Bildung je in ihrer Eigenheit bestimmt werden?

Zunächst ist festzustellen, dass, trotz der Tendenz einer übergriffigen Mengung, die Kernbereiche der Begriffe Kultur und Bildung verschieden sind.

Die Kulturtheorie hat ihren Schwerpunkt bei den Institutionen, den Einrichtungen der Gesellschaft, der Politik, der Wirtschaft, den Religionen in ihrer tradi-

---

18    Vgl. Johannes Heinrichs: Kultur in der Kunst der Begriffe. München/Moskau/Warschau/Varna/Wien/London/New York 2007, 43–52.

tionellen Verfasstheit und in ihren säkularen Erscheinungsweisen. Formen des Handelns, Sitten und Bräuche, kommunikative Riten in Sprache, Kunst und Medien und eine Orientierung an sogenannten „Letztwerten"[19] bestimmen die Kultur in ihren Erscheinungen.

Die Bildungstheorie hat ihren Kern in der Formung des inneren Menschen, seines Empfindens und Geschmacks, seines Erkennens, Urteilens und Handelns, seines Charakters.

## 3 Selbstbestimmte Bildung und Kultur

Bildung will Bildung, nichts sonst. Theoretisch formuliert heißt das: Bildung, in der Tradition der Aufklärung gefasst, begründet sich aus sich selbst, sie ist selbstbestimmt, sie hat von sich aus keine Funktionen für anderes. Wird Bildung in Dienst genommen, ist das ein Zeichen dafür, dass die Zeit des aufgeklärt autonomen Denkens ausläuft. Wenn Universitäten Autonomie zugestanden wird, den Professoren zugleich auferlegt ist, Mittel für ihre Forschung von Dritten einzuwerben, zeigt das besonders deutlich, dass es nicht um die Freiheit der Forschung, erst recht nicht um Bildung geht.[20] Professoren begeben sich in zugestandener Autonomie freiwillig in Abhängigkeit, sie begeben sich, in Anlehnung an Kant gesagt, selbstverschuldet in die Unmündigkeit. Sie werden auf sehr subtile Weise zu „selbständigen Knechten"[21] der Funktionalisierung der Wissenschaften degradiert. Dass die Umwälzungen in den Schulen ökonomisch gesteuert sind,[22] Schulen also unter normativen Druck geraten und funktionalisiert werden, ist aus der Diskussion um die PISA-Untersuchungen bekannt.

Der einzige Zweck, dem der Gedanke einer selbstbestimmten Bildung unterliegt, ist der Mensch selbst.[23] In der „Grundlegung zur Metaphysik der Sitten" bemerkt Kant:

---

19  Vgl. ebd., 70 ff.

20  Vgl. Konrad Paul Liessmann: Theorie der Unbildung. Die Irrtümer der Wissensgesellschaft. München ⁴2010, 88–102.

21  Diese Formulierung verdankt der Verf. Alfred Schirlbauer, Wien.

22  Vgl. Jochen Krautz: Ware Bildung. Schule und Universität unter dem Diktat der Ökonomie. München ²2009, bes. 199–222.

23  Vgl. Andreas Dörpinghaus: Bildung zu Autonomie und Mündigkeit, Bildung als Bestimmung des Menschen. In: ders./Andreas Poenitsch/Lothar Wigger: Einführung in die Theorie der Bildung. Darmstadt 2006, 54–80.

„Nun sage ich: der Mensch und überhaupt jedes vernünftige Wesen existiert als Zweck an sich selbst, nicht bloß als Mittel zum beliebigen Gebrauche für diesen oder jenen Willen, sondern muß in allen seinen sowohl auf sich selbst, als auch auf andere vernünftige Wesen gerichteten Handlungen jederzeit zugleich als Zweck betrachtet werden."[24]

Die Bildungstheorie muss, erkennt sie diese Voraussetzung an, darauf beharren, dass es um den Menschen als Zweck geht, alles andere nur Mittel zu diesem Zweck sein kann.

Was besagen diese Zusammenhänge, theoretisch reflektiert, in praktischer Hinsicht? Ein kulturell orientierter, zugleich bildender Unterricht muss sachlich bestimmt sein. Die Sache als Aufgabe, das dritte Moment des didaktischen Dreiecks neben Schüler und Lehrer, soll die Kultur repräsentieren. Jedoch ist nicht all das gemeint, was landläufig Kultur genannt wird, sondern eben jene Felder, die symbolischen Charakter haben, also so weit abstrahiert werden können, dass sie lehrbar sind, Sprache und Sprachen zum Beispiel, Mathematik, Naturwissenschaften, Geschichte und Politik, Ökonomie, Musik und Kunst. Die symbolische Bestimmung weist darauf, dass die Sache nicht beliebig ist, soll sie doch Orientierungen in der Kultur ermöglichen und zugleich einer Funktionalisierung vorbeugen. Wer Mathematik gelernt hat, wird Hochrechnungen, Statistiken, Ratings skeptisch begegnen. Genau hier liegt das bildende Moment: Die sorgfältige Prüfung, die Prospektion, das Urteilen haben einen gründlichen Unterricht in der Sache zur Voraussetzung, der Vollzug selbst kann lehrend nicht bewirkt, sehr wohl jedoch vorbereitet und provoziert werden. Der Gedanke der Bildung wehrt also das Ansinnen ab, Kulturelles als bestimmendes Maß zu akzeptieren, schlichte Adaption würde Bildung aufheben. Vielmehr geht es darum, dass der Gebildete dem übermächtig auf ihn einstürzenden Ansinnen der kulturellen Institutionen, ihn zu bestimmen, kritisch widersteht.[25] – Am Beispiel der Religion sei der Gedanke verdeutlicht.

---

24    Immanuel Kant: Grundlegung zur Metaphysik der Sitten. Akademie-Textausgabe. Band IV. Berlin 1968, 2. Abschnitt, 428.
25    Vgl. Gaby Herchert: Zum Verhältnis von Kultur, Bildung und informellem Lernen. In: Spektrum Freizeit. Forum für Wissenschaft, Politik und Praxis. (2003), H. 2, 10 f.; dies.: Anmerkungen zu einer Grundlegung Interkultureller Bildung. In: Aktuelles und Querliegendes zur Didaktik und Curriculumentwicklung. Festschrift für Werner Habel. Bielefeld 2003, 207–216; dies.: Multikulturelles Verstehen verlangt kulturelle Bildung. In: Annemarie Fritz/Rüdiger Klupsch-Sahlmann/Gabi Ricken (Hg.): Handbuch Kindheit und Schule. Neue Kindheit, neues Lernen, neuer Unterricht. Weinheim/Basel 2006, 149–157.

## 4 Bildung und Religion

Mit dem 11. September 2001 wurde Religion ein unvermeidliches Thema der öffentlichen Diskussion. Gegen alle populistischen Plakatierungen, die insbesondere den Islam trafen, ging Jürgen Habermas die Sache grundsätzlich an. In seiner Rede zur Verleihung des Friedenspreises des deutschen Buchhandels im Jahre 2001 und mehrfach danach vertrat er die These, unser demokratisches Gemeinwesen begründe sich in aufklärerischer Tradition ohne Rückgriff auf religiöse Voraussetzungen zwar aus sich selbst, die Mitwirkung, das soziale Engagement erführen aber aus rationaler Begründung allein keine hinlängliche Motivation.[26] Es sei also an der Zeit, die in der Religion verwurzelte Hingabe zu beachten, sie positiv aufzugreifen und zu reflektieren. Religion, das ist eine Folge, erfährt eine unerwartete Aufmerksamkeit, und es deutet sich an, dass ein neuer Umgang mit Religiösem das Feld der Grundorientierungen unserer Kultur künftig stärker bestimmen wird als in den letzten zweihundert Jahren.

Mit der Moderne, genauer mit der Aufklärung, distanzierte sich die westliche Welt von der Dominanz von Religionsgemeinschaften und ihren Vertretern. Man suchte die Welt ohne Gott und Götter zu erklären und zu beherrschen. Doch führte das keineswegs zur Beseitigung des Religiösen. Religionsgemeinschaften lebten und leben weiter, und neben ihnen und an ihrer Stelle schufen und schaffen Menschen sich ihre neuen Götter. Säkularisierte, weltliche, von Menschen erdachte Einrichtungen oder Prinzipien wurden und werden sakralisiert, in den Bereich des Religiösen gerückt, und ihnen werden eben jene überkommenen Funktionen zugesprochen, die die tradierten Religionen hatten und haben. Die Vernunft wurde die alles erhellende Göttin mit Alleinherrschaftsanspruch. Wissenschaften traten an, die Welt zu erklären und sie zum Paradiesischen zu wandeln, ja, die Menschen von den Übeln des gebrechlichen Lebens zu befreien. Literatur, Kunst, Musik erfahren gleichsam religiöse Wertschätzung. Gleiches gilt für Sport und Gesundheit und auch tradierte Formen des Zusammenlebens, die Familie, den Verein.

Es geht um den Gedanken des Überschreitens der momentanen Lebensnotwendigkeiten zu Übergreifendem, der individuellen Lebenszeit zu Dauerhaftem, um die Beschwörung dauerhaften Sinns, die Anerkenntnis der Machtlosigkeit ange-

---

26 Vgl. Jürgen Habermas: Glauben und Wissen. Friedenspreis des Deutschen Buchhandels 2001. Laudatio: Jan Philipp Reemtsma. Frankfurt am Main 2001; ders./Joseph Ratzinger: Dialektik der Säkularisierung. Über Vernunft und Religion [2004]. Mit einem Vorwort und hg. von Florian Schuller. Freiburg/Basel/Wien ⁵2006; ders.: Zwischen Naturalismus und Religion. Philosophische Aufsätze [2005]. Frankfurt am Main 2009.

sichts des Sterbens, die Hoffnung, nicht verloren zu sein. Religion durchbricht die unmittelbare Sorge um das tägliche Leben, sie liefert die Motive für theoretische Anstrengungen, die hinter die äußere Erscheinung schauen lassen. Der Theologe Paul Tillich bemerkt dazu:

> „Religion als das, was uns unbedingt angeht, ist die sinngebende Substanz der Kultur, und Kultur ist die Gesamtheit der Formen, in denen das Grundanliegen der Religion seinen Ausdruck findet. Kurz gefaßt: *Religion ist die Substanz der Kultur, und Kultur ist die Form der Religion.* Eine solche Auffassung verhindert endgültig einen Dualismus von Religion und Kultur. Jeder religiöse Akt, nicht nur in der organisierten Religion, sondern auch im geheimsten Winkel unserer Seele, ist kulturell geformt."[27]

Aus der Perspektive einer selbstbestimmten Bildung stellt sich auch hier die Frage, wie damit umzugehen ist. Es bleibt zu wiederholen: Die Bildungstheorie hat auf kritische Reflexion zu sehen, die einer Vereinnahmung vorbeugt. Bildung des Menschen in der Tradition der Aufklärung ist Selbstzweck, das gilt auch in Hinsicht des Religiösen, in welcher Weise und mit welchem Anspruch auch immer es in Erscheinung treten mag. Kritische Reflexion schließt selbstverständlich die Achtung des Menschen und den Respekt vor seinen Grundorientierungen ein. Das gebietet der einzige Zweck, dem Bildung unterworfen ist, der Mensch selbst.

Sollte die Epoche der Aufklärung zu Ende gehen und von einer neuen Post-Bewegung, der Postsäkularität etwa, endgültig abgelöst werden, wird auch der Begriff der Bildung in Bewegung geraten, wie so oft in den vergangenen Jahrhunderten. Dann wird es die Aufgabe der Bildungstheorie sein, ihr Feld neu zu bestellen. Die Vorsorge gebietet es, das Archiv des geschichtlichen Wissens um die Bildung des Menschen zu ordnen, damit in der Not Gedanken und Entwürfe vergangener Zeiten bereitliegen, nicht, um sie unbesehen zu erneuern, sondern um die dann fälligen eigenen Vorstellungen an ihnen zu prüfen und Anregungen aus ihnen zu gewinnen.

---

27    Paul Tillich: Aspekte einer religiösen Analyse der Kultur [1959]. In: ders.: Die religiöse Substanz der Kultur. Schriften zur Theologie der Kultur. Gesammelte Werke. Band IX. Hg. von Renate Albrecht. Stuttgart [2]1975, 100–109, hier: 101 f. (Hervorhebung K. H.). Vgl. Jan Assmann: Religion und kulturelles Gedächtnis. Zehn Studien. München 2000; Sascha Löwenstein: Religiöses Wissen und informelle Bildung. In: Spektrum Freizeit. Forum für Wissenschaft, Politik und Praxis. (2003), H. 2, 13–29; Karl Helmer: Kultur. Eine Skizze. In: Spektrum Freizeit. Forum für Wissenschaft, Politik und Praxis. Schwerpunkt: Kultur(arbeit), Bildung, Cultural Studies. Hg. von Gaby Herchert/Monika Witsch. (2004), H. I, 32–36.

# Lernen als Erfahrung des Denkens *oder:*
# Kann man in der Schule philosophieren?

*Andreas Nießeler*

„Unsere Lernkultur ist stark im Überwinden von Offenheiten und Widersprüchen – das Ausgraben und Scharfmachen von Unvertrautem hingegen gilt uns kaum als Lernleistung, so wenig wie das Aushalten von Leere, von Mehrdeutigkeiten."[1] Wer sich genauer mit Aufbau und Struktur des Bildungswesens beschäftigt, wird diese von Horst Rumpf scharf kritisierte Tendenz zu einer *Verödung der Lernkultur* wohl eher bestätigt, als durch den pädagogisch-didaktischen Fortschritt überwunden sehen, und es mag auf den ersten Blick verwundern, warum nach wie vor mehr Zeit in diese *Trivialisierung*[2] investiert wird anstatt in eine anspruchsvolle, zeitgemäße Bildungskultur, welche Gelegenheit zum Staunen, Fragen und Nachdenken lässt.[3]

Es gibt verschiedene Deutungsansätze für die Reduzierung von Bildungspotenzialen auf eindeutige und überprüfbare Lernleistungen. Am aussagekräftigsten sind wohl die Strukturanalysen Michel Foucaults, der gezeigt hat, dass die eigentliche Funktion der flächendeckenden Etablierung von Erziehungs- und Bildungsinstitutionen nicht in Bildung oder Ausbildung, sondern in der machterhaltenden Normierung des Individuums und der Formierung des Körpers besteht. Nach Foucaults These weist die Schule demnach ähnliche Strukturmerkmale auf wie das Gefängnis, das Irrenhaus oder die Klinik, die alle als perfekte Disziplinierungsanstalten eingerichtet wurden.[4]

Die Überwachung von möglichen Formen der Selbstbildung durch deren Institutionalisierung wird durch die Einschränkung der Bildung auf jene überschaubaren, vorhersehbaren und beherrschbaren Lernsituationen gewährleistet, die zusammen als effektiver Unterricht definiert werden. Diese Zentrierung auf

---

1    Horst Rumpf: Belebungsversuche. Ausgrabungen gegen die Verödung der Lernkultur. Weinheim/München 1987, 12.

2    Vgl. Helmut Schreier: Über das Philosophieren mit Kindern. In: Ludwig Duncker/Walter Popp (Hg.): Kind und Sache. Zur pädagogischen Grundlegung des Sachunterrichts. Weinheim/München ³1998, 41–56.

3    Vgl. dazu auch Andreas Dörpinghaus: Bildung. Plädoyer wider die Verdummung. In: Forschung & Lehre. 9 (2009), 1–14 (Supplement).

4    Vgl. Michel Foucault: Überwachen und Strafen. Die Geburt des Gefängnisses [1975]. Frankfurt am Main 1977.

kurzfristig evaluierbare Lernerfolge ermöglicht auf der einen Seite ein erfolgreiches Management der Bildungszeit in schulischen Institutionen, weil alle Um- und Irrwege, also die oft verschlungenen und zeitraubenden Pfade des Nachdenkens, geschickt umschifft werden können und den Lernenden ihr Hang zu ineffektiver Grübelei abgenommen wird.[5] Die Isolierung des Lernens von den eigentlichen Lebensproblemen stellt auf der anderen Seite aber notgedrungen eine Fokussierung der Bildung auf reine Lernprobleme dar und widerspricht damit dem vielseitigen Anspruch von Bildung, die als Wechselwirkung zwischen Mensch und Welt, zwischen Ich und Kultur ausgelegt ist und auf die *proportionierlichste* Ausbildung aller Kräfte jedes Einzelnen abzielt.[6]

Die traditionell reformpädagogische Forderung, nicht für die Schule, sondern für das Leben solle man lernen, wird mit den aktuellen Lernprogrammen und Bildungsplänen insofern beinahe unbemerkt unterlaufen, weil die ‚Ökonomisierung der Bildung', die Ausrichtung an skills und Kompetenzen, zwar nach den Anforderungen des späteren Berufslebens schielt, diesen Zukunftsbezug aber weder programmatisch noch konzeptionell einlösen kann: Denn weder kennen wir heute die zukünftigen Anforderungen des Berufslebens oder die Interessen und Lebenswege der Auszubildenden, noch wird die Reduzierung der Bildung auf das Durchlaufen vorgegebener Lernstationen diesem Anspruch einer grundständigen Bildung gerecht. Mag das erste Problem durch Curriculumforschung oder Bedarfserhebungen empirisch lösbar scheinen (wenngleich bereits Saul B. Robinsohn seine Schwierigkeiten vor allem mit langfristigen Prognosen hatte[7]), so steckt der ‚Teufel' im Detail des zweiten Problems: Die in der Konzeption evaluierbarer Bildung implizite Notwendigkeit der permanenten Konstruktion von überprüfbaren Lernaufgaben reduziert stetig die Lernsituation auf die eigenen Vorgaben und konstruiert damit quasi automatisch einen Bildungsraum, der sich nur noch auf sich selbst bezieht und jeglichen Kontakt zu einer außerschulischen Wirklichkeit verliert. In diesem selbstreferenziellen System interessieren nicht mehr Bildungsgehalte oder bemerkenswerte Phänomene, vielleicht gar mit lebensweltlicher Relevanz, sondern nur noch Lösungen und Abschlüsse: Bildung wird damit zu einer perfekten Einrichtung von Lernaufgaben, deren eigentliche Problematik in der Perfektion dieser Lernsituationen liegt.[8]

---

5    Vgl. dazu Walter Müller: Vor der Kommission. Zur Evaluation eines skeptischen Pädagogen. In: A. Dzierzbicka et al. (Hg.): In bester Gesellschaft. Einführung in philosophische Klassiker der Pädagogik von Diogenes bis Baudrillard. Wien 2008, 202–208.

6    Vgl. Dietrich Benner: Wilhelm von Humboldts Bildungstheorie. Eine problemgeschichtliche Studie zum Begründungszusammenhang neuzeitlicher Bildungsreform. Weinheim/München 1990, 77.

7    Vgl. Saul B. Robinsohn: Bildungsreform als Revision des Curriculum. Neuwied 1967.

8    Dies geht soweit, dass Lernen heute gar nicht mehr anders verstanden wird als im Kontext unterrichtlicher Situationen (vgl. Käte Meyer-Drawe: Diskurs des Lernens. München 2008).

Es gibt viele pädagogische Phantasien und Gegenentwürfe zur Foucault-schen Einrichtung, die, mit dem Duktus des Reformerischen, manchmal Revolutionären behaftet, andere Bilder von Schule und Unterricht zu kreieren versuchen.[9] Diesen oft auch lebensreformerischen Konzepten ist der Anspruch gemeinsam, näher am eigentlichen Kern der Bildung zu sein als nur durch ihre gesellschaftliche Relevanz legitimierte Schul- und Bildungskonzepte. Eines dieser Bilder hat Leonard Nelson in seiner pädagogischen Theorie der sokratischen Methode ausskizziert. Nach dem Vorbild des Lebens- und Denkweges von Sokrates konzipiert Nelson Bildung radikal als Freisetzung zum Selbstdenken:

„Sokrates ist der erste, der getragen von dem Vertrauen in die Kraft des menschlichen Geistes, die philosophische Wahrheit zu erkennen, mit diesem Vertrauen die Überzeugung verbindet, daß nicht Einfälle oder äußere Lehren uns die Wahrheit erschließen, sondern daß nur planmäßiges unablässiges Nachdenken in der gleichen Richtung uns aus dem Dunkel zum Licht führt. Hierin liegt seine philosophische Größe. Seine pädagogische Größe liegt darin, daß er wiederum als erster die Schüler auf diesen Weg des Selbstdenkens weist und nur durch den Austausch der Gedanken eine Kontrolle einführt, die der Selbstverblendung entgegenwirkt.“[10]

Diesem Grundsatz gemäß hat Nelson als wichtigste Unterrichtsmethode die sokratische Methode im Sinne einer pädagogischen Maieutik gefordert und in seinen eigenen praktischen Versuchen in dem Landschulheim „Walkemühle“ auch expliziert. Dabei geht es ihm ganz im Geiste Sokrates' darum, das scheinbar sichere Wissen in seiner Unvollkommenheit zu entlarven. Die Hauptbemühungen seines Unterrichtes liegen darin, die Schüler dazu zu befähigen, diese (selbst-) kritische Methode auszubilden und anzuwenden, weshalb er auch verschiedene Übungsformen für eine philosophische Grundbildung entwickelt.

„[Pädagogik meint] nicht die Kunst, über Philosophie zu unterrichten, sondern Schüler zu Philosophen zu machen.“[11]

Die Konzeption des „Philosophierens mit Kindern“ ist inzwischen eine internationale Bewegung, deren Breitenwirkung in den 1970er und 1980er Jahren mit Lipman und Matthews in den USA etabliert wurde. Weitere maßgebende Wurzeln finden sich in der Reformpädagogik des beginnenden 20. Jahrhunderts und

---

9   Vgl. auch Walter Müller: Zur Geschichte radikaler Schulkritik in der jüngeren Vergangenheit. In: Wolfgang Fischer: Schule als parapädagogische Organisation. Kastellaun 1978, 9–24 und 180–185.

10  Leonard Nelson: Die sokratische Methode [1931]. In: ders.: Vom Selbstvertrauen der Vernunft. Schriften zur kritischen Philosophie und ihrer Ethik. Hamburg 1975, 211.

11  Ebd., 193.

in der geisteswissenschaftlichen Pädagogik. Neben Nelson, den zum Beispiel Martin Wagenschein als einen seiner pädagogischen Vorbilder nennt, sieht beispielsweise Herman Nohl in der Vergeistigung des Seins, Denkens und Tuns ein wesentliches Moment seiner Zukunftsschule, die als Ort der philosophischen Reflexion des eigenen Denkens und Handelns angelegt ist.[12] Sicherlich mag die Forderung, jemanden zu einem Philosophen *machen* zu wollen, sowohl mit Blick auf die unverfügbare Individualität als auch hinsichtlich des inhärenten Philosophieverständnisses problematisch sein; denn weder muss jeder zum Philosophen geeignet sein, noch muss die Philosophie auf die sokratische Methode festgelegt werden. Dennoch ist interessant, dass der Ansatz des „Philosophierens mit Schülern" eine Alternative zu den aktuellen Lernprogrammen beinhaltet, die nicht nur Freiräume zum Nachdenken eröffnet, sondern auch diese Erfahrung des Denkens zu einem zentralen Bildungsmoment werden lässt.

Auffällig ist zuerst die andere Qualität der Fragen, mit denen sich Kinder schon sehr früh auseinandersetzen wollen, wenn man ihnen mehr zugesteht, als nur Antworten auf Fragen zu geben, die im Grunde bereits die Antworten selbst enthalten. In einer Studie hat Carmen Donges diese Fragelandschaften von Kindern im Grundschulalter erhoben. Ein erster Komplex bezieht sich darauf, was eigentlich zwischen Himmel und Erde passiere.[13] So wollten die Kinder wissen:

- Warum sind die Blumen so schön?
- Wie ist der erste Baum / das erste Ei entstanden?
- Wie ist das erste Tier auf die Welt gekommen?
- Warum fallen wir nicht von der Erde?
- Was ist hinter dem Weltraum?
- Wieso schweben die Planeten eigentlich und fallen nicht runter?
- Warum gibt es Schwerkraft?
- Woher kommt das Universum?
- Wie ist der Urknall entstanden?
- Wie ist eigentlich alles entstanden?

---

12   Vgl. Herman Nohl: Die Philosophie in der Schule [1922]. In: Pädagogik aus dreißig Jahren. Frankfurt am Main 1949. Zur geschichtlichen Entwicklung siehe Nicole Klemm/Oliver Holz: Theoretische Ansätze des Philosophierens mit Kindern. In: Martin Bolz (Hg.): Philosophieren in schwieriger Zeit. Münster u. a. 2003, 173–185.
13   Vgl. Carmen Donges: Natur und Kosmos im Spiegel kindlichen Nachdenkens – Theoretische Befunde und Beispiele aus der Praxis des Grundschulunterrichts. In: Ludwig Duncker/Andreas Nießeler (Hg.): Philosophieren im Sachunterricht. Imagination und Denken im Grundschulalter. Münster 2005, 63–93.

Wenngleich nicht alle Fragen als genuin philosophische Fragen einzuordnen sind und manche besser in einem auf eindeutige Erkenntnis bezogenen Unterricht behandelt werden können als in philosophischen Gesprächen, zeigen andere Fragen die Tiefsinnigkeit dieses kindlichen Nachfragens, das nur vordergründig als naiv zu charakterisieren wäre. Als Nachfrage an die Stimmigkeit von Theorien des Lebendigen sind folgende Fragen einzuordnen:

- Warum sind Maulwürfe blind?
- Warum sind viele Tiere so scheu?
- Gibt es echt einen Pferdeflüsterer wie im Film?
- Wie viele Tiere gibt es auf der Welt?
- Wie viele Tierarten gibt es auf der Welt?
- Was ist überhaupt das Leben?
- Warum gibt es das Leben?

Schließlich konnten auch metatheoretische Fragen beobachtet werden:

- Warum gibt es überhaupt Fragen?
- Wie entstehen Fragen?
- Wie kommen die Gedanken in meinen Kopf?

Prinzipiell weisen diese Fragen auf die Komplexität kindlicher Vorstellungswelten hin und belegen, dass das Anspruchsniveau von Kinderfragen das Lehrplanniveau meist erheblich übersteigt.[14] ‚Normalerweise‘ können diese Interessensgebiete im Unterricht nicht ernst genommen werden. Fragen dürfen vorrangig nur von der Lehrkraft formuliert werden, und zwar in Gestalt einer ‚didaktischen Ostereiersuche‘, bei welcher die erwarteten Antworten fein säuberlich in wohlkalkulierten und vorausgeplanten Fragen versteckt werden und das Unterrichtsgespräch einer ratenden Suchbewegung gleicht, die mit Hilfe dosierter Impulse irgendwann zum Ziel führen wird. Zwar wird immer wieder behauptet, diese Form des entwickelnden Fragens beziehe sich auf die sokratische Methode; sie kann jedoch nicht deren tieferen Gehalt erfassen. Das Fragen im sokratischen Sinne richtet sich nämlich nicht auf das Wissen, sondern auf das Nichtwissen, ist also weit mehr als nur ein weiteres antreibendes, motivierendes Element im Getriebe der Wissensmaschine, da es diese erst einmal zum Stillstand bringen soll. Unterricht, der sich nur durch die Wissensproduktion legitimiert, muss die eigentlichen Fragen also umgehen, da diese auch unerwartete, gar unproduktive

---

14   Vgl. Michaela Vogt/Margarete Götz: „Warum weht der Wind?" – Kinderfragen als Forschungsgegenstand und Herausforderung für die Bildungspraxis. In: <www.widerstreit-sachunterricht.de>, Nr. 13, Oktober 2009.

Momente innehaben könnten, eine Aura des Unlösbaren, die als störendes Element zusammen mit dem Fragenden an den Rand des Unterrichts gedrängt, im wahrsten Sinne zurückgestellt wird.[15]

Ein zweites Moment ist bei näherer Betrachtung an philosophischen Gesprächen pädagogisch auffällig: nämlich die angestrengte Widerständigkeit, mit der eigene Argumente gegen vorherrschende Meinungen und Lehrabsichten eingebracht und auch verteidigt werden, bevor ein abschließendes oder vorläufiges Urteil gebildet wird.

Dies wird an folgendem Dialog deutlich, der sich in einer vierten Klasse im Anschluss an die Auswahl einer der oben formulierten Fragen entwickelte. Das Gespräch drehte sich um Theorien des Lebendigen. Dabei kam zur Sprache, wie viele Tiere und Tierarten es auf der Erde gibt, wo sie herkommen, warum Maulwürfe blind sind und warum es überhaupt das Leben gibt. Als Einstieg wurden die Kinder aufgefordert zu vermuten, wie viele Tiere und Tierarten es wohl auf der Erde gebe. Dazu wurden Zahlen aus einem Kinderbuch zur Urgeschichte recherchiert. Manche staunten, andere stutzten, und schon setzte der Zweifel ein, ob man Tiere und Tierarten überhaupt zählen könne, weil sich manche Tiere so schnell vermehren, andere wiederum so klein oder versteckt sind, dass man sie leicht übersieht, und nicht zuletzt deshalb, weil manche noch gar nicht entdeckt wurden und weil so viele Arten schon ausgestorben sind und täglich weitere aussterben. Dies führte die Gruppe weiter zu einem spannenden Begriffsbildungsprozess hinsichtlich dessen, was das Lebendige vom Leblosen unterscheidet:

„„Vielleicht besteht ein Stein aus einem Tier. Das kann ja auch sein, dass ein Tier ein Stein ist zum Beispiel [...] das haben sie vielleicht noch nicht rausgekriegt. Nur dass er sich nicht bewegt, dass man keine Nase und so sieht.'

Hier ist noch keine begriffliche Unterscheidung zwischen *lebendig* und *leblos* vorgenommen. Auf meine Frage, ob das sein könne, dass ein Stein ein Tier ist, wurden Zweifel angemeldet: *,Ich wollte nur sagen, dass ich nicht glaube, dass ein Stein ein Tier ist, weil ich habe schon oft gesehen, wie Steine in zwei gebrochen wurden und da muss doch irgendwas sein. Es kann doch nicht sein, dass es einfach nur eine feste Substanz ist, weil dann kann's ja nicht leben.'*

Damit war die Frage gestellt, die ich nur zu wiederholen brauchte: *,Was meinst du denn mit »leben«?'*

Nun wurde gesammelt: Blut, Herz, Puls, atmen, Geräusch/Stimme (,quietschen'), Geruchssinn, [...], was lebt, was wächst.

Das Kind mit dem Konzept ,Stein kann auch lebendig sein' argumentiert nun damit, dass Steine auch wachsen, wenn auch über Millionen von Jahren. Nun wurde

---

15   Vgl. dazu Andreas Nießeler/Ina Katharina Uphoff (Hg.): Pädagogische Auffälligkeiten. Deutungsmuster von Verhaltensstörungen und Verhaltensauffälligkeiten – kritisch betrachtet. Würzburg 2009.

entgegen gehalten, dass ein Lebewesen essen und trinken und sich bewegen können muss (‚rumlaufen‘) – was ein Stein nicht kann. Nun gab es von anderer Seite Beistand für die Ausgangsbehauptung: ‚Bäume haben auch kein Herz, aber leben.‘ Gegenposition: ‚Aber er (der Baum) lebt, weil er atmet.‘ Und: ‚Ein Baum hat ja eigentlich auch Blut, also Harz.‘ Also gehört ein Baum zur Kategorie lebendiger Wesen. Aber der Stein? Kann ein Stein lebendig sein?

Die Pro- und Kontra-Argumente greifen jetzt auf abstraktere Vorstellungen zurück, rücken vom Perzeptuellen ab zum Funktionellen und Strukturellen. ‚Wasser gehört auch unbedingt zum Leben. [...] Nur ein Stein, der kann total trocken sein, in der Wüste.‘ Und Sauerstoff, im Wasser ist Sauerstoff. ‚Aber den braucht man nicht. Nur Wasser für's Trinken. Aber nicht wegen dem Sauerstoff.‘

Nun führt der Schüler wieder ein neues Argument für seine Ausgangsthese an, dass Steine lebendig sein können: Er knüpft daran an, dass im Blut wie im Körper von Lebewesen Bakterien sind: ‚Das kann ja so ähnlich sein, dass der Stein die in sich hat. So ein anderes kleines Minitier, Bakterien oder so.‘

Und als ich dann, eine Zusammenfassung anstrebend, die Schülerfrage vorlege, warum es überhaupt das Leben gibt, werden neben Wasser und Sauerstoff als Bedingungen Urtierchen angeführt, entstanden ‚durch einen Zufall vielleicht [...] und das hat sich vielleicht über Milliarden Jahre entwickelt.‘ Vom Strukturellen geht es also weiter zum Prinzipiellen: Das Urtierchen wird bemüht, wie bei Goethe die Urpflanze. Nun noch ein letzter Versuch: ‚Es gibt künstliche Methoden, Bakterien zu erzeugen. Vielleicht ist das ja irgendwann mal passiert mit Blitz, Wasser, Gas und so [...].‘ (Er bezieht sich auf eine Katastrophe wie die des Meteoriteneinschlags vor 65 Millionen Jahren, der die Dinosaurierära beendet hat.)“[16]

Dieses Gespräch gibt einen genauen Einblick in die intensiven Denk- und Argumentationsprozesse, die mit kindlichen Theorien über das Leben verbunden sind. Einerseits werden mit intellektueller Vehemenz und Beharrlichkeit eigene Überzeugungen vertreten und mit immer neuen Argumenten gegen mögliche Angriffe verteidigt. Die Kinder bringen dabei ihre eigenen Vorstellungen ein, die sie von sich und der Welt gebildet haben und die ihnen helfen, Erscheinungen zu klassifizieren und zu ordnen, etwa nach den Kategorien „Was ist belebt? – Was ist nicht belebt?“ Solche Orientierungen sind nicht nur notwendig, um in der Lebenswelt bestehen zu können (man muss für sich wissen, ob und wann Gefahr von einem Stein oder einem Tier ausgehen kann). Der Mensch als weltoffenes Wesen entwickelt sie von Anfang an, weil er keine instinktiven Sicherheiten hat und sich notgedrungen die Welt deuten und ihre Zusammenhänge erklären muss, was Martinus J. Langeveld als elementare *Sinngebungsbedürftigkeit* charakterisiert hat.[17]

---

16  Donges, Natur und Kosmos im Spiegel kindlichen Nachdenkens, a. a. O., 78–81.
17  Vgl. Martinus J. Langeveld: Das Ding in der Welt des Kindes. In: Studien zur Anthropologie des Kindes. Tübingen [3]1968, 142–156.

Aus didaktischer Perspektive ist die hermeneutische Struktur dieses im Gespräch enthaltenen Lernprozesses interessant, der sich im Zusammenspiel von Auslegen, Verstehen und Neustrukturieren entwickelt. Die Offenheit und Pluralität der Antworten mag auf der einen Seite als Problem dieses Unterrichts gesehen werden, insofern dieser ergebnisoffen und in seinen Lernerfolgen nur schwer evaluierbar bleibt. Auf der anderen Seite schärfen diese Formen eines dialogischen Lernens das Bewusstsein für die unhintergehbare Perspektivität möglicher Weltsichten und für die symbolische Struktur aller menschlichen Weltdeutungen, die von Grunde auf variabel und diskutabel sind. Die philosophische Perspektive zeigt vor allem die Entstehungsgeschichte und damit die Vorläufigkeit und Bedingtheit von Weltsichten, deren Wahrheit selbst erst in der denkenden Auseinandersetzung dem Sein abgerungen werden muss.

Die Stärke dieser philosophischen Lernformen liegt gerade darin, dass Denkprozesse eben nicht durch Merkwissen und fertige Begriffe und Definitionen abgeschlossen werden, sondern die Genese und Stimmigkeit dieses nur scheinbar selbstverständlichen Merkwissens hinterfragt wird. Das soll nicht bedeuten, dass nun der gesamte Unterricht als „Philosophieren" verstanden würde, was ja sowohl ein Missverständnis von Unterricht als auch von Philosophie wäre. Vielmehr geht es darum, dass an bestimmten Stellen bewusst die Gelegenheit zum Nachdenken eingeräumt wird, wie es denn zur Entstehung von Wissen kommt und ob die Überzeugungskraft mancher Aussagen und Worte einer genauen Prüfung und bohrenden Anzweifelung standhalten kann, was ja der Grundeinstellung der philosophischen Methode von Sokrates über Descartes bis Husserl und Rorty entspricht.

Ein wesentliches Ziel bei diesen Bildungsbemühungen ist die Stärkung des Vermögens, sich selbst ein kompetentes Urteil zu bilden und demgemäß selbstständig nach seinem eigenen Urteil zu handeln. Diese grundsätzliche Handlungsorientierung durch die Entfaltung der Urteilskraft kann sich allerdings nicht in einer Art ‚Circle-Training der Vernunft' ausbilden, sondern bedarf der Einbindung in die Auseinandersetzung mit tatsächlichen Lebens- und Weltproblemen, da sich dahinter die anthropologische Befindlichkeit des Menschen als eines weltoffenen Wesens widerspiegelt, das nicht im voraus definiert ist, sondern sich erst selbst bestimmen muss durch eigenes Handeln. Die Entwicklung dieses Selbstbewusstseins als Fundament der *Orientierung im Denken* kann nicht durch Belehrung oder Wissensaneignung entwickelt werden, da es fertiges Wissen zuerst einmal in Frage stellt. Vielmehr spiegelt sich in Formen dialogischen Lernens ein genetischer Prozess, der, ausgehend von einem kritischen Hinterfragen und beständigen Überprüfen, das individuelle Fundament des Nachdenkens bildet. Wenn schon von grundlegenden Kompetenzen gesprochen werden soll, dann müsste an erster Stelle das Reflexionsvermögen und ein Ethos der Nachdenklichkeit genannt werden, das den Einzelnen in die Lage versetzt, Routinen und Vorurteile zu hinterfragen, einer Sache auf den Grund zu gehen und auch einmal von seinen eigenen Fehlurteilen abzusehen. Matthew Lipman, einer der Hauptvertreter des Philosophierens mit Kindern, ordnet diese Nachdenklichkeit daher den unverzichtbaren basic skills zu, also jenen Basiskompetenzen, welche für andere Fähigkeiten und Fertigkeiten fundierende Bedeutung haben: „Thinking is the skill *par excellence* that enables us to acquire meanings."[18]

Es mag zu hoffen sein, dass niemand auf die Idee kommen wird, daraus ein Standardmodell philosophischer Kompetenzen zu machen, eventuell aufgeschlüsselt in verschiedene Teilkompetenzen mit entsprechend formulierten Aufgabenniveaus, da sich die *Qualität des Nachdenkens* weder testen noch sichern lässt. Die philosophische wie pädagogische Zielsetzung kann sich nämlich nur immer wieder neu durch ihre Verwirklichung entfalten: „Was Philosophie sei, das muss man versuchen."[19]

---

18    Matthew Lipman/Ann Margaret Sharp/Frederick S. Oscanyan: Philosophy in the Classroom. Philadelphia [2]1980, 13 (Hervorhebung im Original).
19    Karl Jaspers: Einführung in die Philosophie. München/Zürich [24]1985, 13.

# Michel de Montaigne
# Erziehung – Skepsis – Latina

*Walter Eykmann*

> „Ich sehe ihn als Erzvater, Schutzpatron und Freund
> jedes ‚homme libre' auf Erden, als den besten Lehrer ...,
> sich selbst zu bewahren gegen alle und alles."
>
> *Stefan Zweig*

Die im Titel gebrauchten drei Begriffe scheinen prima vista beziehungslos nebeneinander zu stehen. Überdacht werden sie von dem Namen eines Denkers, der auch nicht gerade für eine strenge Systematik seines Denkens berühmt ist. Und in der Tat sollen sie gleich beim ersten Hinsehen die Vermutung wecken, in diesem kleinen unseren Essay soll der Versuch unternommen werden, dem französischen Essayisten nicht nur inhaltlich, sondern auch methodisch gerecht zu werden. Erziehung, Skepsis und die Latina stehen nur in einem lockeren Zusammenhang, und dieser soll (und kann auch wohl nur) auf essayistische Weise sichtbar gemacht werden.

Dem Gelehrten, dem die hier gesammelten Beiträge zugedacht sind, gelten die Überlegungen zu Erziehung und Skepsis – wegen seines Berufes und wegen seiner Neigung –; die neu übersetzten und interpretierten Latina möge er als ein kleines Florilegium betrachten – wegen des Anlasses dieser Festgabe.

## Montaigne

Michel de Montaigne[1] wurde am 28. Februar 1533 auf Schloss Montaigne bei Bordeaux als erster Sohn nach zwei Schwestern bei insgesamt sieben Geschwistern geboren. Auf Anweisung seines Vaters wurde ihm als erste Sprache Latein durch den deutschen, humanistisch gebildeten Hauslehrer und Arzt Horstanus, der des Französischen nicht mächtig war, beigebracht. Interessanterweise schreibt Montaigne seine späteren „Les Essais", mit denen er literarischen Weltruhm erlangte, in Französisch und nicht in Latein, wie es aber etwa zur gleichen

---

1    Uwe Schultz: Michel de Montaigne. Reinbek bei Hamburg [4]2005; Stefan Zweig: Montaigne. Frankfurt am Main [4]2001.

Zeit sehr wohl Erasmus von Rotterdam tut. Mit sechs Jahren lernt er seine Muttersprache Französisch.

Nach dem Studium der Rechtswissenschaften wirkt er einige Jahre als Parlamentsrat und wird für die Zeit von 1581 bis 1584 zweimal zum Bürgermeister von Bordeaux gewählt. Vorher, am 25. September 1565, heiratet er Françoise de la Chassagne, Tochter eines Ratskollegen im Parlament von Bordeaux. Sechs Töchter gehen aus der Ehe hervor, wobei jedoch nur die Tochter Leonore (*1571) das Erwachsenenalter erreicht.

Ebenfalls vor der Zeit seines kommunalen Mandats besucht Montaigne in den Jahren 1559–1563 und 1580/81 auf ausgedehnten Bade- und Bildungsreisen mehrere Städte Frankreichs, aber auch Italiens (Audienz am 29. Dezember 1580 bei Papst Gregor XIII: Ehre des Fußkusses!), der Schweiz und Deutschlands. – Die ihm verbleibende Lebenszeit verbringt er als Schriftsteller auf seinem Schloss, wo er am 13. September 1592, nur 59-jährig, an einer schweren Angina stirbt, ein Jahr, nachdem er Großvater geworden ist.

„Dieses einzige Buch seiner Art auf der Welt ...“[2], das den Titel „Essais" trägt, wirkte in der Tat stilbildend in der europäischen Literatur. In der deutschen und englischen Sprache „Essay" genannt, erfand Montaigne den Essay als originäre Form der literarischen Selbstreflexion, was diesem Genre bei ihm von vorneherein einen philosophisch-pädagogischen Charakter verlieh. Dieses Genos zeichnet sich durch einen ‚offenen Zuschnitt‘ aus, den weder lyrische, philosophische, rhetorische oder andere Gliederungsprinzipien einengen. Dieser „Versuch" stellt keine systematische, methodisch begründete wissenschaftliche Abhandlung dar. Tendentiell kann in ihm alles vorkommen, weshalb er manchmal respektlos auch als Sammelsurium bezeichnet wurde: Hier fünf extreme Beispiele: „Über die Menschenfresser" (I/31); „Betrachtung über Cicero" (I/40); „Über das Beten" (I/56); „Über die Daumen" (II/26); „Über drei vortreffliche Frauen" (II/35).

Montaigne selbst nennt seine Veröffentlichungen ironisch „Salat", „schlechtes Ragout", „Fricassée", „verworrenes Geschwätz", „groteske Mißgeburten" und „Phantastereien eines Menschen, der von den Wissenschaften nur die oberste Kruste probiert hat."[3] Dem hält Hugo Friedrich entgegen: „Dennoch ist Montaigne zugleich der Schöpfer wie der erste Theoretiker des Essays."[4]

---

2    Hans Horst Henschen: „Dieses einzige Buch seiner Art auf der Welt ...". Zum 400. Todestag des Philosophen Michel de Montaigne. In: „SZ am Wochenende" v. 12./13. September 1992, Nr. 211.

3    Volker Roloff: Montaigne. Essais. In: Kindlers Neues Literatur Lexikon. Hg. von W. Walter Jens. Band 11. München 1988 ff., 885–887, hier: 885.

4    Hugo Friedrich: Montaigne. Bern-München ²1967, 312.

Konkret arbeitet Montaigne an dem ersten Buch seiner Essais 1572/73 und am zweiten 1577–1580; veröffentlicht werden beide Bände gemeinsam im Jahr 1580, als er sie König Heinrich III. in Paris überreicht. Ende 1580 legt er bei seinem Romaufenthalt Wert darauf, dass auch der Vatikan seine opera nachhaltig zur Kenntnis nimmt, auch wenn er die Korrekturvorschläge der Kurie[5] nicht akzeptiert. 1582, also während seiner Bürgermeisterzeit in Bordeaux, werden beide Bände überarbeitet, erweitert sowie in zweiter Auflage herausgegeben. Sechs Jahre später (1588) reist Montaigne erneut nach Paris, um eine weitere Neuausgabe seiner Essais zu veröffentlichen, jetzt aber (erstmals) um einen dritten Band ergänzt. Bis an sein Lebensende hat er immer wieder die Essais ergänzt und verändert – später werden wir es bei den pädagogisch einschlägigen Essays genauer darstellen –, werfen jetzt aber erst einen Blick auf das Vorwort, das er „An die Leser"[6] gerichtet hat.

Aus ihm lassen sich bereits drei wichtige Kriterien entnehmen, die seine Schreibweise, grundsätzliche Einstellung sowie seine Ziele widerspiegeln. Er wollte einfach und verständlich schreiben, und zwar nur zum privaten Gebrauch für seine Verwandten und Freunde. Man könne seine einfache und natürliche Lebensart gut erkennen, und vor allem entwickle er seine Gedanken ohne großen theoretischen Aufwand. „Meine Fehler sage ich frank und frei sowie ohne Falsch heraus: denn ich bin es selbst, den ich male;"[7] – „denn ich stelle mich als den dar, der ich bin."[8] Gegen Ende seiner Einführung betont er diese Ich-Bezogenheit noch einmal: „So bin ich also, Leser, selbst der Stoff meines Buches."[9]

---

5    Vgl. Schultz, Michel de Montaigne, a. a. O., 56.
6    Michel de Montaigne: Essais. Erste moderne Gesamtübersetzung. Hg. von Hans Stilett. Frankfurt am Main 1998. Vgl. Club Montaigne. In: SZ v. 1. September 2010, 3 – ein großer Bericht über den 88-jährigen Journalisten und Übersetzer Hans Stilett, der mit bürgerlichem Namen Hans Adolf Stiehl heißt. – Michel de Montaigne: Essays über Erziehung. Drei vollständige Essays, nebst ausgesuchten Beigaben zur Einführung und Abrundung. Übersetzt und hg. von Ulrich Bühler. Bad Heilbrunn/Obb. 1964 (Klinkhardts Pädagogische Quellentexte). Auch wenn mir die Übersetzung von Stilett flüssiger erscheint, zitiere ich in der Regel Bühler. Der Grund liegt darin, dass Ulrich Bühler ganz bewusst pädagogische Essays aus dem Gesamtwerk Montaignes ausgewählt und übersetzt sowie sich in Bühler selbst ein Erziehungswissenschaftler mit Montaigne beschäftigt hat. – Im Folgenden werden Zitate aus der Bühlerschen Übersetzung so gekennzeichnet: BÜHLER (I, 26; 10) – bedeutet: Auf Seite 10 in der Klinkhardt-Ausgabe wird aus dem 26. Essay des ersten Buches (hier: Über die Erziehung der Kinder) zitiert. – STILETT (I, 26; 78 R. ) – bedeutet: Auf Seite 78, Spalte L. (oder) R. wird in der Werkausgabe von Stilett aus dem 26. Essay des ersten Buches (hier: Über die Knabenerziehung) zitiert. – Allein an dieser Übersetzung der gleichen Überschrift des Essai 26 (im ersten Buch) sieht man die Divergenz, vielleicht sogar den Kontrast zwischen beiden Übersetzern beziehungsweise Interpreten.
7    BÜHLER (An die Leser; 5).
8    STILETT (An die Leser; 5). Hier kann man sehr gut die unterschiedlichen Übersetzungen studieren.
9    Ebd.

Oder an anderer Stelle: „Ich studiere mich selbst mehr als irgendetwas anderes –
das ist meine Metaphysik, das ist meine Physik."[10] 1676, folglich vierundachtzig
Jahre nach seinem Tod, werden die „Essais" auf den „Index librorum prohibito-
rum" gesetzt.

Die Arbeit an den Essais hat sich über viele Jahre hingezogen, und ihr Autor
sparte wahrlich nicht an Korrekturen und Ergänzungen; man spricht von mehr
als tausend Veränderungen. Daraus lassen sich manche Ungereimtheiten und
Widersprüche erklären; dennoch kann festgehalten werden: Trotz der nicht zu
übersehenden Gegensätzlichkeiten gibt es Grundtendenzen, die man trefflich mit
den Begriffen „Naturalismus" und noch stärker „Skeptizismus" fassen kann.

In einem Themenheft der „Vierteljahrsschrift für wissenschaftliche Pädagogik" von 1994 stellte Marian Heitger kritisch fest: „Übereinstimmend beschreibt
die wissenschaftliche Pädagogik ihren eigenen Zustand als den der Ermüdung,
der Resignation oder auch der Skepsis. [...] In vorweg genommener Selbstbeschränkung will sie [die Skeptische Pädagogik] gar nichts anderes als die metaphysischen Voraussetzungen anderer miteinander streitenden Konzeptionen von
Pädagogik aufdecken."[11] Bereits sechs Jahre vorher hatte der Jubilar und Adres-
sat dieser Festgabe mit Blick auf den Erzieher und den Educandus formuliert:
„Bezieht man dieses [unter anderem den Abschied vom Prinzipiellen] [...] in die
Überlegung mit ein, dann ist es dem Skeptiker sehr wohl möglich, zu erziehen
und zu unterrichten. [...] Denn [...] bei den Heranwachsenden (kann ebenso
wenig) davon ausgegangen werden, daß eine skeptische Handlung zwangsläufig
zur Entscheidungsaskese oder gar zur völligen Entschlußlosigkeit führt."[12]

Von beiden zitierten Autoren wird Skepsis nicht als Pessimismus oder gar
als nihilistische Haltung verstanden, sondern als eine pädagogisch sinnvolle
Denkform.

Naturgemäßheit oder pädagogischer Naturalismus meinen generell einmal
das Übertragen von Ordnungsprinzipien, welche in der Natur gelten, in der Sprache der pädagogischen Metaphorik: beispielsweise das Modell vom Gärtner und
jenes von Samen und Pflanze. In einem Wörterbuch der Pädagogik liest man
darüber hinaus: „Daneben bezeichnet Naturgemäßheit die Forderung, die Erziehung müsse der Natur (= dem Wesen) des Kindes entsprechen: Berücksichtigung
eines entwicklungspsychologischen Stufengangs, spezieller lernpsychologischer

10   STILETT (III, 13; 541).

11   Marian Heitger: Skeptische Pädagogik – eine modische, notwendige, fragwürdige Entwick-
     lung. In: Vierteljahrsschrift für wissenschaftliche Pädagogik. 70 (1994), 1–4; hier: 1 und 2.

12   Walter Müller: Skepsis – eine pädagogische Lebensform? In: Dieter-Jürgen Löwisch/Jörg Ruh-
     loff/Peter Vogel (Hg.): Pädagogische Skepsis. Wolfgang Fischer zum einundsechzigsten Ge-
     burtstag. Sankt Augustin 1988, 115–126; hier: 123 und 124.

Eigenarten [...]; Anerkennung des Kindseins als vom Erwachsenen verschiedene Lebensform."[13]

So gesehen wird Erziehung nicht als ein machtvolles Eingreifen des Erziehers in die Entwicklung des Kindes verstanden. Ebenso darf unter keinen Umständen – die Metapher reifizierend – daran gedacht werden, von außen veritable Ideale, bestimmte Haltungen oder gar aufgesetzte Ziele in das Kind ‚einzupflanzen'. Erziehung wird vielmehr gesehen als das indirekte Unterstützen, Bereitstellen, Organisieren der äußeren Bedingungen, damit der Gang der Natur[14] seine höchste Vervollkommnung findet.

## Erziehung

Bei den Interpreten der Montaigneschen Essais ist es umstritten, welche „Versuche" in den Bereich der Pädagogik gehören: Günter R. Schmidt (1979)[15] nennt diese: „Über die Schulmeisterei" (I, 25), „Über die Kinderziehung" (I, 26), „Über die Liebe der Väter zu den Kindern" (II, 8). Michel Söetard (2009)[16] zählt dazu: „Über die Kinderziehung" (I, 26), „Über die Liebe der Väter zu ihren Kindern" (II, 8), „Über die Erfahrung" (III, 16).

Bei genauerem Hinsehen wäre schon zu entscheiden, warum Günter R. Schmidt eine andere Zusammenstellung als Michael Söetard wählt. Dies soll hier aber nicht weiter untersucht werden. Wir entscheiden noch einmal anders, folgen im Wesentlichen Günter R. Schmidt, fügen aber zur Abrundung noch Teile aus „Über dreierlei Umgang" (III, 3), darin einiges über Mädchenbildung, und „Über den Dünkel" (II, 17), darin manches über die Mangelhaftigkeit der damaligen Erziehungsmethoden, hinzu.

Beginnen wir gleich mit der Montaigneschen Kritik[17] an der Erziehung, die ihm selbst zuteil geworden ist. Recht deutlich artikuliert er an drei Beispielen – in vielfältiger Hinsicht ausgesprochen modern anmutend –, dass ihm die Herkunft und Etymologie des Begriffes „Tugend" beigebracht worden sei, aber nicht, dass oder wie er den Tugenden folgen „und sie umarmen"[18] solle. Gleiches sei mit der

---

13 Winfried Böhm: Wörterbuch der Pädagogik. Stuttgart [16]2005, 455.

14 Vgl. Walter Eykmann: Friedensverkündigung und Friedenserziehung. Würzburg 1991, 136/ 137.

15 Vgl. Günter R. Schmidt: Michel de Montaigne. In: Klassiker der Pädagogik I. Hg. von Hans Scheuerl. München 1979, 49–66, hier: 59.

16 Michel Söetard: Michel de Montaigne. In: Winfried Böhm/Birgitta Fuchs/Sabine Seichter (Hg.): Hauptwerke der Pädagogik. Paderborn 2009, 294.

17 BÜHLER (II. 17; 63); STILETT (II. 17; 328 L.)

18 Ebd.

„Klugheit" geschehen. Man kenne Redensarten über sie auswendig, aber ihre
Wirkungen und Erfahrungen nicht. Ebenso verhalte es sich mit den geographischen Nachbarn. Mit den angewandten Erziehungsmethoden habe man zwar ihre
Blutsverwandtschaften, Verschwägerungen und Namenszweige der Stammbäu-
me kennen gelernt, aber nicht die Fähigkeit erworben, mit ihnen gute Gespräche
zu führen und familiäre Beziehungen sowie privaten, vertraulichen Umgang zu
pflegen.

Hinsichtlich der Mädchenbildung – jetzt aber nicht mehr so modern den-
kend – folgt er einem kruden Naturalismus. Sie sollten sich nicht „die Zimmer
und Ohren"[19] mit Gelehrsamkeit vollstopfen, sondern „ganz aus einem
Schmuckkästchen"[20], wie Montaigne es nach Seneca formuliert, leben. Die Welt
habe nichts Schöneres als sie, und sie brauchten auch nichts anderes, „als geehrt
und geliebt zu werden"[21]. Nicht Rhetorik, Jurisprudenz, Logik und anderer unnützer Plunder seien notwendig, sondern zu lernen, die Freuden des Lebens zu
verlängern, den Wankelmut des Dieners, die Rohheit des Ehemannes, die Last
der Jahre und die Runzeln zu ertragen. An anderer Stelle („Über die Schulmeisterei") artikuliert er noch drastischer und im Grunde die Mädchenbildung ableh-
nend: „Vielleicht ist das auch der Grund, warum wir wie die Theologen von den
Frauen kein großes Wissen verlangen." Und als man Herzog Franz von Bretagne
mit der schottischen Prinzessin Isabella vermählen wollte, antwortete er auf die
Mitteilung, dass sie ohne Unterricht aufgewachsen sei: „[...] dafür liebe er sie
um so mehr, denn eine Frau sei gebildet genug, wenn sie ihres Ehemannes Hemd
und Wams zu unterscheiden wisse."[22]

Gegen die, wenn wir es hier schon so massiv bewerten dürfen, Erziehungsprakti-
ken seiner Zeit läuft der Begründer des literarischen Essays geradezu Sturm,
indem er sich deutlich gegen das bloße Auswendiglernen wendet. Die Betonung
des ausschließlichen Gedächtniswissens missfällt ihm. In dem soeben paraphra-
sierten Essai (II, 17) zur Unzulänglichkeit der Erziehungsmethoden, hier speziell
dem Erlernen der „Tugend", heißt es: Derartige (falsche) Erziehungsformen bezwecken nicht, „uns gut und weise zu machen, sondern nur gelehrt"[23].

Wesentlich umfänglicher und daher nachdrücklicher äußert sich Montaigne
in den beiden anderen Erziehungs-Essais: „(c)[24] Auswendig wissen, heißt nichts

---

19   BÜHLER (III, 3; 64); STILLET (III, 3; 409 R.)
20   Ebd., 65; 409 R.; Stilett übersetzt hier Seneca unzulässig frei, wenn nicht sogar falsch: „von
     Fuß bis Kopf verpuppt".
21   Ebd.
22   STILETT (I, 25; 8.76 L.)
23   BÜHLER (II, 17; 63)
24   Zum ersten Male führen wir eine Belegstelle nach BÜHLER an, die auf den ersten Blick Un-
     verständnis erzeugt. Was sollen die drei klein geschriebenen Anfangsbuchstaben unseres Al-

wissen: es ist bloß das, was man seinem Gedächtnis zum Aufbewahren gegeben hat."[25] „Wahrlich, die Mühe und der Aufwand unserer Väter zielt nur darauf ab, den Kopf mit Wissen zu möblieren; von Urteil und Tugend ist kaum die Rede."[26]

Nach dieser ersten pädagogischen Einschätzung drängt sich die Frage auf, von welchen breiteren Koordinaten die Erziehungslehre Montaignes bestimmt ist, eines Edelmannes, der „im eleganten Plauderton [...] als gedankenreicher Philosoph und Pädagoge, wenn er auch jenseits aller philosophischen Systematik und aller Schulprogrammatik steht"[27], Ideen über Erziehung und Bildung entwickelt, die – aus heutiger Sicht betrachtet – wieder große Aktualität gewinnen, nicht nur im Hinblick auf die Verschulungsprozesse[28] in den Universitäten, sondern auch im Lichte der zunehmenden Ökonomisierung[29] von Erziehung und Bildung. Verschwiegen werden muss aber nicht, dass Montaigne offensichtlich die Nähe von Kindern nicht sonderlich gesucht hat, andererseits aber wohl davon überzeugt war, dass Vernunft[30], Denken, Urteilskraft und Handeln darauf gerichtet sein müssten, zur Selbstbildung beizutragen und zu Mündigkeit zu gelangen.

Im Mittelpunkt steht für ihn dabei, der junge Mensch müsse sich die Inhalte aneignen, nicht so sehr durch Bücher, sondern durch Erfahrung, zum Beispiel durch Reisen. Als Metapher für diesen Bildungsvorgang wählt Montaigne die Bienen, die sich von überall her aus den Blumen ihre Stoffe saugen, um sie nachher in Honig umzuwandeln. „So soll auch der Zögling alles, was er anderen entlehnt hat, sich anverwandeln und zu einem voll und ganz ihm gehörenden Werk verschmelzen: Zu seinem eigenen Urteil. Auf nichts anderes, als es zu bilden, haben seine Erziehung und die Mühen seines Studiums abzuzielen."[31]

Diesen Appell, zu einem eigenen Urteil zu kommen, beschreibt der französische Essayist ein paar Zeilen vorher noch genauer. Nicht die Lehrsätze des

---

phabets – (a); (b); (c) – in der Übersetzung? Sie geben Auskunft über die drei Textschichten, mit denen man es bei den Essais von Michel de Montaigne zu tun hat. „(a)" bezeichnet den ursprünglichen Text von 1580, „(b)" die Nachträge von 1588 und „(c)" die Ergänzungen von 1595. Das „(c)" zeigt also an, dass dieser Zusatz – Montaigne war schon tot (1592) – in der posthum veröffentlichten Ausgabe der Essais durch Marie de Gournays steht, eine Publikation, die, so sagt man, etwa dreitausend Änderungen beinhaltet, die alle auf Montaignes Handexemplar zurückgehen.

25  BÜHLER (I, 26; 16)
26  BÜHLER (I, 25; 39/40)
27  Albert Reble: Geschichte der Pädagogik. Stuttgart [19]1999, 124.
28  Vgl. Andreas Dörpinghaus: Bildung. Plädoyer wider die Verdummung. In: Deutscher Hochschulverband (Hg.): Glanzlichter der Wissenschaft. Saarwellingen 2009, 39–47.
29  Vgl. Winfried Böhm: Von der pädagogischen Orientierung zur erziehungswissenschaftlichen Analyse. In: Vierteljahrsschrift für wissenschaftliche Pädagogik. 86 (2010), 60–74.
30  „Die Vernunft soll allein unsere Neigungen lenken. [...] (c) Und ich habe es nicht gerne gelitten, dass sie [Kinder] in meiner Nähe aufgezogen werden." (BÜHLER [II, 8; 48]).
31  STILETT (I, 26; 83 L.)

Aristoteles, der Stoiker oder Epikuräer sollen für den educandus als unumstöß-
lich gelten, sondern wichtig ist dieses: Der Erzieher legt dem Schüler die Unter-
schiedlichkeiten vor und lässt ihn dann entscheiden. „Er möge auswählen, wenn
er kann; wenn nicht, so bleibe er im Zweifel. (c) Nur die Verrückten sind ihrer
Sache stets gewiss und können in jedem Fall entscheiden."[32] Oh, welche Skepsis!

Neben diesen Postulaten des Vernunftgebrauches und der selbstständigen Ur-
teilsbildung – man denke immer daran, dass Montaigne diesen Essay der
schwangeren Diane de Foix, Gräfin von Gurson, geschickt hat – legt er Wert auf
ethische Bildung. Sie ist aber wiederum nicht zu verstehen als Aneignen von
Bücherwissen – näherhin moralphilosophischer Literatur –, das lediglich zu
verändertem Verbalverhalten führen könnte, sondern als Einheit von Gesinnung
und Handeln. Das Beobachten von Menschen ist ihm wichtig. Die Motive und
Ziele ihres Handelns sowie ihre Urteile haben explikative Bedeutung. „Dabei
aktiviert der Aufwachsende sein Denken im Sinne seiner Wertkriterien und wird
dadurch eher bereit, sein eigenes Verhalten im Einklang damit zu gestalten, als
bei nur passiv aufnehmender Einstellung auf einen ‚Stoff' (matiére)."[33] Was kann
nun nach dem Essayisten Michel de Montaigne „der Stoff" sein?
    Wir nannten schon die Erfahrung – dazu gibt es einen eigenen Essai („Über
die Erfahrung"; III, 13), bemerkenswerterweise der letzte seiner insgesamt ein-
hundertsieben Essais – und das Reisen. Hinzu kommen zum Beispiel die Fehler
eines Pagen, kultivierte Gespräche bei ganz normalen Tischgesellschaften und
vor allem, dies wundert vielleicht bei der grundsätzlich kritischen Einstellung
gegenüber Bücherwissen, die Geschichtsschreibung.
    Gegen Ende des Essais „Über die Schulmeisterei" (II, 25), der hier und da
auch „Vom Unterricht" genannt wird, beschreibt Montaigne das „schöne Erziehungssystem" der Perser, von dem Xenophon und Platon berichten. Danach
wurde vor allem der älteste Sohn, der Thronfolger, sofort nach seiner Geburt den
hochangesehenen Eunuchen übergeben („nicht den Frauen"). Sie hatten für die
Schönheit und Gesundheit des Thronerben zu sorgen und lehrten ihn mit sieben
Jahren Reiten und Jagen. Hatte er das vierzehnte Lebensjahr erreicht, vertraute
man ihn nacheinander dem weisesten, gerechtesten, gemäßigsten und tapfersten
Mann des Volkes an. Der erste brachte ihm den Glauben bei, der zweite, stets die
Wahrheit zu sagen, der dritte, die Leidenschaften zu beherrschen, und der vierte,
sich vor nichts zu fürchten. Über diese genuin-stoische ‚Spezialbehandlung' des
Thronerben hinaus bestand bei den Persern, so berichtet Montaigne weiter, der
Unterricht darin, die Zöglinge zu fragen, was sie in der letzten Unterrichtsstunde

---

32   BÜHLER (I, 26; 15)
33   Vgl. Schmidt, Michel de Montaigne, a. a. O., 60.

gelernt hätten. Im Original des Essays folgt nun die wörtliche Rede des befragten Zöglings; zusammengefasst hier der Inhalt:

In der Schule nimmt ein großer Junge mit kleinem Mantel einem kleinen Jungen mit großem Mantel diesen weg. Der Zögling wird vom Lehrer zum Richter in dem Streitfall „bestellt". Der educandus entscheidet auf Vergleich, nämlich alles so zu belassen. Daraufhin rügt der Lehrer den Schüler heftig und wirft ihm vor, dass er sich auf die Zweckmäßigkeit beschränkt und nicht, wie es notwendig gewesen wäre, zunächst die Rechtslage unter dem Gesichtspunkt beachtet hätte, dass niemandem etwas, was ihm gehöre, gewaltsam weggenommen werden dürfe. Ende der wörtlichen Rede! Montaigne fügt hinzu, „dass der Zögling dafür ausgepeitscht worden sei, wie es hierzulande üblich ist, wenn wir den ersten Aorist des griechischen Wortes ‚auspeitschen' vergessen haben."[34]

Welche Quintessenz ist aus dieser ‚pädagogischen Praxis' zu ziehen? Eine zweifache! Zunächst das Allzu-Praktische: Die Züchtigung mit dem Stock oder Riemen war in dem intellektuell so viel gerühmten Renaissance-Humanismus offensichtlich sehr verbreitet. Andererseits galten die körperliche Abhärtung, das Reiten und Jagen als wichtige Bildungsmittel.

Unsere Fragestellung war aber von grundsätzlicherer Art. Montaigne betont die ethische Bildung auf Grund der Behandlung antiker Geschichtsschreibung. Ausgehend von antiken Exempla sollen den Kindern verschiedene historische Ereignisse und Vorkommnisse in Erzählform vermittelt werden. Durch ihr eigenes Nacherzählen identifizieren sie sich (oder eben auch nicht) mit den exemplarischen Gestalten und gelangen so, wie vom Lehrer erfragt, zu einem manifesten oder offenen moralischen Urteil. Das eigene Urteilsvermögen wird so gestärkt.

## Skepsis

Absichtlich haben wir bisher jene inhaltlichen Hinweise Montaignes ‚überlesen', die nicht so recht auf das Tableau der philosophischen Wesensfrage nach dem Menschen passen. Herausgestellt haben wir bekannte Grundelemente wie Vernunft, Denken, Urteilen, Sprache und Ethik. Bei genauerem Hinsehen, auch[35] und vor allem in den Erziehungs-Essais, fällt dieses auf: An zentraler Stelle,

---

34    BÜHLER (I, 25; 45)
35    In der breiten philosophischen (und pädagogischen) Literatur zu Michel de Montaigne wird die Skepsis mit Recht als das beherrschende Motiv seiner Überlegungen dargestellt, und im Wesentlichen auf Grund des längsten Essais (II, 12: Apologie für Raymond Sebond) entwickelt. Vgl. Egon Schütz: Anthropologie und Skepsis im Lichte Montaignes. In: Vierteljahrsschrift für wissenschaftliche Pädagogik. 70 (1994), 5–15. Max Horkheimer: Montaigne und die Funktion der Skepsis [1938]. In: ders.: Gesammelte Schriften. Band 4. Frankfurt 1988, 236–294.

nach der doch vollmundig klingenden Feststellung „Das sind meine Lehren"[36],
fügt Montaigne nach seiner Methode unter „c"[37] ein wichtiges Cicero-Wort aus
den Tusculanen ein: „Dies Wissensgebiet, das umfassendste von allen, (nämlich)
die Lehre vom rechten Leben, haben sie (das sind Karneades und Diogenes aus
Babylon) mehr durch ihr (eigenes vorbildliches) Leben als durch Schriften dargestellt" (Hanc amplissimam ..., 29)[38].

Diogenes von Babylon vernachlässigen wir hier, nicht aber Karneades, geboren 214/213 (oder 219/218) in Kyrene, gestorben in Athen 129/128 v. Chr.. Er
gilt als Vertreter der skeptischen Philosophie, was – Schriften sind von ihm nicht
erhalten – auf Cicero zurückgeht, der ihn mehrmals als solchen erwähnt. Dies
gilt vor allem für die hochrangige, sogenannte Philosophengesandtschaft[39] von
Athen nach Rom im Jahre 155 v. Chr.; bei ihr ging es um Streitigkeiten mit der
Stadt Oropos. Entscheidend ist aber etwas anderes. Von Karneades wird berichtet, dass er bei der bildungshungrigen römischen Jugend großes Aufsehen erreg-
te, weil er an dem einen Tag ein Plädoyer für die Gerechtigkeit und am nächsten
eines gegen sie hielt. Fernerhin entwickelt sich der Fachbegriff „divisio Carnea-
dea", mit dem Cicero alle Versuche bezeichnet, denkbare ethische Standpunkte
in einer Systematik zusammenzufassen. Was hat dies alles aber mit unserer Stelle bei Michel de Montaigne in seinem Essai „Über die Erziehung der Kinder" zu
tun? Ein Zweifaches!

Einmal baut unser Essayist – schon wieder erst nachträglich – in einen früher entwickelten Gedankengang ein ihm offensichtlich geläufiges lateinisches
Zitat ein, das zunächst seine These stützt: Das Buchwissen verblasst vor tatsäch-
lichem Handeln. Montaignes Worte sind: „Wer sie [Erziehungsziele aus Bü-
chern] ausführt, hat größeren Nutzen davon, als wer sie weiß. [...] Er [der Zög-
ling] wird seine Lektion nicht sowohl hersagen als tun."[40] Höchst interessant bis
erhellend ist die pädagogisch-literarische Verknüpfung seiner Überlegungen mit
dem Beleg aus der Antike, dass der Scholarch und Philosoph Karneades dies
nach Ciceros Meinung genauso sieht wie er. So, wie bei Cicero häufig karneadi-
sches, skeptisches Gedankengut präsent ist, hält sich Montaigne in seinen Überlegungen ebenfalls daran.

Auch, so meinen wir folgern zu dürfen, dass dem französischen Edelmann
die geschilderte Episode in Rom gefallen hat, weil darin dialektisches Argumen-

---

36  BÜHLER (I, 26; 29)
37  Vgl. Anmerkung 24.
38  Grundlagen, Belege und Beispiele. Montaignes lateinische Zitate mit neuen Übersetzungen
    (29), S. 66/67 dieses Beitrags.
39  Walter Eykmann: Bayerischer Landtag. 15. Wahlperiode. Plenarprotokoll 15/125 vom
    10.06.2008, 9120–9125; hier: 9124/25. Karl-Heinz Stanzel: Karneades. In: Oliver Schütze
    (Hg.): Metzler Lexikon antiker Autoren. Stuttgart 1997, 387–389.
40  BÜHLER (I, 26; 29)

tieren und unfertige Schlussfolgerungen sichtbar werden. Daher, wenn auch mit anderen Worten, aber doch in der Sache kongruent, formuliert Montaigne einen charakteristischen Zug skeptischen Denkens an mindestens zwei Stellen in einem seiner Erziehungs-Essais: Er „tappe" mit seinen Begriffen und seinem Urteil im Dunkeln, begehe große Fehler, sehe fernes Land nur in „düsterer nebliger Sicht", und wenn er dann etwas erkannt habe, sei er doch „keineswegs befriedigt"[41]. Oder an anderer Stelle: Er beabsichtige, sich selbst zu erkennen, auch wenn er wisse, dass er „morgen ein anderer sein werde, wenn mich eine neue Belehrung ändert."[42] In alldem steckt Vorsicht vor endgültiger Wahrheit und deutliche Skepsis.

Noch ein spekulatives Wort zu Karneades und Montaigne: Es ist unbestritten, dass Karneades damals geläufige Gottesvorstellungen kritisch hinterfragte und im Besonderen den Gottesbegriff der Stoiker für widersprüchlich hielt, um nicht zu sagen, dass er die Existenz der Götter ganz leugnete. Und der gedachte, vorsichtige Bezug zu Montaigne? In allen hier analysierten Erziehungs-Essais kommt kein Wort zu Religion, Glaube oder Gott vor, und ebenso gibt es keine noch so zurückhaltenden Hinweise zu einer religiösen Erziehung. Die gewagte Anfangsthese: Montaignes Scheu, sich zu religiösen (Erziehungs-)Fragen zu äußern, könnte ihren Grund in der philosophischen Gefolgschaft des Karneades haben. Die blutigen Religionskriege seiner Zeit (unter anderem Seeschlacht von Lepanto, 5. Oktober 1571; Bartholomäusnacht, 24. August 1572) haben das Ihrige dazu getan, mit ‚Glaube und Gott' kritischer umzugehen. Bekanntermaßen entstanden die Essays genau um diese Zeit.

Kehren wir zum grundsätzlichen Thema zurück: Skepsis und Pädagogik! Ist die bisher bei Montaigne entdeckte Skepsis eher gepaart mit Relativismus und Nihilismus, oder könnte sie auch Teil einer modernen Pädagogik sein?

Wir plädieren deutlich für einen gemäßigten Skeptizismus, den schon Cicero im „Lucullus" auf die gängige Formel brachte, „in utramque partem disputare" (1,7), das heißt: bei jeder Sache das Für und Wider abzuwägen, um der Wahrheit möglichst nahe zu kommen – übrigens in Anlehnung an Karneades. Michel Söetard, ein profilierter Landsmann Montaignes und angesehener Pädagoge, formuliert es so: „Als erster hat er den Bruch mit einer christlich-platonischen Tradition gewagt; [...] Im Gegenteil verlangt er vom Pädagogen immer wieder erneute Distanzierung, scheinbare Teilnahmslosigkeit am Erlebten, gezwungene Gefühlskälte gegenüber dem Zögling."[43] Man ahnt schon Rousseau!

---

41    Ebd., 10/11.
42    Ebd., 12.
43    Vgl. Söetard, Michel de Montaigne, a. a. O., 295.

Mit geschärftem Blick auf Montaigne lässt sich zu seinen (skeptischen) Erziehungsvorstellungen und seinen Forderungen zu Lehren und Lernen dies sagen: „Eine wunderbare Klarheit" eignet sich der Zögling aus dem Umgang mit den Leuten „für sein eigenes „Urteil"[44] an. Überhaupt, wenn wir es richtig sehen, ist der Begriff „Umgang" ein erzieherisches, methodisches Grundwort für ihn. Über den soeben gegebenen Hinweis hinaus listet Montaigne den Umgang gleichsam mit der ganzen Welt auf, einer Welt, wie sie den Schüler umgibt. Pikanterweise postuliert er dies nicht nur für die adeligen Knaben seiner Zeit, sondern auch für die Kinder der kleinen und einfachen Leute. Konkret empfiehlt er den Umgang mit: *einem* Menschen, historischen Gestalten wie Cäsar oder Karl dem Großen, einem Gebäude, einem Brunnen und der Stätte einer früheren Schlacht sowie den Umgang mit Pferden, Musik und Waffen (sic!).[45]

All diese Hinweise lesen sich – trotz der erneut zu konstatierenden fehlenden Systematik bei Montaigne – wie ein sorgfältig zusammengestellter Katalog von Erziehungszielen. Dabei muss aber besonders herausgestellt werden, dass all dieses nicht gezielt von Eltern, Verwandten oder Lehrern – denen gegenüber schon Augustinus[46] Skepsis geübt hat – an die Kinder herangetragen wird, sondern das Leben selbst den jungen Menschen erzieht und bildet, oder, anders ausgedrückt, der Heranwachsende kommt durch sich selbst und in sich selbst zum Ziel; er ist ein Erzogener, er ist ein Gebildeter geworden. Also: Alles entspringt letztlich der Selbsttätigkeit, Selbstständigkeit und Selbsterkenntnis.

Wenden wir den Begriff des „in utramque partem disputare" – also des skeptischen Abwägens – und des „Umgangs" – also des Sich-Bildens – noch einmal, so sind wir ohne Zweifel bei einem Kernbegriff personalistischer Pädagogik angelangt: dem Dialog[47]!

Der Dialog, von Montaigne in dem einschlägigen Erziehungs-Essai als „das Gespräch"[48] bezeichnet, ist der erste Weg und das wichtigste Mittel seiner Erziehungsvorstellung.

Bei Montaignes „Gespräch" geht es nicht um einen streng rationalen oder wissenschaftlichen Diskurs, sondern um den Austausch von Für und Wider, von überzeugenden oder abzulehnenden Argumenten für die eigene Lebensgestaltung und die rechte Verwirklichung seiner selbst, id est des Zöglings selbst. Montai-

---

44    BÜHLER (I, 26; 20)
45    Ebd., 16, 19, 27.
46    Vgl. Winfried Böhm: „Unus magister vester". Über die Anmaßung, sich Lehrer eines anderen nennen zu wollen. In: ders. (Hg.): Aurelius Augustinus und die Bedeutung seines Denkens für die Gegenwart. Würzburg 2005, 49–59; hier: 56/57.
47    Winfried Böhm: Was heißt „Christlich erziehen?". In: ders./Walter Friedberger/Gisbert Greshake: Was ist der Mensch?. Freiburg 1983, 101–134; hier: 132/133.
48    BÜHLER (I, 256; 17)

gne – fast wieder katalogartig – verbindet und empfiehlt für dieses „Gespräch"
mehrere Verhaltensweisen:

„In dieser Schule des menschlichen Umgangs" müssten Eltern und Lehrer
vor allem darauf achten, dass sie sich nicht selbst in den Mittelpunkt stellten und
„bekannt (zu) machen"; „Stillschweigen und Bescheidenheit" seien„ willkom-
mene Eigenschaften" beim educandus; gegenüber den anderen, also den Mitmenschen allgemein, aber auch gegenüber Verwandten und Lehrern, verhalte
sich der Schüler „sparsam und haushälterisch" und nehme „Dummheiten und
Gerede"[49], die in seiner Gegenwart gesagt werden könnten, nicht übel. Über diese fünf Fähigkeiten hinaus fordert der Begründer des literarischen Essays zur
Redlichkeit sich selbst gegenüber bei einem erkannten „Fehler" auf und regt zu
„rechtschaffener Neugierde"[50] an.

Summa summarum kann man noch einmal festhalten: Die erzieherischen
Vorschläge und Empfehlungen Montaignes dienen bestimmt nicht einer wie
auch immer gearteten Berufsvorbereitung, sondern haben ihr Ziel in der Selbst-
bildung des Schülers, oder, noch einmal anders gewendet: Montaigne ist der
Überzeugung, nur das, was der junge Mensch aus freien Stücken, aus freiem
Umgang erworben, erlernt hat, wird zu seinem eigenen Besitz.


**Latina**

Zwischen diesen (praktischen) Konkreta sind drei lateinische Zitate – also recht
dicht – eingestreut, wieder nach der Montaigneschen Methode mit „c"[51] (zweimal) und einmal „b", das heißt: in der dritten beziehungsweise zweiten Auflage
(1595 beziehungsweise 1588) werden lateinische Texte eingefügt; hier einmal
Seneca („Epistulae morales") und zweimal Cicero („de officiis", „academici libri")[52]. Aus Platzgründen müssen wir uns die Interpretation der ciceronianischen
Zitate versagen, obwohl sie erneut skeptisches Denken (natürlich) Ciceros und
Montaignes belegen. Aber der Gedanke Senecas, vor allem der Gebrauch des
Wortes „sapere", darf nicht übergangen werden. Es kommt hinzu, dass Montaigne, ebenfalls in diesem Erziehungs-Essai, später Horaz mit „sapere aude" zitiert, von wo ein direkter Strang zu Kants berühmter Frage „Was ist Aufklärung?" von 1784 führt, und beides zu einem Leitgedanken der Aufklärung wurde.

---

49    Ebd., 18/19.
50    Ebd., 19.
51    Vgl. Anmerkung 24.
52    Siehe dazu: Grundlagen, Belege und Beispiele. Montaignes lateinische Zitate mit neuen Über-
      setzungen (18), S. 64/65 dieses Beitrags.

Mit Seneca will Montaigne seine Aussage über „sparsames und haushälterisches" Verhalten bei dummem mitmenschlichen Verhalten unterstreichen: „Es ist (durchaus) möglich, ohne Gepränge (vor anderen) und ohne Missgunst (von anderen) weise zu sein."[53] Horaz (= Montaigne): „Wage (es), weise zu sein! Beginne (gleich damit)! (Denn) wer die Stunde (das ist: Zeit) zum rechten Leben verschiebt, der ist (gleichsam) ein Bauerntölpel, der darauf wartet, dass ein Strom (endlich) versiege – der (Strom) aber fließt (weiter) und wird in alle Ewigkeit munter (weiter) fließen."[54] Seneca appelliert mit diesem seinem letzten Satz im 103. Brief an Lucilius, sich durch die Philosophie (persönliche) Laster und Fehler nehmen zu lassen, aber sie nicht anderen vorzuhalten. Man solle eben durchaus wagen, richtig zu riechen, zu schmecken (= sapere) – dann aber im übertragenen Sinn: den Verstand zu gebrauchen, weise zu sein. Horaz, der seine zwei Epistelbücher in Hexametern circa sechzig bis siebzig Jahre vor den „epistulae morales" des Seneca (in Prosa) schrieb, schuf mit diesen philosophischen Briefen ein neues Genos und wurde damit ohne Zweifel zum Begründer einer in der europäischen Literatur vielfach weitergeführten Gattung.[55]

In dem Essai „Über die Schulmeisterei" berichtet Montaigne über das Ansehen beziehungsweise die Kritik an Lehrern und Beamten einiger Gerichtshöfe. Recht deutlich tadelt er das „reich gefüllte Gedächtnis" der Lehrer bei gleichzeitig „vollkommen leerem Verstand"[56]. Fast aphorismenartig schließt er den Gedanken mit den Worten ab: „Nun genügt es aber nicht, dass unsere Erziehung uns nicht verdirbt, sie muss uns zum Besseren wenden. […], so ist doch in Wahrheit das Wissen weniger hoch einzuschätzen als das Urteilen."[57] Und nun fügt er – wieder unter „c" – ein berühmtes, aber im Laufe der Jahrhunderte verdrehtes Zitat Senecas ein, das Montaigne allerdings richtig wiedergibt und nicht, wie wir es umgangssprachlich falsch gebrauchen und es sogar an mancher Schulfassade verkehrt[58] angebracht ist: „Non vitae sed scholae discimus."[59] Seneca schreibt diesen Satz – wieder als letzten Gedanken – in seinem 106. Brief vorwurfsvoll nieder, beklagt sich damit über die unnütze Stofffülle in den römischen Schulen

---

53    Ebd.
54    Grundlagen, Belege und Beispiele. Montaignes lateinische Zitate mit neuen Übersetzungen (22), S. 65/66 dieses Beitrags.
55    Vgl. Otto Schönberger: Horaz. Satiren und Episteln, lateinisch und deutsch. Berlin ²1991, 16.
56    BÜHLER (I, 25; 42)
57    Ebd., 43.
58    Vgl. Hermann-Böse-Gymnasium in Bremen, das unter anderen Fernsehmoderator Hans-Joachim Kulenkampff und Ministerpräsident Ernst Albrecht besuchten: Non scholae, sed vitae discimus.
59    Grundlagen, Belege und Beispiele. Montaignes lateinische Zitate mit neuen Übersetzungen (43), S. 70 dieses Beitrags.

und prognostiziert – fast lernpsychologisch zutreffend –, dass sie den Lerneifer der Jugendlichen abstumpfe.

Wir wissen nicht, wann und wo und von wem die Schlußpointe Senecas in ihr Gegenteil verkehrt wurde und auf diese Weise aus der bitteren Anklage ein biederer Programmspruch gemacht wurde. Thomas Baier konstatiert den gleichen Sachverhalt und bestätigt „eine beachtliche Wirkungsgeschichte [...] [dieses] zum Sprichwort geronnenen Bonmot[s]"[60]. Montaigne jedenfalls folgt haargenau der Intention Senecas, und wir wagen die Behauptung, dass er damit eine grundlegende Unterrichts- und Schulkritik für das 16. Jahrhundert und weit darüber hinaus äußert.

Das dritte und letzte Beispiel der besonders ausgewählten dicta latina eröffnet eine ganz andere Perspektive. Formal allerdings wiederholt sich der gleiche Vorgang: Montaigne fügt das lateinische Zitat abermals erst später seinem früher geschriebenen Text hinzu, nach der bisherigen Ettikettierung als Textschicht „b" bezeichnet. Auf der formalen Seite ergibt sich aber noch eine weitere Beobachtung: Montaigne ändert in dem vergilischen Hexameter[61] die Person – ohne allerdings das kunstvolle Versmaß zu verletzen – und macht damit das Zitat für sich passender; aus dem „du" wird ein „er". Und der „er", wir kommen zur Interpretation der gesamten Textstelle, ist der Zögling, dem beigebracht werden muss, was Wissen und was Nichtwissen ist sowie, „welches das Ziel das Lernens sein soll"[62]. Es folgen drei der vier klassischen Kardinaltugenden (Tapferkeit, Mäßigkeit, Gerechtigkeit) und der Appell, positive beziehungsweise negative Eigenschaften (Geiz und Ehrgeiz; Knechtschaft und Gehorsam; Zügellosigkeit und Freiheit) zu lernen, sowie die Frage nach den Merkmalen, inwieweit man den Tod, den Schmerz und die Schande fürchten muss – und jetzt folgt die seherische Voraussage des Priesters an Aeneas (= an den Zögling), dass er darauf achten müsse, „auf welche Weise er eine jede Mühe meiden oder auf sich nehmen" solle.

Dem Schüler, so folgern wir, ist durch Beispiele – wie Montaigne ein paar Zeilen vorher empfiehlt – nahezubringen, dass er auch mit den Schattenseiten des Lebens (Tod, Schmerz, Schande) fertig werden muss. Aber Montaignes Appell geht noch weiter – es verschlägt einem fast den Atem –, dass er als erste und wichtigste Lehre für den Verstand des Schülers („seinen Verstand tränken")

---

60  Thomas Baier: Seneca als Erzieher. In: ders. et al. (Hg.): Seneca: Philosophus et magister. Freiburg 2005, 49–62; hier: 49.

61  Grundlagen, Belege und Beispiele. Montaignes lateinische Zitate mit neuen Übersetzungen (22), S. 65/66 dieses Beitrags.

62  BÜHLER (I, 26; 21)

empfiehlt, „sich selbst zu erkennen und gut zu sterben und zu leben"[63]. „Sterben"
steht vor „Leben", und das für Kinder! Wie ist das zu verstehen?
Offensichtlich will Montaigne hervorheben und dem Schüler klarmachen –
durch Beispiele, wir wiederholen ihn und uns –, dass „gut zu sterben" Auskunft
über ein gutes Leben gibt, oder, anders ausgedrückt: In der Verschränkung von
Tod und Leben verweist er auf die Sterblichkeit und Endlichkeit des Menschen
sowie des Lebens insgesamt hin und auf die Notwendigkeit der Weitergabe erworbenen Wissens an die nächste Generation.
Wem fielen bei dieser überdeutlichen Akzentuierung des Todes (im Leben)
nicht die pädagogischen Überlegungen eines Janusz Korczak ein, der in den
Schützengräben des Ersten Weltkrieges als Lazarettarzt sein großartiges Buch
„Wie man ein Kind lieben soll" schrieb und später mit zweihundert Waisenkin-
dern aus dem Warschauer Getto in das Konzentrationslager Treblinka transportiert und dort umgebracht wurde. Auch er stellt in seiner Magna Charta Libertatis, einem Grundgesetz für das Kind, den Tod an die erste Stelle:
„1. Das Recht des Kindes auf den Tod,
2. Das Recht des Kindes auf den heutigen Tag,
3. Das Recht des Kindes so zu sein, wie es ist."[64]

Am Ende unserer Interpretation der lateinischen Zitate in Montaignes Erzie-
hungsessays bin ich mir bewusst, dass noch längst nicht die inhaltliche und formale Funktion vieler Zitate[65] hinreichend analysiert ist. Neben der unmittelbaren
Bedeutsamkeit zum Beispiel dieser gewichtigen[66] Zitate im Montaigneschen
Kontext müsste man der Frage nachgehen, welchen Stellenwert gerade diese
Aussagen im klassischen Text der jeweiligen römischen Schriftsteller und Dich-
ter haben. Vor allem wäre zu klären, ob eine durchgängige Grundtendenz innerhalb aller Zitate zu finden ist. Die Beantwortung dieser Fragen ist einer späteren
Veröffentlichung vorbehalten.

Am 13. September 1592 stirbt Michael de Montaigne – erst 59 Jahre alt. Genau
im gleichen Jahr, ein halbes Jahr früher, wird am 28. März 1592 jener Pädagoge
geboren, der wahrlich nicht mit der platonisch-christlichen Tradition wie der
freigeistige französische Edelmann bricht, sondern ganz im Gegenteil diese Ant-

---

63    Ebd., 22.
64    Janusz Korczak: Wie man ein Kind lieben soll. Göttingen [12]1998, 40.
65    Siehe dazu Michael Metschies: Zitat und Zitierkunst in Montaignes Essais. Genf 1966. Er
     schreibt (S. 48) von 815 lateinischen Verszitaten und 388 lateinischen Prosazitaten – allerdings
     für das Gesamtwerk Montaignes.
66    Vgl. S. 63–72 dieses Beitrags: Grundlagen, Belege und Beispiele. Montaignes lateinische
     Zitate mit neuen Übersetzungen: (18), (23), (25), (26), (29), (31), (32), (37), (39), (41), (44),
     (50), (52); die Verortung der Zitate (37) und (39) verdanke ich Dr. Uwe Dubielzig, München.

wort gibt: Alles kommt ursprünglich von Gott, alles ist durch Gott, alles kehrt zu Gott zurück, – a Deo, per Deum, ad Deum[67].

An dieser – uneinheitlichen, vielleicht sogar gegensätzlichen – zeitlichen Abfolge des Lebens zweier Geistesmänner kann man wieder einmal feststellen, wie geistige Strömungen und Erkenntnisse sich nicht sukzessiv und daher kontinuierlich weiterentwickeln, sondern – hier pädagogische – Überlegungen und Vorstellungen unterschiedlich entstehen, aber dennoch bis in die Gegenwart lebendig sind. Ein Essayist und ein klassischer Pädagoge, wenn der Harmonisierungsversuch zulässig ist, sind in dem Denken und Bemühen einig, von Generation zu Generation die Menschen zu erziehen und zu bilden, was beide mit dem Wort „verbessern" zu umschreiben versuchen: Montaigne in den Erziehungsessais, dass der Zögling sich „bessere" und „besser und weiser"[68] werde, Comenius durch ein Kernwort im Titel seines Monumentalwerkes „De rerum humanarum emendatione consultatio catholica".

## Grundlagen, Belege und Beispiele
## Montaignes lateinische Zitate mit neuen Übersetzungen

Auch wenn sich die Klinkhardt-Ausgabe der Erziehungs-Essays von Michel de Montaigne durch Ulrich Bühler (1964) dadurch auszeichnet, dass in den Anmerkungen alle lateinischen (und griechischen) Zitate übersetzt und dem jeweiligen klassischen Autor zugeordnet sind, war doch aus verschiedenen Gründen ein schärferer Blick auf die dicta latina notwendig.

Einmal gibt es seit 1990 den Indexband (in 2. Auflage) des Thesaurus Linguae Latinae; das größte wissenschaftliche Lexikon des antiken Latein, ‚beheimatet' bei der Bayerischen Akademie der Wissenschaften in München. Danach werden weltweit alle klassischen Autoren und Werke, in Abkürzungen, zitiert. In dieser Festgabe werden erstmals alle lateinischen Zitate der Erziehungs-Essais des französischen Edelmannes nach den Standards des Indexbandes aufgelistet.

Fernerhin habe ich manche Übersetzung geglättet. Überdies galt es, einige grammatikalische oder stilistische Besonderheiten hervorzuheben sowie sich den lateinischen Kontext im Original genauer anzuschauen, um Folgerungen für die Montaigneschen Texte zu ziehen. Handschriftlichen Auffälligkeiten in der Überlieferung wurde nur selten nachgegangen.

Noch eine formale Anmerkung: Um das Suchen und Auffinden sowie die Zitierweise der lateinischen dicta aus den Essais Montaignes nicht zu komplex

---

67   Vgl. Comenius: Opera Didactia Omnia. Prag 1957, Band I, Sp. 420 (= Pansophiae Praeludium).

68   BÜHLER (I, 26; 18; 22)

zu gestalten, habe ich hier im Anhang hinter jedem lateinischen Zitat die Seite aus der Bühlerschen Ausgabe in Klammern angegeben. Dort findet man auch die Übersetzung und weitere Interpretationshinweise.

## „Über die Erziehung der Kinder" (Essai I, 26)

*Obest plerumque iis, qui discere volunt, auctoritas eorum, qui docent. (14)*
Meistens schadet denen, die lernen wollen, die Autorität derer, die lehren. CIC. nat. deor. 1,10 (qui se docere profitentur).

*Nunquam tutelae suae fiunt (15)*
Nie werden sie mündig / Herren über sich selbst / übernehmen sie die Verantwortung für sich selbst. SEN. epist. 33,10 (isti, qui n.t.s.f., ... sequuntur priores ...).

*Non sumus sub rege; sibi quisque se vindicet. (15)*
Wir stehen unter keinem König / sind keinem König untertan: Ein jeder sei sein eigener Herr! SEN. epist. 33,4 (vindicat).

*Vitamque sub dio et trepidis agat in rebus. (17)*
Er bringe sein Leben unter freiem Himmel und inmitten von Gefahren zu! HOR. carm. 3,2, 5–6 (divo).

*Labor callum obducit dolori. (17)*
Anstrengende Tätigkeit lässt über Schmerz eine Schwiele wachsen (d. h. macht gegen Schmerz unempfindlich). CIC. Tusc. 2,36 (ipse labor quasi callum quoddam o. d.).

*Licet sapere sine pompa, sine invidia. (18)*
Es ist (durchaus) möglich, ohne Gepränge (vor anderen) und ohne Missgunst (von anderen) weise zu sein. SEN. epist. 103,5.

*Si quid Socrates et Aristippus contra morem et consuetudinem fecerint, idem sibi ne arbitretur licere; magnis enim illi et divinis bonis hanc licentiam assequebantur. (18)*
Wenn Sokrates und Aristipp etwas gegen Sitte und Herkommen getan haben, soll er (d. h. man) sich nicht einbilden, dass ihm (d. h. einem) das auch freistehe; denn jene (Weisen) haben sich die Freiheit dazu (erst) mit großen und göttlichen Vorzügen erworben. CIC. off. 1,148 (neque quemquam hoc errore duci oportet,

ut, si quid S. aut A. contra morem consuetudinemque et villem fecerint locutive sint, idem sibi arbitretur licere: magnis illi …).

*Neque, ut omnia quae praescripta et imperata sint defendat, necessitate ulla cogitur. (18)*
… und er (d. h. der Akademiker) lässt sich von keiner Notwendigkeit dazu zwingen / keinen Zwang auferlegen, alles, was (ergänze: ihm von seinen Lehrern) vorgeschrieben und befohlen ist, zu verteidigen. CIC. ac. 1,8 (et quasi imperata …, defendamus).

*Quae tellus sit lenta gelu, quae putris ab aestu,*
*Ventus in Italiam quis bene vela ferat. (19)*
… welches Land vor Eiseskälte starr, welches vor Gluthitze faul (d. i. modrig, faulig) ist (und) welcher Wind Segel(schiffe) gut nach Italien treibt. PROP. 4,3, 39–40 (40: qui).

*quid fas optare, quid asper*
*Utile nummus habet; patriae charisque propinquis*
*Quantum elargiri deceat: quem te Deus esse*
*Iussit, er humana qua parte locatus es in re;*
*Quid sumus, aut quidnam victuri gignimur. (21)*
Was darf man wünschen? Welchen Nutzen bietet das raue Geld? Wieviel wird man wohl schicklicherweise dem Vaterlande und den lieben Angehörigen zu spendieren haben? Wen hat dich Gott zu sein geheißen, und auf welche Seite bist du in der Menschenwelt gestellt worden? Was sind wir, oder: zu welchem Leben werden wir denn (eigentlich) gezeugt? PERS. 3, 69–72. 67

*Et quo quemque modo fugiatque feratque laborem. (22)*
… und, auf welche Weise er (d. i. Äneas) eine jede Mühe meiden oder auf sich nehmen solle. VERG. Aen. 3, 459 (fugiasque ferasque).

*sapere aude,*
*Incipe: vivendi qui recte prorogat horam,*
*Rusticus expectat dum defluat amnis; at ille*
*Labitur, et labetur in omne volubilis aevum. (22)*
Wage (es), weise zu sein! Beginne (gleich damit)! (Denn) wer die Stunde (d. i. Zeit) zum rechten Leben verschiebt, der ist (gleichsam) ein Bauerntölpel, der darauf wartet, dass ein Strom (endlich) versiege – der (Strom) aber fließt (weiter) und wird in alle Ewigkeit munter (weiter) fließen. HOR. epist. 1, 2, 40–43.

*Quid moveant pisces, animosaque signa leonis,*
*Lotus et Hesperia quid capricornus aqua. (22)*
… was die Fische bewirken, was das (Tierkreis-)Zeichen des mutigen Löwen
und was der Steinbock, der sich im westlichen Meere gebadet hat (d. h. im At-
lantik untergegangen ist). PROP. 4, 1, 85–86 (animosa: eine Enallage!).

*Deprendas animi tormenta latentis in aegro*
*Corpore, deprendas et gaudia: sumit utrumque*
*Inde habitum facies. (23)*
Man kann wohl die Qualen der in einem kranken Leibe verborgenen Seele er-
kennen, und man kann wohl auch ihre Freuden erkennen: Das Gesicht nimmt
davon den einen oder den anderen Ausdruck an. IVV. 9, 18–20.

*Udum et molle lutum est; nunc properandus, et acri*
*Figendus sine fine rota. (25)*
Feucht und weich ist der Ton: Jetzt muss er (d. i. der junge Mensch) unverzüg-
lich behandelt und auf der endlos rasenden (Töpfer-)Scheibe geformt werden!
PERS. 3, 23–24 (lutum es: nunc, nunc pr.).

*Petite hinc, juvenesque senesque,*
*Finem animo certum, miserisque viatica canis. (26)*
Knaben und Greise, holt euch hier (d. i. in der Philosophie der Stoa) für den
Geist ein festes Ziel und für das elende Greisenalter eine Wegzehrung! PERS. 5,
64–65.

*Aeque pauperibus prodest, locupletibus aeque;*
*Et, neglecta, aeque pueris senibusque nocebit. (27)*
Armen und Reichen nützt sie (d. i. die Philosphie) gleichermaßen, und wenn man
sie vernachlässigt hat, (dann) wird sie Jungen und Alten gleichermaßen schaden
(d. h. ihre Vernachlässigung wird … schaden). HOR. epist. 1,1, 25–26 (26, aeque neglectum [also nicht „die Philosophie", sondern einfach „das, was …": Vgl.
den Kontext bei Horaz!]).

*Multum interest utrum peccare aliquis nolit aut nesciat. (28)*
Es ist ein großer Unterschied, ob sich jemand nicht vergehen will oder (nicht
vergehen) kann. SEN. epist. 90, 46 (multum autem, i.).

*Omnis Aristippum decuit color, et status, et res. (29)*
Jede (Gesichts-)Farbe, jede Stellung und jeder Besitz passte zu Aristipp. HOR.
epist. 1, 17, 23.

*quem duplici panno patientia velat*
*Mirabor, vitae via si conversa decebit,*
*Personamque feret non inconcinnus utramque. (29)*
Über jemanden, der sich in seiner Genügsamkeit in einen doppelten Umhang hüllt, werde ich mich, wenn (ihm einmal) der entgegengesetzte Lebensweg angemessen sein wird, (über ihn) wundern; und er wird jede der beiden Marken (d. i. Verkleidungen) durchaus angemessen (zu) tragen (wissen). HOR. epist. 1, 17, 25–26. 29 (Die Auslassung der Verse 27/28 lässt nicht mehr erkennen, dass der „er" von V. 29 nicht mehr der jemand von V. 25 ist.)

*Hanc amplissimam omnium artium bene vivendi disciplinam vita magis quam literis persequuti sunt. (29)*
Dies Wissensgebiet, das umfassendste von allen, (nämlich) die Lehre vom rechten Leben, haben sie (Karneades und Diogenes von Babylon) mehr durch (ihr eigenes vorbildliches) Leben als durch Schriften dargestellt. CIC. Tusc. 4,5.

*Qui disciplinam suam, non ostentationem scientiae, sed legem vitae putet, quique obtemperet ipse sibi, et decretis pareat. (29)*
(Wo gibt es noch einen Philosophen), der seinen Unterricht nicht für (eine Gelegenheit zur prahlerischen) Zur-Schau-Stellung seiner Kenntnisse, sondern für (die Vermittlung eines) Gesetzes für das Leben hält, der sich selbst gehorcht und seine Lehren befolgt? CIC. Tusc. 2, 11 (qui obtemperet ... et decretis suis parent).

*Verbaque praevisam rem non invita sequentur. (30)*
... und wie von allein folgen die Worte der Sache / dem Gegenstand, wenn man sie / ihn erfasst hat. HOR. ars 311.

*cum res animum occupavere, verba ambiunt. (30)*
Wenn Gegenstände den Geist besetzt haben, (dann) umschwirren ihn die Worte. SEN. contr. 7 praef. 3 (Ausspruch des Redners Albucius).

*Ipsae res verba rapiunt. (30)*
Die Gegenstände selbst reißen die Worte mit sich. CIC. fin. 3, 19.

*Emuncatae naris, durus componere versus. (31)*
(ein Mann) mit geputzter Nase, aber im Verseschmieden schwerfällig. HOR. sat. 1, 4, 8

*Tempora certa modosque, et quod prius ordine verbum est,*
*Posterius facias, praeponens ultima primis,*
*Invenias etiam disjecti membra poetae. (31)*
(Wenn man) die festen Längen und Kürzen und die (vier) Maße (entfernt) und, indem man das Letzte vor das Erste stellt, das Wort, das der Ordnung (d. h. dem Metrum) nach früher seinen Platz hat, an eine spätere Stelle versetzt, auch dann wird man wohl noch die – (wenn auch) in Unordnung gebrachten – Worte des Dichters finden. HOR sat. 1, 4, 58–59. 62.

*Plus sonat quam valet. (31)*
Sie (d. i. eine prunkende Rede) bietet mehr Klang als Wert. SEN. epist. 40, 5.

*Contorta et aculeata sophismata. (32)*
Verschrobene, mit einem Stachel (d. i. „Haken") versehene Trugschlüsse. CIC. ac. 2, 75 (c. et a. quaedam sophismata: sic enim appellantur fallaces conclusiuncula).

*aut qui non verba rebus aptant, sed res extrinseas arcessunt, quibus verba conveniant. (32)*
… oder (Leute), die nicht ihre Worte nach den Gegenständen richten, sondern welche Gegenstände, auf die (ihre) Wörter passen, von außerhalb herbeiholen. QUINT. inst. 8, 3, 30 (quod eius [rei] studiosus non verba rebus aptabit, sed res extrinseas, quibus haec verba conveniant).

*Sunt qui alicujus verbi decore placentis vocentur ad id quod non proposuerant scribere. (32)*
Es gibt (Leute), die sich durch den Reiz irgendeines Wortes, das (ihnen gerade) gefällt, zu einem Gegenstand / Thema anregen lassen, über den / das zu schreiben sie sich (eigentlich gar) nicht vorgenommen hatten. SEN. epist. 59, 5 (sunt, qui ad id, quod non proposuerant scribere, alicuius verbi placentis decore vocentur).

*Haec demum sapiet dictio, quae feriet. (32)*
Letztendlich wird das Wort schmecken, das trifft. ANTH. 668, 6 R. (haec vere). Fiktives Grabepigramm auf Lukan.

*Quae veritati operam dat oratio, incomposita sit et simplex. (32)*
Eine Rede, in der es um die Wahrheit geht, sei ungebündelt und einfach! SEN. epist. 40, 4 (i. esse debet et s.).

*Quis accurate loquitur, nisi qui vult putide loqui?* (33)
Wer redet sorgfältig, wenn nicht der, der pedantisch reden will? SEN. epist. 75, 1
(quis enim ...).

*Alter ab undecimo tum me vix ceperat annus.* (36)
Damals war ich kaum in das auf das elfte folgende Lebensjahr getreten (d. h., ich
hatte kurz zuvor den 11. Geburtstag gefeiert). VERG. ecl. 8, 39 (statt „vix" heißt
es bei Vergil „iam").

## „Über Schulmeisterei" (Essai I, 25)

*magis magnos clericos non sunt magis magnos sapientes.* (37)
Die größten Geistlichen (oder Schreiber) sind nicht die größten Weisen. Laut
Pierre Michel, Hg. der Essais, Bd. I, S.203*, Ausspruch Bruder Johanns bei Ra-
belais, Gargantua, Kap. 39, also offenbar satirische Nachahmung fehlerhaften
Lateins der Zeit.

*Odi homines ignava opera, philosopha sententia.* (39)
Ich hasse Menschen von träger Handlungs-, (aber) philosophischer Redeweise.
PACVV. 348 R.$^3$ = 4* SCHIERL (aus GELL. 13, 8, 4) (opera et ph.).

*Apud alios loqui didicerunt, non ipsi secum.* (40)
Sie haben gelernt, vor anderen (Leuten) zu reden, (aber) nicht, mit sich selbst (zu
reden). CIC. Tusc. 5, 103 (a. a. l. videlicet didicerat [sc. Demosthenes], non multum ipse secum).

*Non est loquendum, sed gubernandum.* (40)
Nicht zu reden, sondern zu steuern gilt es. SEN. epist. 108, 37.

*Ex quo Ennius: Nequicquam sapere sapientem, qui ipse sibi prodesse non quiret.*
*(41)*
Darum (hat) Ennius (gesagt): Der Weise, der sich selber nicht nützen könne, sei
alles andere als weise. CIC. off. 3, 62 mit ENN. scaen. 273 V.$^2$ (nequiquam).

*si cupidus, si vanus et Euganea quantumvis vilior agna.* (41)
..., wenn er gierig, eitel und beliebig leichter als ein ungarisches Lamm zu haben
ist. IVV. 8, 14–15 (statt „vilior" bei Iuvenal: „mollior").

*Non enim paranda nobis solum, sed fruenda sapientia est. (41)*
Wir müssen die Weisheit nämlich nicht nur erwerben, sondern (auch) nützen.
CIC. fin. 1, 3 (non paranda n. s. ea, sed fruenda etiam [sapientia] est).

*Vos, o patritius sanguis, quos vivere par est*
*occipiti caeco, posticae occurrite sannae. (42)*
Ihr, (Männer) patrizischen Blutes, die ihr mit blindem Hinterkopf zu leben habt,
tretet der hinter euch geschnittenen Grimasse entgegen!
PERS. 1, 61–62 (statt „par" haben die Handschriften „fas" oder „ius").

*queis arte benigna et meliore luto finxit praecordia Titan. (43)*
..., denen ein Titan (d. i. Promotheus) das Herz mit wohlwollender
Kunst und aus besserem Lehm gebildet hat. IVV. 14, 34–35 (quibus ...).

*Non vitae sed scholae discimus. (43)*
Nicht für das Leben, für die Schule lernen wir. SEN. epist. 106, 12.

*ut fuerit melius non didicisse. (43)*
so dass es besser wäre, nichts gelernt zu haben. CIC. Tusc. 2, 12.

*Postquam docti prodierunt, boni desunt. (43)*
Seitdem Gelehrte aufgekommen sind, fehlt es an Guten. SEN. epist. 95, 13.

*asotos ex Aristippi, acerbos ex Zenonis schola exire. (44)*
..., dass aus der Schule Aristipps Wüstlinge, aus der Zenons Griesgrame hervor-
gehen. CIC. nat. deor. 3, 77.


**„Über die Liebe der Väter zu ihren Kindern" (Essai II, 8)**

*et errat longe, mea quidem sententia,*
*Qui imperium credat esse gravius aut stabilius*
*Vi quod fit, quam illud quod amicitia adjungitur. (50)*
Und nach meiner Meinung zumindest irrt bei weitem, wer glaubt, dass eine
Herrschaft, die auf Gewalt beruht, gar wichtiger und beständiger als die, die sich
aus Freundschaft entwickelt, ist. TER. Ad. 65–67 (gravius esse).

*nullum scelus rationem habet (50)*
Kein Verbrechen hat einen vernünftigen Grund. LIV. 28, 28, 1.

*Solve senescentem mature sanus equum, ne*
*Peccet ad extremum ridendus, et ilia ducat. (52)*
Spanne ein alterndes Pferd, wenn du vernünftig bist, beizeiten (vom Wagen), damit es nicht zuletzt unter dem Gespött (der Leute) versagt und die Weichen hin- und herzieht. HOR. epist. 1, 1, 8–9.

*Ille solus nescit omnia. (54)*
Er ist der einzige, der (gar) nichts weiß. TER. Ad. 548.

*Tentatum mollescit ebur, positoque rigore*
*Subsedit digitis. (62)*
Berührt, wird Elfenbein weich; und nachdem es seine Starrheit verloren hat, gibt es den Fingern nach. OV. met. 10, 283–284.

*Nec ad melius vivendum nec ad commodius disserendum. (63)*
... weder, um besser zu leben, noch, um bequemer zu erörtern. CIC. fin. 1, 63.

### „Über Mädchenbildung" (Auszug aus: Essai III, 3)

*Hoc sermone pavent, hoc iram, gaudia, curas,*
*Hoc cuncta effundunt animi secreta; quid ultra?*
*Concumbunt docte; (64)*
In dieser Sprache (d. h. auf Griechisch) äußern sie Furcht, in dieser (Sprache) ergießen sie Zorn, Freuden, Sorgen, in dieser (Sprache) alle Geheimnisse ihres Herzens. Was gibt es darüber hinaus? Sie vollziehen den Beischlaf auf gelehrte Weise. IVV. 6, 189–191 (statt „docte" bei Juvenal: „Graece").

*De capsula totae (65)*
... ganz aus einem Schmuckkästchen. SEN. epist. 115, 2 (totos).

### „Montaignes Erziehung durch seinen Vater" (Auszug aus Essai III, 13)

*Magna pars libertatis est bene moratus venter. (71)*
Ein wohlerzogener Bauch (Magen) ist ein großer Teil der Freiheit. SEN. epist. 123, 4.

**„Sokrates" (Auszug aus Essai III, 12)**

*Paucis opus est litteris ad mentem bonam. (73)*
Zu einem guten Geiste bedarf es (nur) weniger Schriften. SEN. epist. 106, 12
(paucis [satis] est ad mentem bonam uti litteris).

# Skepsis und Urdoxa
# Zur transzendentalskeptischen Pädagogik

*Egbert Witte*

> „Der vernünftige Mensch hat gewisse Zweifel *nicht*."
> *Ludwig Wittgenstein* (Über Gewißheit)

## 1 Skepsis? Welche Skepsis?

Von Karl Marx wird folgende Anekdote kolportiert: Anfang der 1860er Jahre bat ihn seine Tochter Jenny darum, einen Bogen auszufüllen, auf dem unter anderem Fragen nach seiner Lieblingsmaxime und nach seinem Lieblingsmotto vermerkt waren. Auf die Frage nach der Lieblingsmaxime gab Marx mit Terenz zur Antwort, dass nichts Menschliches ihm fremd sei („nihil humani a me alienum"); sein Lieblingsmotto aber sei: „de omnibus dubitandum" – „an allem zweifeln"[1]. Damit verweist Marx auf den methodischen Zweifel Descartes' zurück, der in einer den „Meditationes" vorangestellten Übersicht zur ersten Meditation sagt: „In prima, causae exponuntur propter quas de rebus omnibus, praesertim materialibus, possumus dubitare [...]."[2]

Schaut man aber genauer auf die beiden Zitate, so zeigen sich indes größere Differenzen, denn Descartes spricht lediglich davon, dass es *möglich* sei, an *allem* zu zweifeln. Dass man alles bezweifeln müsse, wird nicht behauptet. Und so erreicht Descartes die angestrebte Radikalität nicht, weil er seine eigene Methode nicht in Zweifel zieht.[3] Seine Skepsis bleibt ein bloß zu negierender

---

1    Dies ist im übrigen eine Devise, die dogmatische Marxisten später anscheinend vergessen haben. Darüber hinaus wird weiterhin von Marx berichtet, dass er über sich selbst behauptet habe: „Moi, je ne suis pas marxiste."

2    René Descartes: Meditationen über die Grundlagen der Philosophie. Auf Grund der Ausgabe von Artur Buchenau neu hg. von Lüder Gäbe. Durchgesehen von Hans Günter Zekl. Hamburg 1976, 11: „In der ersten Meditation werden die Gründe auseinandergesetzt, die es ermöglichen, an allen Dingen, besonders den materiellen, zu zweifeln [...]." Vgl. auch Nr. 10 in der 1. Meditation: „[...], daß an allem, was ich früher für wahr hielt, zu zweifeln möglich ist – nicht aus Unbesonnenheit oder Leichtsinn, sondern aus triftigen und wohlerwogenen Gründen – und daß ich folglich auch all meinen früheren Überzeugungen ebenso wie den offenbar falschen, meine Zustimmung fortan sorgfältig versagen muß, wenn ich etwas Gewisses entdecken will." (ebd., 19)

3    Edmund Husserl spricht daher in seinen „Cartesianische[n] Meditationen" davon, dass in Descartes' Formulierungen vom „ego sum" und von einer „res cogitans" ein Erdenrest bewahrt

Durchgangspunkt zu der fundierenden Gewissheit des „ego cogito", das seinen Vorläufer bereits bei Augustinus findet.[4] Zu guter Letzt beruht Descartes' Skeptizismus auf der Grundlage, dass die wahrgenommene Wirklichkeit möglicherweise eine Täuschung darstellt – die am Fenster vorbeigehenden Menschengestalten könnten doch nur Gliederpuppen sein. Damit trägt Descartes den für die Moderne charakteristischen Außenweltskeptizismus vor, der ebenfalls prägend für neuere skeptische Positionen innerhalb der analytischen Philosophie ist: Die fehlende Täuschungsresistenz unserer sinnlichen Wahrnehmung wird hier allerdings in „Gehirne im Tank" verlagert.[5]

An Descartes' Skepsis lassen sich nun drei Bestimmungen ablesen, die einen Kontrast zur pyrrhonischen Skepsis des Sextus Empiricus markieren:

Der Wahrnehmungs- respektive Außenweltskeptizismus reduziert die Skepsis auf ein erkenntnistheoretisches Modell. Damit fehlt der modernen Skepsis jene existenzielle Dimension, die der antiken Skepsis noch zu eigen war.[6]

---

bleibt, so dass die transzendentale Wendung doch nicht vollständig vollzogen werde; vgl. dazu beispielsweise § 10.

4     Aurelius Augustinus: De trinitate. Lateinisch-Deutsch. (Bücher VIII–XI, XIV–XV, Anhang: Buch V). Neu übersetzt und mit Einleitung hg. von Johann Kreuzer. Darmstadt 2001, Liber X, 10.14 (S. 119): „Auch wenn man nämlich zweifelt, lebt man; wenn man zweifelt, erinnert man sich, woran man zweifelt; wenn man zweifelt, sieht man ein, daß man zweifelt; wenn man zweifelt, will man Gewißheit haben; wenn man zweifelt, denkt man [si dubitat, cogitat]; wenn man zweifelt, weiß man, daß man nicht weiß; wenn man zweifelt, urteilt man, daß man nicht voreilig seine Zustimmung geben dürfe. Wenn also jemand an allem anderen zweifelt, an all dem darf man nicht zweifeln, daß, wenn es all dies nicht gäbe, er an keiner Sache zu zweifeln vermöchte."

5     „Das Gehirn dieser Person (dein Gehirn) ist aus dem Körper entfernt worden und in einem Tank mit einer Nährlösung, die das Gehirn am Leben erhält, gesteckt worden. Die Nervenenden sind mit einem superwissenschaftlichen Computer verbunden worden, der bewirkt, daß die Person, deren Gehirn es ist, der Täuschung unterliegt, alles verhalte sich völlig normal." (Hilary Putnam: Gehirne im Tank. In: Thomas Grundmann/Karsten Stüber [Hg.]: Philosophie der Skepsis. Paderborn/München/Wien/Zürich 1996, 227–250, hier: 232) Der von Grundmann und Stüber herausgegebene Sammelband gibt darüber hinaus die wichtigsten skeptischen und antiskeptischen Positionen in der analytischen Philosophie wieder, namentlich diejenigen von Rudolf Carnap, John L. Austin, Thomas Nagel, Barry Stroud, Thompson Clarke, Michael Williams, John Heil, Donald Davidson und Akeel Bilgrami. – Gegenüber dieser rein erkenntnistheoretischen, allein auf den Außenweltskeptizismus bezogenen, Debatte macht Stanley Cavell, nun ebenfalls aus analytischer Perspektive, darauf aufmerksam, dass unser primäres Weltverhältnis kein theoretisches sei und dass der cartesische Skeptizismus bezüglich der Außenwelt auch den und die Anderen in Frage stelle, so dass Cavell zu der Behauptung gelangt, dass Skepsis meine in der Folge die Verneinung der Menschlichkeit (Stanley Cavell: Der Anspruch der Vernunft. Wittgenstein, Skeptizismus, Moral und Tragödie [The Claim of Reason. Wittgenstein, Skepticism, Morality, and Tragedy. Oxford 1979]. Frankfurt am Main 2006. Zur Skepsis siehe 105 f., 200, 293, 369–372, 561 ff., 602, 621, 674 ff., 680 und 780).

6     Einen einleitenden Überblick über Formen des Skeptizismus bietet Thomas Zoglauer: Skeptizismus. In: der blaue reiter. Journal für Philosophie. Nr. 21 (1/2006). Themenheft: Wissen, 88–

Der methodische Skeptizismus bleibt ein transitives Moment, welches die pyrrhonische Skepsis vermittels eines *fundamentum inconcussum* zu überwinden sucht. Das reine Denken des „cogito" avanciert zum Grundprinzip der Descartesschen Philosophie, erweitert um die supponierte Existenz eines gutmütigen Gottes, der die Menschen vor der möglichen Täuschung einer bloß illuminierten Außenwelt bewahrt.

Die prinzipielle Möglichkeit, *alles* zu bezweifeln, zeigt Nähen der Descartesschen Skepsis zur antiken, „rustikal" genannten, Skepsis, derzufolge auch unser alltägliches Weltbild mit seinen Gewissheiten zerstört werden soll. Dem kontrastiert ein „urbaner Pyrrhonismus"[7] des Sextus Empiricus, dessen Epoché nicht als grundsätzliche Urteilsenthaltung, sondern situativ als „unwillkürliche Erfahrung"[8] sowie als kontextsensitive Performanz zu verstehen ist.[9]

Die Differenzen innerhalb der antiken Skepsis sollen im Folgenden skizziert werden, weil – so die These – die pyrrhonisch-urbane Skepsis des Sextus Empiricus das Paradigma für die pädagogische Transzendentalskepsis abgibt.

---

90. Zur existenziellen Dimension der antiken Skepsis: Markus Gabriel: Antike und moderne Skepsis zur Einführung. Hamburg 2008, 103.

7    Zur Unterscheidung zwischen dem „urbanen" und „rustikalen Pyrrhonismus" siehe: Friedo Ricken: Antike Skeptiker. München 1994, 99 f., und Markus Gabriel: Skeptizismus und Idealismus in der Antike. Frankfurt am Main 2009, 116 und 131.

8    „[...] daß die Urteilslosigkeit im Pyrrhonismus ja gar kein Akt des ‚Anhaltens, Zurückhaltens' ist, wie ihn das griechische Wort bedeutet, sondern eine unwillkürliche Erfahrung, die viel besser mit dem Schlagwort ‚Behauptungsunfähigkeit' bezeichnet wird [...]." (Malte Hossenfelder: III. Die pyrrhonische Skepsis. In: ders.: Geschichte der Philosophie. Band III: Die Philosophie der Antike 3: Stoa, Epikureismus und Skepsis. Zweite, aktualisierte Auflage. München 1995, 147–182 und 216 f.; hier: 165. Zur Entwicklung der εποχη ebenfalls: 217) – Zu unterschiedlichen Epoché-Begriffen in Skepsis, Stoa und Phänomenologie: Woldemar Görler: Ciceros Skeptizismus. In: ders.: Untersuchungen zu Ciceros Philosophie. Heidelberg 1974, 185–197; bei Sextus Empiricus wird Epoché umfassend verstanden, bei Cicero lediglich auf die Sinnlichkeit bezogen; jedweder Eifer innerhalb der Epoché wird von Sextus abgelehnt, da dieser von der ataraxia ablenken würde. – Aus einer dogmatisch vertretenen Perspektive der eidetischen und transzendentalen Phänomenologie Husserls klärt Sonja Rinofner-Kreidl (Die Entdeckung des Erscheinens. Was phänomenologische und skeptische *Epoché* unterscheidet. In: Allgemeine Zeitschrift für Philosophie. [2001], H. 1, 19–40) die Differenzen zwischen der pyrrhonischen und der phänomenologischen Epoché.

9    „Denn meines Erachtens ist die pyrrhonische Epoché gar keine Urteilsenthaltung, deren Skopus entweder lokal (urban) oder global (rustikal) wäre. Sie ist vielmehr als eine *Kontextsensitive Performanz* zu verstehen, als eine Fähigkeit (δυναμις), Argumente mit einer durchgängig therapeutischen Absicht zu entwickeln. Es geht darum, den Adressaten der Skepsis von seinem Willen zur absoluten Wahrheit abzubringen und ihm eine Affirmation der Endlichkeit, der Kontingenz seines Bezugssystems abzuringen." (Gabriel, Skeptizismus und Idealismus in der Antike, a. a. O., 18 f.; Kursiv im Original)

## 2    Pyrrhonische Skepsis als Paradigma

Sextus Empiricus stellt seinem „Grundriss der pyrrhonischen Skepsis" eine Ty-
pologie von philosophischen Schulen zur Charakterisierung der eigenen Position
voran:

> „[1] Wenn jemand eine Sache sucht, dann ist der zu erwartende Erfolg entweder ihre
> Entdeckung oder die Verneinung ihrer Entdeckung und das Eingeständnis ihrer Un-
> erkennbarkeit oder die Fortdauer der Suche. [2] Das ist vielleicht auch der Grund,
> weshalb hinsichtlich der philosophischen Forschungsgegenstände die einen behaup-
> tet haben, sie hätten das Wahre gefunden, während die anderen erklärten, es ließe
> sich nicht erkennen [καταλαμβανειν], und die dritten noch suchen. [3] Und zwar
> gefunden zu haben glauben die Dogmatiker im engeren Sinne, z.B. Aristoteles, Epi-
> kur, die Stoiker und einige andere. Für unerkennbar erklärten die Dinge Kleitoma-
> chos, Karneades und andere Akademiker. Die Skeptiker aber suchen noch. [4] Daher
> scheint es vernünftig, daß die obersten Philosophien drei sind: die dogmatische, die
> akademische und die skeptische."[10]

Fasst man die erste Gruppe der ‚positiven' Dogmatiker mit der zweiten Gruppe
der Akademiker als ‚negative' Dogmatiker zusammen,[11] insofern beide Gruppie-
rungen von der Wahrheit ihrer Thesen ausgehen (und sei es auch lediglich die
‚wahre' These der Akademiker von der prinzipiellen Unerkennbarkeit der Dinge
an sich), so erhält man eine Zweiteilung der philosophischen Schulen im zweiten
und dritten nachchristlichen Jahrhundert[12]: Die Demarkationslinie zwischen dem
Pyrrhonismus des Sextus Empiricus und der akademischen Skepsis wird dann
dadurch gezogen, dass ersterer sich in seinem Denken jedweder Aussage, etwas
sei wahr beziehungsweise falsch, verweigert.[13] Damit ist ein zentrales Bestand-

---

10   Sextus Empiricus: Grundriß der pyrrhonischen Skepsis [= G]. Eingeleitet und übersetzt von
     Malte Hossenfelder. Frankfurt am Main 1985, §§ 1–4, 93. – Vgl. zu dieser Unterscheidung der
     philosophischen Schulen auch G I, § 226, a. a. O., 148 f.
11   Ricken, Antike Skeptiker, a. a. O., 98 f.
12   Die Lebensdaten des Sextus sind nicht gesichert. Ricken (ebd., 95) verlagert die schriftstelleri-
     sche Tätigkeit des Sextus Empiricus in die erste Hälfte des dritten Jahrhunderts n. Chr.; Hos-
     senfelder (III. Die pyrrhonische Skepsis, a. a. O., 148), behauptet demgegenüber, dass Sextus
     in der zweiten Hälfte des 2. Jahrhunderts lebte.
13   Hossenfelder (ebd., 217) versucht, die Differenzen zwischen akademischer und pyrrhonischer
     Skepsis an Hand von unterschiedlichen Verwendungsweisen von επεχειν (epéchein) und
     εποχη (epoché) zu erläutern: „Es ist möglich, daß die ursprüngliche Definition [von Epoché]
     nur lautete: ‚Epoché ist ein Stillstehen des Verstandes', und daß man dies später, unter dem
     Einfluß des neuakademischen Begriffs, als das ‚Verharren' der Zustimmung auffaßte und
     durch den entsprechenden Zusatz erläuterte. Vielleicht darf man sich die Entwicklung so den-
     ken: Das Verb επεχειν [epéchein] kann, wie das deutsche ‚anhalten', sowohl transitiv als auch
     intransitiv gebraucht werden. Zuerst nun verwendeten die Pyrrhoneer ‚Epoché', und zwar im

stück der pyrrhonischen Skepsis formuliert: die Isosthenie als Unentscheidbarkeit einer Diaphonie – die ισοσθενής διαφονια (isosthenés diaphonía) als gleichwertiger Widerstreit der assertorischen Sätze.

Dies lässt sich am Beispiel der Tropenlehre[14] des Sextus Empiricus erläutern, der sich dabei auf die fünf Tropen des Agrippa beruft:

> „[164] Die jüngeren Skeptiker überliefern fünf Tropen der Zurückhaltung, und zwar folgende: als ersten den aus dem Widerstreit, als zweiten den des unendlichen Regresses, als dritten den aus der Relativität, als vierten den der Voraussetzung, als fünften den der Diallele. [165] Der Tropus aus dem Widerstreit besagt, daß wir über den vorgelegten Gegenstand einen unentscheidbaren Zwiespalt sowohl im Leben als auch unter den Philosophen vorfinden, dessentwegen wir unfähig sind, etwas zu wählen oder abzulehnen, und daher in die Zurückhaltung münden. [166] Mit dem Tropus des unendlichen Regresses sagen wir, daß das zur Bestätigung des fraglichen Gegenstandes Angeführte wieder einer anderen Bestätigung bedürfe und diese wiederum einer anderen und so ins Unendliche, so daß die Zurückhaltung folge, da wir nicht wissen, wo wir mit der Begründung beginnen sollen. [167] Beim Tropus aus der Relativität erscheint zwar der Gegenstand, wie oben schon gesagt, so oder so, bezogen auf die urteilende Instanz und das Mitangeschaute, wie er aber seiner Natur nach beschaffen ist, darüber halten wir uns zurück. [168] Um den Tropus aus der Voraussetzung handelt es sich, wenn die Dogmatiker, in den unendlichen Regreß geraten, mit irgend etwas beginnen, das sie nicht begründen, sondern einfach und unbewiesen durch Zugeständnis anzunehmen fordern. [169] Der Tropus der Diallele schließlich entsteht, wenn dasjenige, das den fraglichen Gegenstand stützen soll, selbst der Bestätigung durch den fraglichen Gegenstand bedarf. Da wir hier keines zur Begründung des anderen verwenden können, halten wir uns über beide zurück."[15]

Die Konsequenz

- aus dem Dissens in den theoretischen Ergebnissen (1.),
- aus dem regressus ad infinitum, der jedwede Letztbegründung verunmöglicht (2.),

---

14    intransitiven Sinn zur Bezeichnung ihres ‚Anhaltens‘ in der Wahrheitssuche. Wegen seiner engen Beziehung zur Urteilsenthaltung griffen die Akademiker das Wort auf, verstanden es aber im transitiven Sinn, um damit das (stoische) ‚Anhalten der Zustimmung‘ zu bezeichnen."

14    Die Tropenlehren sind zentraler Bestandteil der pyrrhonischen Skepsis; dabei gibt es bei Aenisidemus eine Gruppe von zehn Tropen, bei Agrippa fünf Tropen, ergänzt um zwei weitere von Menodot. – Zu den Tropenlehren siehe: Malte Hossenfelder: Einleitung. In: Sextus Empiricus, a. a. O., 9–90, bes. Kap. IV. Die Isosthenie als Begründung der pyrrhonischen Skepsis, 42–51; Gabriel, Skeptizismus und Idealismus, a. a. O., 42 ff.; Gabriel, Antike und moderne Skepsis, a. a. O., 60 ff.; Ricken, Antike Skeptiker, a. a. O., 69–85.

15    Sextus Empiricus, a. a. O., 130 f. (= G I, 164–169).

- aus der Relativität hinsichtlich der Wahrnehmungswelten (etwa des Geruchssinns beim Hund und beim Menschen) oder der Verschiedenheit der Menschen unterschiedlicher Kulturen und Epochen (3.),
- aus dem Tropus der Hypothese, der sich gegen die bei Aristoteles und den Mathematikern aufzufindende Vorstellung erster, evidenter, nicht beweisbedürftiger Gründe richtet (4.) sowie
- aus dem Zirkelschluss der Diallele (5.)

ist stets die gleiche: Die Tropen dienen dazu, die Unentscheidbarkeit einer Diaphonie (des Widerstreits), das heißt: ihre Isosthenie (etwa: die gleich starke Kraft der sich widersprechenden Argumente), zu beweisen.

Dem pyrrhonischen Skeptiker bleibt hinsichtlich solcher Problemlagen also einzig die Epoché, die keineswegs einen willentlichen, mit Eifer (διωκειν/diókein) betriebenen Entschluss zu einer prinzipiellen Urteilsenthaltung meint, sondern viel eher unfreiwilligen, zufälligen und zukommenden Erlebnissen entspringt. Und insofern trifft die pyrrhonische Skepsis (im Gegensatz zur akademisch-dogmatischen Skepsis) nicht der Vorwurf, sie begehe einen performativen Selbstwiderspruch.

> „[191] [...] Auch muß man wissen, daß wir mit dem Aussprechen des Schlagwortes ‚Um nichts eher' [ου μαλλον] nicht versichern, daß es in jedem Fall wahr und unerschütterlich sei; vielmehr sagen wir auch hierin nur, was uns erscheint."[16]

> „[233] [...] Man könnte höchstens sagen, daß wir [die pyrrhonischen Skeptiker] diese Dinge nur nach dem, was uns erscheint, behaupten und nicht mit Bestimmtheit, [...] [der akademische Skeptiker] aber die Natur der Dinge meint, so daß er die Zurückhaltung auch ein Gut und die Zustimmung ein Übel nennt."[17]

Diese pyrrhonische Epoché beschränkt sich nun nicht auf erkenntnistheoretische Fragen allein, sondern zeitigt ethische Konsequenzen, beschreibt Sextus Empiricus doch, dass dieses ‚Anhalten' in kontingenter Weise die existenzielle Seelenruhe hervorbringt:

> „[26] Denn der Skeptiker begann zu philosophieren, um die Vorstellungen zu beurteilen und zu erkennen, welche wahr sind und welche falsch, damit er Ruhe [ησυχια/hesychía] finde. Dabei geriet er in den gleichwertigen Widerstreit [ισοσθενης διαφονια/isosthenés diaphonía], und weil er diesen nicht entscheiden

---

16  Sextus Empiricus, a. a. O., 136 f. (= G I, 191). Das „nicht eher", das ου μαλλον (ou mallon), als Ausweis der Isosthenie, insofern das Eine nicht eher dem Anderen vorzuziehen ist, verfällt also ebenfalls dem Zweifel.

17  Sextus Empiricus, a. a. O., 150 (= G I, 233). – Zur Differenz zwischen akademischer und pyrrhonischer Skepsis siehe auch G I, 226.

konnte, hielt er inne. Als er aber innehielt, folgte ihm zufällig die Seelenruhe [αταραξια/ataraxía] in den auf dogmatischem Glauben beruhenden Dingen. [27] Wer nämlich dogmatisch etwas für gut oder übel von Natur hält, wird fortwährend beunruhigt: Besitzt er die vermeintlichen Güter nicht, glaubt er sich von den natürlichen Übeln heimgesucht und jagt nach den Gütern, wie er meint. Hat er diese erworben, gerät er in noch größere Sorgen, weil er sich wider alle Vernunft und über alles Maß aufregt und aus Furcht vor dem Umschwung alles unternimmt, um die vermeintlichen Güter nicht zu verlieren. [28] Wer jedoch hinsichtlich der natürlichen Güter oder Übel keine bestimmten Überzeugungen hegt, der meidet oder verfolgt nichts mit Eifer [διωκειν/diokein], weshalb er Ruhe hat."[18]

Die pyrrhonische Epoché führt also in zufälliger Weise und nur angelegentlich, unter Aussparung des eigenen Entschlusses, Willens und Eiferns, zum Lebensziel des Skeptikers: zu Ruhe und Seelenruhe als einzige die Eudämonie garantierende Lebensform.[19] Auf Grund seiner Philanthropie zielt Sextus Empiricus darauf, mit dem Logos zu heilen (ιασθαι λογοι/hiásthai lógoi).[20] „Man muss diesen performativen Aspekt im Blick behalten, wenn man verstehen will, inwiefern die Skepsis ein therapeutisches Projekt verfolgt und daher in die Tradition der Soteriologie, d.h. jener Heilslehren gehört, die dem Menschen eine gelingende Lebensform jenseits der quälenden Fragen der Philosophie in Aussicht stellt."[21]

Neben dem unhaltbaren Vorwurf, die pyrrhonische Skepsis begebe sich unweigerlich in einen performativen Selbstwiderspruch, ereilt dieses Denken die Unterstellung, ihre Epoché führe in praktischen Handlungszusammenhängen nolens volens zur Apraxie. Auch diesen Vorwurf entkräftet Sextus Empiricus,

---

18    Sextus Empiricus, a. a. O., 100 (= G I, 26–28). – „„Glücklich ist, wer ungestört (αταραχως/ atarachos) dahinlebt und [...] sich in Ruhe und Meeresstille (γαληνοτης/galenótes) befindet.' (Sextus Empiricus: Adversus mathematicos Buch XI, § 141) (...) Denn ‚Ataraxie' ist ein privativer Begriff, dessen Sinn man erst versteht, wenn man die Art der Tarachai, der ‚Beunruhigungen', berücksichtigt, deren Überwindung er meint." (Hossenfelder 1985, 31 f.)

19    Hossenfelder (= G, a. a. O., 66): „Die Pyrrhoneer sahen das Glück in der Ataraxie. Als deren eigentliche Bedrohung und als Quelle alles Unglücks glaubten sie jedes eifrige Streben, jedes Attachement an die Dinge zu erkennen. Daher lag das Glück für sie in der Freiheit von solchem Streben, in der Gleichgültigkeit."

20    Sextus Empiricus, a. a. O., 299 (= G III, 280): „[280] Der Skeptiker will aus Menschenfreundlichkeit nach Kräften die Einbildung und Voreiligkeit der Dogmatiker durch Argumentation heilen." – Bei der Verwendung dieser Arztmetaphorik ist darauf hinzuweisen, dass Sextus Empiricus selbst Arzt war, so dass sich dadurch auch der Zusatz „Empiricus" als Ausweis der Zugehörigkeit zu der „empirischen" Medizinerschule erklärt.

21    Gabriel, Antike und moderne Skepsis, a. a. O., 75. Gabriel zieht hier Parallelen zur Antikeninterpretation Michel Foucaults. Gabriel (Skeptizismus und Idealismus, a. a. O., 154) verweist überdies auf das protopragmatische Lebensdienliche (το βιωφελες/to biophelés) der pyrrhonischen Skepsis des Sextus Empiricus.

indem er einerseits auf die nur gelegentliche und zufällige Epoché hinweist, in lebensweltlichen Nötigungen eines praktischen Handelns andererseits aber auf das Fungieren je gegebener gesellschaftlicher Konventionen verweist: τα πατρια εθη (ta patria ethe), die „Vaterlandssitten". Die pyrrhonische Skepsis als in praktischen Zusammenhängen stehende Lebensform mündet letztlich also in einen politisch-gesellschaftlichen Konservativismus.[22] Gegen den Einwand seitens der Dogmatiker, der Skeptiker widerspreche im praktischen Leben seiner Lehre, formuliert Sextus Empiricus:

> „Wenn sie dieses sagen, verstehen sie nicht, daß der Skeptiker nach der philosophischen Lehre [κατα τον φιλοσοφον λογον/katà tòn philósophon lógon] nicht lebt – denn nach deren Bedingungen ist er untätig –, daß er aber, der unphilosophischen Erfahrung folgend [κατα την αφιλοσοφον τηρησιν/katà tèn aphilósophon téresin], das eine wählen, das andere meiden kann. Und wenn er von einem Tyrannen gezwungen wird, etwas Verbotenes zu tun, wird er mit Hilfe des Vorbegriffs [προληψις/prolépsis], der sich in seiner Väter Sitte und Gesetz ausdrückt, zufällig das eine wählen und das andere meiden."[23]

Insofern innerhalb der pyrrhonischen Skepsis die alltägliche gesellschaftliche und politische Praxis somit nicht mehr theoretisch grundgelegt und legitimiert wird – oder als nicht mehr begründbar und legitimierbar erscheint, passt die Skepsis sich dergestalt den gegebenen, vorgegebenen und hinzunehmenden Lebensformen an; sie bricht mit der klassischen griechischen Überzeugung, dass die metaphysische Einsicht in den Kosmos praktische Anleitungen an die Hand gebe, wie denn jeweils zu handeln sei.[24] Hossenfelder sieht in der Tatsache, dass „im spätantiken Denken die Philosophie, verstanden als Erkenntnis der wahren Struktur des Seienden, ihren Anspruch, Weg zur Glückseligkeit zu sein, aufgeben mußte [...]", die Einbruchstelle für die christliche Glaubenslehre, welche allgemeingültige Handlungs- und Verhaltensweisen für alle Gläubigen zur Erlangung ihres transzendenten Seelenheils vorgibt: In dieser spätantiken Umbruchphase eröffne der *Glaube* an einen transzendenten Schöpfer einen Ausweg, welcher jedoch der kritischen *Philosophie* eine nunmehr nur depravierte Rolle zuweist.[25]

---

22  Zum Konservativismus der pyrrhonischen Skepsis: Hossenfelder, in: G, 69 ff.; Hossenfelder, III. Die pyrrhonische Skepsis, a. a. O., 179 f.; Gabriel, Antike und moderne Skepsis, a. a. O., 81; Gabriel, Skeptizismus und Idealismus, a. a. O., 119 ff.

23  Sextus Empiricus: Adversos mathematicos. Buch XI, § 165 f.; zit. n. Hossenfelder, in: G, 69.

24  Vgl. hierzu Gabriel, Skeptizismus und Idealismus, a. a. O., 119 f.

25  Vgl. Hossenfelder, in: G, 10. Hier findet sich auch das vorangestellte Zitat.

## 3    Skepsis der skeptischen Pädagogik

Skeptisches Denken war schon sehr früh Gegenstand des Neukantianismus. So führt beispielsweise Richard Hönigswald eine Auseinandersetzung mit der antiken Skepsis, die jedoch durch zwei Strategien in entscheidender Weise eingefriedet bleibt, denn zum einen unternimmt Hönigswald eine begriffliche Reduktion, insofern er nur solche Zweifel als Gegenstand seiner Auseinandersetzung zulässt, die in das transzendentalanalytische Programm des Kantianismus passen, zum anderen versucht er den Nachweis zu erbringen, dass die Skepsis in epistemologische Aporien mündet. Hönigswald hält also an den für den Neukantianismus typischen Geltungs- und Prinzipienfragen fest und unterminiert damit das philosophisch Irritierende der Skepsis.[26]

Theodor Ballauff, der zwar nicht zum engeren Kreis der neukantianischen Pädagogen zählt,[27] hat als einer der wenigen die „Skepsis" zum Grundbegriff der Didaktik respektive der Pädagogik gemacht, die er in „Kathegetik" umbenennen möchte.[28] Dabei stehen für ihn weniger die beteiligten Personen oder die von diesen vollzogenen Interaktionen, als vielmehr die Inhalte im Mittelpunkt des Unterrichts: die Sache oder – mit Heidegger gesprochen – „das Sein des Seienden" in einer sich entbergenden Wahrheit. Basal ist bei ihm die Einsicht in die grassierende Fehlkonzeption von Unterricht, welche dem neuzeitlichen Herstellungsparadigma und einer Aktivitätsmetaphysik entspringe; diese führe zu der irrigen Vorstellung einer „Hirnbewirtschaftung" im Unterricht.[29] So sinnvoll die Hinweise auf nicht planbare Momente im Unterricht und passivische Strukturen auch sind, so problematisch bleibt bei Ballauff das letztlich konservative Sich-Einfügen in die gegebenen gesellschaftlichen Strukturen, welches die politischen Akteure der Gestaltung der Verhältnisse, in denen sie leben oder unter denen sie leiden, beraubt: „Nicht die Menschen konstituieren die Verhältnisse, sondern diese gewähren ihnen die Möglichkeit, ihnen entsprechend Menschen zu sein."[30]

Kann man Hönigswald und Ballauff als Vorläufer einer skeptischen Wende in der Pädagogik des Neukantianismus nennen, so vollzieht diese Wendung doch

---

26    Vgl. Richard Hönigswald: Die Skepsis in Philosophie und Wissenschaft. 2. Auflage (Nachdruck der 1. Auflage von 1914). Hg. und eingeleitet von Christian Benne und Thomas Schirren. Göttingen 2008.

27    Theodor Ballauff: Skeptische Didaktik. Heidelberg ²1970. – Zur Differenz zwischen Ballauffs Pädagogik und den neukantianischen Pädagogen vgl. Jörg Ruhloff: Das ungelöste Normproblem der Pädagogik. Eine Einführung. Heidelberg 1979, 172: Ballauff sei „nur in einem gewissen Sinne als Transzendentalkritiker und sicher nicht als ‚Neukantianer' zu begreifen [...]."

28    „Kathegetik" sei von „kathegéomai" = „weisen, lehren" abzuleiten (Ballauff, Skeptische Didaktik, a. a. O., 8 f.).

29    Vgl. ebd., 5, 69, 74.

30    Ebd., 57.

erst Wolfgang Fischer, der mit den neukantianischen Prämissen, insbesondere
seines akademischen Lehrers Alfred Petzelt bricht.[31] Mitte bis Ende der 1960er
Jahre zeigt sich der Wendepunkt in der deutlichen Distanzierung von Petzelts
Denken, das auf einer transzendentalen Theorie des Ich sowie auf der Vorstellung einer Konstante im Begriff der Pädagogik aufruht.[32] „Das ‚Sollen' wird
nicht mehr verstanden als Referenzpunkt für eine transzendental begründete
materiale Theorie des Ich, sondern als – für die Pädagogik leider konstitutives –
Einfallstor für metaphysische, eben nicht letztbegründbare basale Annahmen

---

31   Wolfgang Fischer: Sechs Thesen zur Problematik des Curriculums. In: ders./Jörg Ruhloff:
     Aufsätze zu Problemen des Unterrichts. Hg. von Walter Müller und Peter Vogel. Nürnberg
     1972, 143–149: Hier finden sich deutliche Bezüge zu Ballauffs skeptischer Kathegetik. – ders.:
     Über Sokrates, Politik und Bildung. In: Gerd Stein (Hg.): Geschichte – Politik – Pädagogik.
     Kastellaun 1975, 55–73: Hier findet sich eine Auseinandersetzung mit der Apolitie des Sokra-
     tes, die Parallelen zu dem gegen Sextus Empiricus erhobenen Vorwurf der Apraxie erkennen
     lässt. – ders.: Die öffentliche Anstaltsschule der Gegenwart. Struktur und Funktionen. In: ders.:
     Schule als parapädagogische Organisation. Kastellaun 1978, 43–65 und 189–192: Kritik an
     dem von Herwig Blankertz in Nordrhein-Westfalen durchgeführten Kollegstufenversuch, An-
     schluss an Ballauffs Hinweise auf die Nichtplanbarkeit von Unterricht sowie an das Nicht-
     Wissen des Sokrates. – ders.: Was kann Allgemeinbildung heute bedeuten? In: Universitas.
     Zeitschrift für Wissenschaft, Kunst und Literatur. 41 (1986), 892–902: Bildung wird hier mit
     einem „rückhaltlosen Denken" identifiziert, „das die Alten ‚skeptomai' nannten, d.h. Umher-
     schauen, Erwägen, Untersuchen, Nachdenken." (901) – ders.: Über den Mangel an Skepsis in
     der Pädagogik. In: Zeitschrift für Pädagogik. 36 (1990), 27–43: Dies dürfte der zentrale Text
     von Wolfgang Fischer zur Skepsis sein; unterschieden werden eine alltägliche von einer positi-
     onellen und eine radikale Skepsis; letztere wird vom Vorwurf des performativen Selbstwider-
     spruchs freigesprochen und an das grch. σκεπτομαι (= sképtomai; und das heißt: nicht an das
     απιστεω = apistéo) zurückgebunden; Sextus' Skepsis sei in ihren politisch konservativen Zü-
     gen keine radikale im Fischerschen Sinne. – ders.: Die Knabenliebe im antiken Griechenland
     als pädagogisches Problem. In: ders.: Kleine Texte zur Pädagogik in der Antike. Hohengehren
     1997, 181–202: Der Text endet bezeichnenderweise mit der Zitation des 34. Fragmentes des
     Xenophanes. – ders.: Unterwegs zu einer skeptisch-transzendental-kritischen Pädagogik. Aus-
     gewählte Aufsätze 1979–1988. Sankt Augustin 1989: Rekurs auf Odo Marquards Endlich-
     keitsphilosophie und dessen konservativen Ausblick darauf, „nach Üblichkeiten zu handeln". –
     ders.: Sokrates pädagogisch. Herausgegeben von Jörg Ruhloff und Christian Schönherr. Würz-
     burg 2004: Die Skepsis des Xenophanes gilt als Vorläuferin der Skepsis des Sokrates. Das
     διασκοπειν (= diaskopeín) bei Sokrates wird einem bloßen απιστεω (= apistéo) kontrastiert;
     der Skepsis eignen drei Momente: „a) Fragen/Ausforschen, b) Untersuchen/Prüfen, wie es aus-
     tauschbar heißt, c) Überführen/Widerlegen, das alles sozusagen unter dem Firmendach des
     Skopein, des umherschauenden Erwägens und Bedenkens dessen, was da jemand zu wissen
     vorgibt." (90)
32   Vgl. Alfred Petzelt: Tatsache und Prinzip. Philosophie und Psychologie. Hg. und mit einer
     Einführung versehen von Jörg Ruhloff. Frankfurt am Main/Bern 1982. – Zu den Vorausset-
     zungen der neukantianischen Pädagogik am Beispiel von Paul Natorp, Richard Hönigswald
     und Jonas Cohn ist nach wie vor instruktiv die bei Erich Weniger vorgelegte Dissertation von
     Herwig Blankertz: Der Begriff der Pädagogik im Neukantianismus. Weinheim 1959.

über den Menschen und seine Bildung."[33] Zwar bleibt die transzendental-kritisch-skeptische Pädagogik[34] in gewisser Hinsicht dem Neukantianismus treu, allerdings wird dieser nicht mehr im Sinne einer richtenden Metaphysik verstanden, sondern nur noch als Methode gebraucht:

> „Die Entwicklung von der prinzipienwissenschaftlich-materialen Pädagogik zur skeptischen Pädagogik als Methode kann verstanden werden als Lösung von der neukantianischen Denktradition, Rückkehr zur kantischen Erkenntnistheorie und deren Radikalisierung."[35]

Neben Wolfgang Fischer seien als Vertreter der transzendental-skeptischen Pädagogik noch Jörg Ruhloff und Walter Müller benannt; auch diese erwähnen als Vorläufer einer skeptischen Pädagogik unter anderen folgende antike Autoren: Xenophanes, Sokrates und Sextus Empiricus.[36] Daher soll im Folgenden die jeweilige „Skepsis"[37] der benannten Autoren in aller Kürze skizziert werden, um

---

33  Peter Vogel: Von der dogmatischen zur skeptischen Pädagogik. In: Dieter Jürgen Löwisch/Jörg Ruhloff/Peter Vogel (Hg.): Pädagogische Skepsis. Wolfgang Fischer zum einundsechzigsten Geburtstag. Sankt Augustin 1989, 35–47. – Der Aufsatz von Peter Vogel bietet hier die Grundlage für die Rekonstruktion der Denkentwicklung von der neukantianischen Prinzipienwissenschaft hin zur skeptischen Pädagogik im allgemeinen, derjenigen Wolfgang Fischers im besonderen.

34  Das Wortungetüm verweist darauf, dass die begriffliche Selbstthematisierung der skeptischen Pädagogik nicht einheitlich ist.

35  Vogel, Von der dogmatischen zur skeptischen Pädagogik, a. a. O., 40 (Kursiv im Original).

36  Allerdings gibt es Gewichtungen in der Zitation der benannten Bezugsautoren. – Ein wichtiger Gewährsmann ist für Ruhloff (Das ungelöste Normproblem, a. a. O.) hier Cusanus mit seiner „docta ignorantia"; Sextus Empiricus allerdings wird nicht namentlich erwähnt. – ders.: Über das zurückhaltende pädagogische Interesse an Skepsis – exemplarisch. In: Löwisch/Ruhloff/Vogel, Pädagogische Skepsis, a. a. O., 159–166: Die Skepsis eines Sokrates und der pyrrhonischen Skeptiker werde vor allem durch den Herbartianismus stillgestellt. – Walter Müller: Skepsis – eine pädagogische Lebensform? In: Löwisch/Ruhloff/Vogel, a. a. O., 115–126: Abwehr des Vorwurfs der Selbstwidersprüchlichkeit der pyrrhonischen Skepsis als philosophiegeschichtlicher Gemeinplatz seit Hume, aber auch Rückgriff auf den „Usualismus" Odo Marquards. – ders.: Skeptische Sexualpädagogik. Möglichkeiten und Grenzen schulischer Sexualerziehung. Weinheim 1992: Diese transzendental-skeptische Untersuchung der Sexualpädagogik verwahrt sich gegen den Vorwurf des Dogmatismus; ihre Zielformulierung: „Ihr Anspruch bestand nicht darin, konkrete Vorschläge für die Veränderung der derzeitigen sexualerzieherischen Praxis zu erarbeiten, sondern zur Erhellung der dafür konstitutiven und maßgeblichen Ursachen, Prinzipien und Motive beizutragen und eine skeptische Würdigung der im modernen sexualpädagogischen Diskurs als selbstverständlich unterstellten Topoi und Legitimationsfiguren vorzunehmen." (ebd., 161)

37  „Skepsis bedeutet ursprünglich nicht eigentlich Zweifel, sondern kritische Betrachtung. Daher hießen die Skeptiker noch in Rom quaestiores et consideratores. Neben Skeptiker gab es bedeutungsähnliche Bezeichnungen wie Zetetiker, der die Probleme ‚prüft', Aporetiker, der auf die ‚Unlösbarkeit' der geprüften Probleme hinweist, und Ephektiker, der sich im Ergebnis solcher Unlösbarkeit eines Urteils ‚enthält'. Als eigentliches ‚zweifeln' kennen die Römer dubita-

anschließend an einem zentralen Text von Jörg Ruhloff die subkutan Anwendung findenden Argumentationsmuster der pyrrhonischen Skepsis zu demonstrieren.

Gleich zwei Mal – und zwar an zentralen Stellen – zitiert Wolfgang Fischer das widersprüchlich gedeutete 34. Fragment des Xenophanes (*circa 570 v. Chr.):[38]

> „Und das Genaue hat nun freilich kein Mensch gesehen, und es wird auch niemanden geben, / der es weiß über die Götter und alles, was ich sage. / Denn wenn es ihm auch im höchsten Grade gelingen sollte, Wirkliches auszusprechen, / selbst weiß er es gleichwohl nicht. Für alles gibt es aber Vermutung."[39]

Es soll und kann an dieser Stelle keine abschließende Interpretation dieses Fragments gegeben werden. Dass diese erkenntniskritischen Überlegungen des Xenophanes sich jedoch nicht nur auf den übersinnlichen Bereich beschränken (wie Fränkel noch meinte), gilt mittlerweile als ebenso gesichert wie der Umstand, dass seit Xenophanes die Unterscheidung von Wissen und Meinung philosophiegeschichtlich geläufig ist und dass dieser die Feuerbachsche Projektionstheorie, wonach die Götterbilder Produkte ihrer menschlichen Bildner seien, vorweggenommen hat.[40] Vor dem Hintergrund der frühgriechischen Literatur lässt sich das Fragment auch interpretieren als geläufiger Hinweis auf den Abstand des menschlichen Wissens gegenüber demjenigen der Götter.[41] Zu bezweifeln ist

---

re (duo), während die Form scepticus erst in der Renaissance auftaucht." (Fritz Jürß: Einleitung. Zur Geschichte des skeptischen Denkens. In: Sextus Empiricus: Gegen die Wissenschaftler. Buch 1–6. Aus dem Griechischen übersetzt, eingeleitet und kommentiert von Fritz Jürß. Würzburg 2001, 7–31, hier: 7)

38  Einmal schließt der Text über die antike Knabenliebe mit der Zitation des 34. Fragments; darüber hinaus wiederholt Fischer ebenjene Zitation in seiner Sokrates-Studie, um zu belegen, dass Xenophanes' Skepsis als Vorläuferin der Skepsis des Sokrates zu gelten habe. (Fischer, Sokrates pädagogisch, a. a. O., 48).

39  και το μεν ουν σαφες ου τις ανηρ ιδεν ουδε τις εσται/
εἰδῶς αμφι θεων τε και ασσα λεγω περι παντων/
ει γαρ και τα μαλιστα τυχοι τετελεσμενον ειπων,/
αυτος ομως ουκ οιδε· δοκος δ'επι πασι τετυκται.
(Xenophanes: Die Fragmente. Hg., übersetzt und erläutert von Ernst Heitsch. München/Zürich 1983, 76 f.) Die Übersetzung ist diejenige von Ernst Heitsch. Fischer zitiert die Übersetzung aus den „Fragmenten der Vorsokratiker" von Diels/Kranz.

40  Zur seit Xenophanes geläufigen Unterscheidung von δοξα (dóxa) und επιστημη (epistéme) siehe Ricken, Antike Skeptiker, a. a. O., 36. – Dass die Menschen sich ihre Bilder von den Göttern machen, zeigen die Fragmente 14, 15 und 16 (Xenophanes, Die Fragmente, a. a. O., 40–45).

41  Vgl. Fragment 24: „Ganz sieht er [scil. Gott], ganz erkennt er, ganz hört er." (Xenophanes, a. a. O., 54 f. „Ουλος ορα, ουλος δε νοει, ουλος δε τ'ακουει.") – Zum frühgriechischen Epos

aber, ob man das Denken Xenophanes' insgesamt als eines der Skepsis bezeichnen kann: Wenngleich er „gegenüber den Möglichkeiten menschlichen Erkennens [...] einen grundsätzlichen Vorbehalt" bewahrt, so „formuliert er als erster die Idee des Fortschritts, der in der menschlichen Tatkraft gründet (F 18) [...]."[42] Erkenntniskritik?: ja, aber eine solch radikale, auf Isosthenie und Epoché zulaufende Skepsis wie bei Sextus Empiricus?: wohl eher nicht.

Eine der zentralen, wenn nicht *die* zentrale Figur für Wolfgang Fischer ist Sokrates (*um 470/469 v. Chr.). Mit Nietzsche beschreibt Fischer die (über moralische Fragen hinausgehende) Skepsis als Ziel des sokratischen Tuns. Da Sokrates bekanntlich aus Gründen der Schriftkritik keine eigenen Texte geschrieben hat, findet Fischer den authentischen Sokrates als Skeptiker allem voran in den platonischen Frühdialogen. Konsequenterweise interpretiert Fischer die Anamnesislehre des mittleren Platon wie auch die platonische Vorstellung einer „maieútike téchne", der Hebammenkunst des Philosophen, als unsokratisch; auch das dem Sokrates zugesprochene und prohibitiv einspringende „daimónion" ist, aus Fischers Perspektive, dann überflüssig, wenn Sokrates ohnehin eine skeptische Position vertritt. Dieser betreibe folgerichtig auch keine Paränese, erteile seinen Gesprächspartnern also keinerlei Ratschläge, denn schließlich leugne Sokrates jede Lehrtätigkeit, worin seine Adidaxie gründe.[43] Unter Verweis auf eine kaum zehn Zeilen lange Passage im platonischen Frühdialog „Charmides" (158 E),[44] in

---

und zur frühgriechischen Lyrik siehe Michael Theunissen: Pindar. Menschenlos und Wende der Zeit. München ³2008.

42  Ernst Heitsch: Einführung. In: Xenophanes, Die Fragmente, a. a. O., 7–12, hier: 11. Vgl. Fragment 18, a. a. O., 18 f.: „Keineswegs haben die Götter von Anfang an alles den Sterblichen aufgezeigt,/sondern mit der Zeit finden sie suchend Besseres vor." („ουτοι απ' αρχης παντα θνητοις' υπεδειξαν,/αλλα χρονω ζητουντες εφευρισκουσιν α μειρον.")

43  Vgl. Fischer, Sokrates pädagogisch, a. a. O., 20, 26, 59, 62 f., 69, 94.

44  In dieser kurzen Textpassage des frühplatonischen „Charmides" finden sich folgende Formulierungen, die auf das „skopein" zurückgehen: σκεπτεον (skeptéon; adv.), ασκεπτεως (asképteos; adj, mit alpha privativum), σκοπειν (skopein; inf.), σκεψασθαι (sképsasthai; inf.), σκοπει (skópei; imp.) und σκεψις (sképsis; subst.). Schleiermacher gibt hierfür wieder: „untersuchen, unüberlegt, untersuchen, untersuche, angreifen, Untersuchung." In entsprechender Weise skizziert Fischer drei Momente, welche die sokratische Skepsis auszeichnen sollen: „a) Fragen/Ausforschen, b) Untersuchen/Prüfen, wie es austauschbar heißt, c) Überführen/Widerlegen, das alles sozusagen unter dem Firmendach des Skopein, des umherschauenden Erwägens und Bedenkens dessen, was da jemand zu wissen vorgibt." (Fischer, Sokrates pädagogisch, a. a. O., 90) – Walter Bröcker interpretiert die Passage im „Charmides" sogar im Sinne einer Urteilsenthaltung: „Hier ist das Nichtwissen das kritische sich des Urteils Enthalten hinsichtlich derjenigen Thesen, die noch nicht geprüft sind. Nach der Prüfung wird man vielleicht wissen, so wie man ja auch schon weiß, daß die bisher vorgeschlagenen Definitionsversuche falsch sind." (Walter Bröcker: Platos Gespräche. Frankfurt am Main. ³1985, 69) Deutlich wird hier aber auch der nur passagere Status einer solchen Urteilsenthaltung.

der Formulierungen mit σκοπειν (skopein) als etymologische Wurzel für das Substantiv σκεψις (skepsis) nicht weniger als sechsmal auftauchen, gelangt Fischer schließlich zu der These, dass für Sokrates das Philosophieren mit dem „skopein", mit der Skepsis, identisch sei.[45]

Abgesehen davon, ob man – wie Fischer selber zeigt – „skepsis" und seine Ableitungen mit „Zweifeln" wiedergeben kann, mit dem doch die philosophische Richtung der Skepsis seit der Neuzeit assoziiert ist, abgesehen auch davon, wie spekulativ angesichts der Quellenlage Überlegungen über die historische Person des Sokrates sind, gibt es doch einen kleinen, anekdotischen Hinweis, dass das sokratische Denken die Radikalität der Skepsis aus der Selbstwahrnehmung ihrer antiken Vertreter nicht erreicht: Arkesilaos (ca. 315–240 v. Chr.), Nachfolger Platons als Leiter der Akademie und mithin ein Vertreter der akademischen Skepsis, will mit seinem Nichtwissen über dasjenige des Sokrates hinausgehen und bestreitet in einer gewaltsamen Interpretation des in der platonischen „Apologie" auftretenden Sokrates,

> „[...] daß es etwas gebe, das gewußt werden könne, nicht einmal das, was Sokrates für seine Person übriggelassen hätte, nämlich, daß er wisse, daß er nichts wisse."[46]

In Fischers Argumentationslinie ließe sich nun sagen, dass es nicht verwundern kann, dass ein Vertreter der akademischen Skepsis einen ‚platonisierten Sokrates' heranzieht, um die eigene skeptische Position in Form einer Überbietungsgeste als die glänzendere herauszustellen. Und wenngleich auch nicht alle Vertreter der antiken Skepsis Sokrates in Sinne des Arkesilaos interpretiert haben – Sextus Empiricus bezieht sich einige Male positiv auf die Figur des Sokrates –, so gilt es doch festzuhalten, dass die tatsächliche oder nur vermeinte Skepsis des Sokrates eine solche Radikalität wie die der pyrrhonischen Skepsis nicht erlangt, die in ihren beiden zentralen Bestandstücken besteht: in der Isosthenie und in der Epoché.

Während für Wolfgang Fischer Sokrates der Gewährsmann für seinen transzendentalskeptischen Ansatz ist, so bezieht Walter Müller sich in seinen Texten über skeptische Pädagogik zumeist auf die pyrrhonische Skepsis, die ihre elaborierteste Variante bei Sextus Empiricus findet. Müller referiert in korrekter Weise die Position der pyrrhonischen Skepsis, die eine nur situative und perfor-

---

45    Fischer, Sokrates pädagogisch, a. a. O., 93.
46    Cicero: Academici libri [Academica posteriora; Varro], 45: „Arcesilas negabat, esse quicquam, quod sciri posset, ne illud quidem ipsum, quod Socrates sibi reliquisset, ut nihil scire se sciret." Zit. n. Jürß, Einleitung, a. a. O., 30. – Zum prekären Status einer Interpretation der Person und des Denkens des Arkesilaos siehe Ricken, Antike Skeptiker, a. a. O., Kap. II.1.

mative Anwendung kennt, wie folgt: Der gegenüber der pyrrhonischen Skepsis vorgebrachte Einwand, sie führe zu einem Indifferentismus und Relativismus,

„beruht philosophiegeschichtlich betrachtet auf einer Fehlinterpretation der pyrrhonischen Skepsis, die vor allem durch Humes vermeintlichen Nachweis der immanenten Widersprüchlichkeit dieses seiner Ansicht nach ‚übertriebenen Skepticismus‘, begünstigt worden ist. Systematisch beruht er auf einer Simplifizierung der Geltungs- und Verbindlichkeitsproblematik auf die schlichte Alternative zwischen dem Anspruch auf absolute und prinzipielle Geltung und Verbindlichkeit einerseits und völliger Beliebigkeit und Unverbindlichkeit andererseits. Alle dazwischen liegenden, relationalen Spielarten der gedanklichen Einlösung von konkret erhobenen Geltungsansprüchen, die weder auf ein Absolutum, auf Totalität oder Exklusivität rekurrieren noch das ‚anything goes‘ propagieren, werden in dieser Alternative ignoriert."[47]

Müller versucht also, der falsch gestellten Alternative von Relativismus und einer Philosophie des Absoluten zu entkommen, bleibt aber in neukantianischer Weise dem prinzipiellen Ansatz verhaftet, zunächst die Geltungsfrage (abgelöst von der Frage nach der Genese) zu stellen und zu beantworten. In seiner „Skeptische[n] Sexualpädagogik" beschreibt er das skeptische Geschäft, welches unreflektierte Dogmatismen destruieren will, auf folgende Art und Weise:

„Erstens durch die kritisch-analytische Aufdeckung unreflektierter theoretischer Prämissen und fragwürdiger Aussagen über die Wirklichkeit, zweitens durch den immanent-kritischen Nachweis logischer Widersprüche, drittens durch Ermittlung sprachlicher Unklarheiten und Ungereimtheiten und viertens durch den Hinweis auf mögliche ungewollte Nebenwirkungen und auf unbedacht gebliebene Konsequenzen. Dabei wird sowohl auf deskriptive, empirische und hermeneutische als auch auf sprachanalytische, ideologiekritische und transzendentalkritische Verfahren zurückzugreifen sein."[48]

Das skeptische Verfahren zielt bei Müller letztlich − über eine „positionelle pädagogische Skepsis" hinausgehend − auf eine „radikale pädagogische Skepsis", insofern die skeptischen Analysen die „‚eigene Überzeugungsbasis‘ ebenfalls skeptisch zur Disposition stellen."[49] In der Beschreibung des eigenen methodischen Vorgehens fällt indes die Häufung der parallelen Nennungen eines kritischen Verfahrens neben einem skeptischen Verfahren (oder sogar *als* skeptisches Verfahren?) auf, wodurch − nicht nur bei Müller, sondern auch bei Fischer und Ruhloff − unklar bleibt, was Skepsis und Kritik denn nun voneinander

---

47  Müller, Skepsis − eine pädagogische Lebensform?, a. a. O., 119 f.
48  Müller, Skeptische Sexualpädagogik, a. a. O., 13 f.
49  Ebd., 15.

trennt. Zwar kritisiert Ruhloff in seiner Studie über das „Normproblem der Pädagogik" eigens diejenige Richtung der Gegenwartspädagogik, die sich mit dem Attribut „kritisch" selbst kennzeichnet; zuletzt beschreibt Ruhloff aber seine eigene Position mit dem Kompositum „transzendental-kritische Pädagogik":

> „Die Aufgabe einer transzendentalkritischen, den Dogmatismus dieser oder jener puren Ausweisung von Erziehung und Unterricht als [...] (Ertüchtigung zum gesellschaftlichen Dasein; zur fortschreitenden Emanzipation der Menschengattung; Einbeziehung ins kommunikative Handeln usw.) hinter sich lassenden Pädagogik, besteht dann darin, den ausgesprochenen und unausgesprochenen legitimierenden Begründungen vorliegender Erziehungsverständnisse und -vollzüge nachzugehen, sie auf ihre Voraussetzungen und das Recht ihres Anspruchs, allgemein zu gelten, zu prüfen."[50]

Also auch hier erlangt die legitimatorische Geltungsfrage einen Vorrang vor der Frage nach der Genese, die quaestio iuris den Primat vor der quaestio facti.

Die folgenden Überlegungen zielen auf den Nachweis, dass sich implizit auch in Ruhloffs transzendentalkritischen Überlegungen Argumentationsmuster der pyrrhonischen Skepsis des Sextus Empiricus wiederfinden lassen, wenngleich in seinen Studien über die skeptische Pädagogik Sextus Empiricus namentlich nicht erwähnt wird.[51] Der oben skizzierte Unterschied zwischen der dogmatischen Skepsis der Akademiker und der pyrrhonischen Skepsis findet sich in Ruhloffs Abgrenzung der „Skepsis" vom „Skeptizismus" wieder: „Das [analytisch-kritische Fragen nach der Legitimität, das sich selbstreflexiv auch auf sich selbst bezieht] ist dann kein skeptizistisches Herumirren im Zweifel an allem und jedem, wohl aber ein skeptisches, das heißt: in Gedanklichkeit alles und sich selber ermessendes und insofern freies, nämlich nicht an absolut geltende Vorstellungen, Bedürfnisse, Interessen oder Selbstverständlichkeiten gebundenes Dasein."[52]

Mit der pyrrhonischen Skepsis teilt Ruhloffs Transzendentalskepsis ihre situative Anwendung und – in eins damit – die Abwehr auch solcher absoluter Behauptungen von der prinzipiellen Unerkennbarkeit der Dinge an sich. Der Vorwurf des performativen Selbstwiderspruchs ereilt somit auch die Transzendentalskepsis nicht. Eine weit deutlichere Parallele zwischen der pyrrhonischen

---

50   Ruhloff, Das ungelöste Normproblem, a. a. O., 175.
51   In Ruhloffs „Das ungelöste Normproblem der Pädagogik" wird Sextus Empiricus im gesamten Text nicht erwähnt, und auch in Ruhloffs „Über das zurückhaltende pädagogische Interesse an Skepsis – exemplarisch" fungiert die pyrrhonische Skepsis allein als Kehrseite des Platonismus: erstere teile mit letzterem den Primat des Wissens und der Gewissheit.
52   Ruhloff, Das ungelöste Normproblem, a. a. O., 188. Vgl. zum Vorwurf des (von Löwisch vorgebrachten) Selbstwiderspruchs auch 156 ff.

Skepsis und der Transzendentalskepsis zeigt sich aber in der Vorgehensweise Ruhloffs: Die Methode, Thesen mit Gegenthesen zu konfrontieren (am Beispiel der Kritischen Pädagogik vier Thesen auf vier Gegenthesen prallen zu lassen)[53], erinnert deutlich an die pyrrhonische Technik der Isosthenie:

> „[8] Die Skepsis ist die Kunst, auf alle mögliche Weise erscheinende und gedachte Dinge einander entgegenzusetzen, von der aus wir wegen der Gleichwertigkeit der entgegengesetzten Sachen und Argumente zuerst zur Zurückhaltung, danach zu Seelenruhe gelangen."[54]

> „[12] Das motivierende Prinzip der Skepsis nennen wir die Hoffnung auf Seelenruhe. Denn die geistig Höherstehenden unter den Menschen, beunruhigt durch die Ungleichförmigkeit in den Dingen und ratlos, welchen von ihnen man eher zustimmen sollte, gelangten dahin zu untersuchen, was wahr ist in den Dingen und was falsch, um durch die Entscheidung dieser Frage Ruhe zu finden. Das Hauptbeweisprinzip der Skepsis dagegen ist, daß jedem Argument ein gleichwertiges entgegensteht. Von hier aus nämlich glauben wir schließlich dabei zu enden, daß wir nicht dogmatisieren."[55]

Die transzendentalskeptische Umschrift der Überlegungen des Sextus Empiricus liest sich dann bei Ruhloff folgendermaßen: „Der vorläufige Befund einer Mehrzahl einander widerstreitender pädagogischer Aufgabenbestimmungen mit wissenschaftlichen Geltungsansprüchen rechtfertigt solche Zweifel."[56] Hier wiederholt sich die isosthenische Diaphonie einander widersprechender Thesen, hier dokumentiert sich aber zum erneuten Male die neukantianische Prinzipienfrage nach dem Geltungs- und Legitimationsgrund.

Wenn die Vermutung einige Richtigkeit für sich beanspruchen darf, dass die transzendentalskeptische Pädagogik Argumentationsstrukturen der pyrrhonischen Skepsis, insbesondere in ihrer ausgearbeitetsten Variante bei Sextus Empiricus, wiederholt, dann schließt sich die Frage daran an, was teilt jene mit dieser sonst noch?

Der Skepsis des Sextus Empiricus eignet, wie gezeigt, ein gesellschaftspolitischer Konservativismus. Die Vertreter der transzendentalskeptischen Pädagogik würden eine solche Unterstellung in Bausch und Bogen von sich abzuwehren versuchen. Und dennoch: Sowohl bei Fischer als auch bei Müller finden sich Anschlüsse an die, im Wortsinne, konservative Kompensationstheorie Odo

---

53    Ebd., 129 ff.
54    Sextus Empiricus, a. a. O., 94 (= G I, 8).
55    Sextus Empiricus, a. a. O., 95 f. (= G I, 12).
56    Ruhloff, Das ungelöste Normproblem, a. a. O., 18.

Marquards.[57] Fritz Jürß, Übersetzer und Kommentator der Schrift „Adversus mathematicos" des Sextus Empiricus, zieht Parallelen zwischen dessen Philosophie und dem Marquardschen „Usualismus", ergänzt aber um einen wichtigen Einwand:

> „Erstaunlich ist, wie sehr trotz aller Unterschiede O. Marquard den Positionen der pyrrhonischen Skepsis nahekommt. Er favorisiert Skepsis als Abschied vom Prinzipiellen, aber Zustimmung zu den ‚Üblichkeiten' der Lebenswelt, die der Mensch je vorfindet. Daß in diesem ‚Usualismus' durch Akzeptanz und Privilegierung das Faktische nicht zu einer normativen Kraft werden könnte, scheint mir weder bei den pyrrhonischen Skeptikern noch bei O. Marquard hinreichend ausgeschlossen."[58]

Und diese Normalisierung und Normierung durch das factum brutum findet sich schließlich auch bei Marquard selbst:

> „Diese bürgerliche Vernünftigkeit unterstützt der skeptische Widerspruchsgeist, der statt für die Utopie für die menschliche Endlichkeit eintritt und für die Kompensationen. Zu dieser Kritik gegenwärtig herrschender Negationskonformismen [gemeint sind wohl diejenigen der Kritischen Theorie] gehört Zivilcourage: der Mut zur Bürgerlichkeit. So trainiert die Skepsis – als Nein zum großen Nein – die kleinen Jas und dadurch – in bescheidener Weise – die Zustimmung [...]."[59]

Da bleibt dann wohl – auch für den Anschluss der transzendentalskeptischen Pädagogik an die Philosophie Marquards – nur zu hoffen, dass jener „Mut zur Bürgerlichkeit" nicht die Saturiertheit des biedermeierlichen *bourgeois* meint, sondern vielmehr den engagierten Anspruch eines *citoyen* auf politische Partizipation.

    Noch einmal: Den transzendentalskeptischen Pädagogen soll (im Unterschied zu Odo Marquard, der dies auch unumwunden zugeben würde) ein politischer Konservativismus nicht unterstellt werden – wer deren Vertreter kennt, käme ohnehin nicht auf eine solche Behauptung –; die Frage, die sich aber stellt,

---

57  Fischer, Unterwegs zu einer skeptisch-transzendental-kritischen Pädagogik, 56: „Es ist ein Zeichen einer in guter skeptischer Tradition stehenden Endlichkeitsphilosophie, wenn Odo Marquard ethisch heute dafür plädiert, ‚nach Üblichkeiten zu handeln' (Marquard 1979). Er ist allerdings Skeptiker genug, um zu betonen, daß das Übliche nicht affirmiert werden soll, nur ‚weil es das Übliche ist' (ebd., S. 369)." Siehe auch 83. – Müller, Skepsis – eine pädagogische Lebensform?, a. a. O., 123: „Denn zur Skepsis als Lebensform gehört nicht nur der Abschied vom Prinzipiellen, sondern auch das, was Marquard Usualismus, ‚Sinn fürs Usuelle, für die Unvermeidlichkeit der Üblichkeiten' nennt." Siehe auch 119 und 120.

58  Jürß, Einleitung, a. a. O., 29 f. – Marquard selbst bezieht sich übrigens auf Sextus Empiricus' „isosthenes diaphonia" (ders.: Skepsis in der Moderne. Philosophische Studien. Stuttgart 2007, 52).

59  Odo Marquard: Skepsis und Zustimmung. Philosophische Studien. Stuttgart 1994, 7 f.

ist: Was passiert, vielleicht bloß insgeheim, wenn man statt auf „Kritik" auf „Skepsis" abstellt und das Ziel gerechter, gelungener, vielleicht auch vernünftiger Verhältnisse ebenfalls unter eine skeptische Kuratel stellt?

## 4   Krise der Skepsis

Max Horkheimer bezieht in seiner materialistischen Studie „Montaigne und die Funktion der Skepsis" die unterschiedlichen Skeptiken auf den jeweiligen gesellschaftlichen Wandel. Vor diesem Hintergrund zeigt sich ihm die Skepsis einerseits als typische Denkform innerhalb gesellschaftlicher Krisenzeiten, andererseits impliziere sie in ihrer bürgerlichen Form einen politischen Konservativismus: „Die Skepsis, einst die Negation der geltenden Illusionen, steht heute gegen gar nichts mehr als gegen das Interesse an einer besseren Zukunft." Gemünzt auf die Philosophie Montaignes, bei der die Epoché zur apolitischen und nur einer gesellschaftlichen Elite möglichen Innerlichkeit gerät, meint dies: „Es stellt sich als Wahn der Skepsis heraus, trotz allem das ich für einen sicheren Ort der Zuflucht zu halten."[60]

Hier soll gar nicht entschieden werden, ob die Skepsis Ausdruck *gesellschaftlicher* Krisen ist oder ob die neuzeitliche Skepsis nolens volens einem Konservativismus huldigt. Richtig an diesen Ausführungen Horkheimers scheint allerdings, dass sie eine Reaktion auf eine in die Krise geratene Konzeption ist. Dies zurückzuführen auf gesellschaftliche Problemlagen, dürfte für die unterschiedlichen Spielarten der Skepsis schwierig sein.[61] Bezogen allerdings auf eine bestimmte Konzeption des λογος (logos), der ratio und der Vernunft, der in zunehmenden Maße die unangefochtene Zustimmung verweigert wird, spricht einiges für die These, dass die philosophische Skepsis eine Antwort auf die in Schieflage geratene traditionelle Theorie ist.

So antwortet Montaignes Skepsis auf den Zerfall des mittelalterlichen ordo, der als hierarchische Ontologie Sicherheit versprach, welche durch den mittelalterlichen Nominalismus ins Wanken geriet. Wahrheit findet sich gerade nicht mehr in einer kosmologischen Ordnung widergespiegelt, sondern wird nun dem erkennenden und überforderten Subjekt vindiziert, das als vereinzeltes und egologisches ihre Allgemeingültigkeit nicht zu garantieren vermag. Hinzu kommt durch die Entdeckung der Neuen Welt die Einsicht in die Vielfalt menschlicher

---

60   Max Horkheimer: Montaigne und die Funktion der Skepsis. In: ders.: Kritische Theorie. Eine Dokumentation. Hg. von Alfred Schmidt. Band I und II. Einbändige Studienausgabe. Frankfurt am Main 1977, 585–643, hier: 622 und 617.

61   Und insofern mangelt es auch nicht an Theoretikern der Skepsis, die gerade diese materialistische Interpretation durch Horkheimer in Zweifel gezogen haben.

Kulturen, welche die Vorstellung von der *einen* Menschheit und *einer* gemeinsamen Vernunft nachhaltig destruiert.

Akademische und pyrrhonische Skepsis reagieren gleichermaßen auf den Zerfall des einen λογος, der einheitlichen Vernunft, wie sie grundlegend für die mittlere Phase Platons und für die aristotelische Philosophie war: Schon Xenophanes exerzierte an den unterschiedlichen Götterbildern die Verschiedenheit der menschlichen Kulturen − „die Äthiopier ihre Götter plattnasig und schwarz,/ die Thraker blauäugig und rötlich."[62] −, so dass ein allgemeingültiges Wissen nicht mehr erhofft werden konnte: „Denn nur Vermutung ist uns beschieden."[63] Sextus Empiricus demonstriert an den Wahrnehmungswelten der Menschen die Relativität aller Erkenntnis:

> „[79] [...] Es heißt, der Mensch setze sich aus zweierlei zusammen, aus Seele und Körper, und in diesen beiden unterscheiden wir uns voneinander, körperlich z.B. durch die Gestalt und die Idiosynkrasien. [80] Denn der Körper der Skythen unterscheidet sich in der Gestalt vom Körper des Inders, und den Unterschied bewirkt, so heißt es, die verschiedene Vorherrschaft der Säfte. Durch die verschiedene Vorherrschaft der Säfte aber fallen auch die Vorstellungen verschieden aus, wie ich im ersten Argument dargetan habe. Deshalb auch herrscht unter den Menschen große Verschiedenheit im Wählen und Meiden der äußeren Gegenstände; denn die Inder freuen sich über andere Dinge als wir."[64]

Unter dem Eindruck der vielen verschiedenen Wahrnehmungs- und Vorstellungswelten löst sich die *eine Wahrheit* auf, auf welche die klassische griechische Philosophie doch abzielte. Sollte im Anschluss an diese Überlegungen nicht auch die Transzendentalskepsis aus Anlass der in die Krise geratenen Prinzipienwissenschaft der neukantianischen Philosophie entstanden sein? Überzeugt mit einem Male der transzendentalphilosophische Ansatz nicht mehr, und auch nicht der als überzeitlich verstandene Begriff *der* Pädagogik, dann bleibt vor diesem Hintergrund eines starken Theorieanspruchs und einer hypertrophen Erwartung an die Vernunft nur noch die Flucht in die Skepsis. Sollte auch für die Transzendentalskepsis das gelten, was Jörg Ruhloff über die pyrrhonische Skepsis sagt: dass sie nämlich eine Reaktion auf die durch die platonische Ideenlehre (des mittleren Platon) inaugurierte philosophiegeschichtliche Zäsur sei, mit der Wissen und Gewissheit zur Dominanz kommen? − einer Dominanz, der nachgerade kein Glauben mehr geschenkt werden konnte, so dass die pyrrhonische

---

62    Fragment 16 des Xenophanes', a. a. O., 44 f.
63    Dies ist eine anderslautende Übersetzung der letzten Zeile von Fragment 34, die auch Wolfgang Fischer zitiert. Siehe Fußnote 38.
64    Sextus Empiricus, a. a. O., 112 (= G I, 79–80).

Skepsis nicht mehr wäre als die Kehrseite des Platonismus?[65] Ist die Transzendentalskepsis Ausdruck eines gescheiterten Theorie- und Vernunftanspruchs, der doch niemals einzulösen war?

## 5 Skepsis und Urdoxa

Um die soeben gestellte Frage wenigstens andeutungsweise zu beantworten, soll im letzten Teil auf ein Theoriemodell zurückgegriffen werden, welches auf die Voraussetzungen der theoretischen Tätigkeit aufmerksam macht. In der phänomenologischen Forschung werden im Übergang von der transzendentalen zur genetischen Phänomenologie hierzu zwei Theoreme in Anschlag gebracht: das Lebensweltkonzept und die „Urdoxa".[66] Bereits in den „Ideen I" (1913–1930) macht Husserl darauf aufmerksam, dass das Seiende in der „Urdoxa" als das gewiss und wirklich seiend Gegebene diejenige Form der Erfahrung ist, die jedweder möglichen, „doxischen" Modalisierung als „möglich", „wahrscheinlich", „fraglich" und eben auch als „zweifelhaft" logisch vorhergeht.

> „Dementsprechend im Korrelat: der Seinscharakter schlechthin (das noematische ‚gewiß' oder ‚wirklich' seiend) fungiert als die Urform aller Seinsmodalitäten. In der Tat haben alle aus ihr entquellenden Seinscharaktere, die spezifisch so zu nennenden Seinsmodalitäten, in ihrem eigentlichen Sinne Rückbeziehung auf die Urform. Das ‚möglich' besagt in sich selbst so viel, wie ‚möglich seiend', das ‚wahrscheinlich', ‚zweifelhaft', ‚fraglich' so viel wie ‚wahrscheinlich seiend', ‚zweifelhaft und fraglich seiend'."[67]

---

65  „In einem bestimmten Sinne gilt dieses Grundmuster, der pädagogische Primat von Wissen und Gewißheit, sogar noch für die prägnanteste Ausprägung von Skepsis in der hellenistischen Philosophenschule der Pyrrhoniker [...]." (Ruhloff, Über das zurückhaltende pädagogische Interesse an Skepsis – exemplarisch, a. a. O., 159)

66  Eine andere Anschlussstelle hätte auch die frühere Kritische Theorie Horkheimers und Adornos abgeben können, die ebenfalls seit den 1930er Jahren die Vorstellung einer reinen, voraussetzungslosen, eben „traditionellen" Theorie abwehrt und als „Kritische Theorie" die historische, soziale und – gerade bei Adorno – leibliche Situiertheit des theoretischen Tuns bedenkt. Vgl. dazu den programmatischen Aufsatz von Max Horkheimer: Traditionelle und kritische Theorie [1937]. In: ders.: Kritische Theorie, a. a. O., 521–584.

67  Edmund Husserl: Idee zu einer reinen Phänomenologie und phänomenologischen Philosophie. Erstes Buch: Allgemeine Einführung in die reine Phänomenologie. Neue, auf Grund der handschriftlichen Zusätze des Verfassers erweiterte Auflage. Hg. von Walter Biemel. In: Husserliana. Edmund Husserl. Gesammelte Werke. Auf Grund des Nachlasses veröffentlicht vom Husserl-Archiv (Louvain) unter Leitung von H. L. van Breda. [= Hua III/I]. Haag 1950, 258, Zeile 1–10. – Bei Merleau-Ponty findet sich das Argument in folgender Formulierung: „Gewissheit der Welt vor jedweder Infragestellung. Jedes Ding kann wohl nachträglich als ungewiß erscheinen, doch zumindest ist uns gewiß, daß es Dinge gibt, d.h. eine Welt. Sich fragen, ob die Welt wirklich ist, heißt selber nicht verstehen, was man sagt, da die Welt eben nicht eine

Für den thematischen Zusammenhang mit der philosophischen Skepsis heißt dies, dass ein möglicher Zweifel und eine skeptische Philosophie sich erst einstellen können, wenn der gesicherte Boden der vorprädikativen Erfahrung als gegeben angenommen und als vorgegeben verstanden ist. Mit anderen Worten: Der Zweifel und die Skepsis ruhen auf Vorannahmen auf, die nicht in Gänze bezweifelt werden können – die Philosophie kommt also immer schon zu spät.[68] In seiner Spätphilosophie bringt Husserl die „Urdoxa" dann in einen Zusammenhang mit lebensweltlichen und, überdies auch, mit praktischen Erfahrungen:

> „Wollen wir vorweg bereits diesen allgemeinsten Begriff von Urteil und den zu ihm gehörigen Begriff des Gegenstandes als Urteilssubstrates präzisieren, so müssen wir auf den Zusammenhang zurückgehen, in dem das Urteilen mit der Lebenserfahrung im ganz konkreten Sinne steht. Alle Erfahrung in diesem konkreten Sinne ruht zuunterst auf der schlichten, letzte, schlicht erfaßbare Substrate vorgebenden Urdoxa. Die in ihr vorgegebenen naturalen Körper sind letzte Substrate für alle weiteren Bestimmungen, sowohl die kognitiven wie auch die Wertbestimmungen und die praktischen Bestimmungen. Sie alle treten an diesen schlicht erfaßbaren auf. Aber dieser Bereich der Urdoxa, der Boden schlichten Glaubensbewußtseins, ist ein Gegenstände als Substrate bloß passiv vorgebendes Bewußtsein."[69]

Maurice Merleau-Ponty macht das Scheitern der Husserlschen Anstrengung, Philosophie nach wie vor als strenge Wissenschaft betreiben zu wollen, obwohl auch für ihn das theoretische Ansinnen einen Rest von vortheoretischer doxa nicht einholen kann, in der letzten Fußnote seiner „Phänomenologie der Wahrnehmung" deutlich:

> „Husserl hat in seiner Spätphilosophie gefordert, alle Reflexion müsse mit dem Rückgang auf die Beschreibung der *Lebenswelt* anheben. Doch fügte er hinzu, in ei-

---

Summe von Dingen ist, deren jedes immer noch in Zweifel gezogen werden kann, sondern das unerschöpfliche Reservoir, aus dem alle Dinge entnommen sind. Als Ganzes genommen, mit seinem Welthorizont, *der in eins die mögliche Zersetzung des Wahrgenommenen und seine eventuelle Ersetzung durch eine andere Wahrnehmung anzeigt,* täuscht das Wahrgenommene uns schlechterdings nicht. Irrtum kann es nur geben, wo noch nicht Wahrheit, wohl aber Wirklichkeit, noch nicht Notwendigkeit, wohl aber Faktizität ist." (Maurice Merleau-Ponty: Phänomenologie der Wahrnehmung. Aus dem Französischen übersetzt und eingeführt durch eine Vorrede von Rudolf Boehm. Berlin 1966, § 43, 396; Hervorhebung im Original)

68   „Indem die Philosophie später kommt als die Welt, später als die Natur, das Leben und das Denken, was sie alles schon konstituiert vorfindet, befragt sie dieses vorgängige Sein und ihre eigene Beziehung zu ihm." (Maurice Merleau-Ponty: Das Sichtbare und das Unsichtbare – gefolgt von Arbeitsnotizen. Hg. und mit einem Vor- und Nachwort versehen von Claude Lefort. Aus dem Französischen von Regula Giuliani und Bernhard Waldenfels. München 1986, 163)

69   Edmund Husserl: Erfahrung und Urteil. Untersuchungen zur Genealogie der Logik. Redigiert und hg. von Ludwig Landgrebe. Hamburg 1948, 60.

ner zweiten ,Reduktion' müßten die Strukturen der Lebenswelt ihrerseits in den transzendentalen Fluß einer universalen Konstitution zurückversetzt werden, in dem alle Dunkelheiten der Welt ihre Aufklärung fänden. Indessen ist hier offenbar nur eines von beiden möglich: Entweder wird durch die Konstitution die Welt derartig durchsichtig, daß nicht mehr einsehbar ist, wieso die Reflexion den Umweg über die Lebenswelt nehmen mußte, oder aber jene Konstitution behält etwas vom Wesen der Lebenswelt und erledigt also nie diese Welt ihrer Undurchdringlichkeit. Husserls Denken hat sich, durch mannigfaltige Reminiszenz seiner logizistischen Periode hindurch, mehr und mehr in der zuletzt angezeigten Richtung entwickelt, wie es deutlich wird, wenn er die Rationalität selbst zum Problem macht, Bedeutungen anerkennt, die letzten Endes ,fließende' bleiben (*Erfahrung und Urteil, S. 428*), und endlich alle Erkenntnis auf eine ursprüngliche δοξα [doxa] gründet."[70]

Für die Philosophie und das theoretische Erfassenwollen der Welt hat diese Einsicht in die Undurchdringlichkeit der vorgängigen Lebenswelt und die Opazität der damit theoretisch nicht gänzlich einholbaren Urdoxa folgenreiche Konsequenzen: Wenn es eine Koinzidenz des Denkens mit dem Wahrgenommenen nicht gibt[71] und darüber hinaus die theoretische Anstrengung als nachträgliche immer zu spät kommt, dann ist der Anspruch einer traditionellen Theorie, wie sie in der Geschichte der Metaphysik erhoben wird, überhöht und verfehlt. Und auch die ihr auf dem Fuße folgende Skepsis hängt mittelbar noch an einem Theoriekonzept und einem Wahrheitsanspruch, der das Fungieren der vorprädikativen Erfahrung vergisst. Merleau-Ponty verdeutlicht dies an einem zentralen Argumentationsmuster der pyrrhonischen Skepsis, das sich ceteris paribus auch bei Descartes und in zeitgenössischen skeptischen Theorien[72] wiederfinden lässt. Nimmt man die primordiale und vorprädikative Erfahrung ernst, dann ist das skeptische Argument, wonach einerseits Wahrnehmung und andererseits Traum, Imaginiertes, Halluziniertes, Wahn oder Vorstellungen von „Gehirnen im Tank" auf derselben Ebene zu verorten seien, hinfällig:

„[...] doch das Argument ist nicht [einleuchtend?], denn es enthält seinerseits dieselbe Naivität, weil es Traum und Wahrnehmung insofern gleichsetzt, als es sie einem Sein, das rein an sich wäre, gegenüberstellt. Wenn man dagegen – wie das Argument uns, soweit gültig, deutlich macht – dieses Hirngespinst ganz und gar verwer-

---

70   Merleau-Ponty, Phänomenologie der Wahrnehmung, a. a. O., § 52, 418 f. (Hervorhebung im Original)

71   Auf eine zeitliche Nicht-Koinzidenz des Sagens und des Gesagten im Hinblick auf Fischers Transzendentalskepsis macht Käte Meyer-Drawe unter Rückgriff auf die Phänomenologie Levinas' aufmerksam (vgl. Käte Meyer-Drawe: „Bei Lichte betrachtet" – Ein phänomenologischer Versuch, die Transzendentalskepsis zu verstehen. In: Wolfgang Fischer [Hg.]: Colloquium Paedagogicum. Studien zur Geschichte und Gegenwart transzendentalkritischer und skeptischer Pädagogik. Sankt Augustin 1995, 71–84).

72   Siehe Fußnote 4.

fen muß, so nehmen die inneren, deskriptiven Differenzen zwischen Traum und Wahrnehmung eine ontologische Bedeutung an; und der Pyrrhonismus ist hinreichend zurückgewiesen, wenn man zeigt, daß es eine strukturelle Differenz, sozusagen eine Kerndifferenz gibt zwischen der Wahrnehmung oder dem wahren Sehen, das eine offene Reihe übereinstimmender Erkundungen zuläßt, und dem Traum, der nicht *beobachtbar* ist und bei genauerem Hinsehen fast nur aus Lücken besteht."[73]

Wittgenstein nennt denjenigen vernünftig, der gewisse Zweifel *nicht* hat; ein in der Tradition der Spätphilosophie Wittgensteins stehender Gegenwartsphilosoph umschreibt dies so: „Die globale, die umfassende philosophische Skepsis funktioniert nur im philosophischen Seminarraum und nicht außerhalb."[74]

---

73  Merleau-Ponty, Das Sichtbare und das Unsichtbare, a. a. O., 20 (Hervorhebung im Original).
74  Julian Nida-Rümelin: Philosophie und Lebensform. Frankfurt am Main 2009, 71.

# II. Schulkritik

# Zum Konstrukt „Pädagogischer Takt" – ein Plädoyer für Universitätsübungsschulen

*Karlheinz König*

## Lehrerbildung und pädagogische Handlungskompetenz

Der Bologna-Prozess ist zwischenzeitlich auch in der Lehrerbildung angekommen. Bachelor- und Masterstudiengänge sind weitgehend akkreditiert und verdrängen unaufhaltsam die zwar reformbedürftige, insgesamt aber durchaus erfolgreiche traditionelle akademische Lehrerbildung und das Erste Staatsexamen. Zukünftig wird es wohl nur noch den Bacholer of Education und den Master of Education als akademischen Abschluss und als Zugangsvoraussetzung zur zweiten Phase der Lehrerbildung geben. Mancherorts wird dies gefeiert als Befreiung der Universitäten aus der babylonischen Gefangenschaft der Staatsexamina. Verbunden wird damit zugleich die zur (trügerischen?) Gewissheit (?) verdichtete Hoffnung, die Neuordnung werde (endlich!?) zur internationalen Vergleichbarkeit, zur signifikanten Verbesserung von Lehre und Studium, zur Verkürzung der Studienzeiten und zur Heranbildung eines neuen (besseren!?) Lehrertypus führen.

Die meisten der angesprochenen Aspekte können und sollen – wenn auch aus einer Reihe von Gründen eigentlich zwingend notwendig zu hinterfragen – hier nicht Gegenstand kritischer Prüfung sein, wohl aber der die Eckpunkte der neuen Lehrerbildung (Kerncurricula, Modularisierung, Outcome-Orientierung) zusammenspannende Slogan „Shift from teaching to learning"[1].

Vertraut respektive folgt man den Verfechtern des Bologna-Prozesses, so ist damit ein geradezu revolutionärer hochschuldidaktischer Paradigmenwechsel verbunden.

Was sowohl die Anhänger der bisherigen Lehrerbildung als auch die Vertreter der ‚neuen' weitgehend eint, ist der Anspruch, die Lehramtsstudenten aller

---

1 Vgl. Johannes Wildt: 'The Shift from Teaching to Learning' – Thesen zum Wandel der Lernkultur in modularisierten Studienstrukturen. In: Landtagsfraktion Bündnis 90/Die Grünen (Hg.): Unterwegs zu einem europäischen Bildungssystem. Reform von Studium und Lehre an den nordrhein-westfälischen Hochschulen im internationalen Kontext. Düsseldorf 2003, 14–19, hier: 14.

Schularten möglichst umfassend auf die zukünftige unterrichtliche Praxis vorzubereiten. Ziel der – je nach Lehrerbildungsordnung – mehr oder weniger auf *theoretisch reflektierte Handlungsorientierung* ausgerichteten akademischen Lehre war und ist die fach- und berufswissenschaftlich kompetente Lehrkraft.

Unverzichtbare Voraussetzung dazu ist nicht alleine das Konzipieren respektive die Verfügbarkeit spezieller Fachcurricula einschließlich der Entwicklung respektive des Vorhandenseins eines schulartübergreifenden pädagogischen Kerncurriculums mit darauf aufbauenden schulartspezifischen pädagogischen Teilcurricula. Ob diese modular konzipiert sind, ist dabei im Grunde zweifellos unerheblich. Um den Erfolg – nachhaltig! – zu sichern, muss vielmehr das schon fast zweihundert Jahre alte, immer wieder beschworene Postulat der *Dignität der Praxis* (Schleiermacher) als Voraussetzung einer durch permanente Reflexion der Praxis sich dieser Praxis sukzessive annähernden pädagogischen Theorie wieder konsequente Beachtung finden. Umgesetzt werden muss in diesem Prozess dann zugleich auch die fast ein halbes Jahrhundert alte Forderung nach *permanenter Revision* (Robinson) der an eben dieser – allerdings aus den unterschiedlichsten Gründen nur schwer zu objektivierenden – Praxis festgemachten didaktischen Curricula. Zumindest Letzteres ist – trotz großer Euphorie und größter Anstrengung der Beteiligten in den sechziger und siebziger Jahren des vergangenen Jahrhunderts – nicht nur an der evolutionär, manchmal auch revolutionär-sprunghaft sich ändernden Praxis – und damit an der konkreten Frage gescheitert, was wie vermittelt und was wie angeeignet werden soll. Letztlich geschuldet war das weithin unbefriedigende Ergebnis dieser pädagogischen Reform – ungeachtet der nur schwer zu klärenden Zielfrage – auch dem von Friedrich Paulsen schon Ende des 19. Jahrhunderts beobachteten und beschriebenen Phänomen, das akademische Lehre und unterrichtliche Praxis – weitgehend unabhängig auch von einer unter modularen Studienbedingungen sich wandelnden Lehr- und Lernkultur – bis heute gleichermaßen tangiert: dem „Paulsen-Effekt".

Ursächlich für das von Paulsen nicht erklärbare Phänomen ist der durch gesellschaftliche Arbeitsteilung im historischen Prozess sich herausbildende Berufserzieher (G1v). Er ist nur noch vermittelnd tätig, nimmt somit nicht mehr am gesellschaftlichen Prozess der Produktion und Weiterentwicklung des nichtgenetischen Erbes teil und ist deswegen auch nicht mehr auf dessen aktuellem Stand (siehe Abb. 1).[2] Für den Vermittlungs- und Aneignungsprozess ergibt sich daraus als unmittelbare – fatale – Folge, dass der der nachwachsenden (aneignenden) Generation (G2) zu vermittelnde 3. Faktor (3. F), der neben den ‚reinen'

---

2	Die Ausführungen zum „Paulsen-Effekt" (einschließlich der graphischen Darstellung in Abbildung 1) gehen zurück auf die von Wolfgang Sünkel im Sommersemester 1985 am Institut für Pädagogik der Universität Erlangen angebotene und von mir gehörte Vorlesung „Theorie der Erziehung. Abriß der Allgemeinen Pädagogik".

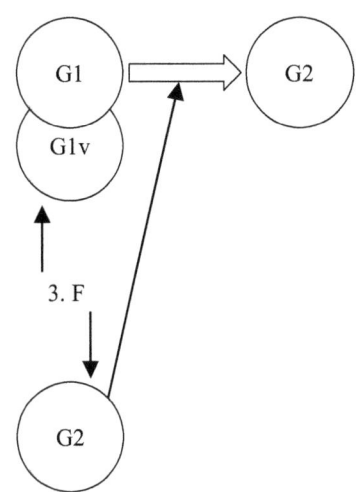

**Abb. 1:** Allgemeines Erziehungs-
schema und „Paulsen-Effekt"[2]

Inhalten (einer Disziplin oder eines Fa-
ches) auch die damit immanent verknüpften Methoden, Denkweisen, Systematiken,
Normen und Werthaltungen transportiert,
strukturell bedingt zwangsläufig – mehr
oder weniger deutlich – hinter dem aktuellen Stand des nichtgenetischen Erbes zu-
rückbleibt.

Sowohl diese Differenz, die zu den
im Schulalltag häufig beklagten ‚veralteten
Gegenständen' (unter anderem unzeitge-
mäßen Lehrplänen) führt (was hier nicht
weiter zu betrachten ist), als auch jene, die
aus der stetig sich verändernden Schul-
und Unterrichtwirklichkeit resultiert und
eine fachlich fundierte, theoretisch reflektierte, auf der Höhe der Zeit befindliche
praktische Erziehungs- und Vermittlungs-
kompetenz des Lehrers/der Lehrerin erfordert, sind zentrale Aspekte einer nicht nur
neuropädagogisch und neurodidaktisch angelegten, primär outputorientierten (!)
Lehr-Lernwissenschaft, sondern auch einer Schulpädagogik (und im Weiteren
der Fachdidaktiken), die den ganzen Menschen als Gegenstand ihrer theoretischen Betrachtungen versteht.

Im Unterricht selbst verschränken sich fachlich-gegenständliche und berufswissenschaftliche Kompetenzen zur didaktischen Handlungskompetenz. Sie ist
es, die den Lehrer/die Lehrerin letztlich in die Lage versetzt, auf den jeweils individuellen Aneignungsprozess (= Lehr- und Lernprozess) von Schülerinnen und
Schülern geplant – aber auch spontan – situationsangemessen professionell ein-
zuwirken.

Zur Generierung dieser Kompetenz tragen die universitär vermittelten Fach-
und die Berufswissenschaften (einschließlich der neuropädagogischen Lehr-/
Lernwissenschaft) zwar unverzichtbar Notwendiges, gleichwohl aber alleine
noch nicht Hinreichendes bei. Erst wenn die Fähigkeit des Lehrers/der Lehrerin
zum spontanen, aus Gründen der Unaufschiebbarkeit unmittelbaren und somit
aus Zeitgründen nicht bewusst reflektierten, gleichwohl aber theoretisch begründbaren Handeln in konkreten, individuell sich ergebenden unterrichtlichen
Situationen hinzutritt, ist jene umfassende, vom Berufsethos her zu denkende
pädagogische Kompetenz vorhanden, die Theorie und Praxis miteinander verbindet.

Intention des Beitrages ist jedoch nicht, ein darauf hin angelegtes aktuelles Lehrerbildungskonzept vorzustellen. Erinnert werden soll im Folgenden vielmehr an die von Johann Friedrich Herbart in Königsberg und Heinrich Gustav Brzoska in Jena im ersten Drittel des 19. Jahrhunderts theoretisch begründeten und organisationspädagogisch (zumindest konzeptionell) ausgeformten Lösungsansätze, in deren Zentrum die berufsethosbasierte Generierung pädagogischer Handlungskompetenz stand. Verstanden werden soll der historische Diskurs zugleich aber auch als Plädoyer für die Errichtung von Universitätsübungsschulen.

## Pädagogik als Wissenschaft, Erziehungskunst und Pädagogischer Takt

Im Herbst 1802 wurde Johann Friedrich Herbart an der Universität Göttingen zum Doktor der Philosophie promoviert. Die Göttinger Universität hatte sich durch M. Georg Christian Raffs (1748–1788) Disputierübungen über Erziehungslehre, durch das von Christian Gottlob Heyne (1729–1812) seit 1763 geleitete und der praktischen Ausbildung von Schulmännern dienende Seminar und durch Johann Georg Heinrich Feder[3] (1740–1821), dem Verfasser der 1768 in Erlangen erschienenen Schrift „Der neue Emil oder von der Erziehung nach bewaehrten Grundsätzen", auch schon in der Pädagogik einen Namen gemacht. Zugleich mit dem Doktorat erwarb Herbart die universitäre Lehrbefugnis, die venia legendi. In der öffentlichen Verteidigung seiner zehn Thesen aus den Bereichen der Metaphysik, Logik und der praktischen Philosophie disputierte er am 22. Oktober 1802 „pro summis in philosophia honoribus consequendis" und am folgenden Tag „pro loco in philosophorum ordine rite obtinendo" weitere zwölf Thesen.[4] Mit drei seiner Thesen, die sich im engeren Sinne mit Pädagogik befassten,

---

3    Nach dem Studium an der Universität Erlangen wurde Feder zunächst Hofmeister der beiden Söhne des Freiherrn von Wöllwarth, besuchte dann mit einem der beiden Söhne erneut die Universität Erlangen und erwarb dort 1765 den Magistergrad. Anschließend lehrte er ab 1765 als Professor am Coburger „Gymnasium Casimirianum". In seiner Coburger Zeit verfasste er unter anderem den „Neuen Emil" und erhielt kurz nach dem Erscheinen des ersten Teils im Frühjahr 1768 (2. Aufl. 1771; 3. Aufl. 1775) den Ruf auf eine ordentliche Professur der Philosophie nach Göttingen. 1775 veröffentlichte Feder auch den ebenfalls positiv aufgenommenen zweiten Teil des „Neuen Emil". – Nach menschlichem Ermessen stand Feder eine glänzende Karriere als Hochschullehrer bevor. Doch dann wagte er sich an die Rezension von Kants „Kritik der reinen Vernunft". Sie führte, wie er später selbstkritisch eingestand, zur „Amputation" seines „Autor- und Docenten-Ruhme[s]" (J. G. G. Feder's Leben und Grundsätze. Leipzig/Hannover/Darmstadt 1825, 129). 1796 verließ er – zwischenzeitlich heftig angefeindet – die Universität, beendete seine Hochschullehrerlaufbahn und übernahm eine Stelle am Königlichen Pageninstitut Georgianum in Hannover. – Zur Biographie Feders vgl. dessen Autobiographie „J. G. G. Feder's Leben, Natur und Grundsätze", a. a. O.

4    Vgl. Otto Willmann/Theodor Fritzsch (Hg.): Johann Friedrich Herbarts Pädagogische Schriften. Band 1. Osterwieck (Harz)/Leipzig [3]1913 [= W/F, 1], 114.

positionierte er sich gegen allgemein anerkannte Lehrmeinungen der Erziehungslehre.

Die für die folgende Betrachtung zentrale These lautete: „Ars paedagogica non experientia sola nititur."[5] Mit seiner Auffassung „Die Erziehungskunst stützt sich nicht alleine auf Erfahrung" artikulierte Herbart wohl in Sonderheit sein „Räsonnement"[6] gegenüber dem Hallenser Theologen und Direktor des „Pädagogischen Seminars" der Universität Halle, Hermann August Niemeyer (1754–1828). Dieser hatte in seinem 1796 erschienenen Hauptwerk „Grundsätze der Erziehung und des Unterrichts"[7] die Auffassung vertreten, die Erziehungslehre sei eine sich vornehmlich auf umfassende pädagogische „Erfahrung"[8] gründende empirische *Wissenschaft* und „nicht" eine spekulative (Erfahrungs)Wissenschaft[9], die „an irgendein Schulsystem anzuschließen" sei, „das heute g[e]lt[e] und morgen umgestoßen w[e]rd[e]".[10]

Zu beachten ist dabei Herbarts Einschränkung „nicht alleine", die durchaus zugesteht, dass die Erziehungslehre *auch* auf Erfahrung beruht. Für Herbart war es jedoch durchaus zwingend, sich dieser Frage zu stellen und eine gedankliche Klärung herbeizuführen. Schon in seiner ersten Vorlesung im Wintersemester 1802/03 wagte Herbart deshalb einen „ersten Versuch, Wesentliches und Zufälliges zu scheiden" und „als Ausdruck des Resultats dieser ganzen Überlegungen" eine das eigene Denken unterstützende „Definition"[11] zu formulieren.

„[Z]uvörderst" – so Herbart – sei die „Pädagogik als Wissenschaft von der Kunst der Erziehung" zu „[u]nterscheiden".[12] Erstere sei eine „Zusammenordnung von Lehrsätzen, die ein Gedankenganzes ausmach[t]en" und die „Ableitung von Lehrsätzen aus ihren Gründen", das heißt, „philosophisches Denken" erforderten; die „Kunst" dagegen sei eine „Summe von Fertigkeiten, die sich vereinigen müss[t]en, um einen gewissen Zweck hervorzubringen." Sie, die

---

5    Ebd.
6    Ebd., 119.
7    August Hermann Niemeyer: Grundsätze der Erziehung und des Unterrichts. Halle 1796.
8    A. H. Niemyer's Grundsätze der Erziehung und des Unterrichts. Mit Ergänzung des geschicht-
     lich literarischen Theils und mit Niemeyers Biographie, hrsg. von Wilhelm Rein. Band I (= H.
     Beyer's Bibliothek pädagogischer Classiker. Eine Sammlung der bedeutendsten pädagogischen
     Schriften älterer und neuerer Zeit). Langensalza 1878; vgl. dazu die Einschätzung in Gustav
     Ad. Lindner: Encyklopädisches Handbuch der Erziehungskunst, 2. und 3. unveränd. Auflage
     Wien/Leipzig 1884, 557. – Niemeyer selbst wandte sich explizit gegen „jenes Streben", das
     „zur Geringschätzung der Erfahrung verleitet[]" (A. H. Niemeyer's Grundsätze, a. a. O., 241).
9    Niemeyer kritisierte die Versuche zur Etablierung einer reflektierten Erfahrungswissenschaft
     als untaugliches Bemühen, da es lediglich auf dem „angeblich wissenschaftlichen Fundament"
     einer „Construction der menschlichen Natur gründen" würde (ebd., 246).
10   Ebd., 26*.
11   Vgl. W/F, 1, 116.
12   Ebd., 120.

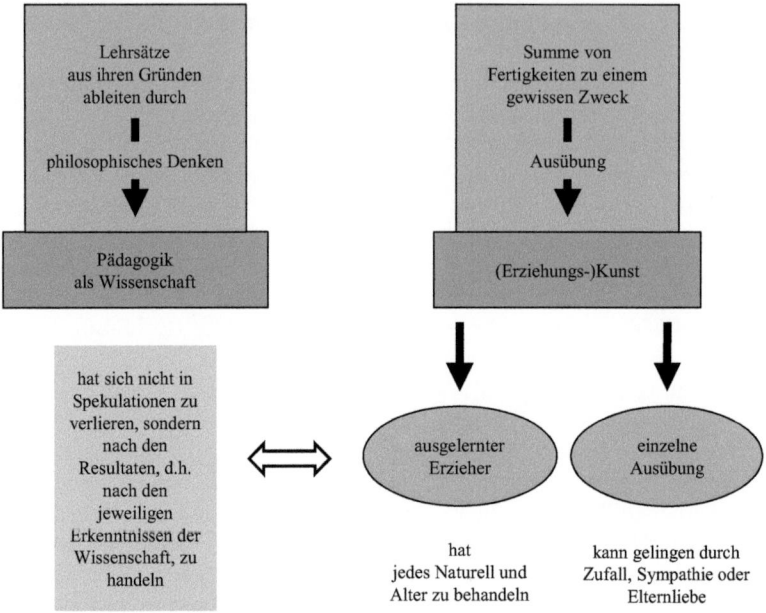

**Abb. 2:** Pädagogik als Wissenschaft und Erziehungskunst nach J. F. Herbart (Göttingen, Vorlesung WS 1802/03)[14]

Kunst, erfordere „stetes *Handeln, nur den Resultaten* jener [das heißt, der Wissenschaft] gemäß [...].“[13] (siehe Abb. 2[14])

Bei jenen, die sich der Kunst der Erziehung durch „einzelne[] Ausübung“ ihrer verschiedenen Fertigkeiten bedienten, wie zum Beispiel die Eltern, könne das Handeln „durch Zufall, durch Sympathie, durch Elternliebe“ „gelingen“.[15] Vom „ausgelernte[n] Erzieher“, das heißt, dem professionellen Pädagogen, müsse dagegen erwartet werden können, dass er sich nicht in „Spekulationen [...] verlier[t]“, sondern „nach den jeweiligen Erkenntnissen der Wissenschaft [...] handel[t]“ und „jedes Naturell und Alter zu behandeln wisse“.[16]

Was Herbart fordert, sind Lehrerinnen und Lehrer, die neben der hier nicht weiter zu betrachtenden fachgegenständlichen Kompetenz in gleicher Weise

---

13   Ebd. (Hervorhebung im Original).
14   Auf der Grundlage der Vorlesung Herbarts in Göttingen, WS 1802/03, graphisch veranschaulicht von Karlheinz König.
15   W/F, 1, 120.
16   Ebd.

auch pädagogisch-soziologische, entwicklungspsychologische, pädagogisch-psychologische und didaktische, eben erziehungswissenschaftliche (= berufswissenschaftliche) Kompetenzen besitzen, um den Aneignungsprozess der ihnen anvertrauten Schülerinnen und Schüler unter Beachtung aneignungsrelevanter Rahmenbedingungen individuell optimal zu gestalten.

Voraussetzung für solches Handeln war nach Auffassung des Göttinger Pädagogen die Einsicht in die Notwendigkeit, sich mit den für das jeweilige unterrichtliche Handeln einschlägigen Wissenschaften – somit unter anderem auch mit der für die „pädagogische Praxis" wesentlichen (pädagogischen) „Theorie" zu befassen. Um dies zu belegen, bediente er sich der Autorität des Königsberger Philosophen und Pädagogen Immanuel Kant.[17] Dieser habe – so Herbart – schon Ende des 18. Jahrhunderts die Auffassung vertreten, dass „bloße Praxis eigentlich nur Schlendrian" sei und lediglich „eine höchst beschränkte, nichts entscheidende Erfahrung gebe".[18] Nur jene, die aufgrund dieser Theorie wüssten, „wie man durch Versuch und Beobachtung sich bei der Natur zu erkundigen habe", um zu bestimmten „Erkenntnissen zu kommen", hätten überhaupt die Möglichkeit zur *begründeten* Verbesserung ihrer „pädagogischen Praxis".[19] Erzieherische beziehungsweise unterrichtliche „Erfahrung" alleine helfe hier nicht weiter. Sie nämlich gebe dem pädagogisch Handelnden lediglich die Möglichkeit, „nur *sich*, nur *sein* Verhältnis zu den Menschern [und] nur das Misslingen *seiner* Pläne" oder aber „das Gelingen seiner Methode"[20] zu erkennen. Ausgeschlossen sei in diesem eigenzentrierten selbstreflexiven System sowohl das „Aufdecken der Grundfehler" als auch die „Vergleichung mit den vielleicht weit rascheren und schöneren Fortschritten besserer Methoden."[21] Beides aber war für eine an die wissenschaftlichen „Resultate[]" als auch an die Erfordernisse der Zeit[22] gebundene unterrichtliche Praxis, das heißt, für einen didaktisch-methodisch und didaktisch-inhaltlich auf der Höhe der Zeit befindlichen Unterricht, nach Herbarts Auffassung, unverzichtbar.

Das ‚ohne Ahnung' von der pädagogischen Theorie und deren innovativer Kraft, alleine aus Bequemlichkeit von „Reihen von Generationen von Lehrern"

---

17  Mit Kants Schriften war der als sehr begabt geltende Herbart schon als Gymnasiast am Oldenburger Gymnasium in Berührung gekommen. Während seines Studiums in Jena ab 1794 studierte er dann Philosophie unter anderem bei Fichte.

18  Zitiert nach W/F, 1, 121.

19  Ebd.

20  Ebd. (Hervorhebung im Original gesperrt)

21  Ebd.

22  Schon während seiner Gymnasialzeit registrierte Herbart den gesellschaftlichen Wandel und die sich ankündigenden Veränderungen der politischen Strukturen und thematisierte seine reflektierten Beobachtungen in Reden. Als Pädagogikprofessor trennte er streng zwischen pädagogischer und politischer Sphäre und erteilte einer politisierten Pädagogik, wie sie in Bildungsreformkonzepten um 1800 häufig zu finden war, eine strikte Absage.

gepflegte Vorurteil, Theorie sei viel zu allgemein, unbestimmt und weitläufig
und könne somit weder „alle die individuellen Umstände, in welchen sich der
Praktiker [...] jemals befinden wird", noch „alle die individuellen Maßregeln,
Überlegungen, Anstrengungen, durch die er jenen Umständen entsprechen
muß",[23] erfassen, ließ Herbart nicht gelten. Der „Pädagog" sei – „wie jedes andere Individuum" auch – „mit allen seinen Ideen, Erfindungen, Versuchen und
daraus hervorgehenden Erfahrungen" „eingeschlossen" in den „Zeitkreis" seines
„Zeitalters".[24] Er laufe somit nicht nur Gefahr, im „täglichen Treiben" aufzuge-
hen, sondern sich zugleich von der im unterrichtlichen Geschehen „so vielfach
einprägende[n] individuelle[n] Erfahrung" vereinnahmen und dadurch seinen
„Gesichtskreis in die Enge"[25] ziehen zu lassen.

Dieser unerwünschten Entwicklung musste und konnte, nach seiner festen
Überzeugung, entgegengewirkt werden. Ausgehend von der Einsicht, dass „[a]n-
dere Zeiten" grundlegende Reformen – und zwar sowohl im Erziehungssystem
als auch in der Lehrerbildung – erforderten, erteilte er allen Bestrebungen eine
Absage, die unter „weitgreifende[n] Reformen" lediglich das „ein wenig an der
Manier verbesser[n]"[26] – also das Kurieren am Symptom – verstanden.

Dass Herbart es nicht bei der bloßen Forderung seiner Göttinger Antrittsvorlesung beließ, belegt seine Ende 1808 gegenüber dem Kurator der Universität
Königsberg geäußerte Absicht, sich als zukünftiger zweiter Nachfolger auf dem
Lehrstuhl Kants „in einem weiten pädagogischen Wirkungskreis" besonders
„den Angelegenheiten des Schul- und Erziehungswesens"[27] zuzuwenden. Dass er
seine Ankündigung realisieren konnte, davon zeugt nicht nur seine schriftstelle-
rische Arbeit auf dem Gebiet der Pädagogik zwischen 1809 und 1836, die in den
bekannten Herbart-Ausgaben (Kehrbach, Hartenstein und Willmann/Fritzsch)
dokumentiert ist, sondern auch seine (Lehr-)Tätigkeit als „öffentlicher Lehrer der
Pädagogik".[28]

Nach seiner Auffassung konnte und durfte sich diese Tätigkeit nicht auf das
systematische Nachdenken über Erziehung und in der Folge auf die im akademischen Vortrag zu leistende Vermittlung der Pädagogik als Wissenschaft beschränken. Sie hatte sich vielmehr zugleich auch der Erziehungspraxis zuzuwenden. Dies umso mehr, da Herbart erkannt hatte, dass erst das Zusammenspiel von
pädagogischer Theorie und erzieherischer Praxis eine konstitutive Gemengelage
generiert, die für das Herausbilden jener professionellen Kompetenz unverzicht-

---

23    Zitiert nach W/F, 1, 121.
24    Ebd., 122.
25    Ebd.
26    Ebd.
27    Otto Willmann/Theodor Fritzsch (Hg.): Johann Friedrich Herbarts Pädagogische Schriften.
      Band 3. Osterwieck (Harz)/Leipzig [3]1914 [= W/F, 3], 20.
28    Ebd., 29.

bar ist, die den Lehrer befähigt, in den konkreten unterrichtlichen respektive erzieherischen Situationen zu einer nicht lediglich aus der Routine erwachsenden, sondern auch theoretisch begründbaren „schnellen Beurteilung und Entscheidung"[29] zu gelangen.

Grundlegendes Problem der von Herbart als „pädagogische[r] Takt"[30] bezeichneten professionellen Kompetenz ist die dem Konstrukt konstitutiv immanente Vermittlung zwischen pädagogischer Theorie und erzieherischer Praxis. Der „pädagogische Takt" generiert sich danach zwar in der Folge der „Einwirkung dessen, was wir in der Praxis erfahren"[31], bildet sich also in der Sphäre der Praxis erzieherischen Handelns, geht aber weder unmittelbar kausal aus dieser noch der pädagogischen Theorie hervor. Grundlage der sich im „pädagogischen Takt" spiegelnden „Klugheit" und „Geschicklichkeit" war somit keineswegs nur der wissenschaftliche Gedankenkreis, das heißt, die in der Vorlesung vermittelte pädagogische Theorie, sondern zugleich die ebenfalls „vor Antreten des [Erziehungs-]Geschäfts"[32] aus der reflektierten Erfahrung erworbene Fähigkeit zur Improvisation und Leichtigkeit des pädagogischen Handelns.

Aus dem Konstrukt „Pädagogischer Takt" zog Herbart auch organisationspädagogische Folgerungen. Zunächst in seinem 1809 vorgelegten „Entwurf zur Anlage eines pädagogischen Seminars"[33] (siehe Abb. 3). In ihm sollte (zusätzlich zu der in den pädagogischen Vorlesungen an der Universität) „die Erziehung in den wichtigsten ihrer mannigfaltigen Formen zur Anschauung gebracht" und den angehenden Lehrern und Erziehern „zu eigener Übung soweit Gelegenheit gegeben" werden, um das „Bewusstsein ihrer pädagogischen Kräfte" zu wecken.[34]

Realisiert wurde 1810 zunächst lediglich ein „Didaktisches Institut"[35], das „auf die Kunst des Unterrichtens berechnet"[36] war. Studierende, die in einer Fachwissenschaft zumindest soweit fortgeschritten waren, dass sie das Fach auf Sekunda-Niveau[37] unterrichten konnten, erhielten dort die Chance, angeleitet zu unterrichten – und damit die Möglichkeit, „Takt, Fertigkeit, Gewandtheit und Geschicklichkeit"[38] durch reflektierte Erfahrung zu erwerben.

---

29   W/F, 1, 121.
30   Ebd., 126 und 129.
31   Ebd., 123.
32   Ebd., 124.
33   Abgedruckt in: W/F, 3, 25–31, auf dieser Grundlage graphisch umgesetzt in Abbildung 3 von Karlheinz König.
34   Vgl. ebd., 25.
35   Vgl. ebd., 31–34.
36   Ebd., 22.
37   Entspricht heute etwas dem Unterricht in den Klassen 10 bis 12 (respektive 13) der höheren Schulen (Gymnasien und berufliche Schulen).
38   W/F, 1, 124.

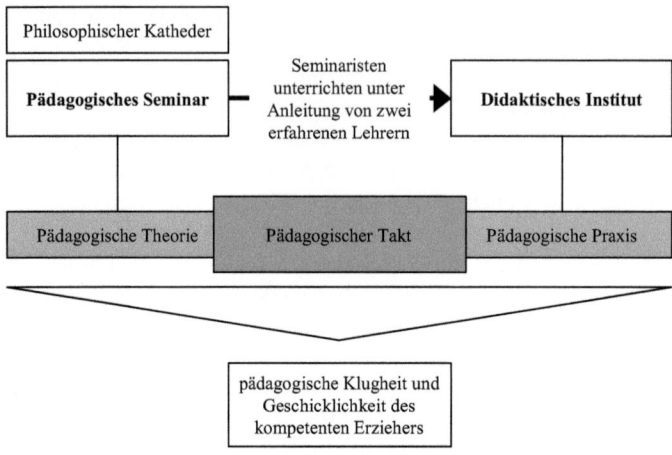

**Abb. 3:** J. F. Herbarts „Entwurf zur Anlage eines pädagogischen
Seminars" (Königsberg 1809)[33]

Herbart gab sich jedoch mit dem Erreichten nicht zufrieden. Ihm schwebte vielmehr ein „Pädagogisches Seminar" in Form einer „Experimental-Schule"[39] vor,

- die „den Seminaristen Gelegenheit zur pädagogischen Übung []bictcn" sollte,
- in der sich „[v]erbesserte Lehrmethoden praktisch bewähren" konnten,
- und die „[p]ädagogische Erfahrungen bereiten" (das heißt, hervorbringen)
sollte, „die zur öffentlichen Bekanntgabe geeignet" waren „und die Wissenschaft weiter bringen"[40] würden.

Im Jahre 1818 zog Herbart eine insgesamt wenig zufriedenstellende Bilanz des
bisher Erreichten. Zwar habe das Seminar seinen ersten „Zweck" weitgehend
„erreicht". Doch schon bei der Verbesserung der Lehrmethoden gebe es weiterhin Handlungsbedarf. Völlig unzureichend stehe es um die in und aus der Praxis
zu gewinnenden „Erfahrungen, denen ein wissenschaftlicher Wert [...] zuerkannt
werden" könne. „Erfahrungen", die „einen Grad von Vollständigkeit und Genauigkeit" besäßen, wie etwa in der Physik, „[scheinen] die heutigen Pädagogen
aber noch gar nicht zu kennen [...]."[41]

---

39   W/F, 3, 23. Der Begriff „Experimentalschule" geht auf Kant zurück (vgl. W/F, 3, 24).
40   Ebd., 35.
41   Ebd.

Nur fünf Jahre später – 1823 – berichtete Herbart mit sichtlichem Stolz, „alles" – das praktische Üben, die Evaluation der Lehrmethoden und die empirische Forschung – werde „nunmehr [zugleich] im Seminar wirklich ausgeführt" und sei „im beharrlichen Fortgehen begriffen".[42]

## Pädagogisches Seminar und Universitätsübungsschule

Als der aus einer Kaufmannsfamilie stammende Königsberger Heinrich Gustav Brzoska (1807–1839) sich am 22. März 1823 als Sechzehnjähriger an der Universität Königsberg immatrikulierte, um Philologie, Geschichte, Philosophie und Pädagogik zu studieren, hatte Herbarts „Pädagogisches Seminar" einen zweifellos beachtlichen Stand erreicht.

Schon bald beschäftigte sich Brzoska intensiv mit Herbarts Pädagogik, nicht aber mit dessen Philosophie, für die er nach eigenem Bekunden „nicht das gehörige Verständnis"[43] aufzubringen vermochte. Im Dezember 1826 erhielt Brzoska, inzwischen knapp zwanzig Jahre alt, den Status eines Seminaristen und hatte als solcher „Gelegenheit zur pädagogischen Übung" in dem dem „Pädagogischen Seminar" angegliederten „Didaktischen Institut". Konkret bedeutete dies, wie einem Bericht Herbarts an das preußische Unterrichtsministerium aus dem Jahre 1828 zu entnehmen ist, dass Brzoska, ungeachtet seiner hervorragenden Kenntnisse der lateinischen und griechischen Sprache, als Seminarist zunächst lediglich „zu dem ganz untergeordneten Geschäft gerufen worden war, [mit den Schülern] vergessene Deklinationen und Conjunctionen einzuüben [...]."[44] Gleichwohl widmete er sich dieser Aufgabe mit großem Eifer, kritisierte zugleich aber auch den aus seiner Sicht schlechten Unterricht der anderen Seminaristen.

Brzoskas Kritik und sein inhaltlich und methodisch ansprechender Unterricht veranlassten Herbart, dem begabten Seminaristen die Anfang 1827 vakant werdende Stelle des „ersten Lehrers und beständigen Aufsehers" anzubieten. Brzoska nahm die Stelle an. Herbart ging davon aus, nun nicht nur einen theoretisch und praktisch begabten, sondern auch willigen Gehilfen gewonnen zu haben.

Wie es der Zufall wollte: als Herbart sich – „freier von speculativen Arbeiten als zuvor" – nun verstärkt der „pädagogischen Thätigkeit" zuwenden und am „Didaktischen Institut" „den ganzen Gang des Unterrichts nach [...] [seiner]

42    Ebd., 23.
43    E. Morres: Mitteilungen über Dr. H. G. Brzoskas pädagogische Wirksamkeit in Jena. In: Pädagogisches Korrespondenzblatt von Bergner und Hoffman. Leipzig 1882, 50–67, hier: 51.
44    Ebd.

Weise leiten" wollte, erkrankte er ernsthaft und fiel für längere Zeit aus.[45] Brzoska erkannte und nutzte die sich ihm dadurch bietende Gelegenheit, den Unterricht inhaltlich und methodisch eigenständig zu gestalten. Herbart erhielt davon Kenntnis und reagierte auf Brzoskas Eigenmächtigkeit zunächst lediglich verstimmt. Schon bald nach seiner Rückkehr stellte er dann jedoch fest, dass sein Musterschüler sich emanzipiert hatte und „mehr und mehr als Person [betrachtete], worauf *Alles* ank[am]"[46].

Schon im Winter 1827 war offenkundig, dass die Umsetzung der Neuerungen vielen Seminaristen erhebliche Probleme bereitete und „größere Lücken" im Unterrichtsstoff entstanden waren. Das ohnehin angespannte Verhältnis Brzoskas zu Zöglingen, Seminaristen und Lehrern eskalierte und mündete in eine offene Auseinandersetzung. Um weiteren Verdruss oder gar Schaden vom „Didaktischen Institut" und vom „Pädagogischen Seminar" abzuwenden, entband Herbart seinen von ihm, ungeachtet der Vorkommnisse, weiterhin geschätzten Schüler[47] von allen Pflichten. Brzoska verließ daraufhin Königsberg, arbeitete zunächst als Hauslehrer, setzte dann aber sein Studium zunächst in Berlin, anschließend in Leipzig fort. Dort wurde er 1830 im Alter von dreiundzwanzig Jahren mit der Schrift „De Geographia mythica. Specimen I" promoviert und lehrte im Anschluss als „Privat-Docent"[48] unter anderem Alte Geschichte, Mythologie und Literaturgeschichte. Da er sich zwischenzeitlich mit der Tochter des Leipziger Hotelbesitzers Putzer verlobt und diese später auch geheiratet hatte[49], wuchs der Wunsch nach ökonomischer Unabhängigkeit. Eine Chance dafür sah Brzoska offensichtlich in einer Lehrtätigkeit an der Universität Jena. Allerdings verweigerte sich die dortige philosophische Fakultät seinem Wunsch, ihm die

---

45    Bericht Herbarts im Jahre 1828 an das „preussische Cultusministerium", zitiert nach E. Morres, Mitteilungen, a. a. O., 52.
46    Zitiert nach ebd. (Hervorhebung im Original)
47    So verwies Herbart zum Beispiel 1836 in seiner Abhandlung „Analytische Beleuchtung des Naturrechts und der Moral" (abgedruckt in: Otto Willmann [Hg.]: Johann Friedrich Herbart's Pädagogische Schriften. Band 2. Leipzig ²1880 [= W, 2], 479–495) nicht nur auf Brzoskas Abhandlung „Die Nothwendigkeit pädagogischer Seminare auf der Universität", sondern beurteilte den Verfasser als „Professor" mit „reiche[r] Kenntnis der pädagogischen Literatur" (ebd., 485, Anm.**). Ebenfalls 1836 rezensierte Herbart die oben genannte Abhandlung seines ehemaligen Schülers äußerst positiv und wünschte dem Vorhaben „die Mitwirkung tüchtiger Männer" (Johann Friedrich Herbart: Die Nothwendigkeit pädagogischer Seminare auf der Universität und ihre zweckmäßige Einrichtung. Von Dr. Heinr. Gust. Brzoska, Prof. an der Universität zu Jena. In: W, 2, 270–273, hier: 273).
48    Vgl. Universitätsarchiv Jena [= UAJ] M 267 [Brzoska, Heinrich Gustav WS 1831/32, Bl. 61–62': Schreiben der Philosophischen Fakultät an den Rektor der Universität. Jena o. Dat. (Oktober 1831)].
49    Vgl. Stark: Brzoska. In: Historische Commission bei der Königl. Akademie der Wissenschaften (Hg.): Allgemeine Deutsche Biographie. Band 3: Bode – v. Carlowitz. Leipzig 1876, 458–459, hier: 458.

Rechte eines Privatdozenten ohne vorheriges Examen zuzuerkennen. So erweiterte er seine Leipziger Dissertation und reichte sie im Frühjahr 1831 unter dem Titel „De Geographia mythica. Specimen II" bei der Philosophischen Fakultät der Universität Jena als Habilitationsschrift ein.[50] Im April 1831 war sich die Fakultät einig, den „unverkennbaren Fleiß" und die „achtbare Leistung" der eingereichten Schrift mit „genügend" zu beurteilen, in Brzoska „einen nicht unwürdigen Candidaten der Doctorwürde" zu sehen und „einstimmig"[51] dessen Promotion zu beschließen. Am 13. April 1831 erhielt Brzoska die am 11. April 1831 „ausgefertigte" Promotionsurkunde überreicht.[52] Allerdings ließ die Zulassung als Privatdozent auf sich warten. Obwohl Brzoska sich mehrmals an den Kurator der Universität gewandt und um Beschleunigung der Entscheidung gebeten hatte, stockte das Verfahren, da der Senat sich wegen des „Mangel[s] eines vollständigen Gutachtens über die Kenntnisse und Lehrfähigkeiten des Doctor Brzoska" außerstande sah, dessen Gesuch zur „Aufnahme unter die hiesigen Privat-Docenten" den „Durchlauchtigsten Erhaltern der hiesigen Universität vorzulegen."[53] Auch die Mitglieder der „inneren Fakultät", die nach § 34 des Universitätsstatuts die „Kenntnisse und Eigenschaften" zu begutachten hatten, taten sich wie der Senat schwer, aufgrund der eingereichten Schrift zu einer Entscheidung zu kommen; zudem sah man sich außerstande, die von Brzoska bisher in Leipzig „übernommenen Lehraufgaben" inhaltlich zu überprüfen. Letztlich jedoch verständigten sich Fakultät und Senat nach einigem Hin und Her darauf, in „Achtung für die Philosophische Fakultät der Universität Leipzig" den „Durchlauchtigsten Erhaltern" der Universität die Ernennung Brzoskas zum Privatdozenten zu empfehlen. Wenige Wochen später erhielt Brzoska dann – ohne das vorgeschriebene förmliche Verfahren durchlaufen zu haben – die Ernennung zum Privatdozenten. Im Sommersemester 1832 wies der gedruckte „Lectionenkatalog der Gesamt-Universität Jena" Brzoska nun auch als Privatdozenten aus.[54]

Seine ökonomische Existenz konnte Brzoska mit der Privatdozentur in Jena, einer Stadt mit knapp 5000 Einwohnern, davon 597 eingeschriebene Studenten, nicht sichern. So übernahm er zwischen 1832 und 1834 zugleich die Leitung der

---

50  Vgl. Heinrich Gräfe: 271. Heinrich Gustav Brzoska, Doktor und außerordentlicher Professor der Philosophie an der Universität Jena. In: Neuer Nekrolog der Deutschen. 17 (1839 [erschienen 1841]). Faksimilierter Wiederabdruck in: Deutsches biographisches Archiv, 351–354, hier: 351.

51  UAJ M 266, Bl. 56' [Rundbrief Ex-ex-Decane m. Spectabilis. Jena, 14. April 1831].

52  Vgl. ebd.

53  Vgl. UAJ M 267, Bl. 97 [Schreiben des Prorectors und Senats der Großherzoglich-Herzoglich Sächsischen Gesammt-Universität an die Philosophische Fakultät. Jena, 15. Oktober 1831].

54  Vgl. Thüringisches Hauptstaatsarchiv Weimar [= HstAW] A 5926, Dok. 145 [Index Scholarvm Pvblice Privatimqve in Vniversitate Litteravm Ienensi ... MDCCCXXXII, 16].

bisher vom Direktor der Jenenser Stadtschule, Dr. Heinrich Gräfe, in Personalunion geführten „Privatunterrichtsanstalt für Knaben".[55]

Brzoska befand sich damit in einer strukturell vergleichbaren Situation wie damals in Königsberg, allerdings mit dem Unterschied, dass er jetzt in seinem Tun nicht mehr auf die „Erziehungskunst", das heißt, die unterrichtliche Praxis, beschränkt war, sondern sich zugleich auch der „Pädagogik als Wissenschaft", der pädagogischen Theorie, zuwenden konnte. Neben der von ihm angekündigten Vorlesung über Pädagogik[56], die im Sommersemester 1832 von vier der insgesamt zweiundsechzig Studenten der Philosophischen Fakultät besucht worden war (was etwa sieben Prozent der Studierenden der Philosophischen Fakultät entsprach), bemühte er sich um die nach dem „Statut der Universität Jena"[57] erforderliche Genehmigung des Senats zur Angliederung der „Privatunterrichtsanstalt für Knaben" als universitäre Übungsschule.

Obwohl „völlig von der Ansicht [s]eines Lehrers [Herbart] überzeugt", verstand Brzoska sich „nicht als einseitiger Nachbeter der *verba magistri*".[58] Vielmehr vertrat er Herbarts pädagogische Theorie, weil er „bei ämsigen Untersuchungen", die er in Königsberg, Berlin, Leipzig und Jena durchgeführt habe, „immer auf das Urtheil meines Meisters zurück"[59] gekommen sei. Trotz dieses uneingeschränkten Bekenntnisses zu Herbart, findet sich weder in den „Seminarstatuten von 1832" noch in seinem 1836 in Leipzig veröffentlichten Hauptwerk „Die Nothwendigkeit paedagogischer Seminare auf der Universität und ihre zweckmäßige Einrichtung" ein expliziter Verweis auf das von Herbart geschaffene Konstrukt „Pädagogischer Takt". Gleichwohl gründeten Brzoskas Überlegungen in diesem Konstrukt, da er ebenfalls „Theorie und Praxis aufs engste verbunden" und „in immerwährender Wechselwirkung"[60] miteinander stehend voraussetzte, daraus (ebenso wie Herbart) seine für die Neuordnung der Lehrer-(aus)bildung wegweisenden Folgerungen zog und seine theoretisch begründeten organisationspädagogischen Konzepte entwickelte.

Den ersten „Plan eines Pädagogischen Seminars" an der Universität Jena, in dem die theoretisch-pädagogische und praktisch-pädagogische Qualifizierung der Lehramtskandidaten konzeptionell aufeinander bezogen und organisations-

---

55 Vgl. Gräfe, 271. Heinrich Gustav Brzoska, a. a. O., 351..

56 Vgl. HstAW, A 5926, Dok. 145.

57 Vgl. UAJ HIC, Bl. 42 [Statut der Großherzoglich-Herzoglich Sächsischen Gesammt-Universität Jena. Jena 1829].

58 Heinrich Gustav Brzoska: Die Nothwendigkeit paedagogischer Seminare auf der Universität und ihre zweckmäßige Einrichtung. Leipzig 1836, 4. Anm.*).

59 Ebd.

60 Ebd.

pädagogisch ausformuliert war, legte Brzoska im Sommer 1832 vor (siehe dazu Abb. 4 a und b, S. 116/117).[61] Voraussetzung für die Zulassung zum Studium der Erziehungswissenschaft, war zunächst das Studium fachlicher Disziplinen, wie zum Beispiel Geschichte, Mathematik, Philologie oder Theologie. Wer beabsichtigte, neben den fachlichen Studien zusätzlich Pädagogik zu studieren, weil er als Hauslehrer oder als Lehrer an einer Privatschule oder an einem öffentlichen Gymnasium unterrichten und sich dafür qualifizieren wollte, musste sich um die Mitgliedschaft im „Pädagogischen Seminar" bewerben. Dazu hatte der Studierende eine „Abhandlung über einen selbstgewählten Gegenstand aus dem Felde seiner Studien [...] in Beziehung auf Erziehungswissenschaft" anzufertigen und dem Aufnahmegesuch beizulegen. Beurteilte der Seminardirektor die eingereichte „Abhandlung" mit „genügend", wurde man zum Studium der Erziehungswissenschaft zugelassen und nach der Entrichtung von „eine[m] Thaler" (was etwa dreißig Euro entspricht) „in die Bibliothekskasse des Seminars" Mitglied des „Pädagogischen Seminars".[62]

Nur Seminarmitglieder waren berechtigt, das „Kollegium" – die Vorlesung – „über Pädagogik" und das „damit verbundene Repetitorium" zu besuchen. Erst wenn der Studierende in dem vom Seminardirektor geleiteten „Repetitorium" den Nachweis erbringen konnte, dass er „die Idee der Erziehung im allgemeinen, und ihre Realisierung in den einzelnen Theilen der Volksbildung aufgefasst" hatte, wurde er „wirkliches Mitglied" des „Pädagogischen Seminars" und der „1. Abtheilung"[63] zugewiesen.

Nach dieser am ehesten wohl als Grundstudium zu bezeichnenden Phase hatten die Seminaristen „pädagogische oder historische (philologische) und mathematische Abhandlungen zum Zwecke der Erziehung"[64] anzufertigen – nach heutiger Terminologie also Seminararbeiten über allgemeine Themata des Unterrichts, wie zum Beispiel Schülerverhalten oder Unterrichtsmethoden, und fachdidaktisch ausgerichtete. Ähnlich wie im heutigen universitären Lehrbetrieb hatten die Studierenden auch den freien Vortrag „über historische und philosophische Gegenstände" zu üben, wobei zunächst die auf der Textdurchdringung und dem Textverständnis aufbauende Zusammenfassung vorgegebener „Meisterwerke", dann aber auch der Vortrag eigener „Abhandlungen"[65] vorgesehen war. Den

---

61  Der „Plan eines Pädagogischen Seminars" (1832) ist abgedruckt in: Heinrich Gustav Brzoska: Die Notwendigkeit pädagogischer Seminare auf der Universität und ihre zweckmäßige Einrichtung, neu hg. v. Wilhelm Rein. Leipzig 1887, 301–302; graphische Veranschaulichung in Abbildung 4 a und b, S. 116/117, von Karlheinz König.
62  Ebd., 301.
63  Ebd.
64  Ebd.
65  Ebd.

schon Fortgeschritteneren war das schriftliche Ausformulieren des Vortrags erlassen. Sie mussten nur eine „genügende Disposition" (also eine Gliederung) vorlegen und konnten „die Ausführungen" „während des Vortrags [...] extemporieren",[66] das heißt, aus dem Stegreif vortragen.

In einem weiteren Schritt hatten die Seminaristen für den Unterricht „besonders geeignete Klassiker" zunächst literaturgeschichtlich einzuordnen und inhaltlich zu interpretieren. Die Texte waren gleichwohl ledig Vehikel. Im Zentrum dieses Ausbildungsabschnittes stand vielmehr, die angehenden Haus- und Gymnasiallehrer zu befähigen, die klassischen *Texte didaktisch aufzubereiten*. Konkret bedeutete dies, die Seminaristen zu qualifizieren, unter Beachtung der individuellen „Fertigkeiten" und „Kenntnisse" sowie der zukünftigen beruflichen „Bestimmung"[67] ihrer potentiellen Schüler didaktisch-inhaltliche und didaktisch-methodisch begründete Entscheidungen (Lehrinhalte, Lernziele und Lehrmethoden) zu treffen.

Wesentlich war bei all diesen Übungen der angehenden Pädagogen nicht nur die individuelle Leistung in schriftlicher oder mündlicher Form, sondern auch der offene Gedankenaustausch im Seminar. Dort war der Ort der konstruktiven Kritik. Hier hatte sich der Referent unmittelbar nach der Präsentation der „Beurteilung des Inhalts und der Darstellung der Abhandlungen, Interpretationen und anderer Vorträge" durch die Seminarmitglieder zu stellen und seine Auffassung gegen die vorgebrachten Einwände zu verteidigen. Kristallisierten sich in der Diskussion unterschiedliche Positionen heraus, hatten die Seminaristen „eine ausführliche schriftliche Rezension", das heißt, eine umfassende kritische Besprechung des Präsentierten zu erstellen und vorzulegen. Sinn dieser Übung war, die vorgetragenen Gedanken in ihrem Kern zu erfassen und – auf dem Hintergrund des in der Vorlesung, im Repetitorium, beim „Besuch" einzelner „Lehrstunden" und in vorausgegangenen Diskussionen im Seminar Gelernten – den Mut und die Fähigkeit zum begründeten eigenen pädagogischen respektive didaktischen Standpunkt zu entwickeln.

Gleiches galt auch für die Hospitationen. Sie waren für alle Seminaristen, besonders aber für jene, die noch nicht unterrichteten, verpflichtend. Die beim „Besuch der Lehrstunden wahrgenommenen Eigentümlichkeiten des Lehrers und seiner Methode", also insbesondere das mehr auf den Schüler, den Unterrichtsgegenstand oder den Aneignungsprozess gerichtete Lehrerverhalten und die Unterrichtsmethode, wurden ebenfalls Gegenstand der Diskussion. Verbunden war damit (nach heutiger Terminologie) die Intention, neben der typologischen Einordnung des Lehrerverhaltens auch die theoriebasierte kritische Beobachtung

---

66    Ebd.
67    Ebd.

und Wahrnehmung der Unterrichtsartikulation auf der Grundlage von Brzoskas Theorie und Methode zu befördern und zugleich verhaltensändernde Einsichten – zunächst für die zukünftige Tätigkeit als Lehrer an der Übungsschule – zu generieren.

Zusätzlich zu den bisherigen Übungen und Hospitationen hatten alle Seminarmitglieder an den wöchentlich stattfindenden zweistündigen „Disputierübungen über geschriebene Abhandlungen oder einzelne pädagogische Sätze mit und ohne Vorbereitung"[68] teilzunehmen. Hier konnten sie sich mit Problemstellungen und Einzelfragen auseinandersetzen, ihren begründeten Standpunkt formulieren, durch kritische Einwänden oder Anregungen ihrer Mitseminaristen zum permanenten Reflektieren eigener Einsichten veranlasst werden und dadurch insgesamt an Sicherheit im eigenen Urteil gewinnen.

Hatte ein Seminarist der „1. Abteilung" „durch die genannten Übungen die zum Unterrichte notwendige Gewandtheit erworben", wurde er Mitglied der „2. Abteilung". Damit wurde ihm zugleich die pädagogische und didaktische Befähigung zum fachlichen Unterricht an der „Übungsschule" zuerkannt. Die Unterrichtsberechtigung erhielt er allerdings erst „nach gut überstandenem Probemonat", einer Art Referendariat, an dessen Ende – was allerdings in Brzoskas Plan nicht ausgeführt wird – eine Beurteilung durch den „ersten Lehrer" der „Übungsschule" stand. Die Entscheidung über die Zuerkennung der Unterrichtsberechtigung lag dann beim Direktor des „Pädagogischen Seminars", der zugleich auch Leiter der „Übungsschule" war und damit Verantwortung trug für die Qualifizierung von Lehrern.[69]

Mitglieder der 2. Abteilung mit Unterrichtsberechtigung konnten, sofern sie sich bereit erklärten, „für wenigstens zwei Jahre an der Unterrichtsanstalt [...] [zu] arbeiten", auf eine Lehrerstelle hoffen. Sobald „eine Stelle an der Unterrichtsanstalt offen" war, wurde dem Anwärter der „fortlaufende Unterricht in den Gegenständen [...] [seiner] besonderen Sorgfalt", also in den von ihm studierten fachlichen Disziplinen, wie etwa Geschichte, Griechisch, Latein oder Mathematik, „anvertraut".[70] Jenen, die keine – wenn auch zeitlich befristete – Anstellung als Lehrer bekamen, wurde „als praktische Übung" der „Unterricht einzelner zurückgebliebener Zöglinge" übertragen. Nicht als Nachhilfekraft, sondern als faktisch weitere Lehrkraft hatten sie Verantwortung dafür, die ihnen anvertrauten Schüler durch individuelle Förderung in einzelnen Unterrichtsfächern möglichst wieder auf das zumindest durchschnittliche Kenntnis- und Leistungsniveau der Mitschüler zu bringen, um auch in den Problemfächern den gemeinsamen Unterricht im Klassenverband zu ermöglichen.

---

68	Ebd.
69	Vgl. ebd.
70	Ebd., 302.

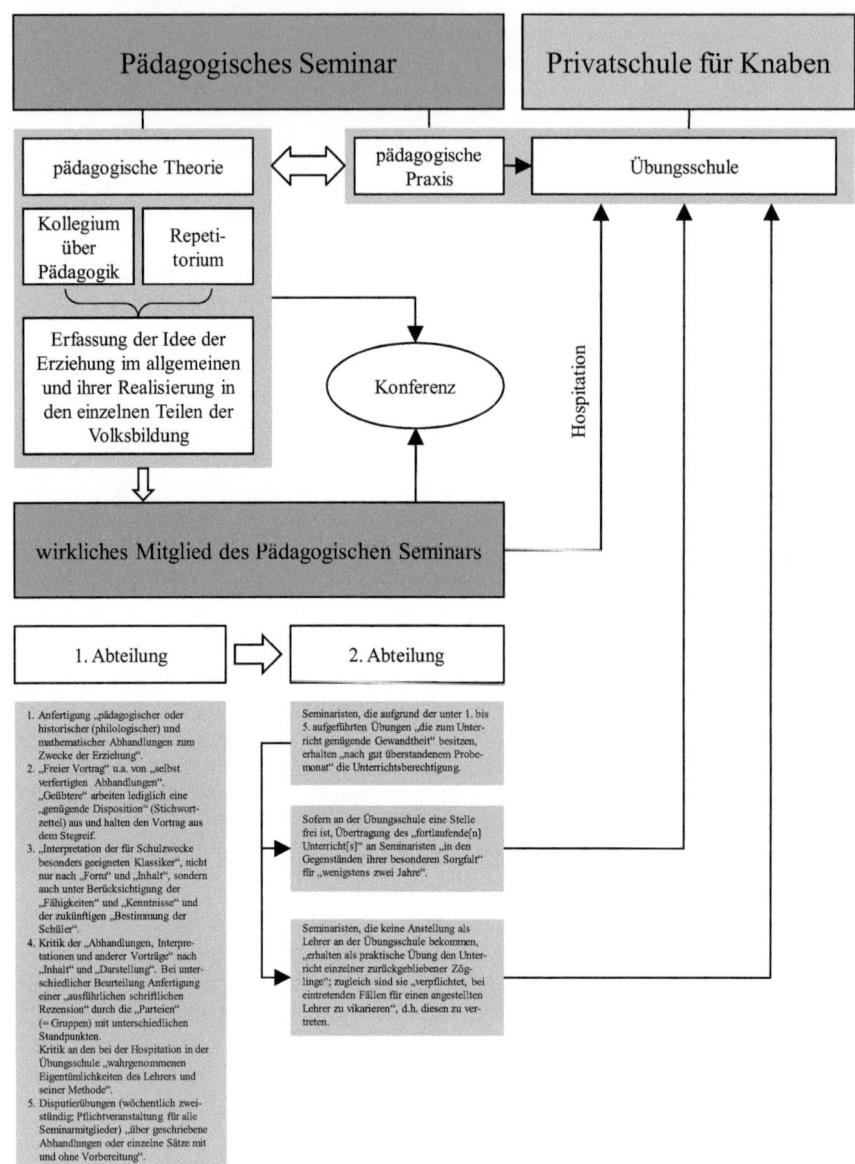

**Abb. 4 a:** Brzoskas „Statuten zu einem pädagogischen Seminar" (Jena 1832)[61]
*(siehe für den unteren Text die Vergrößerung in Abb. 4 b)*

| 1. Abteilung |  | 2. Abteilung |
|---|---|---|

1. Anfertigung „pädagogischer oder historischer (philologischer) und mathematischer Abhandlungen zum Zwecke der Erziehung".
2. „Freier Vortrag" u. a. von „selbst verfertigten Abhandlungen". „Geübtere" arbeiten lediglich eine „genügende Disposition" (Stichwortzettel) aus und halten den Vortrag aus dem Stegreif.
3. „Interpretation der für Schulzwecke besonders geeigneten Klassiker", nicht nur nach „Form" und „Inhalt", sondern auch unter Berücksichtigung der „Fähigkeiten" und „Kenntnisse" und der zukünftigen Bestimmung der Schüler".
4. Kritik der „Abhandlungen, Interpretationen und anderer Vorträge" nach „Inhalt" und „Darstellung". Bei unterschiedlicher Beurteilung Anfertigung einer „ausführlichen schriftlichen Rezension" durch die „Parteien" (= Gruppen) mit unterschiedlichen Standpunkten. Kritik an den bei der Hospitation in der Übungsschule wahrgenommenen Eigentümlichkeiten des Lehrers und seiner Methode".
5. Disputierübungen (wöchentlich zweistündig; Pflichtveranstaltung für alle Seminarmitglieder) „über geschriebene Abhandlungen oder einzelne Sätze mit und ohne Vorbereitung".

Seminaristen, die aufgrund der unter 1. bis 5. aufgeführten Übungen „die zum Unterricht genügende Gewandtheit" besitzen, erhalten „nach gut überstandenem Probemonat" die Unterrichtsberechtigung.

Sofern an der Übungsschule eine Stelle frei ist, Übertragung des „fortlaufende[n] Unterricht[s]" an Seminaristen „in den Gegenständen ihrer besonderen Sorgfalt" für „wenigstens zwei Jahre".

Seminaristen, die keine Anstellung als Lehrer an der Übungsschule bekommen, „erhalten als praktische Übung den Unterricht einzelner zurückgebliebener Zöglinge"; zugleich sind sie „verpflichtet, bei eintretenden Fällen für einen angestellten Lehrer zu vikarieren", d. h. diesen zu vertreten.

**Abb. 4 b:** Brzoskas „Statuten zu einem pädagogischen Seminar" (Jena 1832)[61]

Darüber hinaus waren diese Seminaristen verpflichtet, bei Erkrankung oder anderweitiger Verhinderung eines „angestellten Lehrer[s] zu vikarieren", das heißt, dessen Unterricht zu vertreten. Zudem waren die „Hilfslehrer" gehalten, neben dem Förderunterricht auch „in den übrigen Wissenschaften", speziell in den von ihnen studierten Unterrichtsfächern, Unterrichtsversuche durchzuführen.[71]

Methodisch hatten allerdings weder die Hilfslehrer noch die angestellten Lehrer freie Hand. Sie waren vielmehr darauf verpflichtet, „nach der von dem Leiter der Anstalt in den Vorträgen, Konferenzen und auch praktisch gezeigten Methode" zu unterrichten,[72] die im Kern auf der schon 1806 von Herbart philosophisch begründeten Stufentheorie des Unterrichts (Klarheit – Assoziation – System – Methode) fußte.

Eine besondere Einrichtung des „Pädagogischen Seminars" war die „in jeder Woche zweistündig gehalten[e]" „Konferenz". Sie war nach Brzoskas Auffassung jener Ort, an dem sich theoretische und praktische Sphäre des Seminars kontinuierlich begegnen sollten. Zum Besuch der „Konferenz", zu der nicht eingeladen wurde, da sie regelmäßig zu einer festgelegten Zeit stattfand, war deshalb „jedes Mitglied des Seminars [...] verpflichtet". Die institutionalisierte Begegnung der Studierenden, die sich primär mit theoretischen Fragestellungen befassten, mit den „wirklichen Mitgliedern" des „Pädagogischen Seminars", das heißt, den schon als Lehrer oder Hilfslehrer an der Übungsschule unterrichtenden Praktikern, bot somit nicht nur die Möglichkeit, das zu thematisieren und zu reflectieren, was die hospitierenden Seminaristen „bei dem Unterrichtenden des Lobes und des Tadels wert" fanden. Vielmehr konnten sich auch die Praktiker zu den thematisierten Aspekten zu Wort melden, Kritik als begründet annehmen oder aber mit theoretisch und praktisch hinreichend unterlegten Ausführungen als unbegründet zurückweisen und so zum Überdenken der Theorie anregen.[73]

Betrachtet man die nachweislich vom Sommersemester 1832 bis zum Wintersemester 1835/36 insgesamt eingeschriebenen Hörer der von Brzoska angebotenen Vorlesungen über Pädagogik – lediglich 24 (!), so drängt sich der Eindruck auf, der „Plan zu einem Pädagogischen Seminar" sei von den Studierenden nicht angenommen worden und der Versuch kläglich gescheitert. Und in der Tat: Ende 1834 hatte Brzoska die Leitung der privaten Knabenschule und damit das Kernstück seines Reformkonzepts – die „Übungsschule" – aufgegeben.

Der Dekan der Philosophischen Fakultät, Prof. Dr. Bachmann, ließ sich dadurch offensichtlich nicht irritieren, sondern forderte die Mitglieder der „inneren Fakultät" auf, zu Brzoskas Gesuch um „Ertheilung einer außerordentlichen Pro-

---

71 Ebd.
72 Ebd.
73 Vgl. Brzoska, Die Notwendigkeit, neu hg. v. Wilhelm Rein, a. a. O., 302.

fessur"[74], das ihm Anfang 1835 vorgelegt worden war, Stellung zu nehmen. Prof. Dr. Eichstädt äußerte sich als erster in einer ausführlichen Stellungnahme gegenüber dem Dekan. Zunächst charakterisierte er Brzoska als „sehr fleißige[n], mit guten Kenntnissen ausgerüstete[n] jungen Mann", räumte zugleich aber ein, dass die „Zahl der Zuhörer [...] nicht groß" gewesen sei, führte dies jedoch nicht auf den Petenten zurück, sondern sah die Gründe „bey der jetzigen Lage" und hob letztlich positiv hervor, dass Brzoska dennoch „in jedem Semester gelesen" und sich insbesondere „durch sein *pädagogisches* Institut verdient gemacht [habe], theils durch guten Unterricht, [...] theils weil er seine Hülfslehrer, hiesige Studierende, durch Conversatorien, Ausarbeitungen so nützlich zu beschäftigen" wisse. Auch Brzoskas „Lehrer, [...] Prof. Herbart", habe sich bei ihm für seinen Schüler verwendet und „von dieser Seite [...] gelegentlich empfohlen."[75] In ähnlicher Weise wie Eichstädt äußerten sich auch die Professoren Hand, Dobereiner und Fries positiv über Brzoska.[76] Lediglich Reinhold und Göttling lehnten es ab, „in diesem Falle" „schon jetzt" „dafür [zu] stimmen"[77], Brzoska zum außerordentlichen Professor zu ernennen.

Der Dekan der Philosophischen Fakultät, Prof. Dr. Bachmann, schloss sich trotz der vorgetragenen Bedenken der Gruppe der Befürworter an und übernahm – wie im Folgenden deutlich wird – Eichstädts Formulierung in seiner Stellungnahme fast wörtlich. Wohl wissend, dass Brzoska „eine Abhandlung *Über die Nothwendigkeit pädagogischer Seminare auf der Universität* [...] unter der Feder" hatte, charakterisierte er den Privatdozenten gegenüber dem Rektor und dem Senat als „fleißige[n], mit guten Ken[n]tnissen ausgerüstete[n] junge[n] Mann", der seit dreieinhalb Jahren in Jena „Vorlesungen gehalten" und sowohl dadurch als auch „zugleich durch sein pädagogisches Institut sich verdient gemacht [habe], in dem nicht nur er selbst guten Unterricht ertheilt[e], sondern auch seine Hülfslehrer, hiesige Studierende, durch Conversationen, Ausarbeitungen u.s.w. nützlich zu beschäftige"[78] wisse, und befürwortete die im Sommer 1835 dann auch vollzogene Ernennung zum außerordentlichen Professor.

„Anerkennung" „in weitesten Kreisen"[79] erhielt Brzoska wenig später durch die Veröffentlichung der als Hauptwerk geltenden programmatischen Schrift „Die Nothwendigkeit pädagogischer Seminare auf der Universität und ihre

---

74  UAJ M 276, Bl. 127 [Schreiben des Dekans der Philosophischen Fakultät der Großherzoglich-Herzoglich Sächsischen Gesammt-Universität an den Rektor. Jena o. Dat. (April 1835)].

75  UAJ M 276, Bl. 114 [Stellungnahme von Prof. Dr. Eichstädt gegenüber dem Dekan der Philosophischen Fakultät der Großherzoglich-Herzoglich Sächsischen Gesammt-Universität. Jena o. Dat. (April 1935)] (Hervorhebung im Original unterstrichen).

76  Vgl. ebd. [Stellungnahme Prof. F. Hand, Prof. Dobereiner und Prof. J. Fries (April 1835)].

77  Ebd. [Stellungnahme Prof. E. Reinhold und Prof. Göttling (April 1835)].

78  Ebd.

79  Stark, Brzoska, a. a. O., 459.

zweckmäßige Einrichtung". Auf 314 Seiten erläutert er dort in drei Kapiteln zunächst die „Theoretische Entwicklung der Nothwendigkeit pädagogischer Seminare auf der Universität aus dem Wesen der Pädagogik"[80], dann die „Praktische Entwicklung der Nothwendigkeit pädagogischer Seminare auf der Universität, mit den Urtheilen der Erfahrung"[81] und schließlich die „Besonders bedeutende[n] Vortheile, welche noch mit der Errichtung pädagogischer Seminare verbunden sind".[82] Erst im vierten Kapitel, das lediglich sechsunddreißig Seiten umfasst, stellt er dann sein nun umfassend ausgearbeitetes, im Kern gleichwohl auf den „Plan für ein Pädagogisches Seminar" (1832) (und das Herbartsche Seminar in Königsberg) zurückgehendes Konzept zur „Einrichtung der pädagogischen Seminare auf der Universität"[83] vor.

Das Neue in Brzoskas Vorschlag von 1836, der unter anderen von Herbart, Diesterweg und Kröger positiv aufgenommen wurde, lag weniger in der Forderung nach Schaffung eines eigenen Lehrstuhls für Pädagogik oder in der Kanonisierung von elf pädagogischen Studienschwerpunkten (Allgemeine Pädagogik, Geschichte der Pädagogik, Bücherkunde, Didaktik und Methodik, Unterrichtswesen, Schulkunde, Schulrecht, Familien- und Waisenhauserziehung und Staatspädagogik) für angehende Gymnasiallehrer. Beides war allenfalls hinsichtlich der Begründung und des damit verbundenen Anspruchs von einem gewissen, der Popularisierung der Forderungen dienlichen Neuigkeitswert. Das wesentlich Neue des Vorschlags erschließt sich vielmehr aus der Struktur des von Brzoska entwickelten „Schema[s] zu einem Zeugnis" (siehe Abb. 5)[84], das die Absolventen des Pädagogischen Seminars erhalten sollten.

Die Fachwissenschaften, wie zum Beispiel Philologie, Geschichte, Mathematik oder Naturwissenschaften, sollten zwar im Zeugnis an erster Stelle aufgeführt sein, standen aber gleichwohl keineswegs im Zentrum, was schon ihre Bezeichnung als „pädagogische Hilfswissenschaften" verdeutlichte. Zudem waren auch Fächer wie „Anthropologie", „Physiologie", „Logik", „Psychologie" und „Praktische Philosophie", die als Grundlagenfächer in der Lehrerausbildung teilweise bis heute nicht die ihnen zukommende Beachtung erfahren, unter die „pädagogischen Hilfswissenschaften" subsumiert.[85]

Brzoska wollte damit zweifellos signalisieren, dass die Fachwissenschaften keineswegs als die den Lehrberuf charakterisierenden Berufswissenschaften missverstanden werden durften. Sie waren für ihn gleichsam nur der „Stoff der

---

80    Ebd., 1–107.
81    Ebd., 111–216.
82    Ebd., 219–314.
83    Ebd., 317–350.
84    Ebd., 347–350; auf der Textgrundlage graphisch veranschaulicht in Abbildung 5 von Karlheinz König.
85    Vgl. ebd., 347 f.

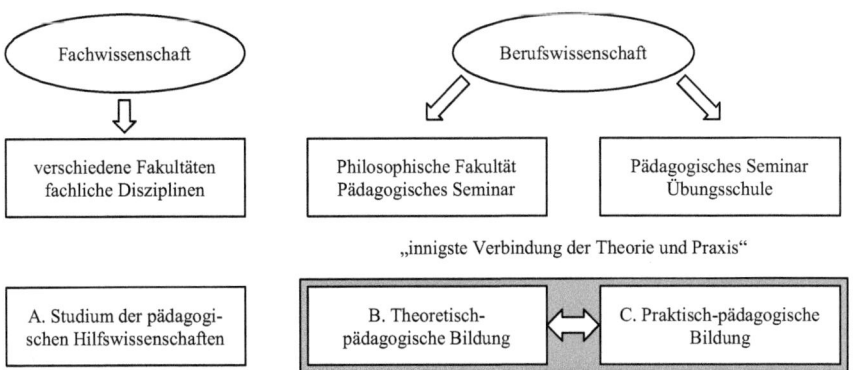

**Abb. 5:** Schema des Zeugnisses für Absolventen des Pädagogischen Seminars (nach Brzoska, 1836)[84]

Welt", mit dem der Pädagoge arbeitete und den es galt, im Vorfeld der Vermittlungsarbeit für die im Zentrum aller seiner Überlegungen stehende Aneignungsarbeit des Zöglings aufzubereiten. Für Brzoska war somit die den Lehrer charakterisierende Berufswissenschaft zweifelsfrei die Pädagogik.

Allerdings sah er die berufswissenschaftliche Qualifizierung nicht auf die „Theoretisch-pädagogische Bildung" – man beachte: Bildung! – reduziert. Der verpflichtende Besuch der „pädagogischen Vorlesungen", die obligatorische „Theilnahme an den Conservatorien" und das Anfertigen „[e]igener Studien" waren lediglich das unverzichtbare Fundament, auf dem die „Pädagogisch-praktische Bildung" gründete. Ihr galt – wie die differenzierte und mit vierzehn Unterpunkten bei weitem umfangreichste Gliederung augenfällig zeigt – sein besonderes Interesse.

Grundlegend für die unterrichtliche Vermittlungsarbeit sind nach Brzoskas Überzeugung *Lehrersprache* (als tragendes Medium) und *didaktische Kompetenz*. Dementsprechend rechnet er zu der von ihm geforderten theoretisch fundierten und reflektierten „Pädagogisch-praktischen Bildung"[86]

- „Sprache" („Aussprache", „Ausdruck", Aufbau des „Vortrag[s]"),
- narrative „Darstellungsgabe"
- „systematische Genauigkeit im strengen Lehrvortrag",
- „Abmessung des Vortrags nach gegebenen Fähigkeiten der Schüler, und Verhütung des Uebertriebenen",

---

86  Ebd., 348–350.

- „Abmessung [des Vortrags] nach vorgeschriebenen Grenzen, nach bestimmten Zeitpunkten des Anfangs und des Endes",
- „[b]esondere Geschicklichkeit" „in einzelnen Fächern" und „in Ansehung des frühern oder reiferen Alters der Schüler",
- „Beobachtung des Zöglings" („Beurtheilung", „Einwirkung [...] nach seinen Eigenthümlichkeiten" in „didaktischer" und „disciplinarischer Beziehung")
- „Benehmen gegen die Zöglinge" „im Allgemeinen" und „besonders gegen die, welche sich Tadel zuziehen",
- „Wahl der Aufgaben für häuslichen Fleiß und Vermeidung unnützer Schreiberei",
- „Correctur der eingelieferten Arbeiten",
- „Streben nach pädagogischer Erfahrung" und nach Verbesserung der „Geschicklichkeit", unter anderem durch das „Abhalten der übernommenen Lehrstunden", durch den „Besuch und die Beurtheilung der Lehrstunden anderer Seminaristen", durch den „Besuch anderer Schulen und ihre Beurtheilung",
- die „Benutzung der pädagogischen Erfahrung".

Übersetzt man Brzoskas stichpunktartig formulierte Forderungen von 1836 in die heutige Fachterminologie, dann lesen sich seine Vorschläge – wie exemplarisch an dreien gezeigt werden soll – zumindest im Ansatz als durchaus aktuell:

*Brzoska (1836): Der angehende Lehrer hat sich mit seiner „Sprache" zu beschäftigen. „Aussprache", „Ausdruck", Aufbau des „Vortrag[s]" sollen durch theoretische Reflexionen (im Pädagogischen Seminar) und praktische Übungen (im Seminar und durch Anwendung in der Übungsschule) verbessert werden.*[87]
Sprache ist mehr als nur verständlich artikulierte reine Sachverhaltsvermittlung, Belehrung oder Bewertung. Sie „erzeugt", wie Dieter Spanhel 1971 zeigen konnte, zugleich auch „Atmosphäre, strahlt Freundlichkeit oder Ablehnung, kühle Distanz oder verbindende Wärme aus",[88] trägt damit ganz entscheidend zum Unterrichtsklima bei und befördert somit nicht nur durch das *Was,* sondern auch durch das *Wie* die erzieherische Wirksamkeit des Lehrerhandelns.
Ähnliches konstatiert Christiane Miosga hinsichtlich der Lehrersprache mit der Feststellung „Der Ton macht die Musik". Sie geht in ihren Folgerungen aber weit über Spanhel hinaus, insofern sie in der sprecherisch-stimmlichen Reflexivität, in der Gestaltungsfähigkeit und in der Belastbarkeit der Lehrersprache

---

87 Vgl. ebd., 348.
88 Dieter Spanhel: Die Sprache des Lehrers. Grundformen des dialektischen Sprechens. Düsseldorf 1971, 81 f.

einen wichtigen Beitrag zur Professionalisierung der Lehrerbildung sieht und deshalb seit 2006 nachdrücklich die Forderung nach „Reflexion der Sprechgestaltung in der stimmlich-sprecherischen Lehrerbildung"[89] erhebt.

*Brzoska (1836): Zu den wichtigsten Aufgaben des Lehrers zählt die „Beobachtung des Zöglings". Sie ist unerlässliche Voraussetzung für dessen „Beurtheilung" und die daraus resultierende „Einwirkung" auf den Zögling „nach seinen Eigenthümlichkeiten" in „didaktischer" und „disciplinarischer Beziehung".*[90]

Die Fähigkeit, mehr oder minder unterrichtsrelevante Persönlichkeitsmerkmale von Schülern (wie zum Beispiel soziale Herkunft, bisherige Schulbiographie, mündliche und schriftliche Sprachkompetenz, fächerbezogene Leistungsfähigkeit, Sozialverhalten im Unterricht und so weiter) individuell wahrzunehmen und zur Grundlage subjektbezogenen unterrichtlichen Handelns zu machen, erfordert zunächst die kriterienbasierte individuelle Wahrnehmung des Schülers als Subjekt. Sie ist die unverzichtbare Voraussetzung für das Erkennen der „Eigenthümlichkeiten", das heißt, für die Feststellung und Einschätzung der individuellen Besonderheiten eines Schülers. Ergeben sich dabei zum Beispiel Hinweise auf eine Hochbegabung, so muss der Lehrer bei Verhaltensauffälligkeiten didaktisch und disziplinarisch situationsangemessen agieren. Sind dagegen fehlende Kenntnisse oder unzureichende Erziehung durch die Eltern ursächlich für das abweichende Verhalten im Unterricht, steht der Lehrer vor völlig anderen Herausforderungen und muss ebenfalls didaktisch und disziplinarisch situationsangemessen handeln.

Hilfreich wäre in beiden Fällen zweifellos die theoriebasierte Bearbeitung von ausgewählten anonymisierten typischen Einzelfällen in einem Kasuistikseminar. Erarbeitet werden könnten auf diesem Weg modellbasierte Handlungsstrategien. Zumindest gegen Ende des Studiums sinnvoll wäre das geleitete konkrete Einüben der Entwicklung und Erprobung individuell tragfähiger Handlungsoptionen am konkreten Einzelfall. Inwieweit die wünschenswerte, im Grunde unverzichtbare Schülerbeobachtung und -einschätzung vor Ort aus datenschutzrechtlichen Gründen überhaupt möglich ist, muss offen bleiben – zumindest dann, wenn das dafür notwendige Einverständnis der Eltern nicht eingeholt werden kann.

---

89   Christiane Miosga: Reflexion der Sprachgestaltung in der stimmlich-sprecherischen Lehrerbildung. In: Reiner Bahr/Claudia Iven (Hg.): Sprache, Emotion, Bewusstsein. Idstein 2006, 391–400. Siehe dazu auch den Beitrag von Roswitha Eder in dieser Festgabe, S. 219–237.

90   Vgl. Brzoska, Die Nothwendigkeit, a. a. O., 348 f.

*Brzoska (1836): Das „Benehmen [des Lehrers] gegen die Zöglinge" „im Allge-*
*meinen" und „besonders gegen die, welche sich Tadel zuziehen"[91], bedarf der*
*theoretischen Reflexion und der praktischen Erfahrung.*
Das Lehrerverhalten „im Allgemeinen" wird heute verstanden als Summe
aller verbalen und nonverbalen Aktivitäten im Rahmen eines absichtsvollen
interpersonalen Handelns im Hinblick auf eine (zum Beispiel gesellschaftlich)
erwünschte Verhaltensänderung einzelner Personen oder Personengruppen. Je
nach unterrichtlicher Zielsetzung ergeben sich dabei verschiedene didaktisch-
inhaltliche und didaktisch-methodische Handlungsoptionen. Den unterschiedlichen Schülerpersönlichkeiten ist dabei ebenso Rechnung zu tragen, wie dem
Anspruch auf individuelle Förderung. Dazu bedarf es der Verfügbarkeit professioneller Kompetenz. Besondere Relevanz erhält die Forderung nach pädagogischem Sachverstand und professioneller (Handlungs-)Fähigkeit des Lehrers bei
Schülern, die, zum Beispiel aufgrund mangelnder Motivation und Leistungsbe-
reitschaft, einer Teilleistungsstörung oder aber aufgrund ihres Sozialverhaltens,
auffällig werden und „sich Tadel zuziehen". Eine notwendige, keineswegs aber
hinreichende Antwort darauf ist zum einen der seit Jahren im Rahmen der Lehrerbildung forcierte Ausbau der Diagnose- und Förderkompetenz. Hinzukommen
muss zum anderen die Vermittlung von Fähigkeiten zur Erkennung, Kategorisie-
rung und (modellbasierten) Deeskalation schulischer Konflikte im Rahmen eines
innerschulisch zu leistenden Konfliktmanagements.[92] Unverzichtbar erscheint
dabei im Nachgang zu einer theoretisch reflektierten Konfliktkasuistik auch das
Sammeln praktischer Erfahrungen im mehr oder weniger konfliktträchtigen
Schulalltag. Auf diesem Weg eröffnet sich die Möglichkeit zum Erwerb der im
Unterricht erforderlichen Handlungskompetenz und -sicherheit.

Die wenigen Hinweise zeigen ebenso wie die historischen Exkurse, dass die
universitäre Vermittlung der pädagogischen Theorie als Berufswissenschaft des
Lehrers notwendig ist, aber ohne die institutionalisierte reflexive Einbindung der
pädagogischen Praxis nicht die für das unterrichtliche Handeln des Lehrers sub-
stantielle, theoretisch begründbare und berufsethisch fundierte Handlungskompetenz generiert, die professionelles Lehrerhandeln in seiner Gesamtheit ermöglicht. Das jedenfalls haben Herbart und Brzoska umfassend theoretisch dargelegt
und mit ihrer Forderung nach „Universitätsschulen" als Ort der theoretisch reflektierten pädagogischen Praxis überzeugend begründet.

---

91   Vgl. ebd., 348 f.
92   Vgl. Friedrich Glasl: Konfliktmanagement. Bern/Stuttgart [6]1999; Gerhard Schwarz: Konflikt-
     management. Konflikte erkennen, analysieren, lösen. Wiesbaden [8]2010.

## Universitätsübungsschulen für alle Lehrämter!

Die Errichtung von Universitätsübungsschulen im letzten Drittel des 18. und im ersten Drittel des 19. Jahrhunderts steht in enger Verbindung mit der Entwicklung der Pädagogik als Wissenschaft und der damit einhergehenden Forderung nach einer Lehrerbildung, die pädagogische Theorie und pädagogische Praxis in sich vereint.

Schon Ernst Christian Trapp (1745–1818), der Inhaber des ersten Lehrstuhls für Pädagogik (und Philosophie) in Deutschland (Halle), hatte in seiner Antrittsvorlesung „Von der Nothwendigkeit, Erziehen und Unterrichten als eine eigene Kunst zu studieren"[93] (1779) lehrerspezifische Vorlesungen in Verbindung mit einer pädagogisch angeleiteten Unterrichtspraxis gefordert und 1779 für sich als „Lehrer der Pädagogik" die Leitung der von ihm angedachten „Universitätsübungsschule" reklamiert. Der Forderung wurde allerdings nicht entsprochen. Das von ihm 1782 als „Universitätsübungsschule" propagierte „Hallische Erziehungsinstitut"[94], das pädagogische Theorie und pädagogische Praxis zusammenführen sollte, scheiterte schon 1783 am Widerstand maßgeblicher Hallenser Universitätstheologen.

Erfolgreicher war in dieser Hinsicht Johann Friedrich Herbart. Er gründete 1809, kurz nach der Übernahme des Lehrstuhls in Königsberg, ein mit dem „Pädagogischen Universitätsseminar"[95] verbundenes „Didaktisches Institut". Schon 1818 hatte sich daraus eine Art universitärer ‚Experimental-Schule' entwickelt, die den Studierenden die Möglichkeit eröffnete, das in den Vorlesungen Gehörte praktisch anzuwenden, neue Lehrmethoden im konkreten Unterrichtsalltag zu erproben und praktische Unterrichtserfahrung – wenn auch nur im Rahmen der höheren Schule – zu sammeln.

Heinrich Gustav Brzoskas Konzept ging auch in dieser Hinsicht über die Experimentalschule Herbarts hinaus und forderte für die Ausbildung zukünftiger Lehrer eine „Anstalt, in welcher junge Männer [...] unter der Leitung eines hinlänglich dazu geeigneten Mannes theoretisch und praktisch nicht nur lernend, sondern [...] vielseitig sich übend zu Pädagogen zu bilden, die erforderliche Gelegenheit finden"[96] sollten. Brzoska plädierte deshalb für die Angliederung einer Vielzahl verschiedener „Übungsschulen" an das „Pädagogische Seminar". Zu den notwendigen Übungsschulen zählte er „eine gelehrte Unterrichtsanstalt, alle

93  Ernst Christian Trapp: Von der Nothwendigkeit, Erziehung und Unterricht als eine eigene Kunst zu studieren. Halle 1779.
94  Ernst Christian Trapp: Über das Hallische Erziehungsinstitut. Halle 1782.
95  Vgl. Georg Weiß: Die Anfänge des Pädagogischen Universitätsseminars in Königsberg 1809–1815. Langensalza 1912.
96  Vgl. Brzoska, Die Nothwendigkeit, a. a. O., 318.

Arten von Bürgerschulen mit Einschluß einer Anstalt, in welcher der Unterricht wie in Dorfschulen ertheilt wird, und eine vollständige Erziehungsanstalt für höhere und niedere Stände [...]."[97] Er dachte dabei aber keineswegs nur an „Knabenschulen". Zu den Universitätsschulen sollten auch „Mädchenschulen" gehören, da die „Bildung des weiblichen Geschlechts [...] von außerordentlicher Bedeutung in der Menschenerziehung ist, und wir daher tüchtige Lehrer für sie [die Mädchenschulen] haben müssen [...]."[98]

Um eine möglichst effiziente Verbindung von Theorie und Praxis zu gewährleisten, sollten die „Unterrichtsanstalten [...] Schulen sein, an denen auch ältere, bereits erfahrene und in der Pädagogik wissenschaftlich gebildete Lehrer arbeiten, die sich zum gemeinschaftlichen Zwecke der Bildung junger Lehrer mit dem Direktor [des „Pädagogischen Seminars" inklusive der „Übungsschulen"] freundlich vereinigen [...]."[99] Brzoska hoffte, mit diesem Konzept eine theoriedurchdrungene praktisch-pädagogische Sphäre zu generieren,

- die die „Anfänger mehr durch [das] Beispiel zum Nacheifern und Wetteifern an[]reg[en]",
- aufgrund derer „mancher Gegenstand gründlicher und umsichtiger beleuchtet" werden würde
- und durch die „mannichfachere Ideen in Umlauf gesetzt werden"[100] würden.

Erfreulich ist, dass offensichtlich auch der bayerische Staatsminister für Unterricht und Kultus, Ludwig Spaenle, jüngst die Notwendigkeit der optimalen Vernetzung von Theorie und Praxis, von Studium und Schule in der ersten und zweiten Phase der Lehrer(aus)bildung erkannt zu haben scheint. Darauf jedenfalls lässt die Regierungserklärung vom März 2009 schließen, in der Spaenle unter anderem die Schaffung von Universitätsschulen als institutionalisierte Orte der Vernetzung angekündigt hat. Mit der offiziellen Erhebung der Beruflichen Schulen 4 und 6 in Nürnberg, der Ludwig-Erhard-(Berufs)Schule in Fürth sowie der Städtischen Wirtschaftsschule und der Staatlichen Berufsschule Schwabach zu „Universitätsschulen" seien „Hochschule und Schulwirklichkeit eine produktive Verbindung" eingegangen.[101] Dass Spaenle bei seiner Entscheidung die vor rund zweihundert Jahren begründete Forderung nach Universitätsübungsschulen im Auge hatte, ist wenig wahrscheinlich. Dass er gleichwohl diese wegweisende

97   Ebd.
98   Ebd.
99   Ebd.
100  Ebd.
101  Neuer Glanz durch „Universitätsschule". Ernennung der Städtischen Wirtschaftsschule und der Staatlichen Berufsschule Schwabach. In: Schwabacher Tagblatt v. 5. Januar 2010.

Entscheidung getroffen hat, ist – ungeachtet der auch in pädagogischen Fach-
kreisen vorhandenen Unkenntnis respektive Ignoranz gegenüber der Geschichte
der Universitäts(übungs)schulen[102] – zweifellos erfreulich und uneingeschränkt
anzuerkennen. Auch im Bereich der Grund- und Hauptschule, der Sonderschu-
len, der Realschule und der Gymnasien sollten nun möglichst rasch Universitätsschulen geschaffen werden. Auch diesen Lehramtsstudierenden würde dadurch
nicht nur ein tieferer Einblick in den Schulalltag ermöglicht, sondern – ganz im
Sinne von Herbart und Brzoska – zugleich auch die potentielle Chance zur Ausbildung des „Pädagogischen Takts" eröffnet.

---

102  Nicht nachvollziehbar ist die Feststellung von Detlef Sembill, Inhaber des Lehrstuhls für
     Wirtschaftspädagogik an der Universität Bamberg, „[d]ie Idee zur Universitätsschule gehe auf
     Bayerns Kultusminister Ludwig Spaenle zurück" (ebd.).

# Das Bildungsprogramm der deutschen Grundschule – ein Ergebnis verstaatlichter Schulkritik?

*Margarete Götz*

Seit die Schule existiert, gibt es Kritik an ihr. Wenngleich in der historischen Entwicklung die Themen, die Träger und die Adressaten der Schulkritik wechseln, bleibt diese als kontinuierliches Merkmal in den Reflexionsformen über Schule und Unterricht dauerhaft erhalten und gehört in ihren pädagogisch motivierten Spielarten zwischenzeitlich zum disziplinären Selbstverständnis der universitären Schulpädagogik.

Die 1919 erfolgte Gründung der deutschen Grundschule fällt in die Zeit der Reformpädagogik, deren unterschiedliche programmatische Positionen eine auf breiter Front vorgetragene Schulkritik einte[1]. Auch wenn diese ihre historischen Vorläufer besaß[2], so erlebte sie doch hier nicht nur eine publizistische Hochblüte, sondern erfuhr auch eine Radikalisierung, mit der, jenseits beklagter Einzeldefizite, die gesamte überlieferte Schultradition rigoros in Frage gestellt wurde. Es ging um *„ein Sprengen der alten Formen"*[3], wie ein zeitgenössischer Beobachter registrierte.

Repräsentiert werden diese durch die öffentliche Schule des Kaiserreichs, die sogenannte alte Schule, die von den reformambitionierten Kritikern als autoritäre, lebensfremde Stoff-, Buch-, Pauk- und Zwangsanstalt pauschal abqualifiziert wurde[4]. Die diagnostizierten Defizite werden in den Argumentationsmustern der Schulkritiker kontrastierend der gewünschten neuen Schule gegenüber-

---

1    Da für die hier anstehende Fragestellung die aktuelle Kontroverse um die zeitliche Begrenzung, die Periodisierung und die politischen Funktionen der Reformpädagogik keine Relevanz besitzen, wird diese Debatte vernachlässigt. Siehe dazu Heinz-Elmar Tenorth: Reformpädagogik, ihre Historiographie und Analyse. In: Wolfgang Scheibe: Die Reformpädagogische Bewegung 1900–1932. Eine einführende Darstellung. Mit einem Nachwort von Heinz-Elmar Tenorth. Weinheim/Basel [10]1994, 438–459; Wilfried Böhm/Jürgen Oelkers (Hg.): Reformpädagogik kontrovers. Würzburg 1995. Hein Retter (Hg.): Reformpädagogik. Neue Zugänge – Befunde – Kontroversen. Bad Heilbrunn 2004; Jürgen Oelkers: Reformpädagogik. Eine kritische Dogmengeschichte. Wien/München [4]2005.

2    Vgl. Jürgen Oelkers: Schulreform und Schulkritik. Würzburg [2]2000.

3    Richard Seyfert: Der heutige Stand des Arbeitsschulgedankens. In: Jahrbuch des Zentralinstituts für Erziehung und Unterricht. 3 (Berlin 1922), 38–59, hier: 34 (Hervorhebung im Original).

4    Vgl. Scheibe, Die Reformpädagogische Bewegung 1900–1932, a. a. O.

gestellt. Mit ihrer Realisierung soll ein radikaler Bruch mit der schulischen Vergangenheit herbeigeführt werden. Deren Reglementierung durch engmaschige staatliche Vorgaben, seien es bürokratische Vorschriften[5] oder Lehr- und Stoffpläne[6], gehörten zu jenen Grundübeln, die die Kritiker entschieden ablehnten.

Aus historischem Abstand betrachtet, lässt sich im Falle der zu Beginn der Weimarer Zeit neu gegründeten Grundschule zeigen, dass es gerade die staatlichen Vorgaben waren, die der Schulkritik und den daraus resultierenden Reformpostulaten jenseits verinselter Erneuerungsversuche zum Erfolg in der öffentlichen Pflichtschule verhalfen. Ob dieser soweit reichte, dass die Grundschule innerhalb des Regelschulwesens zum Musterfall der in weiten Kreisen der Schulkritik ersehnten neuen Schule wurde, soll nachfolgend geprüft werden. Das geschieht, unter Vernachlässigung der Schulsystemfrage und in Begrenzung auf die Grundschule der Weimarer Zeit, durch die Analyse ihres Bildungsprogramms, wie es in den damaligen offiziellen Richtlinien festgelegt wurde.[7] Da ihre Erstellung und Herausgabe in die Zuständigkeit staatlicher Instanzen, der Kultusbehörden der Länder, fiel, lassen sich an ihren Aussagen Inhalt und Reichweite der Wirkungseffekte identifizieren, die die zeitgenössische Schulkritik auf die in den Richtlinien festgelegten Standards der Grundschularbeit der Weimarer Zeit hatte.

## Das offizielle Bildungsprogramm der Weimarer Grundschule

Bereits am äußeren Aufbaumuster der landesweit gültigen Richtlinien ist ablesbar, dass deren Verfasser Zugeständnisse an die einhellig von den Schulkritikern erhobene Forderung machten, „Stoffpläne durch Bildungspläne zu ersetzen"[8]. Dem tragen die amtlichen Bestimmungen insofern Rechnung, als sie nicht mehr identisch mit den reinen Stoffplänen der früheren Elementarschulen sind. Davon weichen sie in ihren fächerbezogenen Passagen durch den Verzicht auf detaillier-

---

5   Vgl. Heinrich Wolgast: Der Bureaukratismus in der Schule [1887]. In: Christine Hofer/Jürgen Oelkers (Hg.): Schule als Erlebnis. Vergessene Texte der Reformpädagogik. Braunschweig 1998, 24–35.

6   Vgl. Heinrich Scharrelmann: Erlebte Pädagogik. Gesammelte Aufsätze und Unterrichtsproben. Hamburg/Berlin 1912.

7   In die Analyse wurden dreizehn für die Grundschule relevante amtliche Richtlinien einbezogen, deren Geltungsbereich weit über neunzig Prozent der Volksschulen in der Weimarer Zeit abdeckt. Soweit die Richtlinien hier wörtlich zitiert werden, sind sie angegeben; vollständig verzeichnet sind sie in: Margarete Götz: Die innere Reform der Weimarer Grundschule in der Widerspiegelung der zeitgenössischen Richtlinien. In: Rudolf W. Keck/Christian Ritzi (Hg.): Geschichte und Gegenwart des Lehrplans. Josef Dolchs „Lehrplan des Abendlandes" als aktuelle Herausforderung. Baltmannsweiler 2000, 237–254.

8   Johannes Kühnel: Schularbeit und Arbeitsschule. Dresden 1922, 91.

te, fachlich gegliederte Stoffkataloge ab. An ihre Stelle treten weit gefasste stoffliche Rahmenvorgaben, die dem damaligen Grundschullehrer die Freiheit für die konkrete inhaltliche Ausgestaltung seines Unterrichts gewähren und darin anpassungsfähig sind an die in der Schulrealität der Weimarer Zeit anzutreffende Mannigfaltigkeit lokaler Schul- und Unterrichtsverhältnisse[9].

Die Tatsache, dass in allen Richtlinien den fächerbezogenen Passagen ein Abschnitt über die fachungebundenen Aufgaben vorgeschaltet ist, spricht dafür, dass die Weimarer Grundschule die Grenzen einer reinen Unterrichtsanstalt überschreiten sollte. Die dort herrschende „Tyrannei eines Stoffes"[10] war eine bevorzugte Zielscheibe der Schulkritik. Ob deren Argumente über den formalen Aufbau der Grundschullehrpläne hinaus Resonanz bei den Kultusbehörden fanden, lässt sich über die inhaltlichen Aussagen zum Bildungsprogramm der Grundschule rekonstruieren. Das soll nachfolgend geschehen, indem nach der normativen Ausrichtung des Bildungsprogramms, seiner stofflichen Fundierung und seiner unterrichtsmethodischen Umsetzung gefragt wird.

## Die Aufgabenbestimmung der Grundschule

In variierendem Wortlaut, jedoch in übereinstimmender Intention legen die in den 1920er Jahren herausgegebenen Landesrichtlinien für die Grundschule als deren allgemeines Ziel eine grundlegende Bildung fest. Sie umschließt eine spannungsreiche Doppelaufgabe. Sie besteht zum einen in der geforderten Vermittlung von Kenntnissen und Fertigkeiten, die für das Lernen in den weiterführenden Schulstufen Voraussetzung sind, eine Funktion, mit der sich die neu errichtete Grundschule in jene überlieferte Schultradition einreiht, die nach den Vorstellungen der Schulkritiker gerade überwunden werden sollte. Zum anderen hat die Grundschule einen persönlichkeitsbildenden Auftrag zu erfüllen, der der Aufgabe der Stoffvermittlung vorgeordnet, in einigen Lehrplänen, vornehmlich der süddeutschen Länder, gleichrangig nebengeordnet ist. Danach muss die erste Schulstufe – in der Sprache der preußischen Richtlinien von 1921 ausgedrückt – „alle geistigen und körperlichen Kräfte der Kinder wecken und schulen [...]."[11]

In diesem Anspruch dokumentiert sich die einmütig von den zeitgenössischen Schulkritikern geforderte Kehrtwendung zum Bildungssubjekt, die in den

9    Vgl. Bernd Zymek: Schulen. In: Dieter Langewiesche/Heinz-Elmar Tenorth (Hg.): Handbuch der deutschen Bildungsgeschichte. Band V: Die Weimarer Republik und die nationalsozialistische Diktatur. München 1989, 156–208.
10   Scharrelmann, Erlebte Pädagogik, a. a. O., 16.
11   Richtlinien zur Aufstellung von Lehrplänen für die Grundschule. In: Zentralblatt für die gesamte Unterrichts-Verwaltung in Preußen. 63 (1921), 185–188 [= Richtlinien Preußen 1921], hier: 186.

Positionsannahmen der „Pädagogik vom Kinde aus" ihre radikalste Ausprägung besaß[12]. Die von ihren Vertretern vollzogene Glorifizierung des Kindes lässt sich in den Richtlinien zwar nicht nachweisen, das von ihnen verfochtene Recht des Kindes auf die Entwicklung seiner Persönlichkeit wird jedoch zur Zielgröße der Grundschularbeit erhoben. Diese normative Ausrichtung wird in der grundschulrelevanten Publizistik der 1920er Jahre als Fortschritt, ja als „das erregende Moment" der Schulentwicklung der Weimarer Zeit gepriesen[13]. Es verleiht der Grundschule einen „neuen Geist"[14], dessen Ausdruck eine auf die Individualität des Kindes zentrierte Bildungsambition ist. Sie markiert, ganz im Sinne der reformpädagogischen Schulkritik, die trennende Differenz zur rein stoffzentrierten Elementarschule des 19. Jahrhunderts.

Allerdings erreicht sie in ihrem Ausprägungsgrad nicht die Zone einer „kopernikanische[n] Umwälzung" der Grundschule, wie das Johannes Gläser mit seiner programmatischen Formel „vom Kinde aus" beabsichtigte[15]. Dieses Bestreben erhält in den Lehrplanvorgaben für die öffentliche Grundschule ein Korrektiv durch die stoffgebundene Kenntnisvermittlung.[16] Sie gehört nach wie vor zum Pflichtpensum der ersten Schulstufe und wird in fachbezogener Konkretisierung vereinzelt sogar mengenmäßig festgelegt.[17]

---

12  Vgl. Johannes Gläser: Vorwort. In: ders. (Hg.): Vom Kinde aus. Arbeiten des Pädagogischen Ausschusses der Freunde des vaterländischen Schul- und Erziehungswesens zu Hamburg. Hamburg/Braunschweig 1920, 9–10.

13  Vgl. Aloys Fischer: Werdegang und Geist der Grundschulerziehung [1926]. In: Karl Kreitmair (Hg.): Aloys Fischer. Leben und Werk. München o. J., 325–355, hier: 348.

14  Martin Wiese: Die Grundschule. In: „Die neuzeitliche Volksschule". Bericht über den Kongress in Berlin. Berlin 1928, 381–403, hier: 391.

15  Johannes Gläser: Vom Kinde aus [1919]. In: ders. (Hg.): Vom Kinde aus. Arbeiten des Pädagogischen Ausschusses der Freunde des vaterländischen Schul- und Erziehungswesens zu Hamburg. Hamburg/Braunschweig 1920, 11–30, hier: 12.

16  Der Bildungsplan für Grundschulen des Freistaates Braunschweig bildet hier die einzige Ausnahme. Er verzichtet auf Stoffangaben mit der Begründung: „Die bisherige Aufteilung in Einzelfächer mit feststehenden Stoffplänen widerspricht der heutigen Forderung, den Stoff vom Kinde aus und in einem einheitlichen Zusammenhang zu gewinnen." (Verwaltungs- und Bildungsplan für die Volksschule im Freistaate Braunschweig. In: Ministerialblatt für das braunschweigische Unterrichtswesen. Stück 1 [1930], 7–24) Der Lehrplan wurde wegen der 1930 sich verändernden politischen Machtverhältnisse in Braunschweig nicht mehr in Kraft gesetzt.

17  So sollen nach den Lehrplanvorschriften für hessische Grundschulen im Deutschunterricht ab dem 3. Schuljahr „Übungen und Diktate mindestens alle 14 Tage ins Heft geschrieben werden." (Lehrpläne für die Grundschule und die oberen Jahrgänge der Volksschule im Volksstaate Hessen. Amtliche Handausgabe. Darmstadt 1924, 14) Vgl. auch Landeslehrplan für die Volksschulen Sachsens. Mit einer Einführung und einem Anhang von Dr. Weinhold. Dresden 1928.

**Auswahl der Unterrichtsinhalte**

Die in der Aufgabenbestimmung der Grundschule vollzogene Bezugnahme auf das Kind kehrt in einem didaktisch relevanten Kontext wieder, bei der Frage nach den Auswahlkriterien für die im Unterricht zu behandelnden Stoffe. Dazu treffen die Landesrichtlinien in nahezu übereinstimmender Wortwahl folgende Regelung:

> „Die Auswahl der Unterrichtsstoffe wird in erster Linie durch die Fassungskraft und das geistige Wachstumsbedürfnis der Kinder, in zweiter Linie durch ihre Bedeutung für das Leben bestimmt [...]."[18]

Damit werden, in Entsprechung zum Bildungsauftrag der Grundschule, der Entwicklungsstand des Kindes, seine Auffassungsgabe und sein Fähigkeitsspektrum zum Maßstab für die Ermittlung von Unterrichtsinhalten. Während ihm die zitierten preußischen Richtlinien Priorität gegenüber dem zweiten Auswahlkriterium – der Lebensbedeutsamkeit – einräumen, werden bei der Mehrzahl der außerpreußischen Lehrpläne beide Kriterien gleichgewichtig veranschlagt.

Dessen ungeachtet gewinnt mit den Lehrplanvorschriften das in den Reihen der Schulkritik vertretene Reformpostulat der Kindorientierung, in der Variante der Entwicklungsgemäßheit, Verbindlichkeit für die bei der Erstellung von lokalen Einzelplänen zu treffende Stoffauswahl für den Grundschulunterricht. Entwicklung wird dabei in den zeitgenössischen Denkmustern der 1920er Jahre als ein innen gesteuerter Prozess von Anlagereifungen verstanden, an deren Abfolge die Unterrichtsstoffe in Art, Umfang und Anspruchsniveau anzupassen sind. Die Anweisung einiger Pläne, „Verfrühung und Überbürdung" zu vermeiden, ist geradezu eine Warnung davor, den Schülern Unterrichtsgegenstände anzubieten, die ihrer Entwicklung vorgreifen[19].

Dennoch wird dem Kriterium kein Absolutheitsanspruch eingeräumt mit der Folgegefahr, dass die unterrichtliche Stoffauswahl einzig und allein nach aktuellen Bedürfnissen und wechselnden Stimmungen der Grundschüler erfolgen würde. Davor warnen die Kommentatoren der preußischen Richtlinien nachdrücklich, wenn sie mit Bezugnahme auf die Losung „vom Kinde aus" feststellen:

> „Es sollen [...] Stoffe nicht schon darum von der unterrichtlichen Behandlung auf einer bestimmten Altersstufe ausgeschlossen bleiben, weil vielleicht die Mehrzahl der Kinder aus sich heraus kein Verlangen nach ihnen trägt. Ihrer Behandlung steht

---

18   Richtlinien Preußen 1921, 186.
19   Richtlinien für den Lehrplan der Thüringer Volksschule. In: Amtsblatt des Thüringischen Ministeriums für Volksbildung. 8 (1929), 32–41, hier: 23.

vielmehr dann nichts im Wege, wenn die Frage, ob die Kinder fähig sind, die Stoffe zu erfassen, mit gutem Gewissen bejaht werden kann."[20]

## Anordnung der Unterrichtsinhalte

Die Aufgabe, unter institutionalisierten Bedingungen eine grundlegende Bildung für alle sechs- bis zehnjährigen Kindern zu leisten, zieht als didaktisches Problem die Frage nach der Anordnung, Gliederung und Sortierung der Unterrichtsinhalte nach sich. Für ihre Beantwortung wählen die Kultusbehörden einen nach Jahrgängen differenzierten Lösungsansatz, der Nähe, aber gleichzeitig auch Distanz zu den Positionen der Schulkritik einschließt. Für die Anfangsphase der Grundschulzeit schreiben die Richtlinien einen Unterricht vor, der nicht nach stundenplanmäßig festgelegten Fächern erfolgt, sondern als Gesamtunterricht zu erteilen ist, zumeist für die Dauer des ersten Schuljahres. Die Aussagen, die das bayerische Kultusministerium dazu trifft, werden im Grundtenor auch in den anderen Richtlinien wiederholt:

> „Der Unterricht im ersten Schülerjahrgang ist Gesamtunterricht. Gesamtunterricht ist inhaltlich heimatkundlicher Anschauungsunterricht, der grundsätzlich das Leben des Kindes in seiner nächsten Umgebung, nicht aber formale Gesichtspunkte, wie Wortbilder und Buchstabenformen, in den Mittelpunkt stellt. Die im Gesamtunterricht gewonnenen Sachvorstellungen sollen in natürlicher und ungezwungener Weise die Ausdrucksfähigkeiten der Kinder im Sprechen, Zeichnen, Darstellen, Lesen, Schreiben und Singen anregen."[21]

Mit dem Gesamtunterricht wird in die öffentliche Grundschule eine didaktische Neuerung eingeführt, allerdings nicht in der Version des von Berthold Otto favorisierten freien Gesamtunterrichts, dessen Inhalt und Verlauf allein vom Frageinteresse der Kinder abhängig ist[22]. Es ist die didaktisch disziplinierte Variante, der vom Leipziger Lehrerverein entwickelte und erprobte gebundene Gesamtunterricht, der die Zustimmung der Kultusbehörden findet[23]. Seine Übernahme in

---

20  Carl L. A. Pretzel/Erich Hyalla: Winke zur Durchführung der preußischen Lehrplanrichtlinien. Berlin/Leipzig [9]1928, 11.

21  Richtlinien für den Schreibunterricht in den Volksschulen und für den ersten Unterricht im Schreiben und Lesen. In: Amtsblatt des Bayerischen Staatsministeriums für Unterricht und Kultus. Nr. 11 (1931), 199–205, hier: 203.

22  Vgl. Berthold Otto: Gesamtunterricht [1913]. In: Albert Reble (Hg.): Geschichte der Pädagogik. Dokumentationsband II. Stuttgart 1971, 515–518.

23  Vgl. Peter Vogel: Der Unterricht im ersten Schuljahr als Gesamtunterricht. In: Pädagogisches Jahrbuch 1911. Hg. von der Pädagogischen Zentrale des Deutschen Lehrervereins. Leipzig/Berlin o. J., 20–49.

die Regelgrundschule bedeutet einen Erfolg für jene Schulkritiker, die den althergebrachten Elementarunterricht wegen seiner Fixierung auf Wort- und Zahlenbilder als formal bestimmten „Sprach- und Wörter-Lernunterricht" abgelehnt hatten[24]. Ihren Vorstellungen, die Kulturtechniken an einem realitätsnahen Lernmaterial zu üben, entspricht der gebundene Gesamtunterricht, bei dem alle Lernaktivitäten der Schulneulinge um eine ungegliederte Sacheinheit aus der unmittelbaren Umgebung des Kindes zentriert sind.

Bedingt durch die zeitliche Begrenzung auf das erste Grundschuljahr, enttäuscht die Etablierung des Gesamtunterrichts die Reformerwartungen all derjenen Schulkritiker, die, wie beispielsweise Berthold Otto, dem fächerteiligen Unterricht eine entschiedene Absage erteilten. Die Mängel, die ihm angelastet wurden, führen im Falle der Grundschule nicht zu seiner gänzlichen Abschaffung, sondern zu einem Hinausschieben seines zeitlichen Beginns. Er setzt, nach den Vorgaben der Grundschulrichtlinien, in der Regel im Laufe des zweiten Schuljahrs ein und dauert bis zum Ende der Grundschulzeit an. Damit bleibt im offiziellen Bildungsprogramm der Grundschule als Erbe einer überkommenen Schultradition ein curriculares Ordnungsprinzip erhalten, in dem Berthold Otto die Ursache sah für die von ihm beklagte atomistische Zersplitterung des Wissens[25].

Trotz solcher Kritik existiert für die Grundschule der Weimarer Zeit weiterhin eine fächerteilige Unterweisung. Sie wird, was die Art und die Anzahl der in den Landeslehrplänen aufgeführten Fächer betrifft, keiner grundsätzlichen Revision unterzogen und umfasst in ihrem Kernbestand überall Religion, Deutsch, Rechnen, Zeichnen, Gesang beziehungsweise Musik, Leibesübungen beziehungsweise Turnen und Heimatkunde. Auch wenn letztere eine didaktische Besonderheit der Grundschule darstellt,[26] so werden doch mit der Gliederung der Unterrichtsstoffe nach dem Fächerprinzip Schulstandards aus dem 19. Jahrhundert fortgeschrieben. Mit dieser Kontinuität widersetzen sich die Konstrukteure der Weimarer Grundschulrichtlinien dem von Schulkritikern geäußerten Wunsch „nach der unbeschränkten Freiheit in Auswahl und Anordnung dessen, was behandelt wird"[27].

Wie Art, Umfang und Niveau der fachbezogenen Stoffangaben belegen, wurde von der Grundschule amtlicherseits ein Lernertrag erwartet, der, im Unterschied zur höheren Schule, nicht auf die Gewinnung wissenschaftskonformer

---

24  Vgl. Fritz Gansberg: Allgemeine Kritik des gegenwärtigen Elementarunterrichts. In: Pädagogisches Jahrbuch 1911. Hg. von der Pädagogischen Zentrale des Deutschen Lehrervereins. Leipzig/Berlin o. J., 1–19, hier: 3.
25  Vgl. Otto, Gesamtunterricht, a. a. O.
26  Vgl. Götz, Die innere Reform der Weimarer Grundschule, a. a. O.
27  Seyfert, Der heutige Stand des Arbeitsschulgedankens, a. a. O., 45.

Erkenntnisse abzielte. Vielmehr bewegte er sich unterhalb dieser Ebene in der Wissensform der Kunde und war darin durchaus mit der antiintellektualistischen Grundtendenz der zeitgenössischen Schulkritik vereinbar.

## Unterrichtsverfahren

Was in den Lehrplänen zu den Unterrichtsverfahren der Grundschule geregelt wird, ist unverkennbar der „Arbeitsschule als methodisches Leitbild" verpflichtet.[28] Damit stößt die von Anhängern der Arbeitsschulbewegung forcierte Schulkritik auf einhellige Zustimmung bei den Kultusbehörden, denn mit dem arbeitsschulgemäßen Unterricht werden die für die alte Schule typischen Belehrungsmethoden abgelöst, zugunsten eines eigenaktiven Lernens, das als hochbildungswirksam gilt.

> „Auf die kürzeste Formel gebracht, ist es der *echte Sinn der Arbeitsschule*, daß sich die schulmäßige Bildung vollziehe in der Art schaffenden Lernens, des geistigen Wachsens durch *Eigentätigkeit*"[29].

In den Grundschulrichtlinien wird der Arbeitsgrundsatz mit einem breiten Wirkungsradius verankert, denn die Schülerselbsttätigkeit soll als methodisches Prinzip alle Fächer durchziehen. Prototypisch dafür sind Anweisungen wie „Die Lehrform muß die zielbewußte Selbsttätigkeit des Kindes im weitesten Sinne auslösen."[30] Für dessen ausgiebige Praktizierung enthalten die Richtlinien eine breite Palette von Schülertätigkeiten, die eine Kombination verschiedener Richtungen der Arbeitsschulbewegung darstellen. Dazu gehören die vom Leipziger Lehrerverein (1909) und von Oskar Seinig (1911) vornehmlich für Anfangsunterricht empfohlenen sogenannten Klassenzimmertechniken[31] ebenso wie Aktivitäten erkundender, recherchierender, experimentierender, konstruierender und darstellender Art, die im Umfeld des von Georg Kerschensteiner (1912/1922)

28   Vgl. Otto Karstädt: Allgemein methodische Fragen. In: ders. (Hg.): Methodische Strömungen der Gegenwart. Langensalza [13]1925, 1–19, hier: 4.

29   Otto Scheibner: Der Arbeitsvorgang in technischer, psychologischer und pädagogischer Erfassung. In: Freie geistige Schularbeit in Theorie und Praxis. Im Auftrage des Zentralinstituts für Erziehung und Unterricht hg. von Hugo Gaudig. Breslau [2]1922, 37–61, hier: 37 (Hervorhebung im Original).

30   Lehrpläne für die Volks- und Mittelschulen in Württemberg. Gesamtausgabe. Stuttgart 1928, 22.

31   Vgl. Leipziger Lehrerverein (Hg.): Die Arbeitsschule. Beiträge aus Theorie und Praxis. Arbeiten aus der Methodischen Abteilung des Leipziger Lehrervereins. Leipzig 1909; Oskar Seinig: Die redende Hand. Leipzig [2/3]1911.

favorisierten handwerklichen[32] wie des von Hugo Gaudig (1922) vertretenen geistigen Tuns[33] liegen.

In fachbezogener Konkretisierung ist zudem die Selbsttätigkeit des Grundschülers in einer Vollzugsform zu praktizieren, mit deren angemahnter Pflege die Kultusinstanzen der Weimarer Zeit ein Zugeständnis an eine Position der Schulkritik machen, die ihrer Herkunft nach der Kunsterziehungsbewegung entstammt. Ihr Vorwurf an die alte Schule, sie missachte durch ständige Gängelung die schöpferischen Fähigkeiten des Kindes, verliert für die Grundschule seine Berechtigung.[34] In ihr soll, nach den übereinstimmenden Aussagen der Richtlinien, das methodische Arrangement speziell im Deutsch-, Musik- und Zeichenunterricht so angelegt sein, dass es die kreative Ausdrucksgestaltung des Grundschülers fördert, sei es in der vorgabefreien Erlebniserzählung oder in der selbstständigen musikalischen Betätigung.

Ob mehr dem Kontext der Kunsterziehungsbewegung oder der Arbeitsschulbewegung zurechenbar, in jedem Fall erzielt die Schulkritik ihren größten Erfolg im Bereich der unterrichtsmethodischen Profilierung des Bildungsprogramms der staatlichen Grundschule. Davon zeugt die starke Gewichtung der Schülerselbsttätigkeit, mit der ausnahmslos alle Richtlinienkonstrukteure die viel kritisierten Belehrungsmethoden der alten Schule ablehnen.

**Resümee**

In zusammenfassender Bilanzierung zeigt sich, dass das in den Landesrichtlinien der Weimarer Zeit verankerte Bildungsprogramm der Grundschule sowohl von Zustimmung, als auch gleichzeitig von Ignoranz gegenüber der zeitgenössischen Schulkritik zeugt. Deren Positionen werden unter Korrektur ihrer Einseitigkeiten von den Kultusbehörden übernommen und gehen als verstaatlichte Vorgaben in das offizielle Bildungsprogramm ein. Hier sind sie in seinem normativen Profil, wie in seiner didaktischen und, mehr noch, in seiner methodischen Ausgestaltung in unterschiedlichen Wirkungsgraden nachweisbar. Die in den Richtlinien belegten Erfolge der Schulkritik reichen allerdings nicht aus, um das Bildungs-

---

32  Vgl. Georg Kerschensteiner: Begriff der Arbeitsschule [1912]. Leipzig/Berlin ⁵1922.

33  Vgl. Hugo Gaudig: Das Grundprinzip der freien geistigen Arbeit. In: Freie geistige Schularbeit in Theorie und Praxis. Im Auftrage des Zentralinstituts für Erziehung und Unterricht hg. von Hugo Gaudig. Breslau ²1922, 31–36.

34  Vgl. Heinrich Wolgast: Über die Probleme im muttersprachlichen Unterricht [1906]. In: Johannes Gläser (Hg.): Vom Kinde aus. Arbeiten des Pädagogischen Ausschusses der Freunde des vaterländischen Schul- und Erziehungswesens zu Hamburg. Hamburg/Braunschweig 1920, 31–44; Fritz Jöde: Musik und Erziehung. Ein pädagogischer Versuch und eine Reihe Lebensbilder aus der Schule. Wolfenbüttel 1919.

programm der Weimarer Grundschule zweifelsfrei als verstaatlichte Schulkritik identifizieren zu können. Dieser Annahme widersetzt sich die in den Grundschulrichtlinien dokumentierte Kontinuität von Standards der Volksschule des 19. Jahrhunderts, sei es die Aufgabe der Kenntnisvermittlung oder der Fächerkanon. Unter Ignorierung der Schulkritik entscheiden sich die Kultusbehörden der Weimarer Zeit für die Weiterführung traditioneller Unterrichts- und Schulstandards im Bildungsprogramm der Weimarer Grundschule. Dieses präsentiert sich daher im Endergebnis als ein Mischkonzept, in dem Programmelemente der von den Schulkritikern ersehnten neuen Schule wie auch der von ihnen abgelehnten alten Schule enthalten sind. Das aus der Sicht des Jahres 1935 gefällte Urteil von Herman Nohl, wonach in der Grundschule „alles das, was die pädagogische Bewegung herausgestellt hatte, verwirklicht werden [konnte]"[35], ist demnach für das offizielle Bildungsprogramm der Weimarer Grundschule aus historischer Distanz nur mit Einschränkungen noch aufrecht zu erhalten.

Ob überhaupt, in welchem Umfang und mit welchem Tempo das staatlich verfügte Bildungsprogramm in der Schulrealität der 1920er Jahre umgesetzt wurde, lässt sich beim gegenwärtigen Stand der grundschulhistorischen Forschung kaum einschätzen. Sofern Untersuchungen zur Grundschulpraxis jenseits der prominenten Schulneugründungen der Reformpädagogik vorliegen, befassen sie sich bevorzugt mit Reform- und Versuchsschulen, die per Selbstaufgabe die von der Schulkritik gewünschte innovative Praxis erprobten und in regional unterschiedlicher Verbreitung existierten[36]. Es sind daher, mit Blick auf die Grundschulpraxis der Weimarer Zeit, mehr die Ausnahmefälle als die Regelfälle, auf die sich das schulhistorische Forschungsinteresse bislang vorzugsweise konzentriert.

---

35   Herman Nohl: Die pädagogische Bewegung in Deutschland und ihre Theorie. Frankfurt am Main [10]1988, 96.

36   Vgl. Ulrich Amlung/Dietmar Haubfleisch/Jörg W. Link/Hanno Schmitt (Hg.): „Die alte Schule überwinden". Reformpädagogische Versuchsschulen zwischen Kaiserreich und Nationalsozialismus. Frankfurt am Main 1993.

# The Response of Professionals to New Ideas: Learning from Semmelweis

*Frank Coffield*

## 1 The Story

The year is 1848, the year of revolutions in Europe. The place, Vienna. The flawed hero of my story is Ignaz Semmelweis, a young Hungarian doctor, who had been working for a couple of years since graduation in the maternity clinic of the city's General Hospital. One of his responsibilities was to keep the clerical records of the two wards in the clinic, in the first of which the incidence of childbed fever fluctuated wildly between 5 percent and 30 percent, while in the second it remained steady at around 2 percent. The pregnant women were aware of this frightening difference, and begged to be admitted to the second ward; some even chose to give birth in the streets to avoid being admitted to the first ward.

Semmelweis began studying all the possible explanations for the significant difference in mortality rates, testing in particular the prevailing theory that miasma or "poisonous vapour arising from decomposed matter identifiable by its unpleasant smell, could cause illness"[1]. But neither miasmas nor overcrowding nor any of the thirty other factors, which at the time were cited as possible causes, could explain the difference between the two wards.

The breakthrough in Semmelweis's thinking came with the death of a close friend whose finger was accidentally pierced by a scalpel which had been used in an autopsy. Semmelweis, in noting that his friend died of the same disease as the women with puerperal fever, had spotted the crucial connection between contamination by cadaverous particles and childbed fever. He then remembered that in the first ward male medical students routinely touched the corpses of the women who had died the previous day, after which they went straight on to examine their live maternity patients. In the second ward, in accordance with medical practice of the time, female trainee midwives did not attend autopsies and so did not touch corpses. This advance in his thinking came at considerable personal cost to himself. He had chosen medicine to be of service to others but now

---

1    Mark Bostridge: Florence Nightingale: The woman and her legend. London 2008, 225.

realised that he himself had been responsible for the death of many of his own patients, precisely because he had examined so many corpses in his search for an explanation.

He tested his hypothesis by insisting that the medical students washed their hands thoroughly in a chlorine solution before touching patients: "Immediately, the mortality rate in the first ward section dropped slightly below the rate in the second section"[2]. By the autumn of 1848, Semmelweis had stumbled upon the cause of childbed fever, he had devised a method of reducing the mortality rate and had collected impressive statistics to show that his preventative method was effective.

Meanwhile the political demonstrations and riots in the streets of Vienna had forced the dismissal of the State Chancellor, Prince von Metternich[3]; the universities in the Austro-Hungarian empire were granted a measure of self-regulation[4]; but the Hungarians' bid for independence was crushed by Hapsburg troops, aided by 200,000 Russian soldiers. Semmelweis's brothers were punished for supporting the cause of Hungarian independence and, shortly afterwards, he himself lost out in competition (for his own post which had come up for renewal) to a young doctor, a non-specialist in obstetrics, who had the support of Semmelweis's conservative, Austrian professor. He thus became the victim of not only the micro-politics of the hospital where foreigners like himself were distrusted, but also of the reactionary backlash against the macro-political struggle for greater intellectual and civil freedom being fought out in Europe.

He found work in a small maternity clinic back in Hungarian Pest, and in two hospitals succeeded in quickly reducing the mortality rate of childbed fever. But his data, which was becoming ever more persuasive, received only ridicule and rejection from the medical establishment in Budapest and Vienna. He gave lectures on his discoveries but he was cold shouldered by his medical contemporaries and his findings were scorned because they broke with their conventional thinking. He was remiss however, in taking so long to publish a written account of his findings, producing a short essay in 1858 and his only book in 1861[5], more than twelve years after his original discovery.

---

2    Codell Carter/Barbara Carter: Childbed Fever: a scientific biography of Ignaz Semmelweis. Wesport, Connecticut 1994, 53.

3    His method of holding together the eleven nationalities which made up the Austrian Empire was to keep them in finely balanced and well modulated discontent, a ploy which vice-chancellors of universities and principals of Further Education Colleges seem to have copied in their dealings with the rival claims of departments squabbling over resources.

4    The Further Education Colleges in England still wait to be accorded similar status.

5    Ignaz Semmelweis: Die Ätiologie, der Begriff und die Prophylaxis des Kindbettfiebers. Pest/ Wien/Leipzig 1861 (in English, The Aetiology, Concept and Prophylaxis of Childbed Fever).

In 1865 he was invited to Vienna by former medical colleagues and tricked into visiting a lunatic asylum where he was committed on the order of three physicians, none of whom was a psychiatrist, and none of whom examined him. He tried to escape, was badly beaten by the guards, was strapped into a strait-jacket and died two weeks later at the age of 47 of blood poisoning, the very illness which in pregnant women is called childbed fever.

It took another fifteen years before the germ theory of disease became widely accepted, when Joseph Lister's ideas of sepsis and antisepsis, which built on Louis Pasteur's research on micro-organisms, persuaded surgeons to sterilize their instruments and wash their hands thoroughly before and after operations. But the medical fraternity, protesting all the time that Semmelweis had interesting data *but no theory,* took an inordinately long time to accept the breakthrough.

The above account owes a great deal to the very readable, scientific biography of Semmelweis by Codell and Barbara Carter. I wish, however, to dissent from one (but only one) of their judgements. When describing the long years during which Semmelweis was struggling to cope with being ignored or derided, Carter and Carter quote a medical colleague of Semmelweis to the effect that he defended his views "with a passion bordering on fanaticism"[6]. They then add: "Semmelweis could have been showing early signs of progressive paralysis – tertiary syphilis. Or he could have been emotionally exhausted from overwork and stress"[7].

The Carters have no evidence for the first statement, but they have for the second, as Semmelweis had planned to travel to a spa for a rest cure. In the absence of any hard evidence, would it not have been more humane to omit the imputation of a sexually transmitted disease? Has not Semmelweis suffered enough?

Imagine the mental anguish he must have suffered when it first began to dawn on him that his professors would rather sacrifice thousands of women to death than change their entrenched views. 'Frustration' is too mild a term to describe what he must have gone through. He must have had high hopes that his research would change professional practice and save lives. And he would have been an exceptional young doctor if he had not envisaged a rosy career for himself after making such an important discovery so soon after qualifying. At first he would have become disheartened by the opposition and ridicule; the constant rejections and humiliations would have then begun to take their toll; and, as the years passed (17 from the time of his discovery until his death), without reform even being considered, he must at times have been close to

---

6    Carter/Carter, Childbed Fever, 75.
7    Ibid.

despair. "Heavens", he must have thought, "all I'm asking them to do is wash their bloody hands. Is that asking too much?" It was.

He was asking much more of them than regular hand washing. He was expecting them not only to rethink traditional ways of thinking and familiar patterns of medical practice, he also needed them to accept that *they* were the source of the problem. The very suggestion must have been shocking to some of his colleagues, insulting to others and inconceivable to others still. It is the most devastating comment you can make to a professional: "Your knowledge, skills and practical expertise are not just ineffective, they are not only harmful, they are positively lethal." He must have created huge resistance when he advanced his views "with a passion bordering on fanaticism". But what should he have done? Chosen another research topic? Stopped thinking unorthodox thoughts? Ignored the unnecessary deaths of so many young women?

*The Legacy*

In a preface to her "Notes on Hospitals", Florence Nightingale argued that "the very first requirement in a hospital [is] that it should do the sick no harm"[8]. But as we all know, after more than 140 years of medical progress, patients can go into hospital with one illness and come out with two more, thanks to MRSA[9] and Clostridium difficile. It seems just as difficult now as it was then to get professionals to change their practice. As Atul Gawande expressed it: "Stopping the epidemic spreading in our hospitals is not a problem of ignorance – of not having the know-how about what to do. It is a problem of compliance – a failure of an individual to apply that know-how correctly"[10].

In my words, it is a problem of changing the thinking and the practice of professionals who work in teams and who, like the rest of us, on the whole dislike change. We dislike it for all the standard reasons: we are doing well out of the status quo, and we are afraid of the new and all the extra work it will bring in its train. The older we are, the more time and effort we have invested in our practices and so the less inclined we are to change them, especially if we are shown an unrealistic video of a charismatic young teacher, working with a small group of perfectly behaved students who are all eager to learn. Sue Crowley, I guess is right when she argues that "most people resist change from the best of

---

8    Florence Nightingale: Notes on Hospitals (preface). As quoted by Bostridge, Florence Nightin-
     gale, 338–39.
9    Methicillin-resistant Staphylococcus aureus.
10   Atul Gawande: Better: A surgeon's notes on performance. London 2008, 22.

motives not the worst and leaders or managers of change need to find out why there is resistance and work with it before they can implement change"[11].

Lee and Wiliam point out another difficulty which is rarely recognised: "[...] asking a teacher to change their practice is like asking a golfer to change his or her swing during a tournament. Teachers are required to maintain the success they obtained with their old routines while developing new routines at the same time"[12].

What is missing so far in this discussion of change is the political climate within which successive governments have sought to 'modernise' public services. Professionals working in the public services in England have endured more than twenty years of recurrent upheavals to structures and processes, which have inured them to the 'initiativitis', pursued by hyper-active Ministers of governments with large working majorities. As Christopher Pollitt expresses it: "When change is continuous it easily becomes a kind of irritating 'white noise', raising no particular hopes or interest but generating an anxiety that the new could be a concealed cut [...]."[13]

The *Semmelweis reflex* refers not to a physiological reaction but to the almost automatic rejection of new ideas which contradict established beliefs. Semmelweis's contemporaries were faced with the deeply unsettling notion that they themselves were the source of the problem. And yet the notion of iatrogenic illnesses, induced by doctors through their diagnosis or treatment, is as old as Aristotle. It is one thing, however, to accept intellectually the existence of a particular class of disease (for example, iatrogenic), and quite another to face up to new evidence that your disinterested pursuit of knowledge via autopsy is responsible for the deaths of thousands of your own patients.

Semmelweis's personal tragedy underlines the overwhelming significance of theory. First, he was defeated by the prevailing theory of miasma which his theory-less data were powerless to dislodge. Second, it took another theory – sepsis and antisepsis – to provide a convincing explanation of the link between germs and disease before professional thinking and practice began slowly to change. Third, perhaps his medical superiors displayed too much reverence for theory; more lives would have been saved had they shown more respect for evidence and for a successful remedy which contradicted their favourite explanation.

---

11    A private letter from Sue Cowley to me, 2009.
12    Clare Lee/Dylan Wiliam: Studying Changes in the Practice of Two Teachers Developing Assessment for Learning. In: Teacher Development. 9 (2005), 2, 265–283: 279.
13    Christopher Pollitt: New labour's Re-Disorganization. In: Public Management Review. 9 (2007), 4, 529–543: 539.

Semmelweis, for all his brilliant insights into the causes and prevention of childbed fever, did not seem to see the importance of having an effective *model of change*. He did not publish his results for twelve years, relying instead on lectures and letters to the press which became steadily more abusive. Calling one's former Head of Department "the Nero of Medicine" was not, and is not, an ideal way to ingratiate oneself with one's superiors. And yet one's heart goes out to a man who, through meticulous investigation, had developed a means of preventing the deaths of thousands of women if only he could convince his deeply conservative professors. As precious time continued to pass, he had to face the terrible realisation that he was not going to convince them. All the classical ingredients for conflict were present, apart from sex. Here was a young, radical, outspoken, innovative, working-class, provincial Hungarian assistant openly challenging the expertise of his middle-aged, illiberal, staid, unimaginative, upper middle-class, metropolitan Viennese professors. The real surprise would have been if he had managed to convince them.

## 2    The Relevance: What's all this got to do with Education?

"All told, in nineteenth-century Europe, childbed fever killed more than a million women"[14]. It is a disturbing story, but has it any relevance for the world of education? Sometimes it is easier to see the significance of arguments in a field closely allied to one's own, just as it is often easier to evaluate the strengths and weaknesses of English educational policy by seeing it through German, French, or even Scottish, eyes.

The Semmelweis case prompts a number of questions. For example, what policies and practices are we currently enacting in education that future generations will view with disbelief for the harm they do? Is there an equivalent in education to the continuing failure in medicine to eradicate hospital induced infections? Are professional thinking and practice as difficult to change in education as they appear to be in medicine?

A major difference in scale between medicine and education needs to be acknowledged. The number of deaths in England and Wales in 2008 attributed to MRSA was 1,500, a considerable reduction from 7,684 deaths in 2003[15]. In Semmelweis's clinic in Vienna around 600 mothers a year were dying out of a total of 3,000; he was dealing quite literally with matters of life and death. No

---

14    Codell Carter and Barbara Carter: Childbed Fever: a scientific biography of Ignaz Semmelweis. New Brunswick, NJ. ²2005, viii.
15    Office for National Statistics: MRSA: deaths decrease for second year running. Posted 19 August 2009 at www.statistics.gov.uk/cci/.

such stark choices face us in education, the evidence base tends to be more blurred and confusing; and yet we are still dealing with the life chances, the opportunities (or lack of them) and the well-being of millions of children and young people in each generation.

The rest of this article will respond to the Semmelweis questions at three levels – the *macro* level of government, the *meso* level of institutions and the *micro* level of individuals – because I am aware that I find it easier to behold the mote in the government's eye than the beam in mine own.

## a) Counter Productive Government Policy

Looking back over education from the mid 1850s, for all our undoubted successes, we have singularly failed to educate that section of the poor who make up the long tail of underachievement in the UK. According to government figures for September 2009, there were, for example, 935,000 young people not in education, training or employment[16]. Moreover, for all the significant increases in investment in education since 1997, the examination system at 16 still 'fails', year after year, around 50 percent of each age cohort who do not achieve the government imposed standard of 5 good GCSEs[17] including English and maths. The continuing strong correlation between low social class origins and educational failure is the educational equivalent of the medical failure to eradicate hospital induced infections.

Is it, however, possible to point to government policies that have turned out to be counter-productive? At the start of my career, over forty years ago, I was dimly aware that government policies could unintentionally be mutually incompatible. Over the last thirty years I have reluctantly come to the conclusion that government policy is no longer the solution to our difficulties but our greatest problem[18]. Even if each initiative proved to be successful (which is far from the case), the sheer weight of new policy and its constantly changing nature (every new Minister with his/her own raft of measures) have become major constraints on professionals, diverting their time and energies from the needs of students. The self-defeating nature of English educational policy is not, therefore, a minor, technical defect: it has become its most distinguishing and dangerous characte-

---

16    Chris Jones: We must empower the youth to obtain skills and training. In: The Times. (2009), 9 September, 63.

17    General Certificate of Secondary Education, the examination taken by all 16 year olds in England.

18    See Frank Coffield: When the solution is the problem. In: University and College Union Magazine. (2008), October, 8–10.

ristic. Evidence abounds and every week brings further examples. I have restricted myself to three further instances in the text but provide many more in a foot note[19].

- the notion that the private firm is the most appropriate model for all public sector organisations including education, despite the collapse of Rover, Northern Rock, Woolworths and Lehman Brothers.
- the importation of the language of business and management into education, whereby students became 'customers', then 'bums on seats' and finally 'inputs and outputs' so that the processes of education (learning and teaching) became neglected; the phrase 'bums on seats' draws attention to one part of students' anatomy, but unfortunately not where cognitive psychologists have located the seat of learning. 'Junk language' is as damaging to our minds as junk food is to our bodies.
- the league tables which ensure that, for every school or college which moves up the ratings, another must fall.

In this paper I focus on the perverse effects of testing at national, institutional and individual levels.

---

19    I have mentioned only three examples in the text, but I am faced with an *embarras de richesses* in this regard in all phases of education. I could, for example, have chosen the government presumption that 11–16 schools should be allowed to open small sixth forms irrespective of the pattern of local provision; the routine exclusion of front-line teachers from the development, evaluation and re-design of educational initiatives; the 459 documents issued by government to all primary schools on the literacy strategy alone between 1996 and 2004; the unwarranted imposition from the centre of one method of reading (synthetic phonics), a ministerial decision for which there is no adequate research evidence (see Frank Coffield/Richard Steer/Rebecca Allen et al.: Public Sector Reform: Principles for improving the education system. Institute of Education, University of London. London 2007); the notion that 'good practice' can be easily identified and transferred (see Frank Coffield/Sheila Edward: Rolling out 'Good', 'Best' and 'Excellent' Practice. What next? Perfect Practice? In: British Educational Research Journal. 35 [2009], 3, 371–390); the new "Common Inspection Framework for FE and Skills 2009", which consists of 236 questions in total so that staff time will be taken up in responding to the needs of inspectors (and ministers), rather than of students (Ofsted: Common Inspection Framework for Further Education and Skills 2009. Manchester 2009); and the withdrawal of funds from learners studying in higher education for an equivalent or lower qualification which will almost certainly result in fewer adult learners in higher education. The level of micro-management by Ministers can be judged by the fact that "in the last 15 years, politicians have banned, then reintroduced, the use of calculators in maths GCSE exams seven times" (Jessica Shepherd: Political meddling a threat to standards, top examiner says. In: The Guardian. [2010], 30 April). I could go on adding more instances, but I think the point has been made, and made more eloquently by Robin Alexander, when he wrote: "[...] a national education system belongs not to ministers and officials, but to all of us" (Robin Alexander: Testaments to the power of 10. In: Times Educational Supplement. [2008], 16 May, 27).

## b) National Testing

In May 2008, the House of Commons (HOC) Select Committee on Children, Schools and Families issued a report on testing in England in which they claimed: "We received substantial evidence that teaching to the test, to an extent which narrows the curriculum and puts sustained learning at risk, is widespread."[20]

In short, students are getting better at taking tests but poorer at learning. A level students, the report continued, "come [to university] very assessment-oriented; they mark-hunt; they are reluctant to take risks; they tend not to take a critical stance; and they tend not to take responsibility for their own learning."[21]

To summarise, the current testing regime is not producing critical, independent thinkers. The report went on to argue that vocational students "[...] arrive at university having learned techniques and how to apply them by rote. The consequent lack of deep understanding of the subjects they have studied at school leaves them unable to solve problems in real-world situations."[22]

So they find the transition to higher education difficult because they have no synoptic understanding of their subject(s), partly because the vocational curriculum is so often modular and bitty.

In my words, government policy on testing, as enacted by both Conservative and New Labour administrations, has resulted in teaching to the test, a narrowing of the curriculum and a serious neglect of those pupils who are unlikely to meet the target of five good GCSEs. I am not blaming the secondary schools or the teachers for this 'learning outcome': the main responsibility lies squarely with government policy. Educational policy in England has become extreme. There are no such national tests in Scotland, Wales or Northern Ireland, as both politicians and professionals in the devolved administrations are agreed that the relentless pressure of testing spoils reading for pleasure; no other country in the world has such an extensive battery of national tests[23].

---

20  House of Commons Select Committee on Children, Schools and Families: Testing and Assessment. London 2008, 49.
21  Ibid.
22  Ibid.
23  It is not, however, just education which has been subjected to permanent revolution as all the public services in England have been affected. Christopher Pollitt (in: New labour's Re-Disorganization) uses three arguments to explain why such ministerial hyper-activism has grown faster in England than in most European countries. In our political system, organizational change can be carried through more easily; determined Prime Ministers like Thatcher, Blair and Brown have sought to 'modernise' public services by means of performance management, targets and league tables; and extensive use by Ministers of consultants and special advisers, those self-proclaimed experts in 'change management'.

## c) Testing in Schools and Colleges

When the GCSE results for 2008 were published, the head of the comprehensive which made the biggest improvement of any school in England commented: "We are an exam factory, I have no issue with that."[24] Well, I have. I would not want to teach in such a school nor would I have wanted our two children to attend such a school. I fully understand that schools and heads, threatened with closure by government if fewer than 30 percent of their pupils achieve at least five good GCSEs including English and maths, have responded to intense pressure by stressing exam results above all other considerations. But let us not pretend that these pupils are receiving an education.

Suppose for a moment, that the present government's drive for excellence were to be successful over the next few years, what would our schools and colleges look like then? If we take our notions of excellence solely from the state, that is, excellence is defined solely by steadily increasing test scores, then the risk is that more and more of our institutions will end up as nothing more than exam factories. The main driving force for change within the post-compulsory sector in England at present, has become fear, fear of poor examination results and inspection grades, and fear of closure.

Instead I would prefer us to choose to create 'communities of discovery', the main characteristics of which I briefly describe as follows:

- Learning is not treated as another task for senior management to deal with but becomes the central organising principle of the college. Learning takes place at individual, group and organisational levels; all tutors are learners and all learners tutors.
- Tutors and students treat each other as full human beings and not as disembodied inputs and outputs. Teachers and students have the same, shared values and accept a collective responsibility for outcomes[25].
- Principled dissent is not only tolerated, it is positively encouraged. Colleges and Senior Management Teams (SMTs) grow by being challenged, by staff at all levels being able to tell truth to power and by SMTs viewing "difference, debate and disagreement [...] as the foundation stones of improvement"[26].

---

24   Polly Curtis: Schools accused of 'hot housing' to get results. In: The Guardian. (2009), 15 January.
25   See Michael Fielding: On the Promise and Poverty of Quality Teaching: Some Messages from Recent Research. Wellington, New Zealand, April 2006.
26   Andy Hargreaves: Teaching in the Knowledge Society: Education in the Age of Insecurity. Maidenhead 2003, 128.

- Senior management treat the staff in the same way staff are supposed to treat students. And, if only we had a learning *system,* government and government agencies would treat SMTs in the way they are supposed to treat their staff.
- Tutors have the intellectual and physical space in which to experiment with ideas, techniques and resources, and to make mistakes in the constant search for improvement. They view their work as a "shared experiment, [as a] collective exercise in trial and error"[27]. Learning to work well in teams enables them "to govern themselves and so become good citizens"[28].
- Teaching and learning are improved by being informed by research, reflective practice, and "joint practice development" (JPD) rather than by identifying and disseminating 'good practice'. JPD takes place where tutors, working as equal partners, have the time to create and adopt new practices with professionals from other institutions[29]. There's only one problem with the identification and dissemination of 'good practice': it doesn't work, because it is implicitly saying to those whom you want to adopt the 'good practice' that their current practice is bad or inferior and so resistance to learning is built into any attempted innovation[30]. All tutors and all students are considered to have the ability to do good work and to improve the quality of their work for its own sake. Good tutors want to be more than just employees, they want to take pride in their teaching and in the achievements of their students.
- Teaching is a noble and essential profession, so neither government nor government agencies tell teachers how to teach. Richard Hoggart, making the same point, talked of "[...] the importance of self-government by the teachers themselves, rather than by a 'faceless administration'"[31].

In sum, the aim is for FE Colleges to become centres of further *education* rather than centres of further *examinations.* A community of discovery would therefore be an exacting as well as an exciting place to work; it would not be a warm bath where one wallowed in soft interpretations of the slippery word 'community'. And if the list of points above does not describe the college or school you work

---

27    Richard Sennett: The Craftsman. London 2008, 288.
28    Ibid, 269.
29    Michael Fielding/Sara Bragg/John Craig et al.: Factors Influencing the Transfer of Good Practice. Research Brief No RB615. London 2005.
30    See Coffield/Edward, Rolling out 'Good', 'Best' and 'Excellent' Practice, for a fuller explanation of this point.
31    Richard Hoggart: An English Temper: Essays on Education, Culture and Communications. London 1982, 61.

in, what could you and like-minded colleagues do to make it more like a learning community? My advice would be to act at all times *as if* you lived in a democracy. A tough question remains, however: can such learning communities thrive in the political atmosphere of hyper-accountability, which has been imposed by government and which is based on such deep mistrust of the teaching profession?

There should, I feel, also be some questions directed at schools and colleges and David Hargreaves has usefully provided three, to which I add a fourth. I would like heads and principals to reflect on the following: at the end of their time in your school or college at 16 or 18, do all your students:

> "view themselves as someone able to learn successfully?
> understand learning and themselves as learners?
> leave with a positive attitude to continued learning?"[32]

The fourth challenge to schools and colleges which I would make is: do all your leavers possess critical intelligence, that is, the ability to detect bullshit[33] and the moral courage to expose it?[34]

### d) Individual Responses to Testing

Let me introduce you to Ruth, who scored maximum marks on the national Leaving Certificate (*the* passport to university) in the Irish Republic, in 2005. When she was invited to comment on how she had performed so successfully, she replied:

> "Learning the formula for each exam and practising it endlessly. I got an A1 in English because I knew exactly what was required in each question. I learned off the sample answers provided by the examiners and I knew how much information was

---

32   David Hargreaves: Learning for Life: The Foundations for Lifelong Learning. Bristol 2004, 82.

33   Harry Frankfurt, recognising that we have no theory of bullshit, has usefully delineated its rhetorical uses and misuses and considers that "[...] the essence of bullshit is not that it is *false* but that it is *phony*" (Harry Frankfurt: On bullshit. In: Harry Frankfurt: The importance of what we care about. Cambridge 1988, 128 [original emphasis]). From the moment students start school we offer them models of obedience, but rarely if ever, models of disobedience. So we should not be surprised if students become biddable, too trusting in what they read or are told, and reluctant to criticise constructively. The ability to criticise constructively is not innate, it has to be learned and teachers could be influential role models.

34   See Frank Coffield: Skills for the future: I've got a little list. In: Assessment in Education. 9 (2002), 1, 39–43, for more on this theme.

required and in what format in every section of the paper. That's how you do well in these examinations [...] There's no point in knowing about stuff that is not going to come up in the exams. I was always frustrated by teachers who would say 'You don't need to know this for the exams but I'll tell you anyway.' I wanted my A1 – what's the point of learning material that won't come up in the exams?"[35]

Is this the stance of an *educated* eighteen year old? Or of a highly focused game player who is determined to beat the system and her competitors? Or is her attitude the logical outcome of the intensely competitive pressures governments now routinely apply to schools and colleges?

Graham Stobart, the author of a provocative book on testing from which this story comes, urged us not to worry about Ruth because: "she went on to have an occasional column in the *Irish Times* which offered advice on exam preparation."[36] But I do worry about her and the thousands like her. How long, for instance, will it take them to recover from this mis-education? Some of them may never recover because they drop out of education at 16 and 18 and so may never experience the engagement of learning as opposed to joyless 'cramming' for exams.

One of the unintended but harmful consequences of government policy is that we are now producing generations of expert passers of tests, who see assessment as something unpleasant that is done to them, and who have become adept at regurgitating "unwanted answers to unasked questions"[37]. As a result of their school years from 5 to 16 being dominated by the preparation for, and the taking of, tests, too many GCSE students now move on to FE and Sixth Form Colleges as highly dependent learners, who expect to be spoonfed. They want to be given 'the answers' rather than the responsibility for their own learning. Is not the present focus on exam technique getting dangerously close to training students to perform tricks? We need our students to view tests as an integral part of learning and to see that "they can be beneficiaries rather than victims of testing, because tests can help them improve their learning"[38]. We could challenge them to appreciate the crucial difference between being good at passing tests and developing a love and understanding of their subjects.

---

35    Quoted by Gordon Stobart: Testing Times: The uses and abuses of assessment. London 2008, 3.
36    Ibid, 4.
37    Karl Popper: Unended Quest. London 1976, 40.
38    Paul Black et al.: Assessment for Learning: Putting it into Practice. Maidenhead 2003, 56.

## 3    Final Comments

Semmelweis was buried on 15 August 1865 and "not one family member, not one in-law, not one colleague from the University of Pest was in attendance"[39]. In October 1964 his remains were transferred to the building where he was born which now houses a museum dedicated to his memory. An institute specialising in the history of medicine has also been named after him in Budapest and his portrait appears on an Austrian 50 euro gold coin minted in his honour in 2008.

It's small beer. We could pay him a more lasting tribute if we professionals in the social services, as part of our annual compulsory training, were to confront the basic Semmelweis question: "What changes do I need to make to those aspects of my professional thinking and practice which I suspect are doing more harm than good?"

I shall finish this paper by trying to answer this disturbing question myself; and the question is useful because it unsettles. When I began teaching Classics in a comprehensive school in Glasgow and then General Studies (i.e. what is now known as Basic Skills) in an Approved School in Scotland, I routinely divided my classes into three rough groups: the above average, the average and the below average[40]. I was not trained to do this during my teacher training course; it just seemed to me, as a young teacher, to be a sensible way of coping with the wide and obvious range of ability with which I was confronted; and preparing for three groups made my life as a teacher manageable. As best as I can remember, I created the three categories as a result of my earliest interactions with the classes and the first round of written work.

When I moved into higher education this approach was reinforced by the practice of awarding first, second and third class degrees which, very quickly, turned into an unthinking acceptance of the concept of first, second and third class minds[41] which is, in turn, a clear reflection of the Platonic fable of children of gold, silver and bronze[42]. We have in this country a "persistent tri-partite men-

---

39    Carter/Carter, Childbed Fever (1994), 78.

40    In the French film "La Classe", a new teacher is keen to find out something about the students he is about to inherit and so asks the class's previous teacher for advice. He's told they can best be understood as composed of three groups: "gentil, pas gentil et pas du tout gentil".

41    The story is told of an educational psychologist who got a job in an Education Department at Oxbridge and, much against his better judgement, found himself at a welcoming party for new staff at the college he had been pressurised to join. He was sipping his minute glass of sherry when he was accosted by one of the college's fellows: "I'm sorry I can't stop to talk to you. You see, I've seen from your badge that you're an educational sociologist. Well, I've a first class mind so I can't afford to waste any time." Welcome to Oxbridge.

42    Plato's Republic is run by three groups: guardians, auxiliaries (who enforce the decisions of the guardians) and craftsmen. In what Plato called "a convenient fiction" (convenient for whom?) all three orders in society accept the allegory that gold was implanted in those fit to rule, silver

tality that constantly threatens to revert to seeing young people as 'academic', 'technical/vocational' and to be brutal, all the rest"[43].

If teachers expect to find three levels of ability, the danger is that three levels of ability are exactly what they will find. Hart et al. have usefully added the next stage in the argument: "we *create* different types of learners by believing that there *are* different types, and by teaching them accordingly"[44]. If we construct our pedagogy around the flawed and inaccurate notion of fixed ability, then the strategies adopted by schools and our classroom practices as teachers (with the aim of maximising test results) "[...] are themselves implicated in creating and maintaining persistent patterns of differential achievement"[45]. Let me summarise my argument in a question. Is it possible that the limited achievements of a significant minority of the population are in part caused by deep, unexamined beliefs by some teachers that there are some people who are just 'thick' or are from such poor families or housing estates that teachers can do little, if anything, to help them?

The alternative is to embrace the expansive notion that *everyone's* capacity for learning can be enhanced: you and I can become more intelligent, we can *learn* to be more intelligent[46]. Richard Sennett summed up this alternative approach to ability: "No one could deny that people are born or become unequal. But inequality is not the most important fact about human beings."[47]

What has been the professional response to national testing which was introduced in 1988? The National Union of Teachers and the National Association of Head Teachers, having balloted their members, staged a boycott of externally assessed tests at age 11 in May 2010, pleading with the government to replace them with national sampling of moderated teacher assessments. If primary teachers, not noted for their militancy, carried out such a boycott will tutors in the post-compulsory sector at last begin to speak out? What I call the Silent Sector may yet find its voice.

---

in the auxiliaries and iron and brass in the farmers and craftsmen. Plato foresaw a difficulty in getting people to believe this myth but thought they might do so in time if it were to be repeated often enough. Repetition (by those who have conveniently forgotten that it is 'a convenient myth') seems to have worked unfortunately (see Francis Cornford: The Republic of Plato. London 1961).

43   Richard Pring/Geoff Hayward/Ann Hodgson et al.: Education for All: The Future of Education and Training for 14–19 year olds. London 2009, 6.
44   Susan Hart/Annabelle Dixon/Mary Jane Drummond/Donald McIntyre: Learning Without Limits. Maidenhead 2004, 30 (original emphasis).
45   Ibid, 21.
46   See Frank Coffield: All you ever wanted to know about learning and teaching but were too cool to ask. London 2009, for more on this theme.
47   Sennett, The Craftsman, 268.

Semmelweis was brave enough to face what must have been the shocking realisation that he was himself responsible for the death of many of his own patients. He had the moral courage to change his own thinking and practice and struggled heroically to get his professional colleagues to follow suit. The concept of iatrogenic illness is widely accepted within medicine. No doubt the teaching profession can, like me, easily accept the notion of government-induced problems. But are we prepared to embrace the notion that some of our implicit theories and unexamined practices may also be counter-productive and even harmful? Can we as a profession face up to the central question which Semmelweis's tragedy poses: what changes do I need to make to my thinking and my practices to prevent them doing more harm than good? Will *you* face up to it?

# III. Bildlichkeit und Medien

# Spiegelbilder
# Ein Beitrag zur Bilder-Skepsis

*Käte Meyer-Drawe*

> „Die Skeptiker sind – müssen es sein – Politiker des Denkens.
> Es gibt eine solche Politik des Denkens, ein Gemisch aus:
> sich ihm keineswegs restlos anzuvertrauen und
> den Dingen dennoch auf den Grund zu gehen.
> Weder darüber hinweggleiten, noch steckenbleiben."
> *Paul Valéry* (Schlimme Gedanken und andere)

## Bilder-Skepsis

Walter Müller plädiert für eine Bilder-Skepsis.[1] Hinter ihr verbirgt sich keine kulturpessimistische Sorge darum, dass Bilder den pädagogischen Alltag überfluten und dem altehrwürdigen Wort das Privileg bestreiten. Es geht im Gegenteil darum, die Eigenmacht der Bilder aufzuweisen, ohne die Bedeutung der Sprache zu mindern. Kritisch beäugt werden daher Voreingenommenheiten gegenüber Bildern, die um den Verlust der Wirklichkeit und Wahrheit bangen. In Zweifel gezogen werden auch Befürchtungen, dass im Rahmen der Pädagogik der Logos abdanken und einer destruktiven Kritikasterei das Feld überlassen muss. Ob man nun gegen oder für Bilder kämpft, in der Kompromisslosigkeit des Einsatzes erspäht der Skeptiker, dass beide Einstellungen auf den gleichen Voraussetzungen ruhen: *„zum einen* auf einer hierarchischen Einschätzung des Wahrheitsgehaltes von Wort und Bild sowie des Realitätsgehaltes von unmittelbarer und bildlich vermittelter Erfahrung [...]; *zum anderen* auf einer Verkürzung des Bildbegriffs auf seine medialen Funktionen und Bedeutungen [...]."[2] Beide Überzeugungen halten einer genaueren Betrachtung nicht stand, wie Walter Müller zeigt.[3] Sie operieren mit einer unkritischen Haltung gegenüber der Macht der Sprache, die in Bildern keine Stellvertretung findet, sowie mit einer hartnäckigen Ignoranz gegenüber dem eigenen Sinn von Bildern, der über das

---

1   Walter Müller: Bilder-Skepsis. In: Wolfgang Fischer: Colloquium Paedagogicum. Studien zur Geschichte und Gegenwart transzendentalkritischer und skeptischer Pädagogik. Sankt Augustin 1994, 159–179.

2   Ebd., 168.

3   Vgl. ebd. und Walter Müller: Vom Lernen des „sehenden Sehens". In: Norbert Ricken et al. (Hg.): Umlernen. Festschrift für Käte Meyer-Drawe. München 2009, 167–181.

Wort hinausgeht. Beide Male werden jedoch nicht nur das Bild, sondern auch die Sprache unterschätzt.[4] Wort und Bild meinen keine bloße Verdoppelung des Seins. Beide artikulieren unser Verhältnis zu den Dingen, indem sie es in Worte fassen oder ins Bild bringen. So gesehen bezeugen beide unsere Verwicklung mit Welt und gefährden damit das Ur- und Vorbild jedes verlässlichen Erkennens, nämlich den unbeteiligten Zuschauer, den „Kosmotheoros". Bilder-Skepsis vollzieht sich deshalb stets auch als Sprachskepsis. Dieser Umstand sollte nicht in Vergessenheit geraten, wenn im Folgenden vor allem Bilder in den Brennpunkt der Betrachtung rücken.

Ohne Zweifel haben nicht nur Worte, sondern auch Bilder Macht. Das heißt nicht, dass Bilder als Machthaber fungieren. Sie sind in erster Linie Sinngeber. Sie verleihen Sinn in bestimmten Kontexten, in denen sich ihre Verführungskraft entfaltet. Diese ist anonym und verdankt sich keiner zurechenbaren Initiative. Macht spielt sich zwischen den Bildern und jenen ab, welche sie anblicken. Bilder haben ihre eigenen imaginativen Überschüsse nicht im Griff. Sie gewinnen ihre Gestalt dadurch, dass sie jemandem etwas zeigen oder verbergen. Das, was unseren Blick fängt, verdeckt anderes. Wäre Macht das ausdrückliche Ziel einer mit dem Bild verknüpften Strategie, büßte sie auf Dauer ihre Kraft ein. Bilder bezaubern eher, als dass sie unterwerfen. Dass sie selbst mächtig sind, zeigt nicht nur die betagte Geschichte des Bilderverbots in unterschiedlichen Religionen, sondern auch jene der verbotenen Bilder. Die ikonische Wucht, in die wir uns verfangen und die uns fesselt, kommt nicht aus einer Quelle, die wir versiegeln könnten. Sie verdankt sich auch nicht einer Weihe durch den Logos. Etwas wirkt *durch* Bilder, gewinnt mittels ihrer einen bildlichen Charakter, nicht, indem einer bilderlosen Gegebenheit die Veranschaulichung nachgetragen wird,[5] sondern dadurch, dass sie mit ihren imaginativen Überschüssen an sinnliche Erfahrungen anknüpfen und mit diesen eine Komplizenschaft eingehen.

Wir kommen nicht hinter diese Wirkung, wenn wir sie als etwas Sekundäres betrachten, das nur in Abhängigkeit vom ursprünglichen Original existiert. Bilder fallen auch aus der Ordnung der Sprache. Ihr ikonischer Sinn lässt sich nicht in Worten und Sätzen auffangen, sondern überflutet diese, indem er im Anblicken verwirklicht wird. Wahrnehmungen *leihen* sich ihren Sinn nicht lediglich vom Denken und Sprechen. Sie *verleihen* Sinn, der sich gerade dann bemerkbar macht, wenn er am Sprechen scheitert. Es gibt Unsagbares, das gleichwohl nicht

---

4   Käte Meyer-Drawe: Das Wort als Antwort auf die Dinge. Lipps und Merleau-Ponty zur Kreativität von Sprache. In: Dilthey-Jahrbuch für Philosophie und Geschichte der Geisteswissenschaften. Band 6/1989, 127–140.

5   Vgl. Bernhard Waldenfels: Von der Wirkmacht der Bilder. In: Gottfried Boehm/Birgit Mersmann/Christian Spies (Hg.): Movens Bild. Zwischen Evidenz und Affekt. München 2008, 47–63, hier: 54.

unausdrücklich ist. Vernunft wird nicht gegen Sinnlichkeit ausgespielt, sondern ihr Zusammenspiel gedeutet. Gerade die brüchige Beziehung unserer sinnlichen Erfahrungen zur Sprache kann ein Staunen auslösen, das vielleicht immer noch wie bei Platon und Aristoteles als Anfang der Philosophie gelten sowie den unlöslichen Zusammenhang von Sinnlichkeit und Erkennen bezeugen kann.

Mit Platon verbindet man jedoch vor allem eine Bilderkritik.[6] Ausgehend von der Wertschätzung des menschlichen Geistes, stehen für ihn Bilder im Verdacht, die Lebendigkeit des Logos abzutöten. Dessen Dynamik wird allerdings durch Widerfahrnisse aufrechterhalten, die er zügeln muss, indem er verhindert, dass aus Mut Übermut und aus Sinnlichkeit Sucht wird. Selbst wenn für Platon die Differenz von Denken und Wahrnehmen entscheidend bleibt, so ergründet er doch auch ihr Zusammenwirken im Hinblick auf die denkende Seele. Im Dialog „Theaitetos" begreift er die Wahrnehmung selbst als einen wechselseitigen Prozess von Herstellen (poiein) und Erleiden (paschein). Er sagt: Denn „weder ist etwas ein Wirkendes, ehe es mit einem Leidenden [...], noch ein Leidendes, ehe [es] mit dem Wirkenden [zusammentrifft]; ja auch, was mit dem einen zusammentreffend ein Wirkendes wird, zeigt sich, wenn es auf ein anderes fällt, als ein Leidendes."[7] Im Sehen etwa werden die Röte des Gegenstands und die Wahrnehmung zusammen erzeugt, „was beides nicht wäre erzeugt worden, wenn eines von jenen beiden auf ein anderes getroffen hätte [...]."[8] Das Wahrnehmbare und die Wahrnehmung treten gemeinsam auf wie Zwillinge (didymoi) in unendlich vielen Gestalten. Sie sind verwandt. Deshalb sieht man dezente oder schrille Farben, hört leise oder laute Töne, riecht mit Wohlgefallen oder Abscheu. Trotz seiner gleichsam phänomenologischen Analyse des Zusammenspiels von Sehen und Gesehenem bleibt für Platon aber das Erkennen dem Wahrnehmen überlegen. Dass dem Erkennen selbst ein Leiden eingeschrieben ist, wird von ihm zwar vorausgesetzt, dass dieser Befund die Reinheit des Logos befleckt, muss er jedoch bestreiten.

Bilder zeigen sich und etwas, sie evozieren Sinn im Stofflichen, eröffnen das Mögliche im Wirklichen, bringen zum Erscheinen und Verschwinden. Dadurch beeinflussen sie unsere Wahrnehmungsneigungen. Sie können prägen und normalisieren, indem sie einen imaginären Raum bevölkern, welchen diejenigen teilen, die sie ansehen. Sie rücken manches in das Licht der Öffentlichkeit, indem sie anderes in der Unsichtbarkeit belassen oder dem Blick entziehen. Als

---

6    Vgl. Müller, Bilder-Skepsis, a. a. O., 164.
7    Platon: Theaitetos. In: ders.: Werke in acht Bänden. Band 6. Übers. von Friedrich Schleiermacher. Bearbeitet von Peter Staudacher. Griechischer Text von Auguste Diès. Darmstadt ²1990, 157a.
8    Ebd., 156d.

Bilddinge nisten sie sich in eine Welt voller „Inkompossibilitäten" ein,[9] in welcher die Dinge sich im Wege stehen und um ihre Sichtbarkeit rivalisieren. Allerdings gibt es bemerkenswerte Ausnahmen: Traumbilder und Spiegelbilder. Den letzteren sollen die folgenden Ausführungen gelten. Spiegelbilder sind eine Begleiterscheinung im strengen Sinne des Wortes, die sich nicht unter die Bilder an der Wand einreiht, sondern demjenigen folgen, der sich in ihnen spiegelt. Sie fungieren als merkwürdige Doppelgänger, die gleich einem Schatten an ein Vorbild gebunden sind, von dem es kein Urbild gibt. Spiegelbilder haben ihre eigene Wirklichkeit. Der Verdacht, sie seien „eine sekundäre Realität"[10], prallt an ihnen ab.

### Spiegelbilder

Spiegelbilder von uns selbst sind uns nicht gleichgültig. Sie haben auf eigentümliche Weise teil an uns wie wir an ihnen. Spiegelbilder stoßen uns darauf, dass wir der Faszination von Bildern nicht nahekommen, wenn wir sie als bloßes Gegenüber von Subjekt und Objekt betrachten. Merleau-Ponty ersetzt das Bild einer frontalen Begegnung eines Subjekts mit seinen Objekten deshalb durch das Muster einer lateralen Verflechtung, einer obliquen Beziehung, einen Blick, der vom Himmel auf die Erde zurückkehrt und sich sowie seinesgleichen von der Seite betrachtet. Am Subjekt wird dabei dessen Verwandtschaft mit den Objekten ausgemacht, aber auch am Objekt wird erkannt, dass es seine spezifische Gegebenheitsweise nur der Intervention des Subjekts verdankt.

Mein eigenes Gesicht kenne ich nur als Bild, beispielsweise als Spiegelbild, als Portrait sowie Passbild oder vielleicht im Rahmen einer Videoaufnahme. Während ich mit einem anderen spreche, kann nur dieser wahrnehmen, welchen Ausdruck mein Gesicht annimmt, wenn mir etwas wichtig ist, ich um Zustimmung werbe oder mir etwas als fragwürdig erscheint. Meine Expressivität und meine Ausstrahlung gibt es nur für andere, nicht für mich selbst. In der Versagung, mein eigenes lebendiges Gesicht zu sehen, spitzt sich die „Zweiheit von Leib-Sein und Körperhaben" zu, die besagt, „daß der *eigene Leib* Züge eines *Fremdkörpers* aufweist."[11] Diese Befremdlichkeit erlebt man etwa in dem Fall, wenn man unerwartet seinem Spiegelbild begegnet. Das eigene Gesicht, das

---

9    Vgl. Maurice Merleau-Ponty: Das Sichtbare und das Unsichtbare, gefolgt von Arbeitsnotizen. Hg. und mit einem Vor- und Nachwort versehen von Claude Lefort. Übersetzt von Regula Giuliani und Bernhard Waldenfels. München ³2004 [Paris 1964], 29 und 179.

10   Müller, Vom Lernen des „sehenden Sehens", a. a. O., 172.

11   Bernhard Waldenfels: Bewährungsproben der Phänomenologie. In: Philosophische Rundschau. 57 (2010), H. 2, 154–178, hier: 163.

nicht mit der Begegnung seiner selbst rechnet, gleicht einer Maske, die mir nur von innen gegeben ist, ausgestattet mit einer Mimik, welche ich in den Gesichtern von anderen gelernt habe. Mit der Konzentration auf das eigene Bild beruhigt sich die Lage unmittelbar, indem mein Gesicht die Resonanz auf die anderen in seinem Standbild verliert. Kein Portrait befriedigt das narzisstische Begehren, und erst ein erheblicher Aufwand an Kunstfertigkeit eines Photographen führt in seinen Augen zu der ersehnten ‚Natürlichkeit‘, in welcher man vielleicht eine Ähnlichkeit findet.

„Woher wissen Sie das?", fragt Roland Barthes, „Was ist dieses ‚Sie‘, dem Sie ähnlich sehen oder nicht? [...] Wo ist Ihr Wahrheitskörper? Sie allein können sich immer nur als Bild sehen, niemals sehen Sie Ihre Augen, es sei denn verdummt durch den Blick, den Sie auf den Spiegel richten (mich würde nur interessieren, meine Augen zu sehen, wenn sie dich ansehen): [...]."[12] Aber genau das ist uns entzogen. Man kann zwar seine Augen *sehen*, sich aber nicht in die Augen *schauen*. Der Blick in den Spiegel bleibt unerwidert. Er gewahrt einen Doppelgänger, der alles mitvollzieht, und zwar nicht etwa seitenverkehrt, wie immer wieder behauptet wird. So kommt uns die rechte Hand auf der rechten Seite entgegen und nicht auf der linken. Die Irritation rührt daher, dass wir von unserem Spiegelbild unbedacht erwarten, dass es wie ein anderer Mensch handele, der uns gegenübersteht und uns grüßt. Rechts bleibt gleichwohl rechts, und links bleibt links, auch oben und unten werden nicht vertauscht. „Wir gebrauchen das Spiegelbild richtig, aber wir sprechen darüber [...] falsch, als täte es selber, was effektiv wir es tun lassen [...]."[13]

Das Spiegelbild ist in räumlicher und zeitlicher Hinsicht unfasslich. Während das photographische oder gemalte Abbild bleibt und sich unter die Dinge des Raumes mischt, wenn wir fortgehen, ist das Spiegelbild an unsere Gegenwart gebunden. Es erscheint und verschwindet mit mir, ein lästiger oder geliebter Doppelgänger. Tatsächlich müsste ich aber zu zweit sein, um mich selbst als Original zu sehen. Kann ich mich also im Spiegel beobachten? Nein, denn das „Spiegelbild meines Leibes folgt ständig meinen Intentionen, ihrem Schatten gleich, und wenn Beobachten heißt, den Gesichtspunkt abwandeln, den Gegenstand aber festhalten, entzieht sich mein Leib auch im Spiegel meiner Beobachtung, [...]."[14] Das Spiegelbild versagt mir die Distanz, die ich suche, und ver-

---

12  Roland Barthes: Über mich selbst. Übersetzt von Jürgen Hoch. München 1978 [Paris 1975], 40.

13  Umberto Eco: Über Spiegel und andere Phänomene. Übersetzt von Burkhart Kroeber. München 1988 [Mailand 1985/1987], 31.

14  Maurice Merleau-Ponty: Phänomenologie der Wahrnehmung. Übersetzt und durch eine Vorrede eingeführt von Rudolf Boehm. Berlin 1966 [Paris 1945], 116.

weigert das Original, statt es abzubilden. Es bleibt ein Fremdkörper. Es soll mich spiegeln. Ob es mich widerspiegelt, bleibt Spekulation.

So kommt es auch auf die Umgebung des Spiegels an. Eine warme Beleuchtung schmeichelt dem Bild. Die Konturen sind weich. Dunkle Augenringe werden zu einer matten Umrandung, welche die Augen betont. Ganz anders sieht man sich in einer weiß-grellen Ausleuchtung. Hier gibt es nur extreme Bilder: Entweder erscheint man als krebsrot oder kalkweiß. Die Konturen sind scharf. Die Spuren von Stimmungen werfen Schatten in den Linien, die sie hinterlassen. Das Spiegelbild im weißen Neonlicht ermuntert den klinischen Blick und ist geradezu eine Aufforderung, Maßnahmen zur Korrektur zu ergreifen. Auch die Tageszeit spielt eine Rolle. Der morgendliche Blick in den Spiegel zeigt ein Gesicht, das noch nicht strahlen kann oder will, ganz anders als das letzte Bild am Abend, weich gezeichnet durch ein Glas Wein und die Müdigkeit. Und da gibt es noch den wunderbaren Spiegel in dem Modeladen, der nicht plan ist und die eigene Silhouette schmal wiedergibt, an der einfach jedes Kleid wunderbar aussieht. Alles in allem sehen wir uns im Spiegel durchaus nicht, wie uns die anderen sehen, sondern wir werfen einen eigenen Blick darauf, und dieser Blick ist alles andere als neutral. Er kann unerbittlich sein oder auch nachsichtig, gleichgültig wohl kaum. Jede Resonanz auf unser Spiegelbild ändert dieses. Niemals jedoch werden wir uns sehen, wie uns die anderen sehen. Normalerweise vergessen wir diesen Umstand, weil wir uns ja insbesondere für den Blick der anderen herrichten. Je länger wir allerdings darüber nachdenken, desto beunruhigender wird diese eigentümliche Entfremdung von uns selbst. Was heißt es, dass ich einen Anblick biete, der mir selbst verwehrt ist? Ich erscheine mir selbst immer nur in meinen Augen, selbst auf einer Photographie oder in einem Film. Ich bin Anblick. Ich habe ein Gesicht, werde gesehen. Ich kann Blicke fangen. Blicke können sich jedoch auch auf mich heften oder durch mich hindurchgehen. Blicke kann man spüren. Im Kreuzfeuer der Blicke entsteht mein Anblick, über den ich selbst nicht verfüge.

Wir leben in einer Gesellschaft, die von Gesichtern beherrscht ist.[15] Wir sind umgeben von zahllosen Gesichtern. In Großformat blicken sie von den Werbeflächen zurück. Wahlplakate zeigen uns unsere Politikerinnen und Politiker mit makellosen Gesichtern. Kaum ein Buch können wir lesen, ohne dass wir uns das Gesicht des Autors oder der Autorin unter dem Klappentext anschauen müssen, oft in unverwüstlicher Jugend erstarrt. Die Allgegenwart der Gesichter beraubt sie ihrer Besonderheit. Wir gewöhnen uns nicht nur an sie, das makellose

---

15   Vgl. Thomas Macho: Abweichung und Idealmaß. Zur Funktionalisierung der Gesichter in der Moderne. In: Petra Lutz/Thomas Macho/Heike Zirden (Hg.): Der [im-]perfekte Mensch. Metamorphosen von Normalität und Abweichung. Für die Aktion Mensch und die Stiftung Deutsches Hygiene-Museum. Köln 2003, 31–40.

Standgesicht wird zur Normalität und lässt uns vergessen, dass es unser expressives Gesicht ist, auf das die anderen antworten, und dass es das andere Gesicht ist, das uns von Beginn unseres Lebens an spiegelt.

In der Entwicklung des Individuums ist das Gesicht der Mutter zumeist der erste Spiegel für den Säugling. Man spricht dabei vom Madonna-Phänomen, weil die Mutter nicht ihre eigenen Affekte mimisch wiedergibt, sondern jene des Säuglings nachahmt und ausprägt. Sie ist Spiegel und Echo in eins. Die lebenslange Bedeutung von Gesichtern in der zwischenmenschlichen Interaktion hat hier ihren Grund: Mutter und Kind spiegeln sich ineinander. Das wird insbesondere am ersten Lächeln deutlich, das ausdrücklich dem menschlichen Gesicht gilt. Dieses wird ungefähr im zweiten Lebensmonat zu einer privilegierten Erscheinung, und zwar zunächst nur von vorne und nicht von der Seite.[16] Spiegelphänomene beherrschen die Interaktion. Nicht allein beim Füttern der eigenen Kinder, sondern auch bei fremden öffnen und schließen Erwachsene ihre Lippen in einem fiktiven Mitessen. Die mimetische Spiegelung betrifft auch die Höhe der Stimme und die Wahl der Worte, das Wuchern der Diminutive und die Rückkehr zur ansonsten längst vergessenen Echolalie.

Es dauert, bis der Säugling sich selbst im Spiegel erkennt. Auf dem Arm der Mutter nimmt er zunächst die Mutter im Spiegel wahr, weil er den Vergleich hat. Aber woher sollte er wissen, dass er nicht auf einen Nebenbuhler neidisch zu sein braucht, der im Arm der Mutter liegt? Er hat doch nur sehr fragmentarische Erfahrungen von sich selbst, kann nicht einmal selbstständig auf eigenen Füßen stehen. Das Erkennen des eigenen Spiegelbilds wird mit Jubel begleitet.[17] Zugleich stellt sich aber auch eine Entfremdung ein, welche von nun an das Leben begleiten wird: Ich bin nicht allein das, als was ich mich unmittelbar erlebe. Ich bin auch noch ein Bild von mir, das sich andere machen können. Ich erscheine im eigenen sowie im fremden Blick, und beide sehen nicht dasselbe.

In kulturgeschichtlicher Perspektive sind die ältesten Spiegel die Pupillen des menschlichen Auges,[18] die ihren Namen dem Püppchen verdanken, als das wir im Auge des anderen erscheinen. Die Bilder sind sehr klein und deshalb kaum geeignet, uns mit unserem Aussehen vertraut zu machen. Weitere altbekannte Spiegel sind ruhige, klare Wasseroberflächen. In ein solches Spiegelbild verliebte sich Narziss, als er sich nach der Jagd abkühlen wollte und völlig un-

16 Vgl. René A. Spitz unter Mitarbeit von W. Godfrey Cobliner: Vom Säugling zum Kleinkind. Naturgeschichte der Mutter-Kind-Beziehungen im ersten Lebensjahr. Übersetzt von Gudrun Theusner-Stampa. Stuttgart [8]1985 [New York 1965], 69 ff.

17 Vgl. Käte Meyer-Drawe: Illusionen von Autonomie. Diesseits von Ohnmacht und Allmacht des Ich. München [2]2000, 125.

18 Vgl. Platon: Alkibiades I. In: ders.: Werke in acht Bänden. Band 1. Übersetzt von Friedrich Schleiermacher. Bearbeitet von Heinz Hofmann. Griechischer Text von Louis Bodin et al. Darmstadt [2]1990, 132d ff.

erwartet im Wasserspiegel einem wunderschönen Jüngling begegnete, von dem er nicht wusste, dass er es selbst war. Narziss hatte bislang jedes Begehren abgewehrt, das ihm die Mädchen entgegenbrachten. Zu diesen zählte auch Echo, die sich leidenschaftlich nach ihm verzehrte. Diese schwatzhafte Nymphe war von Juno dafür bestraft worden, dass sie von der Untreue Jupiters, dem Gatten von Juno, durch ihr Gerede ablenkte. Ihre Bestrafung bestand darin, dass sie niemals mehr eine Rede oder ein Gespräch beginnen, sondern nur noch die letzten Worte wiederholen konnte. Nachdem Narziss vor ihr geflohen ist, vergeht sie vor unerwiderter Leidenschaft und verflüchtigt sich zu einer Stimme in den Bergen, die wir heute noch gelegentlich hören können. Narziss konnte jedoch nicht von seinem Spiegelbild lassen. Ovid beschreibt dessen Schicksal mit folgenden Worten: „Er weiß nicht, was er sieht; doch was er sieht, setzt ihn in Flammen. Und seine Augen reizt dasselbe Trugbild, das sie täuscht. Leichtgläubiger! Was greifst du vergeblich nach dem flüchtigen Bild! Was du erstrebst, ist nirgends; was du liebst, wirst du verlieren, sobald du dich abwendest. Was du siehst, ist nur Schatten, nur Spiegelbild. Es hat kein eigenes Wesen: Mit dir kam es, mit dir bleibt es, mit dir wird es fortgehen – wenn du nur fortgehen könntest!"[19] Narziss kann das geliebte Bild nicht berühren, ohne es zu zerstören. Schließlich bringen die Tränen unendlichen Leids das Wasser zum Kräuseln, und das geliebte Bild verschwindet. Beide, Narziss und Echo, verkörpern Extreme unserer Existenz, das bloße Sein zu sich und das pure Sein durch den anderen. Beide gehen an dieser Ausschließlichkeit zugrunde.

Der ruhige Wasserspiegel wird im antiken Griechenland nicht allein in abgelegenen Tümpeln gesucht. Er wird nachgestellt durch mit Ruß geschwärzte Schalen, in welche Wasser geschüttet wird. Aber ein Problem bleibt: Der Wasserspiegel reflektiert das hängende Gesicht. Das kümmert den jungen Narziss nicht, ist jedoch für ein älteres Gesicht wenig schmeichelhaft. Über einen Wasserspiegel muss man sich beugen, man kann ihm nicht gegenübertreten. Die Magie des Spiegels zeigt sich aber bereits hier: Man nutzt seine geheimnisvolle Flüchtigkeit und ringt ihm Orakelsprüche ab, weil er uns zeigt, was wir ohne ihn nicht sehen könnten: die Welt hinter uns. Warum sollte es ihm dann nicht auch möglich sein zu zeigen, was vor uns liegt? Die Zauberkraft des Spiegels kennen wir aus Märchen. „Spieglein, Spieglein an der Wand, wer ist die Schönste im ganzen Land?", fragt die Stiefmutter Schneewittchens ihren Spiegel, im Vertrauen darauf zu hören: „Frau Königin, Ihr seid die Schönste im Land." Jäh wird die

---

19    P. Ovidius Naso: Metamorphosen. Übersetzt und hg. von Michael von Albrecht. Mit 30 Radierungen von Pablo Picasso und einem kunsthistorischen Nachwort von Eckhard Leuschner. Stuttgart 2010, 177.

Königin aus der Verfallenheit an ihr eigenes Spiegelbild gerissen, als dieser ihr mitteilt, dass Schneewittchen bereits im Alter von sieben Jahren tausendmal schöner sei als sie. Mordversuche an der Konkurrentin sind die Folge. Schneewittchen bleibt jedoch unantastbar. Ihre Schönheit überlebt alle Attacken. Die Strafe der Königin besteht darin, dass sie auf Schneewittchens Hochzeit in glühenden Schuhen so lange tanzen muss, bis sie tot umfällt. Auch hier führt das Spiegelbild zu einer Verzehrung, der Leib nähert sich seinem unfasslichen Bild im Spiegel an und büßt seine Materialität ein, was schließlich zu seiner Zerstörung führt.

Die Brüder Grimm kannten schon die großen Glasspiegel, in denen man seinem Bild gegenübertreten konnte und für die das Publikum im avantgardistischen Paris den Namen „psyche" erfindet.[20] Psyche heißt Seele. Von ihren Seelen sind sie umgeben, in den Cafés, in den Kaufhäusern, in den Spiegelsälen der Schlösser. Überall stoßen Menschen auf ihr Ich, gesucht und ungesucht. Glasspiegel wurden technisch erst im Hochmittelalter möglich. Die ältesten bekannten Spiegel sind Obsidianscheiben, die beim raschen Abkühlen von Lava entstehen, oder sie wurden aus polierter Bronze gefertigt. Nun hatte man sein eigenes Vis-à-vis. Das Gesichtsbild war weder zu klein wie jenes in den Pupillen noch hängend wie das im Wasser, aber das Bild war trüb, kaum zu erkennen und hochempfindlich. Die Kostbarkeit der Spiegel wurde durch reiche Verzierungen unterstrichen. Allerdings dienten der Griff und der Deckel auch dem Schutz der anfälligen Oberfläche. Erst im 17. Jahrhundert entwickelte man mit dem technologischen Wissen der Renaissance Plattengießverfahren, die eine glatte Spiegelfläche ermöglichten.

Mit zunehmender technischer Perfektion büßen Spiegel allerdings ihre dämonische Kraft ein. Sie werden zu einem ganz normalen Doppelgänger und zu einem Gebrauchsgegenstand, an dem nicht gezweifelt wird und dem nichts Gespenstisches mehr anhaftet, zu Unrecht – denn wenn sie auch keinen Blick in die Zukunft ermöglichen, zeigen sie doch eine Welt, wie wir sie sonst niemals wahrnehmen können. Abergläubische Redewendungen halten mitunter das Dämonische auf ihre Weise in Erinnerung. So lautet ein altes Sprichwort: „Wer nachts in den Spiegel sieht, hinter dem wird der Teufel sichtbar." Vampire haben keine Spiegelbilder, weil sie keine Seele haben. Das Zerbrechen von Spiegeln bringt Unglück. Porzellanscherben dagegen sollen am Polterabend Glück bescheren. Der Spiegel wird verhängt, wenn jemand verstorben ist. Er gilt als Grenze zwischen Diesseits und Jenseits. Die Verhängung soll verhindern, dass der oder die Verstorbene als Geist zurückkehrt.

---

20   Vgl. Ralf Konersmann: „Befremdliche Wohlbekanntheit". Zur Kulturgeschichte des Spiegels. In: Neue Rundschau. 99 (1988), H. 1, 120–139, hier: 125.

In einem Fall behält der Spiegel allerdings seine realen magischen Kräfte, indem er uns nämlich vorgaukelt, wir sähen uns in ihm, wie uns die anderen sehen. Tatsächlich jedoch sehen wir nicht das Bild, das die anderen von uns haben, sondern wir begegnen uns in unseren eigenen Augen. Sehen ist zudem noch sehr konventionell. Es ist auf ein Wiedersehen, auf Kontinuität aus. Deshalb wird unser Spiegelbild mitgezeichnet durch unsere Vertrautheit mit uns, durch Erinnerungsbilder, ähnlich wie das Gesicht des langjährigen Lebenspartners, das merkwürdigerweise immer weniger altert als das der Zeitgenossen. Das vertraute Gesicht ähnelt dem Spiegelbild. Es bleibt auf bestimmte Weise unzensiert und profitiert durch seine Geschichte. Es behält Züge des ehemaligen jungen Gesichts, und zwar nicht, weil die Falten oder Altersflecken fehlten. Die sind durchaus vorhanden, aber sie sind dem vertrauten Blick des anderen gleichgültig, weil dieser auf eine Ausstrahlung antwortet, welche die Jugend noch immer mit anwesend sein lässt.

Das Gesicht ist etwas Besonderes. So vertraut es sein kann, so fremd ist es zugleich. Das gilt insbesondere für das eigene Gesicht, das nur auf Umwegen zugänglich ist. So bedeutet etwa Schminken eine intime Befassung mit dem eigenen Gesicht, die keine fremden Blicke schätzt. „Man versenkt sich in die Zwiesprache mit einem überaus komplexen Adressaten: einem sich sehenden, sich durchsichtigen und sich doch auch undurchsichtigen Selbst."[21] Beim Schminken entsteht eines meiner Gesichter. Im Vordergrund steht dabei der Akt, die Choreographie von Auge und Hand, aus der ein Gesichtsbild hervorgeht. Wir vergessen das geschminkte Gesicht meistens beim Verlassen des Badezimmers, weil das Schminken selbst das Wichtigste ist und wir danach dem anderen zugekehrt sind, eine Zuwendung, die möglich ist, weil wir von uns absehen. Im Spiegel entsteht wie beim Photo ein gespenstischer Eindruck dadurch, dass aus dem Subjekt des Betrachtens ein Objekt der Betrachtung wird. Ich fühle selbst, wie ich zum Objekt werde, wie mir gleichsam das Bild die Lebendigkeit entzieht.[22]

Trotz aller Versagungen kommt uns das eigene Gesicht jedoch als so unverwechselbar vor wie ein Fingerabdruck. Ohne Umwege haben wir es niemals gesehen. Dennoch überkommt uns ein unangenehmes Gefühl, wenn wir für jemand anderen gehalten werden. Schrecklich ist es, wenn uns geliebte Menschen nicht wiedererkennen. Beide Male zweifeln wir eher am anderen als an uns selbst. Dabei haben wir, streng genommen, dazu keinen Grund. Nie haben wir gesehen, welchen Anblick wir bieten, während wir essen oder trinken. Niemals

---

21    Petra Gehring: Das Gesichtsbild als Akt. In: Christian Janecke (Hg.): Gesichter auftragen. Argumente zum Schminken. Marburg 2006, 79–93, hier: 85.

22    Vgl. Roland Barthes: Die helle Kammer. Bemerkung zur Photographie. Übersetzt von Dietrich Leube. Frankfurt am Main 1989 [Paris 1980], 22.

werden wir uns sehen, während wir mit einem anderen sprechen, wir verliebt blicken oder vor Wut zittern. Der andere ist uns dabei stets voraus. Wir sind wie unsere Mitmenschen und doch anders. Es gibt etwas Absonderliches, etwas Seltsames, das uns abweichen lässt. Doch ist diese Abweichung in ihrem vollen Ausmaß unzugänglich für uns selbst. Das blanke Entsetzen und die nackte Angst kennen wir nur aus den Gesichtern der anderen. Unser eigenes Gesicht ist uns selbst eigentümlich äußerlich, eine dem anderen zugewandte lebendige Larve. „Was mir fehlt, das ist dieses Ich, das du siehst. Und was dir fehlt, das bist du, den ich sehe."[23]

Das „Gesicht bewirkt, daß der Mensch schon aus seinem Anblick, nicht erst aus seinem Handeln verstanden wird. Das Gesicht, als Ausdrucksorgan betrachtet, ist sozusagen ganz theoretischen Wesens, es *handelt* nicht, wie die Hand, wie der Fuß, wie der ganze Körper; es trägt nicht das innerliche und praktische Verhalten des Menschen, sondern es *erzählt* nur von ihm."[24] Der Gesichtsausdruck ist nicht vom Gesicht abzulösen und etwa durch Sprache zu ersetzen wie manche Geste. „Ich freue mich" ist nicht dasselbe wie ein freudiger Gesichtsausdruck. „Du tickst nicht richtig" kann dagegen sehr wohl statt des Tippens mit dem Zeigefinger gegen die eigene Stirnseite gesagt werden. *Ein Gesichtsausdruck hat keine Stellvertreter.* Er moduliert die Interaktion. Man kann ihn nicht zurücknehmen. Ein entsetzter Blick kann mehr anrichten als Worte der Bestürzung. Im Umgang miteinander sind wir auf den Gesichtsausdruck angewiesen, was man insbesondere beim Telephonieren in Erfahrung bringen kann. Manche Äußerungen kann man dabei schlecht einschätzen, ironische etwa. Gleichzeitig gestikuliert das Gesicht des Sprechers am Hörer in die Leere und hört doch nicht auf damit. Vom Beginn seines Lebens an orientiert sich der Mensch am anderen Gesicht. Daher verunsichert es, wenn das Gegenüber gar keine Resonanzen zeigt. Wir sehen weder Zweifel noch Zustimmung, wenn uns der andere im Gespräch zuhört. Ein Gefühl stellt sich ein, als würde man gegen eine Wand reden. Dem Reden fehlt bald der Schwung, die Emphase. Es trocknet aus. Gerade diesen für unser Miteinander wesentlichen Gesichtsausdruck enthält uns unser eigenes Spiegelbild vor. Weil er keine Stellvertreter hat, gibt es unser expressives Gesicht nur für den anderen.

---

23 Paul Valéry: Zur Theorie der Dichtkunst und vermischte Gedanken. In: ders.: Werke. Frankfurter Ausgabe in 7 Bänden. Band 5. Hg. von Jürgen Schmidt-Radefeldt. Frankfurt am Main 1991, 308.

24 Georg Simmel: Exkurs über die Soziologie der Sinne. In: ders.: Gesammelte Werke. Band 2. Soziologie. Untersuchungen über die Formen der Vergesellschaftung. Berlin 1958, 483–493, hier: 485 (kursive Hervorhebung im Original gesperrt).

## Skepsis als Lebenskunst

Spiegelbilder sind Doppelgänger, die uns wie Schatten begleiten. Ohne unsere Anwesenheit gibt es sie nicht. Daher sind sie an unserer Sichtbarkeit für uns beteiligt wie wir an ihrer Existenz. Sie sind eher „Bildner"[25] als Abbilder. Sie lassen uns etwas sehen, das uns ohne sie nicht gegeben wäre. Doch verschaffen sie uns keinesfalls Gewissheit über uns selbst. Sie reflektieren auch nicht unsere Wirklichkeit. Im Zusammenspiel mit dem eigenen Blick entsteht ein Konterfei, dem nicht zu trauen ist. Dennoch kommt es uns näher als das gemalte Portrait, die Photographie oder der Film. Spiegelbilder fangen unsere Leiblichkeit ein und lassen sich dennoch nicht berühren. Sie geben uns wieder als Sehende, die in ihnen sichtbar werden. Damit bewahren sie ihre Macht. Wir werden von ihnen in Bann gehalten. Selbst wenn wir ihnen aus dem Wege gehen, geschieht dies nicht aus Gleichgültigkeit. Sie widersetzen sich der strikten Ordnung nach Subjekt und Objekt. Sie spielen damit, dass das Sichtbare auf Unsichtbares verweist, Anwesenheit auf Abwesenheit. Spiegelbilder verbürgen keine Wahrheit. Eher nähren sie Zweifel, Unsicherheiten und Befremdlichkeiten.

So gesehen könnten sie zu einer Skepsis als Lebensform beitragen, weil sie vor Augen führen, dass es etwas gibt, das dem Selbst weder vollständig beliebig oder gleichgültig ist noch absolute Geltung beanspruchen kann. Die gelebte Skepsis nimmt der Selbstdeutung des Menschen als gründenden Subjekts jeden Anhalt, weil sie beachtet, dass in jeder Stiftung Anstiftung fungiert. Walter Müller nennt die skeptische Lebensform mit Wilhelm Weischedel „Grundhaltung der Abschiedlichkeit"[26]. In dieser Haltung ratifizieren wir die Endlichkeit unserer Existenz, die nicht nur in unserer Vergänglichkeit gründet, sondern in einer Selbstentzogenheit, die sowohl unser Denken und Sagen als auch unser Wahrnehmen und Handeln betrifft. In diesem Sinne hat unser Leben einen Todesgeschmack,[27] eine Unzugänglichkeit, die dem Prinzipiellen den Boden entzieht.[28] Skepsis kann in diesem Sinne zu einer Lebenskunst gesteigert werden, die darauf antwortet, dass wir stets auch verfehlen, indem wir anstreben. Störungen unserer

---

25   Jacques Lacan: Das Spiegelstadium als Bildner der Ichfunktion, wie sie uns in der psychoanalytischen Erfahrung erscheint [1949]. In: ders.: Schriften I. Ausgewählt und hg. von Norbert Haas. Übersetzt von Rodolphe Gasché et al. Olten/Freiburg im Breisgau 1973 [Paris 1966], 61–70.

26   Vgl. Walter Müller: Skepsis – eine pädagogische Lebensform? In: Dieter-Jürgen Löwisch/Jörg Ruhloff/Peter Vogel (Hg.): Pädagogische Skepsis. Wolfgang Fischer zum einundsechzigsten Geburtstag. Sankt Augustin 1988, 115–126, hier: 124. Meine wenigen Anregungen gelten, im Unterschied zu Walter Müllers Auffassung, nicht allein der Skepsis als einer pädagogischen Lebensform. Vielmehr gehe ich davon aus, dass die Wachsamkeit gegenüber Gewissheitsprätentionen eine allgemeine Lebenshaltung charakterisieren kann.

27   Vgl. Merleau-Ponty, Phänomenologie der Wahrnehmung, a. a. O., 417.

28   Vgl. Müller, Skepsis – eine pädagogische Lebensform, a. a. O., 120.

Existenz zeigen sich von dieser Warte aus nicht lediglich als Selbstverlust. Es gibt auch ein Übermaß an Selbstgabe, wenn nämlich in Vergessenheit gerät, dass wir uns nicht in absoluter Evidenz gegeben sind. Wir verlieren dann die Distanz zu uns und büßen die produktive Kraft unserer Versagungen ein. Mein Spiegelbild lehrt mich, dass ich mich selbst niemals so sehen werde, wie mich andere wahrnehmen. Aber genau deshalb muss ich auch nicht nur diejenige sein, als die ich mich erkannt habe.

Sprache wie Bilder verdoppeln nicht ein Sein, dem sie nichts bestreiten, aber auch nichts hinzufügen. Der Sinn wartet nicht lediglich auf seine Entzifferung. In dem, was wir sehen und sagen, liegt daher stets mehr Sinn, als wir in Bildern wahrnehmen und in Worte fassen können. Bildung *durch* Bilder meint einen Beitrag zu unserer Lebensführung, die wir als Umgang mit der unausweichlichen Fremdheit unserer selbst gestalten. Ein Verzicht auf Bilder ist im Bildungsprozess unmöglich, weil uns unsere sinnliche Wahrnehmung auch mit Blick auf uns selbst im Stich lässt. Der Ohnmacht des Selbst, die in einer Versagung gegründet ist, entspricht somit eine Macht der Bilder, die darin besteht, dass sie eine – wenn auch nur vorläufige – Antwort auf diesen provokativen Selbstentzug geben. Der in diesem Sinne Gebildete weiß um den Zauber sowie die Vorläufigkeit der Bilder. Skepsis als Lebenskunst gleitet nach dem Vorbild des Seitenblicks weder über diesen Umstand sorglos hinweg, noch bleibt sie in Resignation stecken.

# Überzeugen, ohne zu beweisen –
# Anmerkungen zur Bilder-Skepsis

*Jörg Ruhloff*

### Revision der Bilderskepsis?

Vor sechzehn Jahren hat Walter Müller in einem Band mit Studien des Colloquium Paedagogicum einen Beitrag unter dem Titel „Bilder-Skepsis" veröffentlicht.[1] Dieses Thema seines Forschens und Nachdenkens hat ihn nicht mehr losgelassen. Kürzlich hat er es erneut aufgegriffen und weitergeführt unter dem
Titel „Vom Lernen des ‚sehenden Sehens' in Zeiten zunehmender Bildergefräßigkeit"[2]. Im Ergebnis scheinen seine neuerlichen Überlegungen den Bildern und
der Bildlichkeit im pädagogischen Zusammenhang ein größeres Recht einzuräumen, als es früher der Fall war. Bereits der ältere Aufsatz unterstreicht zwar
die Berechtigung des pädagogischen Bildgebrauchs. Er endet jedoch mit dem
Hinweis darauf, dass wir in eine Falle tappen könnten, wenn wir an die Stärkung
der ästhetischen und insbesondere der bildlich-sinnlichen Komponenten in Bil-
dungsprozessen die Hoffnung auf ein humanes „Bild der Welt" knüpften, die
einer tatsächlich besseren Welt den Weg bereiten möchte. In seinem neueren
Beitrag setzt Walter Müller den abschließenden Akzent anders. Er fordert dort
als Konsequenz seiner Erwägungen, das „weit verbreitete Bildmisstrauen zugunsten einer stärkeren Berücksichtigung des ästhetischen, ontologischen und
epistemologischen Eigenwerts von Bildern" aufzugeben. Und er geht noch weiter mit der These: „Unterricht müsste [...] nicht mehr nur Gelegenheit geben, mit
Hilfe von Bildern zu lernen – wie das im Sinne der traditionellen Mediendidaktik
zumeist geschieht –, sondern gleichsam ‚durch' Bilder und ‚in' Bildern zu lernen; und zwar grundsätzlich in allen Unterrichtsfächern." Anschließend an „Bilderfahrungen und Sehgewohnheiten der Heranwachsenden" sollte Unterricht seine Gegenstände „nicht nur [...] diskursiv" erörtern, sondern – „soweit dies mög-

---

1 Walter Müller: Bilder-Skepsis. In: Colloquium Paedagogicum: Studien zur Geschichte und Ge-
genwart transzendentalkritischer und skeptischer Pädagogik. Hg. von Wolfgang Fischer. St.
Augustin 1994, 159–179.
2 Walter Müller: Vom Lernen des „sehenden Sehens" in Zeiten zunehmender Bildergefräßigkeit.
In: Umlernen. Festschrift für Käte Meyer-Drawe. Hg. von Norbert Ricken/Henning Röhr/Jörg
Ruhloff/Klaus Schaller. München 2009, 167–181.

lich und von der Sache her angemessen ist – auch bildlich in Erscheinung treten" lassen.[3]

Diese Postulate könnten beinahe so aufgefasst werden, als wäre die Skepsis preisgegeben worden, um stattdessen Lehrmeinungen vorbehaltlos, also dogmatisch zu verkünden. Bei genauem Lesen kann sich dieser Eindruck nicht festsetzen. Nur wer die zitierten Sätze aus ihrem Begründungszusammenhang löst und überdies dem Vorurteil anhängt, Skeptiker müssten, um ihrem Namen gerecht zu werden, alles in der Schwebe lassen und jederzeit, was sie sagen, mit einer Aura von Zweifelhaftigkeit umkränzen, nur der wird die zitierten Thesen als flagranten Widerspruch zur Skepsis verstehen müssen. Auf den theoretischen Horizont der Skepsis bezieht sich Walter Müller immer noch, auch im unmittelbaren Zusammenhang seiner forcierten pädagogischen Bilder-Bejahung. So eng ist Skepsis als eine Lebenshaltung, wie er sie versteht,[4] offensichtlich nicht, dass sie in der Pädagogik nicht auch Raum für Bejahungen, Empfehlungen und Postulate ließe. Sokratische Skepsis schließt nicht überhaupt das Vorbringen von Wahrheitsansprüchen aus, sondern deren Absolutismus und Totalitarismus, und nicht einmal dies im Sinne definitiver Vorab-Verurteilungen, sondern nur insofern, als zurückgewiesen wird, gewisse Ansprüche ohne alle Prüfung prinzipiell anzuerkennen.[5]

Trotzdem kann die entschiedene Bejahung des Bildergebrauchs im Unterricht irritieren. Wohl erfolgt sie nicht ohne Einschränkung. Der Einsatz von Bildern wird als pädagogisch berechtigt erachtet nur dann, wenn er, wie Walter Müller schreibt, „von der Sache her" „möglich" und „angemessen" ist. In dieser Aussage ist enthalten, dass es auch Unterrichtsgegenstände gibt, die den Bildergebrauch möglicherweise verwehren, die durch Bildlichkeit verfälscht werden könnten, zu deren Verständnis Bilder unmöglich beitragen können. Denkbar wäre auch, die Einschränkung so zu verstehen, dass generell an Bildgegenständen etwas zu berücksichtigen sein könnte, das in ihrer Bildqualität nicht aufgeht, so dass der Akzent darauf liegt, dass zwar *auch*, aber doch nicht allein, sondern eben nur „*gleichsam*" „in" und „durch" Bilder zu lernen wäre.

Indessen scheint die Einschränkung dann auch wieder zurückgenommen zu werden, wenn das Postulat, „durch" Bilder und „in" Bildern zu lernen, ausdrücklich und „grundsätzlich" auf „alle" Unterrichtsfächer ausgedehnt wird. Der Bil-

---

3    Ebd., 178 (Hervorhebung im Original).

4    Vgl. Walter Müller: Skepsis als Lebensform. In: Pädagogische Skepsis. Wolfgang Fischer zum einundsechzigsten Geburtstag. Hg. von Dieter-Jürgen Löwisch/Jörg Ruhloff/Peter Vogel. St. Augustin 1988, 115–126; ausführlich und systematisch wird die „Konstruktivität" der Skepsis erörtert von Christian Schönherr: Skepsis als Bildung? Skeptisch-transzendentalkritische Pädagogik und die Frage nach ihrer „Konstruktivität". Würzburg 2003.

5    Vgl. Wolfgang Fischer: Sokrates pädagogisch. Hg. von Jörg Ruhloff/Christian Schönherr. Würzburg 2004.

dergebrauch wird also nicht etwa nur für diejenigen Unterrichtsfächer bejaht, die es mit abbildungsfähigen räumlich-dinglichen Gestalten und Verhältnissen zu tun haben oder die das Bildphänomen als Gegenstand naturwissenschaftlicher Erklärung thematisieren. Im Schlussabschnitt von Müllers Beitrag wird neben dem Kunstunterricht, für den die pädagogische Bemühung um Bilderfahrungen nicht erläuterungsbedürftig ist, exemplarisch auf den Deutsch- und den Geschichtsunterricht hingewiesen. Für diese beiden Fachgebiete ist eine gegenstandsspezifische, mit der Eigenart sprachlicher und historischer Sachverhalte gegebene, Erkenntnisfunktion von Bildern zumindest nicht offenkundig. Hier setzen meine Fragen und Anmerkungen ein. Wie ist das *„durch* Bilder und *in* Bildern zu lernen"* genauer zu verstehen? Worin liegt der über die pädagogisch traditionellen „medialen und auxiliären Funktionen" (Walter Müller) von Bildern hinausgehende pädagogische Mehrwert? Was an der Bildlichkeit ist es, wodurch Bilder generell pädagogisch geeignet und sogar unverzichtbar zu sein scheinen, nicht nur als Stellvertreter von Sehdingen, die in ihrer Sachstruktur erkannt werden sollen, und auch nicht nur als naturwissenschaftlich zu erklärende Phänomene oder als Gegenstände künstlerischen Schaffens und ästhetischen Verstehens zu fungieren?

## Transzendentalkritische Bejahung der Sinne

Das Stichwort für die allgemeine pädagogische Aufwertung der Bildlichkeit lautet: Rehabilitation der Sinnlichkeit. Mit der Einsicht in die Unhaltbarkeit des „hierarchischen Dualismus von Geist und Körper und der Trennung von Rationalität und Sinnlichkeit" entschwindet die Hauptbegründung für das „Bildmisstrauen".[6] Zu dieser Argumentation möchte ich zunächst aus der Denktradition der transzendentalkritischen Pädagogik vor ihrer skeptischen Wende eine Anmerkung nachtragen, an die weitere systematische und historische Hinweise anschließen, die die Sachlage insgesamt noch einmal komplizieren. Sie laufen auf die Frage hinaus, ob die grundsätzliche Anerkennung der Sinnlichkeit bereits hinreicht, den Bildergebrauch beim Lehren und Lernen *generell,* das heißt: alle sachstrukturellen Differenzen der Fachgebiete übergreifend, zu empfehlen. Sie lenken die Aufmerksamkeit auf die Möglichkeit, dass Bildergebrauch auch unter dieser Bedingung pädagogisch vielleicht nur bejaht werden kann, wenn die Bildlichkeit zugleich auch überschritten wird. Dann aber ergäbe sich die Frage, woraufhin sie zu übersteigen wäre.

---

6    Müller, Vom Lernen des „sehenden Sehens", a. a. O., 175.

In seiner Habilitationsschrift „Der Begriff der Anschauung"[7] hat vor rund achtzig Jahren Alfred Petzelt einen Gedankengang entfaltet, der die allgemeine pädagogische Anerkennung der Sinne unterstreicht, zum Gebrauch von Bildern im Unterricht jedoch eine eher restriktive Position stärkt. Ganz auf der Linie einer Rehabilitation der Sinnlichkeit ist da etwa zu lesen: „Wer die Trennung von Wahrnehmungsakten und Denkakten vollzieht, kann den Sinn des Psychischen", den alles „pädagogische Verhalten" berücksichtigen muss, „nur gründlichst verfehlen".[8] „Es kann schlechterdings keine Aufgabe geben, in der nicht Relationen auf mich auch in physischer Hinsicht müssten jeden Augenblick bewusst werden können. [...] Es gibt also keinen Denkakt, der nicht von sinnlichen Affekten müsste begleitet werden können."[9] Denken und Wahrnehmung „stehen nie so einander gegenüber, dass entweder nur das eine oder das andere Tatsache wird"[10].

Was die Zurückweisung einer rationalistischen Herabsetzung der Sinnlichkeit anbelangt, lassen diese Aussagen an Deutlichkeit nichts zu wünschen übrig. Gemäß der Argumentation Petzelts folgt daraus jedoch keineswegs eine ungebrochene allgemeine Bejahung des Bildergebrauchs beim Lernen und bei der Erfüllung von Unterrichts- und Lehraufgaben. Bilderverwendung im Geschichtsunterricht beispielsweise sei, für sich genommen, unangemessen, weil die historische Erkenntnis nicht an Bildern, sondern an (wertenden) Urteilen über menschliche Handlungen in der Vergangenheit hänge. „Handlungen werden nicht wahrgenommen oder beobachtet, sondern verstanden",[11] so heißt es lapidar. Bilder im Geschichtsunterricht werden damit zwar nicht rundweg ausgeschlossen. „Bilder und historische Sammlungen aller Art" gewinnen aber, wie Petzelt schreibt, „ihre historische Würde" nicht bereits aus ihrer Bildeigenschaft, sondern erst aus „der Beziehung zum handelnden Subjekt".[12] Dieses, „das Ich", ist wohl „anschaulich im Hinblick auf seine psychophysische Einheit als Organismus und die sich daraus ergebenden Beziehungen zur Natur."[13] „Gründe und Überlegungen der historische Ereignisse vollziehenden Individuen" kommen jedoch durch den Rekurs auf die Leiblichkeit und ihre Zugehörigkeit zur Natur nicht bereits zum

---

7    Alfred Petzelt: Der Begriff der Anschauung. Eine Untersuchung zur Theorie pädagogischen Verhaltens. Leipzig 1933. Wichtige Unterscheidungen dieser Schrift greifen zurück auf Richard Hönigswald: Studien zur Theorie pädagogischer Grundbegriffe. Eine kritische Untersuchung [1913], Nachdruck Darmstadt 1966.
8    Petzelt, Der Begriff der Anschauung, a. a. O., 112.
9    Ebd., 110 f.
10   Ebd., 112.
11   Ebd., 122 (Hervorhebung im Original).
12   Ebd.
13   Ebd.

Vorschein.[14] Sie entziehen sich der Wahrnehmung. Eine unabhängige Einsicht in Begründungszusammenhänge, so könnte Petzelts Gedankengang weitergeführt werden, ist – der Sache nach, nicht im zeitlichen Gang des Lernens und des Unterrichtens – Voraussetzung dafür, dass unter Umständen auch Bilder eine Argumentstelle in der historischen Erkenntnis bekommen können. Sie haben ihn, und das ist der Punkt, auf den es im Moment ankommt, nicht bereits aufgrund ihrer Bildlichkeit, wenn zum Begriff des Bildes als unverzichtbare Definitionselemente Räumlichkeit und Sichtbarkeit gehören. Zu einem verstandenen, vermuteten oder herauszubildenden Bedeutungszusammenhang, der als solcher kein Gegenstand der Wahrnehmung ist, können, müssen zuweilen auch Bilder illustrierend, erläuternd, bestätigend oder noch anders *hinzukommen*. Ohne die Rückbeziehung auf nicht wahrnehmbare Bedeutungsbeziehungen und Bedeutungsordnungen bleiben sie jedoch unverständliche Irrläufer beim Lernen und Erkennen geschichtlicher Zusammenhänge. In der Konsequenz besagt das: Bildlichkeit ist nicht generell so etwas wie ein zusätzlicher unabhängiger Weg zum Verständnis sachlicher Strukturen *neben* dem sprachlich-begrifflichen. Die gegenwärtig des öfteren vorgebrachte Berufung auf die Nutzung der Pluralität von ‚Sinneskanälen‘ zur didaktischen Optimierung von Verstehen ist demzufolge völlig abwegig. Für keinen der gegenständlichen Bereiche des Lehrens und Lernens braucht zwar ein „Nullpunkt" von Anschaulichkeit und damit ein rigoroser Verzicht auf bildartige Darstellungen – Abbilder, Skizzen, Schemazeichnungen ... – angenommen zu werden. Sogar für das, was nicht „*aus* der Erfahrung" stammt, wie „die Gesetzmäßigkeit der Mathematik", „muß eine *anschauliche Repräsentation* [...] möglich sein. Aber sie ist eben Repräsentation und nicht identisch mit mathematischer Ordnung."[15] Zwischen dem Sichtbaren und den Bedeutungsordnungen, zu denen es gehört, falls und insofern es verständlich ist, tut sich eine Differenz auf. Der Übergang von der Anschauung beziehungsweise von wahrgenommenen Bildern zum Verstehen von Bedeutungszusammenhängen, und nur sie können überhaupt verstanden werden, ist, wie Hönigswald und Petzelt sagen, durch „Diskontinuität" bestimmt.[16] Dabei ist jedoch zu beachten, dass „Diskontinuität" Ausdruck für eine besonders bestimmte Art von Relation und nicht für Beziehungslosigkeit ist.

Diese oder eine ähnlich Differenz war es vermutlich, die bereits den wichtigsten Förderer der Bildlichkeit in der Pädagogik, Comenius, vor der Bejahung des Bildergebrauchs lange hatte zögern lassen, wie Klaus Schaller herausgefun-

---

14   Vgl. ebd.
15   Ebd., 123 (Hervorhebung im Original). Petzelts Differenzierung zwischen Anschauung und Wahrnehmung, die in diese Aussage eingeht, bleibt im Moment unbeachtet.
16   Vgl. ebd., 112.

den hat.[17] Erst nachdem Comenius das Problem der Ordnung des Ganzen durch-
drungen zu haben glaubte und den Anschauungsbildern gemeinsam mit dem
Wort eine begrenzte Weisungskraft zuerkennen konnte für das, was der Mensch
„an und mit den Dingen zu tun hat", verlor sich seine anfängliche pädagogische
Zurückhaltung gegenüber Bildern. „Das im ‚Orbis pictus' vermittelte Wissen ist
als rechtes Wissen, das um das ‚Woher' und ‚Wohin' der Dinge weiß, immer
schon Anweisung zu einem Tun."[18] Eine von Benennung, Begriff und Sprach-
lichkeit unabhängige Kraft der Bilder für das bildungstheoretisch relevante Welt-
verstehen wird damit ausgeschlossen. Bilder behalten einen Verweisungscharak-
ter. Sie sind grundsätzlich ergänzungsbedürftig durch etwas, was nicht wiederum
Bild ist. Für Comenius liegt ihr pädagogischer Sinn im richtigen Handeln, das,
wenn nicht auf die Erkenntnis des Ganzen, so doch zumindest auf das *Streben*
nach der Ordnung im Ganzen, angewiesen ist. Ohne eine Verbindung mit der
vorausgesetzten Bedeutungsordnung des Weltganzen bleibt der Bildergebrauch
in der Pädagogik, nach comenianischer Argumentation, schlechterdings halt- und
sinnlos.

## Bild, Bildung und Unbildung

Aus diesen problemgeschichtlichen Einflechtungen ergibt sich die Komplikation,
dass Sinnlichkeit und pädagogischer Bildergebrauch grundsätzlich bejaht werden
können, ohne einen „epistemologischen Eigenwert" der Bildlichkeit neben einem
„ästhetischen" und einem „ontologischen" Eigenstatus uneingeschränkt anzuerkennen[19]. Die Leugnung eines gewissen ästhetischen und ontologischen Ge-
wichts von Bildern wird nicht einmal Platon, dem Stammvater des philoso-
phisch-pädagogisch (und nicht theologisch) begründeten Vorbehalts gegen Bilder, zugeschrieben werden können. In einer wichtigen Hinsicht bejaht sogar
seine Bildungslehre auch eine grundsätzliche „Sinnhaftigkeit unserer Wahrnehmung"[20] und damit eine epistemologische Bedeutsamkeit von Bildern. Nach dem
Höhlengleichnis ist die Ansatzstelle von Pädagogik ja dadurch gekennzeichnet,
dass Menschen in einer fixierten Beziehung zu wechselnden Schattenbildern
vorgefunden werden und dass bereits in dieser Bilder-Beziehung zur Welt die
„Kraft" und das „Organ" des Denkens am Werk sind („Politeia", 518f.),

---

17   Vgl. Klaus Schaller: Die Pädagogik des Johann Amos Comenius und die Anfänge des pädago-
     gischen Realismus im 17. Jahrhundert. Heidelberg ²1967, 341 ff.
18   Ebd., 342.
19   Müller, Vom Lernen des „sehenden Sehens", a. a. O., 178.
20   Ebd., 177.

wenngleich sie auf einem Wege tätig sind, in dessen Verlaufsrichtung die anfängliche Unbildung nie verlassen, sondern nur *als Ungebildetheit* angereichert werden kann, etwa durch Kumulierung von erinnerten Mustern der Abfolge des Wahrgenommenen und daraus erwachsenden ‚Kompetenzen' zur Vorhersage von Bildreihenfolgen im Leistungswettbewerb der Höhlenmitbewohner. Trotz Platons Betonung der Wahrheitsferne von Bilderfahrungen bleibt aber doch bemerkenswert, dass die Pädagogik auch mit Einschluss seines folgenreichen Denkens eine Bilder-Beziehung der Menschen erst einmal generell anerkennen und durchdenken müsste. Das Verhältnis der Menschen zu Bildern, durch welches das Verhältnis zur Welt gegeben sei, ist in Platons Argumentation die Anfangsbedingung des Bildungsvorgangs. Die Verfangenheit in der anfänglichen Bilder-Wahrnehmung gibt also das pädagogische Problem insgesamt überhaupt erst vor und auf. Weder kann Pädagogik ein Welt-Verhältnis der Erziehungsbedürftigen unabhängig davon stiften, als hätte sie es mit leeren Behältern zu tun, noch ist sie es, die eine zuvor bedeutungs-unabhängige Bilder-Beziehung zur Welt bloß noch nachträglich mit Bedeutung versorgen müsste oder könnte.

Damit werden die der platonischen Denklinie folgenden pädagogischen Vorbehalte gegen Bildlichkeit nicht für gegenstandslos erklärt. Die Hinweise verengen aber den Argumentationsraum für eine pädagogische Beurteilung von Bildern und Bilderfahrungen noch einmal. Wenn weder die Angewiesenheit von Bildern auf Sinneswahrnehmungen in anthropologischer Hinsicht, noch eine Erkenntnis- oder Verständlichkeitsfremdheit von Bildern in gegenständlicher Hinsicht den Bildergebrauch grundsätzlich disqualifizieren können – worauf kann sich ein pädagogischer Bildervorbehalt dann noch stützen? Oder, mit anderen Worten: Wenn eingeräumt wird, dass Bild-Wahrnehmungen ein nicht zu ersetzender Modus des menschlichen Weltverhältnisses sind, dass sie also eine Art des Entdeckens von etwas und als solches auch bereits Träger einer bestimmten Art von Wahrheitsansprüchen sind – es sind *verschiedene* Schatten, die in der Höhle gesehen werden, und das Schattenbild einer Vase wird wahrnehmend *nicht identifiziert* mit dem einer Statue –, wieso kann der Bildlichkeit dann noch ein Mangel nachgesagt werden?

Liegt der Mangelbehauptung etwa eine Kategorienverwirrung zugrunde? Müsste das Zugeständnis einer *spezifischen* Entdeckungskraft des Sehens und (mit dieser Einschränkung) auch einer Wahrheitsbedeutung von Bildern nicht auf einen Standpunkt führen, der etwa folgendermaßen zu umreißen wäre: Bilder leisten für das Weltverständnis, was sie als Bilder eben leisten können; aber „Bildsemantik" und Sprachsemantik gehören nicht „in ein gemeinsames Kategoriensystem", wie kürzlich in einer für die Problemklärung hilfreichen Studie geschrieben wurde?[21] Von diesem Standpunkt beurteilt, wäre die platonische Argumentation bereits im Ansatz verfehlt.

Aber lässt sich der Standpunkt einer strikten kategorialen Trennung zwischen Sehen und Sprechen durchhalten? Ist es gewissermaßen nur eine verlegene Geste des Gerechtigkeitsempfindens, hervorgerufen durch die Not der Stummheit des Sichtbaren und eingesetzt, um der Schwäche der Selbstbehauptungsfähigkeit der Dinge gegen die Übermacht der Sprache beizuspringen, wenn wir auch Bildern wie der Sprache eine *Semantik* zuerkennen, so dass Sehen und Sprechen unter eine gemeinsame Wortbedeutung geraten, während wir genau genommen zugeben müssten, bereits damit den Eigenstatus der Sehdinge zu verfehlen? Es darf doch wenigstens gefragt werden, ob nicht die inzwischen verbreitete Redewendung, Bilder könnten und müssten ähnlich wie Sprachgebilde zu ‚*lesen'* gelehrt und gelernt werden, einen Zugang zur Sache der Bildlichkeit postuliert, der mehr verstellt, als er klärt. Haben denn Alphabet, Grammatik und andere Grundzüge von Sprachen eindeutige Entsprechungen im Bildbereich? Können Bilder kraft eines *regelgeleiteten* Verfahrens *so* in Komponenten zerlegt beziehungsweise aus gleichartigen, in verschiedenen Bildern immer wieder anzutreffenden Bildteilen aufgebaut werden wie Sätze? Die Lese-Metaphorik kann das nahelegen. Oder zerfällt bei der Suche nach immer wiederkehrenden gleichartigen Bildelementen, also bei dem Versuch, Bilder zu lesen, die Bildlichkeit zuletzt in Informationsquanten, in Pixel, aus denen keinerlei Bildsinn mehr zu entnehmen oder für den Bildaufbau zu gewinnen ist? In der Malereitheorie der Renaissance schwebte die Transformation der Bildkunst in den Status einer lehrbaren, auf allgemeinverbindliche Regeln gegründeten Wissenschaft vor.[22] Dieses Projekt war nicht fruchtlos, konnte die Bilder hervorbringende Produktivität jedoch nicht auf Dauer an sprachlich zu artikulierende Anweisungen binden. Die moderne Bildkunst ist davon längst abgekommen, und eine kritische Kunstwissenschaft hat prinzipielle Grenzen von „Ikonologie" aufgedeckt[23].

Aus diesem Befund kann gleichwohl nicht hergeleitet werden, dass Bilder von Denken, Begrifflichkeit und Sprache streng zu separieren wären, so dass sie als Ausreißer aus allen Bedeutungskontexten erachtet werden müssten. Noch der über die ‚Kunstlosigkeit' moderner Bildkunst empörte Betrachter, der sich von Werken abwendet, die ihm ‚nichts sagen', kann so nur urteilen, weil er das, was ihm in den Blick fällt, mit einem *Begriff* erfasst und in eine Bedeutungsordnung

---

21   Petra Reinhartz: Bilder-Räume in ihrer Bedeutung für Bildungsprozesse. In: Karl Helmer/Gaby Herchert/Sascha Löwenstein (Hg.): Bild, Bildung, Argumentation. Würzburg 2009, 201–211, hier: 205.

22   Vgl. Ulrike Bollmann: Wandlungen neuzeitlichen Wissens. Historisch-systematische Analysen aus pädagogischer Sicht. Würzburg 2001, Abschn. 2.4.

23   Siehe Ernst H. Gombrich: Ziele und Grenzen der Ikonologie. In: Ders.: Das symbolische Bild. Zur Kunst der Renaissance II. Stuttgart 1986, 11–35.

stellt, die nicht mit Augen wahrgenommen, sondern *gemeint* wird. Der Bedeutungsakzent des Gemeinten gemäß einer begrifflichen Ordnung braucht nicht notwendigerweise reflexiv zu Bewusstsein zu kommen und bedacht zu werden. Das urteils- und handlungs-lenkende begriffliche Vorzeichen des Meinens, das im Spiel ist, wenn beispielsweise die Belanglosigkeit bestimmter Kunstbilder bekundet wird, kann seinerseits wiederum in einer dinglich-bildlichen Verkörperung verborgen bleiben, und es ist nicht auszuschließen, dass daran eine endlose Verzweigung, so etwas wie ein komplettes ‚Weltbild' aus lauter mit Bildern amalgamierten Bedeutungen anschließt. Bewusst ist etwa nur, dass man sich in einem Museum aufhält. Bereits damit folgt das Sehen auch ohne weitere Reflexion einem Meinungs-Vorzeichen. Dieses wiederum verschlingt sich mit anderen bildlich vermittelten Vorzeichen zu einem mehr oder weniger dichten Bild-Meinungs-Gewebe, das die gesamte Verständnisart mitsamt dem Verhalten und Handeln der keineswegs nur ‚platonischen' Höhlenmenschen kennzeichnet.

Gesehenes ist anscheinend unzertrennlich, obgleich nicht starr[24], mit Gemeintem verbunden. Gleichwohl dürfte unabweislich sein, dass *begriffliche* Beziehungen als Strukturen des Meinens etwas *anderes* sind als sichtbare Verbindungen. Das Verstehen und Erkennen kann nicht restlos an Bilder übertragen werden. Das mit dem Aufsuchen und Betreten des Museumsbaus einhergehende Meinungsvorzeichen ‚Kunstanspruch' stellt die einzelnen Ausstellungsgegenstände vorgängig in einen begrifflich-logischen Bedeutungszusammenhang, der sie unabhängig vom Aussehen des Museumsbaus und unabhängig davon, ob oder wie einzelne Werke dem Kunstanspruch genügen, miteinander verknüpft. Und das Urteil darüber, inwiefern sie dem Anspruch genügen, ist seinerseits kein Abbild des Gesehenen. Es möchte ihm ‚entsprechen'. Es sollte das Gesehene würdigen.

Aber Urteile über Gesehenes, die das in ihm steckende Bedeutungsvorzeichen gedanklich abheben, das heißt: die Grund, Art und Reichweite der in Bilder eingelassenen Bedeutungsvorzeichen erwägen, sind weder ohne weiteres möglich, noch erscheinen sie ohne weiteres als dringlich und nötig. Die Verknüpfungen zwischen Bilddingen und Bedeutungsvorzeichen sowie Bedeutungsordnungen können uns verborgen bleiben, ohne dass wir darum bereits umgehend lebensunfähig würden. Die „Unbildung", die wir uns von Platon nachsagen lassen müssten, scheint praktisch irrelevant zu sein. In Platons pädagogischem Problemansatz war sie es nicht; denn die Bilderbefangenheit der Ungebildeten geht

---

24 Bernhard Waldenfels verwendet einmal die Metapher des „Scharniers", um die Beweglichkeit der Bindung zwischen Bildlichkeit und Begrifflichkeit zu kennzeichnen. Das reicht aber, wie mir scheint, nicht hin, um die (nicht umkehrbare, einseitige) *Ablösbarkeit* der Bedeutungsfunktion von der Bildlichkeit zu kennzeichnen und die Möglichkeit der Verbildlichung von Nichtbildlichem in die Problemstellung hinein zu nehmen.

unvermeidlich mit Bedeutungsbehauptungen einher. Diese greifen in Ansprüche auf die richtige Gestaltung der gemeinsamen politischen Lebensordnung über. Befangen und „gefangen" (Wittgenstein) in Bildern und nurmehr bildlichen Verweisungszusammenhängen, also auf der Basis von Unbildung, kann über die unvermeidlicherweise voneinander abweichenden Deutungs- und Ordnungsansprüche im Zusammenleben nicht vernünftig, sondern zuletzt nur noch gewaltsam befunden werden. Die mit der Bilderbefangenheit beständig mitlaufenden Bedeutungsstreitigkeiten drohen, für einzelne mörderisch zu enden und selbstzerstörerisch für die mehr oder weniger verlässlichen Ordnungsformen von politischen Gemeinschaften.

**Bildlichkeit und Begrifflichkeit**

Die Frage, wie und wann Bilder angemessen gewürdigt werden und was die Ermöglichung solcher Angemessenheit im Urteil *über* Bilder und im Umgang *mit* ihnen für die Menschenbildung bedeutet, kann als die Achse erachtet werden, um die der pädagogische Bilderdiskurs sich bewegt und die auch noch seine antithetisch-antipodischen Positionen miteinander verbindet.

In den Bilderdiskurs geht die Prämisse ein, dass Bildern überhaupt eine *allgemeine* Bedeutung vernünftigerweise und in einem strengen Sinne zuerkannt werden kann. Die eben angestellten Überlegungen können Zweifel an der Berechtigung dieser Prämisse noch nicht völlig ausräumen. Allgemeinheit ist eine Funktion von Begriffen. Begriffe gewährleisten, verschiedene vereinzelte ‚Gegenstände' zu einer Bedeutungseinheit zusammenzuführen. In seiner begrifflichen Bedeutung, wenn also nur auf das ‚Vorzeichen' – jemand begreift etwas *als* ... – geachtet wird, unter dem ein Ding beziehungsweise der Referent einer Meinung mit anderen gleichartigen Dingen oder Referenten zusammengehört, kann ein beliebiger Referent einen beliebigen anderen desselben Bedeutungsbezirks als Beispiel für den gesamten Bezirk nicht nur vertreten, sondern auch ersetzen. Die jeweilige Logik einer begrifflichen Bedeutungsfunktion nimmt alle ihre möglichen, unbestimmt zahlreichen Beispiele in ein und derselben Bedeutung zusammen. ‚Hüte' sind auf der Basis einer definierten Begriffsfassung Schlapphüte ebenso wie Zylinder, ohne dass eine Hutform die andere aus dem gemeinsamen Begriff verdrängte, während sie als Bilder oder Gebrauchsgegenstände einander durchaus den Platz streitig machen. Die begriffliche Funktion, die etwas einer allgemeinen Bedeutung zuordnet, sieht von der dinglichen Konkretion und deren bildlichen Repräsentanten ab. Bilder hingegen lassen ein derartiges Absehen – man ist versucht zu sagen ‚ihrem Wesen nach' – nicht zu. Im Unterschied zu Trägern derselben Begriffsbedeutung sind sie nicht austauschbar, und zwar sogar dann nicht, wenn ein Bild die zum Verwechseln ähnliche Kopie eines anderen ist. Zur Minimaleigenschaft von Bilddingen gehört es, Stellen im Raum beziehungsweise auf Flächen zu umschließen. Sie lassen sich, wie insbesondere gesagt worden ist, um auch die ‚ungegenständliche' Bildkunst zu berücksichtigen, allgemein wenigstens dadurch definieren, dass sie „einen Rahmen" haben (Marianne Ruhloff) beziehungsweise das zu Sehende auf eine Rahmen analoge Art begrenzen. Eine Raumstelle liegt stets *neben* einer anderen, so dass mehrere Bilder nur verschiedene Raumstellen einnehmen können,[25] während unbestimmt zahlreiche Beispiele die Funktion ein und derselben begriffslogischen Bedeutungseinheit bezeichnen können.

Diese Explikation scheint noch einmal die völlige Verschiedenartigkeit von Bildlichkeit und Begrifflichkeit aufzudrängen. Das wäre jedoch nur dann der Fall, wenn Stellen im Raum mitsamt den Dingen, durch die sie ausgefüllt werden, für uns nicht *stets zugleich* auch ‚Stellen' für begriffliche Bedeutungen wären. Die Bedeutung eines Bildes mitsamt seiner Raumstelle mag sein welche immer – geometrische Figur, Zeichen, Symbol, Abbild von ..., Schmuck für ..., Erinnerungsstütze, ‚ungegenständliche' Farben- und Formenkombination oder noch andere –, irgendeiner Bedeutung sind die Raumstelle und was sie erfüllt zugeordnet oder zuzuordnen. Wären sie es nicht, so könnten sie nicht einmal in der extremen Bedeutungsverdünnung von ‚Stellen' und als ‚etwas' in Meinungen und Aussagen vorkommen. Sie wären dann auch als Thema und Problem der Pädagogik unmöglich.

## Pädagogische Bilderskepsis als Weltbindungsaufgabe

Die analytischen Anmerkungen zur Bildlichkeit lassen sich abschließend zu einem ergänzenden Argument dafür ausformen, mit Walter Müller den Bildergebrauch als ein *allgemeines* pädagogisches Problem zu verstehen und die pädagogische Aufgabe in einem *skeptischen* Sinne anzugehen.

Über den *allgemeinpädagogischen*, Bildung, Lehren und Lernen in ihrem ‚ganzen' begrifflichen Umfang betreffenden Sachcharakter der Bilderthematik ist wohl in den bildthematischen Publikationen von Walter Müller und mit den jetzigen Kommentierungen Hinreichendes gesagt. Die Erforderlichkeit bereichs- und fachdidaktischer Problemspezifikationen wird damit nicht bestritten. Sie können jedoch allgemeinpädagogische Theorieanstrengungen zum Bildergebrauch nicht ersetzen. Ohne Verbindung mit grundlagentheoretischen Bemühun-

---

25   Auch für Kipp-Bilder trifft das zu; denn mit dem Umkippen in das andere Bild ändert sich die räumliche Verteilung des Bildinhalts.

gen[26] könnten sie sich in Problemzerfaserungen und einem undurchdringlichen Wust empirischer Forschungsresultate verlieren, die weder einzeln noch in der Kumulation dazu taugten, den pädagogischen Umgang mit Bildern an vernünftige Grundsätze zu binden.

Zur Begründung eines pädagogisch-*skeptischen* Umgangs mit Bildern sei abschließend noch ein verstärkendes Argument beigetragen. Walter Müller hat die praktisch-pädagogische Skepsis unter anderem so erläutert, dass Erziehung und Unterricht nicht nur ermöglichen sollten, „sich von Bildern ansprechen oder sie auf sich wirken zu lassen". Gegenläufig dazu sollten sie sich auch darum sorgen, sich Bildern „entziehen, sie [...] interpretieren und analysieren zu können".[27] Diese paradoxale Aufgabenumschreibung stimmt dem Sinne nach überein mit der hier herausgestellten Sacheigenheit von Bildern; denn daraus ist herzuleiten, dass das Bildverstehen eine ‚diskontinuierliche' Verbindung der Wahrnehmung des Bildes mit seinem zugehörigen begrifflichen Bedeutungsvorzeichen beziehungsweise seiner Bedeutungsordnung (als Kunst, als Stellvertreter für Naturgegenstände, als politisches Symbol ...) erfordert. Im zeitlichen Gang von Lernen und Lehren wird das nicht ohne den Wechsel zwischen ‚Hinsehen auf' Bilder und ‚Absehen von' ihnen möglich sein, ohne jedoch beim ‚Absehen von' die Intention auf Bildverständnis zu verlieren. Die Schwierigkeit, diese auseinanderstrebenden Bewegungsrichtungen lernend und lehrend zusammenzubringen, leuchtet ein. Unter anderem droht im Unterricht einerseits die Gefahr des umschweifigen Gelabers über Bilder, andererseits die, den Blick durch begriffliche Analytik zu verstellen und das Sehen zu vergessen. Es verwundert daher nicht, dass es offenbar bislang nur selten so gelingt, „die sprachlich-diskursiv gewonnenen Einsichten" zugleich in einen Schutz vor der Manipulationsmacht von Bildern zu verwandeln. Dass deren Faszinationskraft „nicht dadurch [verschwindet], dass man um diese Faszination weiß"[28], könnte zwar noch geradezu als pädagogischer Erfolg angesehen werden, wenn damit gemeint wäre, dass die belehrende und lernende Explikation der in Bilder eingesenkten Bedeutungskomponenten das Erleben- und Erfahren-Können von Bildern nicht zerstört, wie gelegentlich behauptet wird. Wenn hingegen, wie im gerade Zitierten, gemeint

---

26   Damit sind nicht nur Untersuchungen in der hier verfolgten Problematisierungsperspektive gemeint, sondern etwa auch solche, die sich der bildlichen Darstellung pädagogisch relevanter Vorgänge oder Personen zuwenden, wie die vier eindringlichen Studien von Andreas Gruschka zu den „Belehrungen der Pädagogik durch die bildende Kunst" von Chardin (1999), Paolo Veronese (2003), Jan Steen (2005) und zuletzt Philipp Otto Runge unter dem Titel „So nah und doch so fern. Philipp Otto Runges gesteigerte Wirklichkeit der Kinder. Eine Entdeckungsreise durch die Bildwelten Runges und seiner Zeit". Wetzlar (Büchse der Pandora) 2008 und Frankfurt am Main (Andreas Gruschka) 2008.

27   Müller, Vom Lernen des „sehenden Sehens", a. a. O., 178.

28   Ebd., 179.

ist, dass die faszinatorischen „Wirkungen" von Bildern durch Belehrung und Lernen (zumeist) überhaupt nicht berührt werden, wenn gemeint ist, dass der Gebrauch von Bildern und die Gefangennahme durch sie (mit empirisch gestützter Wahrscheinlichkeit) immun ist gegen einschlägige und sachgerechte Lern- und Lehrprozesse, dann ist jede bilder-bezogene Pädagogik, auch eine skeptische, obsolet. Nun stehen in dieser Frage jedoch Erfahrungen gegen Erfahrungen. Vor allem aber stehen verschiedene Arten von theoretisch-begrifflichen Erfahrungsmodellierungen einander entgegen, so dass eine abgespaltene Diskussion von Erfahrungsergebnissen und empirischen Forschungen keinerlei Klärung verspräche.

Eine Ergänzung des Bildkonzepts hingegen könnte das häufige Misslingen der Bemühungen um ein verwandelndes Bild-Wissen (in Unterscheidung sowohl von Bilder-Kenntnissen als auch von operativen bilder-analytischen ‚Kompetenzen') hypothetisch erklären und darüber hinaus speziell einer skeptischen Ausrichtung des Umgangs mit Bildern in der Pädagogik noch einmal Nachdruck verleihen.

„Mit Bildern und Gleichnissen überzeugt man, aber beweist nicht." So ist in den „Sprüchen und Meinungen" Nietzsches zu lesen unter der Überschrift „Gegen Bilder und Gleichnisse".[29] Der Spruch erläutert die „Scheu" der Wissenschaft „vor Bildern und Gleichnissen".[30] Was immer der Bilder-Gebrauch in einem kommunikativen Beziehungsgefüge sonst noch bezwecken mag – in jedem Fall möchte er etwas „*glaublich*" machen, von etwas *überzeugen,* etwas versichern. Das dürfte auch für den heute alltäglichen Bilderkonsum und Bilderaustausch über Internet und Handy zutreffen. Für die Konzeptualisierung von Bildlichkeit ist an Nietzsches These ausschlaggebend, dass in Bildern die Macht steckt, *glauben* zu machen. Auf das Glaubenmachenkönnen ist ihre kommunikative Reichweite aber auch begrenzt.

‚Glauben an …', ‚überzeugt sein von …', ‚vertrauen auf …' gehören mit ‚meinen' und ‚wissen' in einen Problemzusammenhang, der zugleich von herausragender pädagogischer Bedeutung ist. Das Streben nach *Wissen* opponiert seinem Begriffe nach gegen das Verharren in Überzeugungen, gegen das Vertrauen auf Bilder und das Verweilen bei ihnen; denn „Misstrauen [ist] der Prüfstein für das Gold der Gewissheit" (Nietzsche).

---

29   Friedrich Nietzsche: Menschliches, Allzumenschliches II, 2., Der Wanderer und sein Schatten [1880]. In: Kritische Gesamtausgabe. Hg. von Giorgio Colli/Mazzino Montinari. IV. Abt., 3. Band. Berlin 1967, 252, Zif. 145.

30   Auf eine detaillierte Interpretation Nietzsches hat es das Folgende nicht abgesehen. Es geht ausschließlich um den systematischen Ertrag seiner Aussage für das Konzept von Bildlichkeit. Dafür ist es auch unerheblich, ob Nietzsche seinen Spruch hauptsächlich an Sprachbildern orientiert hat, wie es wahrscheinlich ist, oder nicht.

Misstrauen als Lebensnerv von Wissen und Wissenschaft fordert *Beweise*. Ein gelungener Beweis zergliedert den fraglichen Sachverhalt in sämtliche unterscheidbaren ‚Teile', ordnet diesen Argument-Stellenwerte zu und verbindet die Argumentwerte in einer Folgerungskette. Im gelungenen wissenschaftlichen Beweis wird der zunächst unklare Sachverhalt vollständig analysiert und ‚rational' re-konstruiert. Dass sich die Aussagen über einen Sachverhalt aus einer lückenlosen Argumentationskette herleiten lassen, unterscheidet wissenschaftlich geprüfte ‚Gewissheit' von Überzeugungen beziehungsweise vom Glauben an oder Vertrauen auf einen Sachverhalt. Bereits aus dem Umstand, dass wissenschaftliche Gewissheiten auf die ‚Zerlegung' (Analyse) von Sachverhalten angewiesen sind, ergibt sich eine Querstellung von Wissenschaftlichkeit und Bildergebrauch. Dass die Zerlegung tatsächlich nicht vollständig gelingt und dass ‚Gewissheiten' geschichtlich höchstens partiell erreicht worden sind, wie das unabsehbare Fortlaufen von Prozessen wissenschaftlichen Erkennens zeigt, ist für den Unterschied zwischen Bilderglauben und wissenschaftlich geprüftem Wissen unerheblich. Allein schon dies, dass ein Bild zwar auch zerlegt werden kann, dadurch jedoch *als Bild* verschwindet, kann verdeutlichen, dass das Gewahrwerden von Bildern (noch) auf einen anderen Zugangsweg angewiesen ist als auf den wissenschaftlicher Erkenntnis. Umgekehrt liegt in Überzeugungen, sofern sie in einem Bilderglauben fundiert sind, ein Widerstandspotential gegen wissenschaftliche Analytik und ein ihr entsprechendes Lernen.

Sowohl Bilderglaube als auch wissenschaftliche Erkenntnis versetzen uns in ein Verhältnis zu Weltgegenständen und damit zur Welt beziehungsweise zu unserer Welt-Befindlichkeit. Nur darum können sie überhaupt in Opposition geraten. Bilderglaube vermittelt Weltüberzeugungen und insoweit unmittelbare, augenblickliche und als unabweislich sicher erscheinende Welt-Bindungen. Wissenschaftliche Erkenntnisschritte, Argumente können das nicht, auch wenn die Gewissheitsbeweise und bereits die Ambition darauf einen ganz ähnlichen *Effekt,* dauerhaft verlässliche Welt-Bindungen, in Aussicht stellen.

Für den pädagogischen Umgang mit Bildern ergibt sich daraus, dass nicht die Erkenntnis von Bildstrukturen und Bilder-Analytik das primäre Problem sind. Die pädagogische Problemstellung müsste stattdessen bei den Welt-Bindungen der Erziehungs- und Bildungsbedürftigen ansetzen und nach den Bedeutungen fragen, die der (variable) Gebrauch von Bildern beziehungsweise von bestimmten Bildern und Bildarten für bestimmte, mehr oder weniger angemessene Formen und Stile von Weltbindungen hat. Bilder und Bildergebrauch binden in besonders bestimmte Welteinstellungen und Überzeugungssysteme ein. Diese Einbindung beruht aber nicht darauf, dass sie von begrifflichen Bedeutungszügen frei wären. Sie führen stattdessen Bedeutungsvorzeichen mit, die mit anderen, in Bilder verwobenen Bedeutungsvorzeichen zu einem konkretisierten Ganzen mehr oder weniger gut zusammenpassen.

Für den Anstoß zur Befreiung aus bestimmten Bildergefängnissen kommt pädagogisch nicht allein der Wechsel in eine ‚reine' begriffsanalytische Einstellung infrage. Schon von der Konfrontation eingelebter Bildvorlieben mit dazu unpassenden Bildern können fruchtbare Irritationen ausgehen. Sie dürften jedoch schnell verpuffen, wenn es nicht gelingt, die bloße Abwehr von solchen Bildern zu überwinden, die zum eigenen Lebensstil nicht passen. Dann fällt man nach einer kurzen Überraschung und kleinen Sensationen wieder in die gewohnten Bild-Passungen zurück. „In" und „aus" Bildern kann gelernt werden, insofern ‚reine' Bildlichkeit ebenso der Passungs-Kritik ausgesetzt wird wie ‚reine' Vernünftigkeit der Erkenntniskritik.

‚Überzeugung' ist eine abschließende Art der Wahrheits-Vermeinung. ‚Gewissheit' ist es ebenso, wenn sie nicht als eine das Wissensstreben regulierende Idee, sondern als universelle Eigenschaft tatsächlich erreichbaren Wissens verstanden wird. Abschließende Wahrheitsansprüche und Einstellungsfixierungen sind spezifische Gegenstände pädagogisch skeptischer Untersuchungen und Praktiken. Die gegenwärtige Aufdringlichkeit, das Nebeneinander und die scheinbare Einigkeit beider Formen abschließender Weltbindung, derjenigen durch Bilder und derjenigen durch vermeintliche wissenschaftliche ‚Evidenzen', verstärken den Eindruck eines allgemeinen „Mangels an Skepsis", den Wolfgang Fischer diagnostiziert hatte. Sie sind ein starker Grund mehr, Walter Müllers pädagogische Bilder-Skepsis zu teilen und ihre weitere Explikation durch Forschungen und lehrreiche Infragestellungen zu wünschen.

# Vom Schriftträger zum künstlerischen Medium – die Schultafel als Werkzeug des Künstlers Beuys

*Dorit Bosse*

Mit Joseph Beuys werden im Allgemeinen eher Aktionskunst und „documenta" als Schultafeln und Schule verbunden, auch wenn in seinem Werk eine pädagogische Dimension aufscheint, die bereits aus unterschiedlichen Blickwinkeln beleuchtet wurde.[1] Das Pädagogische zeigt sich in Person wie Werk, wobei das künstlerische Schaffen von Joseph Beuys so eng wie bei kaum einem anderen Künstler mit seinem Leben verwoben ist. So kann auf der einen Seite die Lehrtätigkeit von Beuys an der Kunstakademie Düsseldorf selbst als Kunst angesehen werden,[2] während sich auf der anderen Seite in der Tätigkeit des Künstlers Beuys und in seinem künstlerischen Œuvre pädagogische Züge aufzeigen lassen. Im Folgenden soll es nicht um den Akademielehrer, sondern um die pädagogischen Dimensionen im Wirken des Künstlers Beuys gehen, der mit seinen spektakulären Aktionen, ungewöhnlichen Materialien und seinem erweiterten Verständnis von Kunst als einer der wichtigsten Künstler des 20. Jahrhunderts gilt.

Bekannt geworden ist er vor allem durch seine ungewöhnlichen Materialien, und es sind eben diese Materialien, die für das Aufdecken der pädagogischen Dimension im künstlerischen Werk von Beuys eine Schlüsselrolle spielen. Auch wenn Beuys als „Fett- und Filzkünstler" berühmt geworden ist, arbeitete er bevorzugt auch mit Honig, Bienenwachs, Blaubeeren, Birnenhälften, Rosenblättern, Kupfer, Blei, Messing, Zink, Gold, Hasenschädeln und Mäusezähnen. Er verwendete Rucksäcke, Schlitten, Taschenlampen, Schiefertafeln, Spazierstöcke, Klaviere, Triangeln, Stimmgabeln, Konzertbecken, Telefone, Zeitungsstapel, Filmrollen und Filmschachteln. Wenden wir uns einem vergleichsweise unspek-

---

1 Beispielsweise in: Christa Weber: Vom „erweiterten Kunstbegriff" zum „erweiterten Pädagogikbegriff". Versuch einer Standortbestimmung von Joseph Beuys. Frankfurt am Main 1991; Georg Peez: Vorbilder in der Ästhetischen Erziehung, z. B. Beuys: In: Gert Selle/Wolfgang Zacharias/Hans-Peter Burmeister (Hg.): Anstöße zum Ästhetischen Projekt. Eine neue Aktionsform kunst- und kulturpädagogischer Praxis? Hagen/Loccum 1994, 114–115; Dorit Bosse: Der Künstler als Pädagoge – Joseph Beuys. Kassel 1995; Carl-Peter Buschkühle: Wärmezeit – Zur Kunst als Kunstpädagogik bei Joseph Beuys. Frankfurt am Main/Berlin/Bern/New York/ Paris/Wien 1997.

2 Johannes Stüttgen: Der Keilrahmen des Imi Knoebel 1968/89. Köln/Bonn 1991, 48 ff. Zit. in: Reinhard Ermen: Joseph Beuys. Reinbek bei Hamburg 2007, 86.

takulären Material zu, das aber stärker als alle anderen aufgelisteten Stoffe und
Gegenstände einen unmittelbaren Bezug zum Geschäft des Pädagogen aufweist,
der Schiefertafel.

## Die Schiefertafel – ein genuin pädagogisches Medium

Im schulischen Lehr-Lern-Prozess kommt der Tafel, früher aus Schiefer, heute
aus Kunststoff – die technische Neuerung des Interactive Boards sei hier außer
Acht gelassen –, eine zentrale Funktion zu.[3] Im Allgemeinen wird die Tafel als
Schrift- und Bildträger eingesetzt, wenn die Aufmerksamkeit einer Gruppe op-
tisch zentriert werden soll. So werden einzelne Rechenschritte eines mathemati-
schen Problems für alle sichtbar an der Tafel vollzogen oder ein Lehrervortrag
mit Tafelanschrieb begleitet, um wichtige Äußerungen festzuhalten. Durch die
Tatsache, dass etwas an die Tafel geschrieben wird, ist die Bedeutung dessen,
was festgehalten wird, automatisch hervorgehoben. Das An-die-Tafel-Schreiben
dient dazu, zu sammeln, zu ordnen und zu speichern. Es hilft, geäußerte Gedanken auf den Begriff zu bringen oder in Form eines Diagramms zu schematisie-
ren. Dabei können komplexe Sachverhalte in ihrer Vielschichtigkeit auf das
Wesentliche reduziert werden.

Entscheidend ist neben den genannten didaktischen Funktionen aus kogni-
tionspsychologischer Sicht, dass beispielsweise bei der Entfaltung einer Argumentation für die mitdiskutierenden Schüler die akustische Aufnahme des Gesagten durch Visualisierungen unterstützt wird. Der sukzessive Aufbau eines
verbal vermittelten Argumentationsgangs lässt sich, wenn er an der Tafel durch
festgehaltene Begriffe oder Zeichnungen begleitet wird, schließlich simultan
erfassen. Damit kann der vollzogene Prozess noch einmal vergegenwärtigt werden und gewinnt an Eindringlichkeit. Durch die unterschiedlichen Repräsenta-
tionsformen, die verwendet werden, wird das Verständnis unterstützt, das Nachvollziehen erleichtert und die Wahrscheinlichkeit des Behaltens erhöht.[4] Kurzum: Der Einsatz der Tafel als vermittelndes Instrument zeigt das Bemühen des
Lehrenden oder Diskussionsleiters, sich verständlich zu machen, durch das an
der Tafel Festgehaltene Bezugspunkte für die Mitdiskutierenden zu schaffen und
Gesprochenes zu veranschaulichen.

---

3    Vgl. Franz Wich: Das große Buch der Schultafel. Halle 2008.
4    Vgl. Gerhard Steiner: Wiederholungsstrategien. In: Heinz Mandl/Helmut Felix Friedrich (Hg.):
     Handbuch Lernstrategien. Göttingen/Bern/Wien/Toronto/Seattle/Oxford/Prag 2006, 101–113.

## Die Tafel als Werkzeug des Künstlers

Betrachtet man die von Beuys durchgeführten Aktionen, so gibt es durchaus zahlreiche darunter, bei denen die Tafeln in ähnlicher Weise, wie oben für den pädagogischen Kontext beschrieben, genutzt wurden. In der späteren musealen Präsentation, wo sie häufig mit weiteren Aktionsrelikten ausgestellt sind, tritt ihre Funktion als Schrift- und Bildträger zurück, zugunsten ihres Symbolgehalts als Inbegriff eines pädagogischen Kommunikationsmediums.

Die Schiefertafel taucht im Werk von Beuys immer wieder auf, sie gehörte zu den zentralen Requisiten der Fluxusbewegung in den 1960er Jahren. Es gab sie bereits bei der ersten Aktion von Beuys auf dem von ihm organisierten „Festum Fluxorum" im Jahre 1963 in der Düsseldorfer Kunstakademie, die den Titel „Sibirische Symphonie. 1. Satz" trug. Die Tafel, die bei dieser Aktion zum Einsatz kam, musste Beuys nicht extra heranschaffen, er fand sie auf der Bühne der Akademieaula vor. Während der Aktion wurde ein toter Hase[5] an die Tafel gehängt und es wurden Notizen auf der Tafel festgehalten. Auch wenn der Tafelinhalt nicht überliefert ist, vermutet Uwe M. Schneede, dass die Notizen noch nicht die Funktion hatten, das Geschehen durch begriffliche Notationen zu erweitern.[6] Diese Aufgabe bekam die Tafel erst mit der Aktion „Infiltration Homogen für Konzertflügel, der größte Komponist ist das Contergankind" aus dem Jahre 1966.

Im Rahmen der organisatorischen Tätigkeit, die mit der Gründung der Studentenpartei einsetzte, wurde die Tafel als vermittelndes Instrument zum unent-

---

5    Der Hase zieht sich leitmotivisch durch das gesamte Beuyssche Werk. Im kosmologischen Denken des Künstlers ist der Hase das nomadische Steppentier, das Bewegung verkörpert, über alle Grenzen hinweggeht und „sogar mit der Berliner Mauer fertig wird". (Vgl. „Mich muß man nicht verstehen ... AZ-Gespräch mit Joseph Beuys zu seinem neuen Projekt in Neapel". In: AZ vom 15.11.1985 [Interview von Veit Mölter]. Zit. in: Uwe M. Schneede: Joseph Beuys – Die Aktionen. Ostfildern-Ruit 1994, 129) Der Hase wird zu einer Art Synonym für den „Eurasien-Gedanken", jener Idee der großen Einheit (vgl. Götz Adriani/Winfried Konnertz/Karin Thomas: Beuys 1984, 45 f.). Der Hase steht für die Bewegung des Denkens als Voraussetzung für Erneuerung, wobei die Vorstellung von Erneuerung für Beuys immer auch die Überwindung des starren traditionellen Kunstbegriffs einschloss. Innerhalb der für die Beuyssche Kunst wichtigen Motivgruppe aus dem Tierreich wurde der Hase zur wichtigsten Figur, zu jenem Tier, mit dem sich der Künstler am stärksten identifizierte. Für Beuys verkörperte der Hase Inkarnation und Wiedergeburt, Fruchtbarkeit und Vitalität. Seine Identifikation mit dem Tier ging so weit, dass er auf ein Wahlplakat für „Die Grünen" im Jahre 1979 seinen Namen als Hasensignatur setzte. Auf einer von der Freien Internationalen Universität Wangen vertriebenen Postkarte wurde die Hasen-Identifikation dann auch wieder ironisch gebrochen, wenn Beuys bekannte: „Ich bin ein ganz scharfer Hase." (Vgl. Gerhard Theewen: Joseph Beuys und der Humor oder Darf ein Künstler (über sich selbst) lachen? In: Kunstforum Band 120 [1992], 122 f.)

6    Vgl. Schneede, Joseph Beuys – Die Aktionen, a. a. O., 26.

behrlichen Bestandteil von Diskussionen. Dabei verstand Beuys das Festhalten auf den Tafeln insofern als eine Art „Verlängerung der Gedanken", als er seine vorgetragenen Ideen durch begriffliche Notizen fixierte, in Diagrammen veranschaulichte oder mit Skizzen ergänzte. Bei den auf Schiefertafeln visualisierten Gedanken, die man als prozesshafte „Denkbilder" bezeichnen könnte, wird augenfällig, wie die sprachliche und zeichnerische Formung seines Denkens miteinander verschmelzen. Im Beuysschen Vokabular könnte man dieses unmittelbare Umsetzen des gesprochenen Worts in bildhafte Elemente auch als Einswerden von „unsichtbarer" und „sichtbarer Skulptur" bezeichnen.

Viele der während der Gesprächsrunden entstandenen Schrifttafeln tauchen in Installationen wieder auf und haben, indem sie in einen neuen Kontext gesetzt wurden, eine erweiterte Bedeutungsdimension bekommen. Innerhalb der Installationen gibt es Arbeiten, bei denen die Tafeln eine eher untergeordnete Rolle spielen, zum Beispiel bei „Jungfrau Basisraum Nasse Wäsche" (1979) oder „Vor dem Aufbruch aus Lager I" (1970/80), und fast reine Tafelwerke,[7] in denen Schiefertafeln die Werkerscheinung bestimmen. Zu diesem Installationstypus gehören „Das Kapital Raum 1970–1977" (1980) und vor allem „Richtkräfte" (1977). Darüber hinaus gibt es auch Installationen mit Schiefertafeln, die nicht aus Diskussionen hervorgegangen sind und deren Zeichnungen autonomen Charakter haben, beispielsweise „Terremoto" (1981). Im Zusammenhang mit der Frage, in welcher Weise die pädagogische Dimension im Beuysschen Werk aufscheint, soll am Beispiel der „Richtkräfte", einem Werk, in dem die Schiefertafel dominierendes Element ist, der Wandlungsprozess nachgezeichnet werden von der Tafel als vermittelndem Medium während der Diskussion bis zur Tafel als Installationsobjekt.

### Hundert Londoner Schultafeln auf dem Weg nach Berlin

Die Arbeit „Richtkräfte" (1977, Nationalgalerie Berlin; seit 1996 Hamburger Bahnhof Museum für Gegenwart, Berlin) besteht fast ausschließlich aus Schiefertafeln. Hundert Tafeln, die meisten davon beschriftet, verweisen auf einen Prozess, der 1974 mit einem Kolloquium begonnen hatte und der mit der Anordnung der Tafeln auf einem großflächigen Holzsockel zum vorläufigen Abschluss gekommen war. Die ersten Tafeldiagramme entstanden während einer Diskussion in der Produzentengalerie Hacker in Berlin im April 1974, weitere folgten im Herbst in London im Institute of Contemporary Arts während eines vierwöchi-

---

7    Vgl. Theodora Vischer: Joseph Beuys – Die Einheit des Werkes. Köln 1991, 195.

gen Gesprächsmarathons, den Beuys im Sinne einer permanenten Aktion als seinen Beitrag zur Ausstellung „Art into Society: Society into Art" verstand.

Es lohnt sich, die genaueren Umstände, wie es zu diesem beschrifteten Tafelpool gekommen ist, näher zu beleuchten. Joseph Beuys hatte ursprünglich lediglich vier Tafeln bei den Organisatoren der Ausstellung bestellt. Im Londoner Schulamt lagerten aber gerade etwa hundert Schultafeln, die aus einer Austauschaktion an Londoner Schulen stammten und die von den Organisatoren sicherheitshalber komplett für den Fall, dass mehr als die vier angeforderten vom Künstler benötigt werden würden, vom Schulamt übernommen worden waren.[8] So konnte Beuys während seiner Gespräche mit den Ausstellungsbesuchern die beschrifteten Tafeln sammeln und rund um die drei Holzständer, auf denen stets Tafeln zum Beschriften standen, liegen lassen. Auf den Tafeln entstanden Skizzen, Zeichnungen und Texte, mit denen Beuys in den Diskussionen seine Idee einer neuen Gesellschaft veranschaulichte. Entsprechend lautete der Titel der Londoner Installation auch „Richtkräfte einer neuen Gesellschaft". War ein Gedankengang vorerst abgeschlossen, wurde die beschriftete Tafel mit lautem Knall auf den Boden geworfen und später zum Teil noch vom Künstler überarbeitet.[9] So wuchs die Anzahl der benutzten Tafeln von Tag zu Tag. Sie breiteten sich auf dem Boden der Ausstellungsfläche aus, so dass die Besucher gezwungen waren, auf die Tafeln zu treten, über sie hinwegzugehen, sich gleichsam „auf die Begriffe zu stellen".[10] Auf diese Weise sind siebenundsiebzig Tafeln entstanden.

Barbara Lange betont, dass die Tafeln allerdings keine Auskunft über die Redebeiträge der Ausstellungsbesucher geben. So wurden Gegenargumente von Besuchern, die sich kritisch zu den Ausführungen von Beuys äußerten, etwa über seine Vorstellungen einer Wirtschaftsreform, nicht auf den Tafeln festgehalten.[11] Entsprechend dokumentieren die Tafeln eher einen Monolog als eine Art „Selbstverortung" des Künstlers und keinen prozessualen Austausch mit den Positionen der Gesprächspartner von Beuys,[12] keinen „reciprocal dialogue", wie es Carolin Tisdall meinte.[13]

---

8    Vgl. Barbara Lange: Joseph Beuys – Richtkräfte einer neuen Gesellschaft. Berlin 1999, 207.
9    Vgl. ebd., 175.
10   Christos M. Joachimides: Joseph Beuys – Richtkräfte. Berlin 1977, 7.
11   Vgl. Lange, Joseph Beuys – Richtkräfte einer neuen Gesellschaft, a. a. O., 192.
12   Vgl. ebd., 208.
13   Vgl. ebd., 217. Vgl. dazu auch die Analyse der Gespräche im „Büro für direkte Demokratie" auf der „documenta 5" (1972), die Beuys mit einer aufklärerischen Absicht führte, die aber vielfach persuasive Züge tragen. Beuys fordert in seiner apologetischen Haltung häufig eher zum Nachvollziehen seiner Position heraus, als bei seinem Gegenüber selbstbestimmte Erkenntnisprozesse auszulösen (vgl. Bosse, Der Künstler als Pädagoge, a. a. O., 39 ff.).

1975 wurden die Tafeln als Installation in der New Yorker Galerie René Block gezeigt und ein Jahr später auf der Biennale in Venedig. Die Anzahl der Tafeln war inzwischen auf hundert gestiegen, davon blieben einige unbeschriftet, die als Block aufeinandergeschichtet worden waren. In der endgültigen Fassung von 1977 hat Beuys die Tafeln mit weiteren Elementen in der Nationalgalerie Berlin auf einem flachen raumfüllenden Holzpodest angeordnet.[14]

Betrachtet man das künstlerische Endprodukt, so wird angesichts der Begleitumstände, wie Beuys in London im Vorfeld der Vorbereitungen der Ausstellung zu den hundert Schultafeln gekommen war, deutlich, dass sich für den Künstler wohl erst allmählich die Idee, die zur endgültigen Gestalt der Installation führte, entwickelt hat. Eine Rauminstallation mit hundert Tafeln war demnach anfangs nicht geplant, auch nicht eine Aktion, bei der so viele Tafeln die Gespräche mit den Ausstellungsbesuchern begleiteten. Offenbar hatte Beuys bei seinem Anfordern von vier Tafeln – „just four blackboards, some red and white chalk and a wooden chest"[15] – die Tafeln eher als Schrift- und Bildträger eingeplant, die während der Diskussionen zur Illustration und Begleitung genutzt und zwischenzeitlich immer wieder gewischt werden sollten. Entsprechend waren die Wurfaktionen mit den beschrifteten Tafeln sowie das dabei entstehende Arrangement übereinander geschichteter, im Raum verstreut umherliegender Tafeln nicht von vornherein beabsichtigt, und folglich hat Beuys die Schiefertafeln zunächst wohl nicht als spätere Bestandteile einer Installation, sondern lediglich als kommunikatives Begleitmedium für die Gespräche während der Ausstellung nutzen wollen.

**Die Berliner Installation „Richtkräfte"**

Auf die Installation soll hier nur insoweit eingegangen werden, wie es für das Aufspüren der pädagogischen Dimension sinnvoll erscheint.[16] Die Installation

---

14   Drei der in London entstandenen Tafeln hat Beuys verschenkt, es sind also nicht alle in London entstandenen Tafeln nach Berlin gekommen (vgl. Lange, Joseph Beuys – Richtkräfte einer neuen Gesellschaft, a. a. O., 175).

15   Norman Rosenthal: The Colloquium in Berlin April 26–27, 1974. In: Art into Society: Society into Art, 9. Ausstellungskatalog des Institute of Contemporary Arts. London 1974. Zit. in: Lange, Joseph Beuys – Richtkräfte einer neuen Gesellschaft, a. a. O., 207.

16   Eine detaillierte Dokumentation der Entstehung des Werks liefert Christos M. Joachimides (Joseph Beuys – Richtkräfte, a. a. O.); eine intensive Auseinandersetzung unter dem Aspekt des Stellenwerts des begrifflichen Diskurses findet sich bei Theodora Vischer (Joseph Beuys – Die Einheit des Werkes, a. a. O.); die differenzierteste Werkanalyse hat Barbara Lange unter der Fragestellung der Mythosbildung vom Künstler Beuys als Gesellschaftsreformer durchgeführt (Joseph Beuys – Richtkräfte einer neuen Gesellschaft, a. a. O.).

besteht im Wesentlichen aus folgenden Elementen: eine Fülle nebeneinander und übereinander liegender Tafeln, die sich über ein raumfüllendes Holzpodest erstrecken; drei auf staffeleiartigen Holzständern aufrecht stehende Schiefertafeln – durch ihre gemeinsame Ausrichtung legen die drei Tafeln dem Betrachter einen Standort nahe, und zwar vor der Schmalseite des rechteckigen Sockels; ein Spazierstock, der an einer der Tafeln angebracht ist; ein kleiner schwarzer, aus dem flachen Tafelgewirr herausragender Holzkasten mit beleuchteter Glasscheibe, auf der schemenhaft die Umrisse eines Hasen zu erkennen sind; ein Block aufeinandergeschichteter Tafeln und ein gemaltes schwarzes Rechteck in der Größe einer Tafel, auf dem Holzpodest vor dem linken der drei Tafelständer.

Nähern wir uns zunächst den flach auf dem Podest umherliegenden Tafeln. Auf ihnen sind, unterschiedlich gut entzifferbar, Begriffe, Gedankenformeln und Ideendiagramme festgehalten, die von der vorangegangenen Beschäftigung mit einer großen Bandbreite von Themen zeugen. Diese reichen von damals aktuellen Ereignissen wie dem Nordirlandkonflikt über wirtschaftliche Fragen bis hin zu Vorstellungen von einer Kunst, die antritt, gesellschaftliche Veränderungen herbeizuführen. Auf Polaritäten zwischen Kunst und Wissenschaft, Mythos und Wahrheit und östlicher und westlicher Welthaltung wird hingewiesen und deren Überwindung gefordert. Zum Teil erschwert verwischte Kreide aber auch das Entziffern der Tafelanschriebe, selbst bei den drei stehend präsentierten Tafeln, die den Betrachter in ihrer aufrechten Anordnung unmittelbar zum Entziffern herausfordern.

Die West-Ost-Richtung der „Richtkräfte" ist kompassgenau ausgewiesen. Ein Kreidestrich verläuft quer über die Installation, über Tafeln und Holzboden, auch über den Block unbenutzter Tafeln. Auf der obersten wurde mit Kreide die Richtung „West" begrifflich vermerkt. Die Markierungslinie umspannt gleichsam den geographischen West-Ost-Raum. Der Kreidestrich zieht sich wie eine Denklinie quer über die Installation und stellt eine Verbindung zwischen westlicher und östlicher Kultur her, denen Beuys unterschiedliche Geisteshaltungen zuschrieb. Während er dem Westen analytische Logik als die dominierende Denkausrichtung zuordnete, wurde die östliche Welt mit Intuition und Spiritualität in Verbindung gebracht. Mit seiner Verbindungslinie deutet Beuys auf die ihm notwendig erscheinende Überwindung der trennenden Unterschiede der westlichen und östlichen Geisteswelt hin und verweist damit zugleich auf das utopische Reich „Eurasien", dem Beuysschen Inbegriff einer auf Ganzheitlichkeit zielenden Bewusstseinshaltung, in der Gegensätze aufgehoben sein werden. Zu diesem gedanklichen Zusammenhang lässt sich neben dem Spazierstock, einem „Quasi-Eurasienstab",[17] dem man eine auf Vereinigung von östlicher und westlicher Welthaltung zielende Symbolfunktion zuweisen kann, auch das Hasenbild aus dem beleuchteten schwarzen Kasten in Beziehung setzen.[18]

Betrachtet man die drei auf den Holzständern präsentierten Tafeln genauer, so steht bei der mittleren im Zentrum „The Truth", umgeben von weiteren, schwer lesbaren Begriffen. Auf der rechten Tafel ist über einer geheimnisvoll anmutenden Zeichnung die Aufforderung „make the secrets productive" zu lesen. Betrachtet man diese Zeichnung näher, so besteht sie aus einem magneteisenartigen Gebilde und einer dicht mit Kreide schraffierten kristall- oder felsartigen Form. Man kann zumindest so weit gehen zu sagen, dass es sich um zeichnerisch festgehaltene Gestaltungen handelt, die ihre endgültige Form noch nicht preisgegeben haben.

Bei der linken Tafel fällt zunächst der Spazierstock ins Auge, der mit der Rundung nach unten hängt und offensichtlich als eine Art „Eurasienstab" gelten kann. Der Stock weist mit der Krümmung zur Installationsmitte und in der geographischen Ausrichtung nach Osten. Durch die Bemalung mit Braunfarbe und durch die Art der Hängung, die der Verwendung in der Londoner Aktion entspricht, nicht aber der gewöhnlichen Gebrauchsfunktion als Spazierstock, ist er von seinem ursprünglichen Zweck befreit. Bezieht man den Gedankenhorizont, den die liegenden Tafeln offenbaren, und die West-Ost-Markierungslinie mit ein, so könnte man in dem Stock eine Art Vehikel für die Vision einer Verbindung von östlicher und westlicher Kultur sehen.

Am oberen Rand der Tafel sind die beiden Buchstaben „öö" zu lesen, gleichsam Laute ohne Informationsgehalt,[19] ein „elementares, von Bedeutungen noch unbesetztes Sprachmaterial".[20] Für Barbara Lange sind die beiden Laute

---

17 Vgl. zur Verwendung des Spazierstocks während der Londoner Ausstellung und zu den „Eurasienstäben" im Beuysschen Werk: Bosse, Der Künstler als Pädagoge, a. a. O., 89 f.
18 Siehe zum Hasenmotiv im Beuysschen Werk Fußnote 5.
19 Die beiden „öö", hier als optisches Zeichen, wurden zuvor bereits bei Aktionen akustisch eingesetzt. Beuys hat sich in folgender Weise zu den „öö"-Lauten geäußert: „Und öö ist einfach die Sprache ohne Inhalt. nur die Trägerwelle. Die Sprache ohne begriffliche Implantation eines Begriffs, also wie Tiere ihre Laute ausstoßen [...]." (Joseph Beuys in Mario Kramer: Das Kapital 1970–1977. Heidelberg 1991, 20). Ludwig Rinn versteht die „öö" auf der Immatrikulationsfeier 1967 als eine Art Sammelruf, vor allem angesichts der kurz zuvor von Beuys gegründeten Deutschen Studentenpartei (vgl. Ludwig Rinn: Joseph Beuys öö 1972–1981. In: Veit Loers/Pia Witzmann [Hg.]: documenta-Arbeit. Ostfildern 1993, 88–97, hier: 96). Der Autor weitet seine Deutung noch aus, wenn er auf den „Signalcharakter" verweist, der von den „öö" ausgehe. Er vermutet, dass es für Beuys zum „Basiszeichen" seiner plastischen Theorie geworden sei (vgl. ebd., 97).
20 Vgl. Vischer, Joseph Beuys – Die Einheit des Werkes, a. a. O., 72.

Teil einer von Beuys kreierten eigenen Grammatik seiner Vorstellungswelt.[21] Die horizontale Anordnung der auf dem Podest liegenden Tafeln wird ein weiteres Mal durchbrochen von jenem bereits erwähnten Block aufeinandergeschichteter Schultafeln. Vorn links am Sockelrand ist dieses Tafelbündel nahe dem imaginären Betrachter platziert.

## Vom Schriftträger zum künstlerischen Medium

Im Prozess des Entstehens der „Richtkräfte" erlebte das Werk einen Wandel. War es zunächst noch ein vom Aktionsteilnehmer begehbares Environment, so entfernte es sich von ihm durch die museale Präsentation – vor allem durch die Aufsockelung. Die räumliche Verfügbarkeit reduziert sich, der Rezipient wird als Betrachter an die Ränder der Installation verwiesen. Das Werk wird zu einer Installation, die noch umschritten, aber nicht mehr durchschritten werden kann.[22] Im Zuge dieser Veränderung erleben auch die Tafeln einen Funktionswandel. Waren sie anfangs in erster Linie Bild- und Schriftträger, so werden sie zunehmend zum Installationsinstrument, ohne dabei ihre ursprüngliche Funktion zu verlieren. Auch in der musealen Präsentation sind die Tafeln weiterhin Träger von Informationen, verweisen die auf ihnen festgehaltenen Zeichen als entäußerte Gedanken auf die Ideenwelt von Beuys. Doch gerade durch die Tatsache, dass sich die auf dem Boden übereinander liegenden Tafeln zum Teil einer Entzifferung entziehen, rückt deren Autonomie als künstlerisches Objekt stärker in den Vordergrund. Vischer geht sogar so weit zu meinen, die Funktionalität der Tafeln sei „zugunsten ihrer Objekthaftigkeit fast stillgelegt".[23]

Sicherlich dominiert im ersten Moment der Annäherung ihr Objektcharakter. Bei der eingehenden Betrachtung, wenn es darum geht, ihre Inschriften zu entziffern, werden die Tafeln in ihrer ursprünglichen Funktion als Schriftträger aber wieder relevant. Die Schiefertafeln behalten auch als Teil des Kunstwerks ihren Verweischarakter, und zwar in zweifacher Weise: Sie sind Aktionsrelikte und zugleich Zeugnisse der stattgefundenen Kommunikationsprozesse. Einerseits meint man, in der musealen Inszenierung die physische Kraft der Wurfbewegungen und den Knall des Niederfallens der Tafeln, wie in der „Permanenten Schule" in London geschehen, noch zu spüren. Bei der Errichtung der Installation in Berlin wurden einige Tafeln von Beuys immerhin auch wieder per Wurf

---

21  Vgl. Lange, Joseph Beuys – Richtkräfte einer neuen Gesellschaft, a. a. O., 178.

22  Vgl. die von Franz-Joachim Verspohl vorgenommene Unterscheidung von Environment und Rauminstallation (Franz-Joachim Verspohl: Joseph Beuys Das Kapital Raum 1970–77. Frankfurt am Main 1986, 74 f.).

23  Vischer, Joseph Beuys – Die Einheit des Werkes, a. a. O., 75.

auf den Boden, in diesem Fall auf dem Holzpodest, platziert, die Gesamtanord-
nung wurde aber keineswegs dem Zufall überlassen, sondern akribisch arran-
giert. Andererseits behalten die Schultafeln, auch wenn darin nicht mehr ihre
vorrangige Aufgabe besteht, die Eigenschaft, dienendes Medium zu sein. Nach
wie vor lässt sich auf ihnen, wenn auch zum Teil eingeschränkt, der gedankliche
Horizont der von der Beuysschen Vorstellungswelt dominierten Diskussionen
ablesen.

Mit den blockartig gestapelten unbeschrifteten Tafeln verhält es sich bei der
Frage, ob sie eher als Schriftträger oder als Installationselement fungieren, ähnlich ambivalent. Erscheint der Block zunächst als ein quaderförmiges Gebilde,
das aus der Horizontalen der umherliegenden Tafeln herausragt und damit auf
die Vertikale der drei Tafelständer überleitet, so rückt er allmählich in seiner
Bedeutung als Reservoir freier Tafelflächen in den Blick. Diese könnten als
Schriftträger benutzt werden, wenn es zu einer Weiterführung der Gespräche
käme. Sie laden zu einer Fortsetzung des in Gang gekommenen Prozesses ein,
eines Prozesses, der darauf abzielt, sich mit anderen, angeregt durch die fixierte
Gedankenwelt von Beuys, über die Gestaltung einer zukünftigen Gesellschaft zu
verständigen.

**Das Tafellager als Palimpsest**

Neben dieser Ausrichtung auf die Zukunft finden sich auf den einzelnen Tafeln
durch den verblassten oder verwischten Zustand der Kreideschrift auch Spuren
von vergangener Zeit. Außerdem weisen die sich überlagernden Schrifttafeln auf
ein zeitliches Nacheinander ihrer Entstehung hin. Zugleich wird durch das teilweise Verdecken und Übereinanderliegen eine räumliche wie inhaltliche Verbindung der Tafeln untereinander hergestellt. Die geschichtete Anordnung erinnert
gewissermaßen an ein Palimpsest, das mit seiner Überlagerung im Raum eine
Überlagerung von Zeit offenbart. Bereits bei der Londoner Aktion spielte der
zeitliche Aspekt insofern eine Rolle, als jeweils mit dem Knall der niederfallen-
den Tafel der vorläufige Abschluss eines Gedankengangs markiert wurde. In der
Anordnung der Tafeln, die den Eindruck erweckt, als habe sich die derzeitige
Lage eher zufällig ergeben, ist Bewegung festgehalten, die Bewegung des auf
den Boden-Werfens der fertig beschrifteten Tafeln.

Festgehalten sind neben der physischen Kraft, die von dem Wurf der schweren Schieferplatten ausging, auch „geistige Kraft", die sich in Tafeldiagrammen
und Texten niedergeschlagen hat. Hier weisen Gedankenfragmente auf Diskussi-
onsabläufe hin, die, in Zeichen gebannt, verfügbar geblieben sind. Mit der spannungsreichen Präsenz von „Materie" und „geistiger Energie", gemeint ist die

Materialität des Schiefers und die zeichenhaft repräsentierte Geisteskraft, scheint der Prozess, auf den verwiesen wird, nur vorerst zum Stillstand gekommen zu sein. Die gebundene Zeit, man könnte auch von „verklungener Zeit" sprechen, wenn man an die Geräusche des Werfens und des gesprochenen Wortes denkt, ist nicht hermetisch konserviert. Vielmehr vermittelt die scheinbar zufällige Anordnung der umherliegenden Tafeln den Eindruck von Vorläufigkeit und Unabgeschlossenheit.

### Das Kunstwerk als Denk-Werkstatt[24]

Die unabgeschlossen erscheinende Gestaltung soll dazu herausfordern, das In-Gang-Gekommene aufzugreifen und fortzuführen. Dafür hat der Künstler den Block unbenutzter Tafeln bereitstellen wollen, der nach Bearbeitung und Gestaltung drängt. Christos M. Joachimides hebt dessen „Basis- und Batteriecharakter" hervor, der ihn zugleich an „Fond III" (1969) erinnert.[25] Sind es dort aufeinander geschichtete Filzplatten, so ist es hier das Tafelbündel, das insofern als ein potenzielles Energiedepot angesehen werden kann, als auf der Basis der noch unbeschriebenen Tafeln neue Denkprozesse initiiert werden können. Die mögliche Richtung des Denkens wird mit der West-Ost-Ausrichtung der Kreidelinie angedeutet, die mit dem Vermerk „West" aus dem Tafelblock beginnt. Die Denkbewegung sollte demnach zwischen Westlichem und Östlichem oszillieren, und das bedeutet für Beuys ja bekanntlich zwischen dem materiellen und dem geistigen Prinzip, zwischen der Ratio und der Intuition. Die Installation stellt dem Betrachter also ein Reservoir an unbeschrifteten Tafeln zum Weiterdiskutieren zur Verfügung, lässt die Richtung, in die gedacht werden kann und soll, aber keineswegs offen. Diese Position des Nicht-offen-Seins betont auch Barbara Lange, wenn sie in der Installation vor allem „Beuys in der Rolle des impulsgebenden Vermittlers für gesellschaftliche Veränderungen" sieht.[26]

Beide skizzierten Deutungslinien, die zeitlich-prozesshafte und die energetische, laufen im Titel des Werks zusammen: „Richt-Kräfte". In dem der Mechanik entlehnten Begriff der „gerichteten Kraft" ist einmal der Prozess des Richtens im Sinne von vorwärtsstrebendem Schaffen enthalten, Tätigkeiten wie „aufrichten", „herrichten", „zurichten", „verrichten" und „Richtung weisen" kommen in den Sinn. Zum anderen verweist der Titel auf das energetische Moment, auf Kräfte,

---

24    Vgl. dazu Dorit Bosse: Die ästhetische Werkstatt als Lernort, der herausfordert. In: dies. (Hg.): Unterricht, der Schülerinnen und Schüler herausfordert. Bad Heilbrunn/Obb. 2004, 49–68.

25    Joachimides, Joseph Beuys – Richtkräfte, a. a. O., 9.

26    Lange, Joseph Beuys – Richtkräfte einer neuen Gesellschaft, a. a. O., 193.

die nicht nur von der „Tafelbatterie" als potenziellem Energiebündel ausgehen,
sondern auch von der räumlichen Anordnung der verstreut umherliegenden Tafeln, die auf vorangegangene Bewegung verweisen, auf den Kraftakt des In-den-
Raum-Werfens. Die in den Tafelnotationen festgehaltene „geistige Energie" bietet dem Betrachter mögliche Denkrichtungen an, die aufgegriffen werden können. Entsprechend meint Johannes Stüttgen, das eigentlich Reale der Installation
sei die „unsichtbare Energie".[27] Diese Sichtweise spiegelt sich auch in seiner
Wahrnehmung der auf dem Boden vor dem linken Tafelständer aufgemalten
„Schattentafel" wider, die er als „Scheintafel" bezeichnet und die in ihrer ange-
deuteten Präsenz als eine Art Negativ-Projektion in ein Spannungsverhältnis tritt
zu der physischen Präsenz der übrigen Schiefertafeln.

Das „Energiemeer"[28] der auf dem Podest verstreut umherliegenden Tafeln
bildet gleichsam die Basis, auf der die begonnenen Denkprozesse weitergeführt
werden können. Von diesem Aufforderungscharakter, der von dem Eindruck des
Vorläufigen und Noch-nicht-Abgeschlossenen bestimmt wird, geht der pädagogische Impuls der Installation aus. Der Betrachter wird dazu herausgefordert, das
begonnene Werk zu vollenden. Dabei soll der sinnliche Wahrnehmungsprozess
nicht in einem passiven Rezipieren enden, passiv in dem Sinne, dass lediglich
denkbare Entwicklungslinien, die zu der Installationsanordnung geführt haben,
gedanklich nachgezeichnet, rekonstruiert werden. Vielmehr sollen durch den
ostentativen Charakter des Werks die auf den Tafeln festgehaltenen Gedanken
weiterverfolgt werden, mit dem „Energiemeer" als Basis. Der das Wesen der
Installation kennzeichnende Zeigegestus entsteht durch die Dominanz der Tafeln, die Dominanz jenes auf Vermittlung zielenden Mediums, das die Werkerscheinung bestimmt und „Botschaften" enthält, die Richtungen aufzeigen, in
denen weitergedacht werden kann. Die drei auf Holzständern platzierten Tafeln,
von denen eine deutliche Leseaufforderung ausgeht, liefern keine auf Eindeutigkeit zielenden Informationen. Vielmehr möchte Beuys dem Betrachter Rätsel
aufgeben – „make the secrets productive" –, um den Menschen zum Enträtseln-
wollen zu stimulieren.[29] Barbara Lange stellt fest, dass sich Beuys damit in seiner besonderen Rolle als Künstler inszeniert, der einen Zugang zur „immateriel-
len, transzendentalen Welt" hat, der ihm erlaubt, „universelle Zeichen" zu kreieren.[30] Er konfrontiert den Betrachter mit seinem Kosmos an Vorstellungen und
ungewöhnlichen Substanzen im Sinne bildsprachlicher Mittel, die den Rezipien-
ten aktivieren und in ihm ihre Dynamik entfalten sollen.

27    Johannes Stüttgen: Richtkräfte. In: Tobias Bezzola/Harald Szeemann (Hg.): Joseph Beuys. Zü-
      rich 1993, 140–150, hier: 149.
28    Ebd., 150.
29    Vgl. Lange, Joseph Beuys – Richtkräfte einer neuen Gesellschaft, a. a. O., 235.
30    Ebd., 233.

Mit einem Begriff wie „The Truth", dem aussageverweigernden „öö"-Zeichen und jenem undefinierbaren zeichnerischen Gebilde, das durch die ausstrahlende Richtkraft eines magnetartigen Gegenstands im Begriff ist, Gestalt anzunehmen – so zumindest könnte man diese vage bleibende Zeichnung zu deuten versuchen –, appelliert Beuys an die intuitiven und imaginativen Fähigkeiten, die der Betrachter einsetzen soll, um das noch Unbestimmte, Nichtgestaltete zu formen. Buschkühle spricht von „Erkenntnislektionen", die in den Werken von Beuys enthalten sind und die das „Denken in einer umfassenden plastischen und das heißt kreativen, hervorbringenden Beweglichkeit mobilisieren."[31] Dabei fungiert der Stock im Beuysschen Kosmos gleichsam als Hilfsmittel, um zwischen Disparatem Verbindungen herzustellen. So gesehen werden die „Richtkräfte" zu einer Denk-Werkstatt, in die der Betrachter eintreten kann und in der ihm der Gedankenhorizont des Künstlers präsentiert wird, mit der Aufforderung zum Weiterdenken und Weiterentwickeln des begonnenen Diskurses.

Die Beschreibung des Weges, den die hundert Londoner Schultafeln genommen haben, um ins Museum nach Berlin zu gelangen, ist damit abgeschlossen. Es dürfte deutlich geworden sein, dass die Entstehung der Installation „Richtkräfte" 1974 in der Londoner Ausstellung „Art into society: Society into Art" mit der ungewöhnlichen Situation begann, dass ein Künstler die Diskussion mit den Besuchern zu seinem Ausstellungsbeitrag erklärt, so wie es Beuys zwei Jahre zuvor schon auf der „documenta 5" mit seinem „Büro für direkte Demokratie" getan hatte. Das, was Beuys durchaus mit pädagogischem Impetus auf den Tafeln, begleitend zu den Diskussionen, festhielt, ist stark auf seinen Ideenhorizont und seine Vorstellungen von gesellschaftlicher Veränderung bezogen. Die Beiträge und Entgegnungen der Besucher fanden dort keinen Platz. Die Berliner Installation „Richtkräfte" will die Fortsetzung des begonnenen Diskurses anregen und kann als Denk-Werkstatt verstanden werden, auch wenn der Künstler deutliche Richtungsvorgaben für das Weiterdenken mitliefert.

Bei Beuys offenbart sich ein Problem, das wir aus der Pädagogik nur allzu gut kennen. Es gibt schon seit langem ambitionierte Ansätze, die mit Begriffen wie „Partizipation" und „Förderung von Selbstständigkeit" einhergehen, doch es ist ein weiter Weg für uns Lehrende, in Lehr-Lern-Situationen das umzusetzen, was bereits John Dewey[32] als Bedingung für die Verwirklichung von Demokratie angesehen hat: die intelligente Selbstführung des Individuums im Sinne von Selbstbestimmung und Mitbestimmung in kritischer Prüfung der Meinung anderer – ohne Unterwerfung der Meinung anderer.

---

31  Carl-Peter Buschkühle: Leiden und Spielen – Zur Kunstpädagogik von Joseph Beuys. In: Joseph Beuys Symposium Kranenburg 1995. Hg. vom Förderverein „Museum Schloss Moyland e.V.". Basel 1996, 124–129, hier: 126.
32  John Dewey: Democracy and Education. New York 1916.

# Skeptische Gedanken zu einem neuen Medium – das „Interaktive Tafelsystem"

*Frank Hörner*

> „Die Frage: Ist dies auch wahr? ja bei allem zu tun, und
> dann die Gründe aufzusuchen, warum man Ursache habe
> zu glauben, daß es nicht wahr sei."
>
> *Georg Christoph Lichtenberg*
> (Aphorismen 1789–1793)

Die folgenden Ausführungen zu einem hoch-aktuellen, neuen didaktisch-pädagogischen Medium beanspruchen, nicht lediglich defizitorientiert und negativ zu argumentieren, sondern berufen sich auf eine generell skeptische[1] Grundhaltung der Betrachtung von Innovationen im schulischen Kontext, die auch unbeabsichtigte Nebenwirkungen in den Blick nimmt.

Sie mögen daher keineswegs als besserwisserische Anmerkungen eines griesgrämigen Technikfeindes verstanden werden, der jegliche Neuerung eo ipso als unsinnig diskreditiert, sondern für sie gilt vielmehr, was Walter Müller an anderer Stelle geschrieben hat:

> „Denn die Urteile des Skeptikers reklamieren für sich weder prinzipielle noch bloß subjektiv-situative, kontingente Haltung. Sie bescheiden sich mit der jedenfalls bisher durchgängig konstatierbaren Begrenztheit und Bedingtheit unserer Urteile und trachten nicht mehr vergeblich danach, sie zugunsten eines Letzten, Absoluten, Prinzipiellen zu transzendieren."[2]

In so verstandener skeptischer Weise sollen hier demnach keine finalen Aussagen und absolute Geltung beanspruchenden Dogmen verbreitet werden, sondern

---

1   „Skepsis (vom griech. *skepesthai*, „spähend umherblicken"), zweifelnde Betrachtung, Zweifel;" (Heinrich Schmidt: Philosophisches Wörterbuch. Neu bearbeitet von Georgi Schischkoff. Stuttgart [22]1991, 670. Hervorhebung im Original)
    Man unterscheidet zwischen zwei Arten von Skepsis (positive/negative Skepsis). Unser Beitrag rekurriert auf die positive Skepsis, die sich in kritischem Denken ausdrückt, während es ausdrücklich nicht um die negative Skepsis geht, die sich durch die Verneinung jeglicher Ursache und Sinnhaftigkeit von Erkenntnis auszeichnet.

2   Walter Müller: Skepsis – eine pädagogische Lebensform. In: Dieter-Jürgen Löwisch/Jörg Ruhloff/Peter Vogel (Hg.): Pädagogische Skepsis. Wolfgang Fischer zum einundsechzigsten Geburtstag. Sankt Augustin 1988, 115–126, hier: 120.

lediglich ein Medium und dessen Wirkungen und mutmaßliche Nebenwirkungen skizziert werden.

Ziel ist es, dem Leser eine eigene, abgewogene Meinung zum Gegenstand der Ausführungen zu ermöglichen. Dazu werden Fürsprecher und Kritiker der neuen Medien gehört, Argumente aufgeführt und offene Fragen formuliert. Wenn der mündige Leser die skeptisch gefärbten Argumente zur Kenntnis nehmen, kritisch abwägen und auch den deutlich ablesbaren Zweifel an der neuen didaktisch-methodischen Technologie ernst nehmen würde, hätte dieser Beitrag sein Ziel erfüllt.

## Interaktive Tafelsysteme im Unterricht – Vorteile

Gegenstand dieser skeptischen Betrachtungen sind die sogenannten „interaktiven Tafelsysteme" respektive „interaktiven Whiteboards".[3].Da diese computergestützte Technik bislang in deutschen Klassenzimmern noch nicht allzu weit verbreitet und damit der Bekanntheitsgrad dieses Mediums noch gering ist, folgt eine kurze Beschreibung der neuen elektronischen Tafel und ihrer Vorteile.

Rellecke erläutert ihren Aufbau und Funktionsweise folgendermaßen:

> „Kurz gesagt sind interaktive Whiteboards eine Kombination aus einer ‚weißen Tafel‘, an der gearbeitet werden kann, einem Beamer, der das Bild erzeugt, und einem Rechner, dessen Software das virtuelle Tafelbild erzeugt. Das Whiteboard ist gleichzeitig Eingabe- und Ausgabegerät; so ist es möglich, direkt ‚auf das Board‘ zu schreiben und gleichzeitig das Bild angezeigt zu bekommen."[4]

Man differenziert technisch zwischen ultraschall-basierten, analog resistiven und elektromagnetischen interaktiven Whiteboards und rechnet pro Anlage (Whiteboard, Beamer und Computer) mit Anschaffungskosten zwischen 4000 und 5000 Euro.[5] Voraussehbare Folgekosten, die zunächst durch den Verschleiß der Beamerlampen (Betriebsdauer zwischen 2000 und 5000 Stunden) entstehen und etwaige Reparatur- und Wartungskosten sind hierbei nicht mit eingerechnet.[6]

Bei manchen Whiteboards erfolgt die Eingabe mit speziellen Schreibgeräten, bei anderen kann direkt mit den Fingern auf die Projektionsfläche geschrie-

---

3    In der Literatur findet man unterschiedliche Bezeichnungen: (interaktives) Whiteboard, interaktive Tafel, interaktives Tafelsystem, elektronische Tafel, interaktive Weißwandtafel.

4    Dirk Rellecke: Interaktive Alleskönner: Whiteboards. In: L. A. Multimedia. 1/2009, 12–14.

5    An anderer Stelle werden zwischen 5000 und 8000 Euro für interaktive Tafelsysteme angesetzt: Elisabeth Göpel: Whiteboard. In: Bayerische Schule. 63 (2010), H. 1, 30 f., hier: 31.

6    Vgl. Johann Eder et al.: activeboard@school. Multimediale Schultafeln im Unterricht an der Praxisvolksschule der Kirchlichen Pädagogischen Hochschule. Wien/Innsbruck 2008, 6 ff.

ben werden. Mit allen Geräten ist es möglich, multimediale Inhalte zu zeigen und zu bedienen sowie Tafelbilder zu erstellen. Die auf dem Markt erhältlichen Systeme sind interaktiv konzipiert und liefern unter anderem Navigationsfunktionen, Werkzeugleisten, Handschriftenerkennung, elektronische Flipcharts und Markierungsmöglichkeiten. Die Software vereinfacht zudem den Import und die Veranschaulichung von Texten, Fotos, Grafiken, Videos und Internetinhalten.[7]
Der Lehrkraft bieten sich somit neue Möglichkeiten:

> „So kann man im Unterricht zum Beispiel schnell ein Video von YouTube.de zeigen oder in einer Online-Enzyklopädie einen Begriff nachschlagen, ohne die 'Tafel' verlassen zu müssen."[8]

Schenkt man den zahlreichen, ob der Aktualität der Technik insbesondere im weltweiten Netz abrufbaren, Beiträgen zum Thema Glauben, so überstrahlen beim Einsatz dieses neuen Mediums die Vorteile bei Weitem dessen mögliche Nachteile.[9] Diese mit Verve berichteten positiven Effekte, die von den Fürsprechern der neuen Tafeln aufgelistet werden, sind in geraffter Form folgende:
Die mit Whiteboard unterrichteten Schüler würden aktiver, sie zeigten größere Motivation und das „[…] Schreiben oder Verschieben bestimmter Text- und Bildelemente an der Tafel macht plötzlich Spaß […]."[10]
Zudem falle das Abschreiben von der Tafel leichter und – so Whiteboard-Experten – die Zahl der Abschreibfehler nehme im Vergleich zu herkömmlichen Kreidetafeln ab. Der gesamte Unterricht werde durch den Gebrauch aktuellen Bild- und Kartenmaterials anschaulicher und zeitgemäßer.
Weiterhin könnten schon vorhandene, herkömmliche Arbeitsblätter und Folien eingescannt werden, um dann an der digitalen Tafel gezeigt und interaktiv weiter bearbeitet zu werden. Alle bisher isoliert eingesetzten Medien würden in das System integriert, und es ergäben sich für Schüler und Lehrer effiziente Speichermöglichkeiten der behandelten Lerninhalte. Durch den Einsatz interaktiver Tafeln spare man sich zudem auch den Kauf und Einsatz herkömmlicher Medien, wie Tafel, Overheadprojektor, Fernsehgerät und CD-/Video-/DVD-Player.
Insgesamt sprechen die Befürworter des interaktiven Tafelsystems davon, dass mit dessen Einsatz „[…] enorme Verbesserungen, die den Unterricht anschaulicher, strukturierter und schülerorientierter werden lassen […]."[11] einher-

---

7    Vgl. Rellecke, Interaktive Alleskönner, a. a. O., 13.
8    Ebd.
9    Exemplarisch hierfür seien das Internet-Portal für interaktive Whiteboards unter „myboard.de" oder auch das Portal „lehrer-online.de" (Unterrichten mit digitalen Medien) genannt.
10   Jürgen Schlieszeit: Die interaktiven Whiteboards kommen! In: L. A. Multimedia. 2/2009, 35.
11   Thomas Iser: Von der Tafel direkt ins Web 2.0. Das interaktive Whiteboard als Unterrichtswerkzeug. In: Pädagogik. 7–8/2010, 46–49, hier: 46.

gingen. Die Vorteile dieses Mediums liegen demnach ganz offensichtlich auf der Hand: „Arbeitserleichterung für den Lehrer und ein gewaltiger Motivationsschub für die Schüler."[12]

Wenn schließlich an anderer Stelle zu lesen und mit einem eingängigen Praxisbeispiel aus dem Förderschulbereich belegt ist, dass ein Whiteboard die ganzheitliche Entwicklung von Kindern zu fördern vermöge,[13] dann kann wohl niemand, der pädagogisch und didaktisch auf dem Laufenden ist, den großen Nutzen der interaktiven Multitalente für die schulische Arbeit in Abrede stellen.

Bemerkenswert erscheint die Tatsache zu sein, dass sich, trotz äußerst angespannter Wirtschaftslage und chronisch leerer Kassen, zunehmend mehr Sachaufwandsträger (in der Regel sind das die Kommunen) finden, die viel Geld in die Ausstattung von Schulen mit interaktiven Tafeln zu stecken bereit sind.[14] Dieses Faktum allein lässt die Verfechter des neuen Mediums schon darauf schließen, dass der Siegeszug der Whiteboard-Technologie nicht aufzuhalten sein werde. Das „Ende der Kreidezeit"[15] scheint angebrochen und die visionäre Versprechung medienpädagogischer Experten zuzutreffen: „Die interaktiven Whiteboards kommen!"[16]

Trotzdem, oder gerade deshalb, scheint uns eine skeptische Herangehensweise an dieses neue Medium geboten, was bedeutet, nicht „[...] alles und jedes ständig in Zweifel ziehen zu *müssen*, sondern den Absolutheitsanspruch von allem und jedem von Fall zu Fall argumentativ bezweifeln zu *können*."[17]

Begründete Zweifel sind es demnach auch, die auf den folgenden Seiten zum Ausdruck kommen. Durch sie soll niemand, der überzeugter Whiteboardnutzer und Technikfreund ist, pädagogisch belehrt und seine Ansichten verurteilt

---

12  Schlieszeit, Die interaktiven Whiteboards kommen, a. a. O., 35.

13  Vgl. Georg Wolf: Besser vorbereitet auf den Unterricht. Whiteboard förderlich bei ganzheitlicher Entwicklung. In. L. A. Multimedia. 1/2009, 26.

14  So werden beispielsweise im Rahmen des Sonderinvestitionsproramms „Hamburg 2010" zwischen 2007 und 2010 allein in der Stadt Hamburg 5,6 Millionen Euro für die Ausrüstung aller Schulen des Stadtstaates mit interaktiven Tafelsystemen bereitgestellt. (Mitteilung des Senats an die Bürgerschaft, Drucksache 18/5746 vom 6.2.07). Auch in Rheinland-Pfalz wurden 330 weiterführende Schulen im Rahmen eines Förderprogramms der Landesregierung zwischen 2007 und 2010 mit elektronischen Tafeln ausgestattet. Jede Schule erhielt 40000 Euro als Fördersumme: „Diese Förderung besteht aus einer Ausstattung der Schulen mit Notebooks und interaktiven Wandtafeln inklusive Zubehör." (Landesregierung Rheinland-Pfalz [Hg.]: Bildung hat Konjunktur in Rheinland Pfalz. Sonderprogramm des Landes Sonderprogramm des Landes „Für unser Land: Arbeitsplätze sichern – Unternehmen unterstützen – nachhaltig investieren". Mainz 2010, 16)

15  Der – mit Fragezeichen versehene – Titel einer Tagung im April 2009 an der Universität Hamburg kursiert als plakative Überschrift schon seit einigen Jahren im Internet sowie in (populär-)wissenschaftlichen Artikeln.

16  Schlieszeit, Die interaktiven Whiteboards kommen, a. a. O., 35.

17  Müller, Skepsis – eine pädagogische Lebensform., a. a. O., 121 (Hervorhebung im Original).

werden. Es geht vielmehr darum, wie Schönherr, die sokratische Argumentationslinie aufgreifend, ausführt, Menschen aus Alltagsroutinen und unreflektierter Geschäftigkeit zu holen, um vermeintlich unerschütterliches Wissen in Frage
zu stellen und sie aufzuschließen für ein Reflektieren über „vermeintliche Selbstverständlichkeiten".[18]

Auf einer zweiten Argumentationsebene werden nun mögliche Nachteile des
Einsatzes interaktiver Tafelsysteme exemplarisch ins Blickfeld gerückt, um dann
auf einer dritten Ebene grundsätzliche Kritik am Vordringen neuer und neuester
Medien in den Schulunterricht zur Sprache zu bringen.

**Interaktive Tafelsysteme im Unterricht – Nachteile**

Zu den Nachteilen, die der Einzug von interaktiven Tafelsystemen in die Klassenzimmer mit sich bringt, ist zu sagen, dass dieses neue Medium die große Gefahr birgt, den Lehrer zu einem verstärkt frontalen Unterrichtsarrangement zu
verleiten. Wenn ich „[...] schnell ein Video von YouTube.de zeigen oder in einer
Online-Enzyklopädie nachschlagen [...]"[19] oder zu Hause vorbereitete Power-
point-Präsentationen, Bilderserien und komplexe Tafelanschriften am Whiteboard vorführen könnte, dann bedürfte es demgegenüber schon einer großen
Portion Selbstreflexion und -disziplin, stattdessen eine durchdachte Kleingrup-
penarbeit, einen ausgefeilten Wochenplanunterricht oder ein die Selbsttätigkeit
der Schüler anderweitig förderndes didaktisches Konzept umzusetzen.

In verräterischer Weise wird das in einem Interview ausgedrückt, das einer
der Marktführer auf dem Whiteboard-Sektor mit dem Direktor einer Integrierten
Gesamtschule geführt hat. Dieser – erst auf einen kritischen zweiten Blick als
Werbung erkennbare – Beitrag[20] in einer einschlägigen Fachzeitschrift lässt den
Schulexperten die Vorteile der Arbeit mit der neuen Technik erläutern. Auf die
Frage nach möglichen Unterrichtsformen, für die sich das Produkt eigne, antwor-
tet ein von den Vorzügen der interaktiven Technik überzeugter Schulleiter:

> „Sie können beispielsweise Gruppenarbeitsergebnisse am SMART Board dokumen-
> tieren. Die Schüler stehen auch sehr gerne selbst vorm SMART Board. Einige Leh-
> rerinnen und Lehrer haben mir schon scherzhaft gesagt, sie seien von diesem Medi-
> um so begeistert, dass sie am liebsten nur noch Frontalunterricht machen würden."[21]

---

18   Christian Schönherr: Skepsis als Bildung? Skeptisch-transzendentalkritische Pädagogik und
     die Frage nach ihrer „Konstruktivität". Würzburg 2003, 83.
19   Rellecke, Interaktive Alleskönner, a. a. O., 14.
20   Ein Autor ist nicht zu finden, dafür prangt rechts oben der rechtlich geschützte Firmenname.
21   Smart Board™: Der Praxistest in der Schule. In: L. A. Multimedia. 1/2003, 41.

Der von ihm bewusst eingestreute Scherz bestätigt jedoch in selbstverräterischer Art den skeptischen Blick, der auf das neue Medium geworfen werden sollte.

Das Ausrichten des Unterrichts auf ein einziges Medium bedeutet tatsächlich eine große Abhängigkeit, kann die Schüler in die Rolle von Beobachtern und Konsumenten drängen und zugleich den Lehrer zu einer Vernachlässigung des Klassengeschehens verleiten.[22]

Der Schweizer Erziehungswissenschaftler Heinz Moser sieht die Gefahr des übermäßigen Frontalunterrichts durch interaktive Tafeln in einem Zusammenhang mit der Frage nach einer neuen Lernkultur, der es um Eigentätigkeit, selbstständige Lernprozesse, soziales Lernen, Einüben von Teamarbeit geht. Er stellt die Frage, ob das (neue) Medium beim Aufbrechen traditionell lehrerzentrierter Unterrichtsszenarien hilft, und stellt dann fest, dass neue Medien, explizit auch interaktive Whiteboards, nicht quasi automatisch eine schülerorientierte und - aktivierende Lernkultur befördern, sondern nur eine Bedingung der Möglichkeit von positiven Veränderungen der Schulrealität sind.[23]

Stattdessen droht der missbräuchliche Einsatz der interaktiven Tafel, und es keimen starke Zweifel, ob die Verwendung von Computertechnologie und Lernsoftware stark lehrerzentrierte Unterrichtssituationen zurückdrängen kann:

> „So gibt es zweifellos eine Reihe von Lehrkräften, die ihren frontalunterrichtlichen bzw. autoritären Unterrichtsstil sehr wohl mit der Nutzung des Computers in ihren Schulklassen zu verbinden wissen. [...] Aber auch manche scheinbar innovative Bestandteile des ICT-Lernens [Informations- und Computer-Technologie] wie die sog. Whiteboards können dazu dienen, die Prinzipien des Frontalunterrichts über die moderne Technik in neuer Verpackung zu stützen."[24]

Die frontalunterrichtliche Realität an deutschen Schulen[25] wird wohl mit interaktiven Tafeln nicht per se gravierend in Richtung eines offenen, schülerzentrierten Unterrichts verändert werden, so die These. Es könnte vielmehr so sein, wie Sadigh süffisant in einem Zeitungskommentar zur Einführung elektronischer Tafeln schreibt, dass zukünftig sowohl Lehrende als auch Lernende multimediale Schauveranstaltungen durchführen und in der Folge „[...] Powerpoint [...] nun

---

22   Vgl. Eder, activeboard@school, a. a. O., 103.
23   Heinz Moser: Zur Zukunft der Lernmedien – ein Kommentar aus Schweizer Sicht. In: Witlof Vollstädt (Hg.): Zur Zukunft der Lehr- und Lernmedien in der Schule. Eine Delphi-Studie in der Diskussion. Opladen 2003, 143–154, hier: 147 f.
24   Ebd., 149.
25   Vgl. Ewald Terhart: Didaktik. Eine Einführung. Stuttgart 2009, 164 ff. In Kapitel 4.2 „Zur Methodenpraxis im Unterricht: Realitäten" referiert Terhart anhand einschlägiger Studien die angewandten Methoden an Grund- und Sekundarschulen sowie im mathematisch-naturwissenschaftlichen Unterricht. Dabei werden die Dominanz des Frontalunterrichts bestätigt und auch die sprachlichen Interaktionsmuster als lehrerdominiert ausgewiesen.

nicht mehr nur Geschäftsleute, sondern auch Lehrer und Schüler langweilen [wird]."[26]

Nur den technischen Aufwand zu vergrößern; scheint nicht Garant für einen gelungenen Unterricht zu sein, und allgemeingültige Aussagen zur Überlegenheit einzelner Medien können nicht getroffen werden. Medialer Einsatz muss immer mit Blick auf den behandelten Unterrichtsgegenstand, die Schüler und die jeweiligen Lehrziele beurteilt werden. Ein Übermaß an Sinnesreizen und Informationen wird nicht zur Klärung und Ordnung der Gedanken beim Schüler beitragen, im Gegenteil. Daher kommt es auf eine durchdachte Auswahl und die fundierte Analyse weniger Medien an, auf die sich die konzentrierte Unterrichtsarbeit im Einzelnen richtet.[27] Doch gerade eine überreiche Versorgung der Schüler mit Informationen und Bildern wird durch das interaktive Tafelsystem begünstigt.

Sogar bei ausgewiesenen Anhängern der durch Multimedia, Computer und Internet angereicherten Didaktik ist die Zeit der euphorischen Hoffnungen und Versprechungen anscheinend vorbei. So ist im Tagungsband eines im Jahr 2002 abgehaltenen, von großen Technologiekonzernen finanzierten Kongresses zu lesen, dass die Fragen nach der Wirksamkeit und den Wirkungen neuer Medien im Schulsektor noch weitgehend im Dunkeln liegen. Das ernüchternde Fazit:

> „Die Fachleute für E-Learning gehen mittlerweile mit großem Einvernehmen davon aus, dass im netzbasierten Lernen allein nicht das Heil der Bildungszukunft liegen kann."[28]

Wenn selbst von den Technikexperten schon solch kritisch eingefärbte Töne zu vernehmen sind, kann es nicht abwegig sein, die mit viel Vorschusslorbeeren bedachte elektronische Tafel und deren Auswirkungen auf Schule und Unterricht, auf Lehrer und Schüler, mit einem skeptisch-nachdenklichen Blick zu betrachten.

Ein deutlich zutage tretender Nachteil der Verbreitung von interaktiven Tafeln, der weiter oben schon angeschnitten wurde, ist die Notwendigkeit, diese Technik mit immensem finanziellen Aufwand in die Schulen zu tragen. Als exemplarischer Fall soll hier das Bundesland Bayern dienen:

Laut einer Veröffentlichung des Landesamts für Statistik und Datenverarbeitung[29] gab es dort im Herbst 2008 insgesamt 4028 allgemeinbildende und

---

26  Parvin Sadigh: Kreide, Schwamm und Tafel. In: <http://www.zeit.de/online/2009/03/bg-tafel> (17.6.2010).

27  Vgl. Hans Glöckel: Vom Unterricht. Lehrbuch der Allgemeinen Didaktik. Bad Heilbrunn/Obb. [4]2003, 48.

28  Hubert Groten: Eröffnung des ersten education quality forums. In: Reinhard Keil-Slawik/ Michael Kerres (Hg.): Wirkung und Wirksamkeit Neuer Medien in der Bildung. Münster 2003, 9–11, hier: 10.

1477 berufliche Schulen, in denen rund 1,9 Millionen Schülerinnen und Schüler unterrichtet wurden. Diese verteilen sich auf über 25000 Klassen. Wenn wir der Einfachheit halber davon ausgehen, dass die Ausstattung eines Klassenraumes mit einer interaktiven Tafel etwa 5000 Euro kostet[30], und dann die Kosten allein für das Bundesland Bayern hochrechnen, kann man, eher vorsichtig geschätzt, von Investitionen von weit über 100 Millionen Euro ausgehen.

Hinzu kommen zum einen Folgeinvestitionen, die bei technischen Geräten erfahrungsgemäß mittel- und langfristig nicht unerheblich ausfallen können. Zum anderen müssen auch die Lehrkräfte umfangreich geschult und betreut werden. Dies bindet wiederum Finanzmittel – falls die Whiteboard-Hersteller nicht die einer Werbeveranstaltung gleichende Schulung beim lukrativen Großauftrag in All-Inclusive-Manier gleich mitliefern – und bringt zusätzliche Zeitbelastungen für die Lehrerkollegien mit sich, die dann vermutlich anderweitige Fortbildungsmaßnahmen ausfallen lassen.

Dem bildungspolitisch Interessierten werden vielfältige Möglichkeiten einfallen, was an deutschen Schulen für die nötigen Finanzmittel alternativ zur Verbesserung von Unterrichtsqualität getan werden könnte. Hier seien nur einige der denkbaren Optionen aufgelistet:

Finanzierung einer Schulsozialarbeiterstelle für mehrere Jahre; systematisch aufgebaute Fortbildungs- und Schulungskurse durch qualifizierte Referenten für Eltern und Lehrer; Ausbau und Pflege der Schulbibliothek; Einrichtung von zusätzlichen Stütz- und Förderkursen; Neu- oder Umgestaltung von Pausenhöfen; Aufstockung der schulpsychologischen Betreuung; Förderung von Kooperationsprojekten mit Jugendämtern, kommunaler Jugendarbeit und Vereinen; kostenlose Bereitstellung von Obst, Gemüse und Mineralwasser für alle Schülerinnen und Schüler; Teil- oder Vollfinanzierung von Klassenfahrten, Ausflügen und Exkursionen; Finanzierung hochwertiger Eltern-Kind-Sprachkurse; Einrichtung von zusätzlichen Sport- und Bewegungsstunden, Musik- und Kunst-Arbeitsgemeinschaften; Implementierung regelmäßiger gemeinsamer Fortbildungen für Lehrer unterschiedlicher Schularten; Renovierung und Neubau von ästhetischen, wohnlichen Klassenzimmern; Entlastung der Schulleitungen durch Aufstocken der Arbeitszeit von Verwaltungsangestellten; Anhebung des Gehalts von Förderlehrern; Förderung systematischer und regelmäßiger Supervision für Kollegien.

---

29  Vgl. Bayerisches Landesamt für Statistik und Datenverarbeitung (Hg.): Bayerische Schulen im Schuljahr 2008/09. Eckzahlen sämtlicher Schularten nach kreisfreien Städten und Landkreisen. München 2009, 3.

30  Vgl. Redaktionsteam der Grundschule an der Bäke: Das Ende der Kreidezeit – Vollausstattung der Grundschule an der Bäke mit interaktiven Whiteboards anstelle von Kreidetafeln. Berlin o. J., 19. Hier findet sich eine Berechnung der Kosten für dreißig Klassenräume (Whiteboards mit technischem Zubehör, ohne Installationskosten), die von geschätzten 152.201 Euro Investitionsvolumen ausgeht.

Zumindest ein Nachdenken über Alternativen scheint möglich, vielleicht auch nötig, zu sein, bevor Bund, Länder, Kommunen, private Spender oder Unternehmen umfangreiche finanzielle Mittel in eine Technologie stecken, die möglicherweise nur einen (kleinen) Teil davon hält, was die Werbestrategen der Whiteboard-Anbieter versprechen.

Wer Erfahrungen mit technischen, computerbasierten Geräten gesammelt hat, wird zudem die zwangsläufig anfallenden Wartungs- und Reparaturarbeiten in Rechnung stellen, denn moderne Computertechnik veraltet schnell und muss mittel- und langfristig mit neuerlichem finanziellen Aufwand gepflegt, aufgerüstet und gegebenenfalls ausgewechselt werden.[31] Auch hier kann ohne Zweifel von Millioneninvestitionen ausgegangen werden. Die kritische Frage sei erlaubt: Cui bono?

### Neue Medien in der Schule – Grundsatzkritik

Nachdem mögliche gravierende Nachteile der Einführung elektronischer Tafelsysteme referiert wurden, soll im folgenden Schritt die grundsätzliche Kritik am Vordringen neuer Medien in die Schulen zur Sprache kommen. Interaktive Tafelsysteme werden hierbei unter der Rubrik Computertechnik subsumiert, da sie rechnergestützt Daten und Bilder für Schüler und Lehrer zugänglich und veränderbar machen.

Dass sie in Schulen zukünftig eingeführt werden, ist für Befürworter ein nicht zu bezweifelndes Faktum:

> „Die digitalen Tafeln oder interaktiven Whiteboards (IWB), […], werden sehr bald in unseren Klassenzimmern Einzug halten. Erste Schulen wurden bereits komplett mit Whiteboards ausgestattet und gehen als Pioniere voran."[32]

In der wiederkehrenden Pionier-Metapher spiegelt sich der Glaube an einen unaufhaltsamen, höchstens verzögert vonstattengehenden Fortschritt wider. Die breite Masse von Schulen muss und wird sich den Wegbereitern der neuen Technik anschließen, so der Grundtenor der Whiteboard-Fürsprecher, und selbst kritische Geister unter den Lehrkräften geraten in den Sog des neuen Tafelsystems:

---

31    Hierbei ist das potenzielle Problem der Anfälligkeit der interaktiven Tafeln für (un-)gewollte Beschädigungen noch gar nicht mit eingerechnet.

32    Schlieszeit, Die interaktiven Whiteboards kommen, a. a. O., 35.

„Digitale Medien können so auch jene Kollegen zu einer neuen, offeneren Lernkultur verführen, die sich vorher nicht auf derartige Lernarrangements eingelassen hätten; und mit den interaktiven Tafeln holen wir diese ‚digitale Verführung' ins Zentrum des Unterrichts, mitten in den Klassenraum."[33]

Ob es sich bei dieser Verführung wirklich um einen Fortschritt handelt, wird
nicht hinterfragt.

Fortschritt ist, mit Neil Postmann gesprochen, weder etwas naturhaft Ablau-
fendes, zwangsläufig Stattfindendes, noch etwas historisch Festgeschriebenes,
sondern er ist immer von Menschen für Menschen gemacht, wobei nicht per se
von einer Positiv- und Höherentwicklung ausgegangen werden kann.[34]

Technologische Neuerungen sind jedoch dagegen fast schon ein Synonym
für Fortschritt jeglicher Art (moralischer, gesellschaftlicher, seelischer) geworden. Die Fürsprecher der neuen technischen Möglichkeiten müssen sich dann –
erstens – fragen lassen, für welche Probleme sie denn überhaupt Lösung anböten.

Im Falle der interaktiven Tafeln kann diese Frage auch gestellt werden: Ermöglichen sie den Schülerinnen und Schülern Lernerfahrungen, die andere, traditionelle didaktische Arrangements nicht leisten können? Und, wenn ja, zu welchem Preis tun sie das? Befördern sie die echte Zusammenarbeit zwischen Schülern und einen methodisch durchdachten Unterricht, der ein vertieftes, reflektier-
tes, oft anstrengendes und unerwartet zähes Lernen ermöglicht, welches über das
Anhäufen von abprüfbarem Wissen hinaus geht?[35]

Eine – zweitens – zu stellende Frage ist, wessen Problem es denn eigentlich
sei, das durch den Einsatz elektronischer Tafeln gelöst werde: Ist es das Problem
der Lehrer, die mit den bisherigen Medien keinen guten Unterricht halten könnten? Ist es das Problem der Schüler, die mit Büchern, Kreide und Folien zu wenig lernen könnten? Ist es das der Wirtschaft, die zu wenig teamfähigen, gut aus-
gebildeten Nachwuchs geliefert bekäme? Oder ist es das Problem der Hard- und
Softwareindustrie, die dringend neue Absatzmärkte erschließen müsste, um kon-
kurrenz- und überlebensfähig zu sein?

So fordert Neil Postmann:

---

33   Thomas Iser: Digitale Fenster öffnen. In: LOG IN. (2009), H. 156, 73–76, hier: 76 (Hervorhe-
     bung im Original).
34   Vgl. Neil Postmann: Die zweite Aufklärung. Vom 18. ins 21. Jahrhundert. Berlin 1999, 53 ff.
35   Vgl. Käte Meyer-Drawe: Diskurse des Lernens. München 2008, 7. Kapitel („Lernen als Erfah-
     rung"). Die Autorin entfaltet hier einen Lernbegriff, der unter anderem die Momente des Unbe-
     stimmten, des Pathischen, des Passiven, des Primats der Inhalte ins pädagogische Bewusstsein
     rückt. Dieser Lernbegriff erscheint mit der Logik der interaktiven Tafeln kaum vereinbar zu
     sein.

„Wir müssen mit großer Umsicht vorgehen, wenn es zu bestimmen gilt, wer von einer Technologie profitiert und wer dafür bezahlen muss. Nicht immer sind es dieselben."[36]

Einiges spricht für das Zutreffen dieser Aussage, bezogen auf die Implementierung der neuen Tafelsysteme in deutschen Schulen. Die Bürger und Steuerzahler beanspruchen das Recht auf überlegte Investitionen im Bildungssystem. Abgewogene Entscheidungen und die gelassene, gründliche Prüfung vor der Einführung von Innovationen im Medienbereich können beim Blick auf das große Ganze hilfreich sein, zumal die Binsenweisheit gilt, dass mit allen Medien gelernt werden kann und dass es bei Lernprozessen eher auf die Verarbeitungstiefe als auf bloße Multimodalität ankommt.[37]

Die dritte Frage führt noch weiter. Sie fordert zum Nachdenken auf, wer oder was durch eine neue Technologie am meisten beeinträchtigt, geschädigt wird, denn „[...] nur ein Dummkopf weiß nicht, dass neue Technologien immer Gewinner und Verlierer produzieren, und wenn sich die Verlierer widersetzen, ist das nicht irrational."[38] Wer die Verlierer beim Einführen der Whiteboard-Technologie sein könnten, darüber nachzudenken lohnt, denn ein Mehr an technischen Medien in der Schule leistet einer zunehmenden Medialisierung des Lebens Vorschub, welche mit einem abnehmenden direkten Umgehen der Menschen miteinander korrespondiert.

Hartmut von Hentig, der dem skeptisch-kritischen Nachdenken über die neuen Medien in seinem Œuvre viel Platz eingeräumt hat, empfiehlt daher; die Zeit für Computermedien und Internet abzugleichen mit der, die für Begegnungen und Gespräche mit anderen Menschen freigehalten wird.[39] Dies sollte auch für den Lehrer gelten, der sich, stellvertretend für die Schüler, eben diesen Sachverhalt vor Augen führen muss, wenn er Unterricht plant und Lernprozesse vorbereiten will:

„Wir brauchen für eine Welt, in der es Computer gibt, vor allem etwas, was wir an den Computern gerade nicht lernen können – das offene, dialogische, zweifelnde, entwerfende, bewertende, philosophische Denken."[40]

---

36    Postmann, Die zweite Aufklärung, a. a. O., 58.

37    Vgl. Werner Sacher: Medienerziehung und didaktische Mediennutzung. In: Hans Jürgen Apel/ Werner Sacher (Hg.): Studienbuch Schulpädagogik. Bad Heilbrunn ³2007, 404–418, hier: 410 f.

38    Postmann, Die zweite Aufklärung, a. a. O., 59.

39    Hartmut von Hentig: Der technischen Zivilisation gewachsen bleiben. Nachdenken über die Neuen Medien und das gar nicht mehr allmähliche Verschwinden der Wirklichkeit. Weinheim/Basel 2002, 68.

40    Ebd., 73.

Ob der Einsatz interaktiver Tafelsysteme das Denken in obigem Sinne zu befördern vermag oder dieses eher erschwert, wird eine interessante Forschungsfrage
der Schulpädagogik ergeben. Wenn die neue Technik einige Jahre lang eingesetzt und von unabhängigen Fachleuten unter die Lupe genommen sein wird[41]
sowie der Reiz des Neuen verflogen ist – nur dann kann möglicherweise auch
ausgeschlossen werden, ob durch den Gebrauch der digitalen Whiteboards bekannte und in der Schultradition fest verankerte Fehlentwicklungen weiter ver-
festigt werden: die passive Haltung der belehrten, mit Informationen berieselten
Schüler, die Unterricht in der Attitüde des Konsumenten und Zuschauers auffas-
sen, bei denen die Lebensbereiche Arbeit und Freizeit nicht mehr zu trennen
sind, da diese von den gleichen Medien, Aufbereitungsformen und Marken bestimmt sind wie jene.[42]

Genau dagegen wenden sich die Kritiker der neuen Technologie. Sie halten
den Befürwortern der neuen Medien vor, lediglich eine schlichte Einübung der
Schüler in die gegebenen gesellschaftlichen Zustände zu pflegen, anstatt sie
jenen gegenüber frei zu machen. Dagegen impliziert Freiheit auch, die vorgefun-
dene Wirklichkeit zu ändern, „[…] so gut das geht und in voller Kenntnis ihrer
Vorzüge, Nachteile, Nebenerscheinungen und Geschichte."[43]

Dieses abwägende, entschleunigte Nachdenken, der gelingende, klärende
Dialog über die Inhalte, mit denen Schüler sich beschäftigen, kann mit multime-
dial-interaktiven Medien natürlich auch gelingen. Dies sei gar nicht in Abrede
gestellt. Dass es aber mit dem herkömmlichen, wohlbekannten Medienbestand
von grüner Tafel, Kreide, Projektor und Schulbuch pädagogisch sinnvoll und
zweckgerichtet ebensogut, wenn nicht besser, gelingen kann, das soll der seinen
Unterricht planende Lehrer für sich in gelassener Ruhe bestimmen. Die Mittel
gegeneinander abzuwägen und dann verantwortlich zu entscheiden, macht einen
nachdenklich-kritischen Pädagogen aus. Klar scheint, ein letztes Mal mit Hartmut von Hentig, zu sein:

> „Es ist nicht die Aufgabe der Schule, »up to date« zu sein, sondern die grund-legen-
> den Erfahrungen und Einsichten zu ermöglichen und zur Stärkung und Orientierung
> der jungen Menschen zu nutzen. […] Nicht Anklicken und Abrufen, Surfen und
> Chatten, Hypertext und Hyperlink, Networking und Web-Publishing sind die Haupt-

---

41  Auch mögliche gesundheitliche Belastungen der Schüler müssen wissenschaftlich beleuchtet
     werden, um auszuschließen, was in folgender Episode als unbeabsichtigte Nebenwirkung auf-
     tritt: „Abseits des digitalen Zaubers bei der Einführungsveranstaltung verriet ein Kind: ‚Mir tun
     die Augen weh, wenn ich länger drauf schau.' Ein anderes klagte über Kopfschmerzen. Für
     solche Fälle hält man hinten im Klassenzimmer – ganz altmodisch – Matten bereit. Zum Drauf-
     legen und Entspannen." (Göpel, Whiteboard, a. a. O., 31)
42  Vgl. v. Hentig, Der technischen Zivilisation gewachsen bleiben, a. a. O., 98.
43  Ebd., 190.

Wörter der Schule, sondern Person, Gespräch – klare Fragen und klare Antworten –, Geschichte und Geschichten, *science*, Ordnung der Vorstellungen, Beobachten, Urteilen, Entscheiden."[44]

Jedes in der Schule eingesetzte Medium muss auf Hintergrund dieses Zitates befragt werden, ob es zur Bildung der Schüler wertvolle Beiträge leistet, auch die elektronischen Whiteboards. Mit der Projektion des Computerbildes auf die interaktive Tafel liegt es nahe, den Rhythmus und die Vorgehensweise des Internetsurfens und des Powerpoint-Vortrags auf den Unterricht zu übertragen. Einzelne Fragen und Aussagen wirken zu lassen, den Schülern Raum und Zeit zum Reflektieren zu geben, wird tendenziell schwieriger und, so kann angenommen werden, unwahrscheinlicher. Inhalte werden „[…] didaktisch entzaubert, trivialisiert und gegen ihren Substanzverlust medial so schmackhaft gemacht, dass am Ende die Verpackung zählt und nicht der Inhalt."[45] So würde mit dem flächendeckenden Einsatz von interaktiven Tafelsystemen endgültig das „[…] Lernen mit neuen Medien […] ins Zentrum des Schulalltags"[46] rücken.

Von Seiten der das interaktive Board einsetzenden Lehrerkraft muss ein hohes Maß an Fachverständnis, Akribie und Selbstbeschränkung vorhanden sein, denn mit der elektronischen Tafel wird auch eine Erhöhung des Anteils internetbasierter Unterrichtsvorbereitung und -durchführung einhergehen. Als Lehrer allein oder mit den Schülern gemeinsam während des Unterrichts im Internet nach weiterführenden Informationen zu suchen, gestaltet sich zunehmend schwierig. Zum einen muss von einer stetig wachsenden Dokumentenanzahl ausgegangen werden, und zum anderen sind die per Suchmaschine recherchierten Inhalte im Internet nicht bewertet und nach inhaltlicher Qualität hierarchisch geordnet. So geht es nur um einen potenziell erleichterten Zugang zu Informationen, die Stichhaltigkeit und Vertrauenswürdigkeit der Quelle kann jedoch nicht ohne Schwierigkeit festgestellt werden:

„Die Pädagogik des Internet bezieht sich auf die Zugangserleichterung und -ermöglichung, die es jedem erlaubt, sich einen Überblick zu verschaffen, an Originalquellen zu gelangen, ungefiltert kontroverse Meinungen zur Kenntnis zu nehmen. Es handelt sich in jedem Fall um eine Pädagogik für (mehr oder weniger) Fortgeschrittene, nicht um eine der Einführung, die Schritt für Schritt eine komprimierte Darstellung des für relevant gehaltenen Wissens enthält."[47]

---

44  Ebd., 198 f. (Hervorhebung im Original)
45  Andreas Gruschka: Schule, Didaktik und Kulturindustrie. In: Vierteljahresschrift für wissenschaftliche Pädagogik. (2007) H. 2, 253–278, hier: 260.
46  Thomas Iser, Digitale Fenster öffnen, a. a. O., 75.
47  Sigrid Nolda: Pädagogik und Medien. Eine Einführung. Stuttgart 2002, 180.

Dieser Aspekt muss vor der Anschaffung interaktiver Tafeln ebenfalls mit in die Überlegungen einbezogen werden, wobei freilich die Schulbuch- und Medienverlage durch die Bereitstellung zertifizierter Schulportale und pädagogisch-didaktisch hochwertiger Software ausgleichend wirken könnten. Damit verbunden wären dann allerdings deren schulaufsichtliche Prüfung sowie aufwändige Genehmigungsverfahren seitens der Kultusministerien, wie bisher schon bei diversen Lernmitteln üblich.[48]

Ein auf dem Gebiet der Computertechnologie ausgewiesener Experte, der Amerikaner Clifford Stoll, zweifelt stark am Nutzen der neuen Technologien für die schulische Bildung der Kinder und Jugendlichen. Seine Argumente gegen den Einsatz von Computern in Klassenzimmern erscheinen auch heute noch, zehn Jahre nach Erscheinen seines Buches „LogOut"[49], logisch und stichhaltig zu sein.
   Der Autor selbst will explizit nicht als Zyniker, sondern als Skeptiker aufgefasst werden. Er versteht sein Buch nicht als Zeugnis gegen technologische Neuerungen, aber er möchte allzu unkritisch gesehene utopische Träumereien relativieren und Stoff zum Nachdenken liefern. Stoll betont die Eigenart von Lernprozessen, mit Mühe und Anstrengung verbunden zu sein:

> „Lernen ohne Mühe, brillante Graphiken, Fakten aus dem Internet, das Lernen als Videospiel: Es gibt damit nur ein Problem – alles ist Lüge! Meistens macht Lernen keinen Spaß. Lernen bedeutet Arbeit und Disziplin. Es fordert Engagement von beiden Seiten, von Lehrern und Schülern. [...] Es gibt keinen mühelosen Zugang zu einer qualifizierten Bildung. Was als Belohnung abfällt, ist kein kurzer Adrenalinrausch, sondern tiefe Befriedigung – allerdings erst nach Wochen, Monaten oder gar Jahren. Wenn man Lernen mit Spaß gleichsetzt, würde das bedeuten, dass man nichts lernt, wenn man keinen Spaß hat."[50]

Dieses „Lernen mit Spaß" ist ein in Berichten über beziehungsweise Werbung für interaktive Tafelsysteme häufig zu lesender Topos, der pädagogisch Interessierte, ob Lehrer, Eltern, Schüler, Bildungspolitiker oder anderweitig mit Schule

---

48   Exemplarisch sei hier die einschlägige Regelung in Bayern genannt, die ein schulaufsichtliches Genehmigungsverfahren von Schulbüchern, Arbeitsheften und von Verlagen herausgegebenen Arbeitsblättern vorschreibt: Bayerisches Staatsministerium für Unterricht und Kultus (Hg.): Vollzug der Vorschriften des Bayerischen Gesetzes über das Erziehungs- und Unterrichtswesen und des Bayerischen Schulfinanzierungsgesetzes über die Lernmittelfreiheit: Bekanntmachung vom 1. September 2009.

49   Clifford Stoll: LogOut. Warum Computer nichts im Klassenzimmer zu suchen haben und andere High-Tech-Ketzereien. Frankfurt am Main 2001.

50   Ebd., 26.

befasste Menschen aufhorchen lässt. Exemplarisch ist dies zu zeigen an einem, wiederum als Fachartikel getarnten, Werbebeitrag:[51]

Die namentlich genannte Lehrerin einer fünften Hauptschulklasse betreibt mit Hilfe der elektronischen Tafel Wortschatzarbeit. Mit eingespielten Illustrationen und Fotos lernen die Schüler neue Englischvokabeln aus dem Themenkreis Haustiere kennen. Auch eine Audiodatei wird eingespielt, und die Kinder verfolgen den projizierten Text mit. Mit den Bildern, so der Werbetext, „wird den Kindern der Einstieg zu den neuen englischen Begriffen erleichtert." Und sogar der Schulleiter bestätigt, „ […] dass sich viele verschiedene Medien perfekt in den Unterricht einbinden lassen. […] So macht unseren Schülern das Lernen einfach Spaß […]."[52]

Dazu sei kritisch angemerkt, dass die geschilderte Lerneinheit mit herkömmlichen, an jeder Schule bereits vorhandenen didaktischen Mitteln (Wort- und Bildkarten, CD, Schulbuch, Projektor) ebenso durchzuführen ist, wenn der jeweilige Englischlehrer fachlich, didaktisch und sozialintegrativ qualifiziert unterrichtet. Der Sinn, eine mehrere tausend Euro kostende interaktive Tafel einzusetzen, für deren Gebrauch der Lehrer intensive Fortbildung und Schulungen genossen haben muss, erschließt sich nur schwer. Im Übrigen: Wer selbst jahrelang Unterstufenschülern Englischunterricht erteilt hat, auch zu dem Thema Haustiere, der weiß, mit welch großer intrinsischer Motivation und altersgemäßer Neugierde die Kinder dort zu Werke gehen. Interessant wären Erfahrungsberichte aus der Mittel- oder Oberstufe, wo zum Teil weniger alltagsnahe und spontan ansprechende, aber dennoch unerlässliche Themen auf der Agenda stehen. Ob die Schüler dann langfristig weiterhin, durch die interaktive Tafel angespornt, mit Spaß und Freude lernen, bleibt offen.

Die weiter oben schon angesprochene Frage, wie der Kosten-Nutzen-Vergleich ausfällt, wird von Stoll ebenfalls thematisiert. Seine auf das amerikanische Schulsystem gemünzten Ausführungen treffen dabei auch auf das deutsche zu. Wer im Bildungsbereich viele Millionen für Computertechnologie ausgibt, und um solche handelt es sich bei interaktiven Tafelsystemen, muss auch begründen, weshalb er Alternativen verwirft oder gar nicht erst prüft. Eine davon wäre, die Kinder des Computerzeitalters verstärkt mit sozialen Fähigkeiten auszustatten, die weit über technische Fertigkeiten und die Beherrschung interaktiver Computeranwendungen hinausgehen:

---

51    „Vokabeln pauken mal anders." [ohne Angabe eines Verfassers] In: L. A. Multimedia. 2/2009, 36. Der Bericht über eine mit der interaktiven Tafel gestaltete Englischstunde in der fünften Jahrgangsstufe schließt, anstelle eines Autorennamens, mit der unter „Informationen" angegebenen Internetadresse des Whiteboard-Herstellers. Auch hier kann der Leser den Artikel nur mit Mühe und kritischem Blick als Werbung identifizieren.

52    Ebd.

„Glaubwürdigkeit und die Fähigkeit, Vertrauen zu vermitteln, konnte man noch nie aus dem Internet beziehen, und auch in hundert Jahren wird man die Fähigkeit, mit Leuten umzugehen, nicht am Computer lernen können. [...] Heute wird kaum jemand entlassen, weil er nicht gut genug mit Computern umgehen kann, man verliert seinen Job eher, weil man mit den Kollegen nicht klarkommt."[53]

Computeranwendungen, wie interaktive Tafeln, zum Mittelpunkt des Unterrichts zu machen, kann durchaus kontraproduktiv bei der Schulung sozialer Kompetenzen sein. Sicher ist auch hier das rechte Maß entscheidend. Doch der Druck, die teuren elektronischen Tafelsysteme nach ihrer aufwändigen Anschaffung dann auch möglichst häufig einzusetzen, wird de facto auf den Lehrern lasten und die Gestaltung des Unterrichts beeinflussen.

Eine mögliche gravierende Nebenwirkung der flächendeckenden Einführung interaktiver Whiteboards und ihres Zubehörs, könnte auch das Verschwinden von Schulbibliotheken allgemein sein, denn das für Technik investierte Geld fehlt an dieser Stelle. Es wäre eine lohnende Arbeit, den Zusammenhang zwischen der quantitativen und qualitativen Ausstattung der Schüler- und Lehrerbücherei von Schulen auf der einen Seite und der Ausstattung mit technischen Medien, vor allem interaktiven Tafeln, auf der anderen zu untersuchen.

Das Verfallsdatum einer gut sortierten Bibliothek liegt bei weitem unter dem der Computertechnik. So muss eine Schule, die sich nach gründlichem Abwägen für eine kompatible Hard- und Software entschieden hat, mit einer vergleichsweise kurzen Lebensdauer der angeschafften Technik rechnen. Von fünf Jahren geht Stoll bei Computern aus, und das wird bei interaktiven Tafeln vermutlich nicht anders sein. Pointiert spricht der Experte von „vorprogrammierter Alterung":

„Sie ist die treibende Kraft hinter der Hightech-Industrie, bei Computerherstellern, die davon besessen sind, immer schnellere Modelle auf den Markt zu bringen – fast im selben Rhythmus wie seinerzeit General Motors seine Autos. [...] Inzwischen füllen veraltete Computer die Schränke in den Büros und zu Hause. Sie funktionieren noch einwandfrei, aber mit ihnen kann man die neuesten Programme und Multimedia-Spiele nicht mehr zum Laufen bringen."[54]

Neben den Kosten für Updates und Upgrades kostet die Pflege der Systeme und Programme eine Menge wertvoller Zeit, die an anderer Stelle nicht investiert werden kann. Sollten in jedem Klassenzimmer elektronische Tafeln hängen, würde ein guter Teil der Lehrerarbeitszeit in der Folge wohl mit der Identifizie-

---

53    Stoll, LogOut, a. a. O., 143.
54    Ebd., 190.

rung und Behebung von Computerproblemen verbraucht, Zeit, die für zwischenmenschliche Begegnungen verloren wäre.[55]

Die zugespitzten Einlassungen Stolls können Anlass zu Reflexion sein, bevor Sachaufwandsträger und Schulleitung bei der Akquisition von interaktiven Tafeln aktiv werden.

Vielleicht wird aber gar nicht die neueste Technik angeschafft werden, sondern die Schulen bekommen großzügige Spenden von Unternehmen, die ausrangierte Gerätschaften im Bildungsbereich zu neuer Blüte verhelfen wollen, so wie es in den letzten Jahren häufig mit Computeranlagen geschehen ist. An den grundsätzlichen Einwendungen jedoch könnte auch diese Praxis nichts ändern, höchstens Anlass zur Akzentuierung der Kritik bieten.

**Schlussbemerkung**

Sollten jedoch viele Schulen, trotz der hier artikulierten skeptisch-kritischen Anmerkungen, den Weg der Anschaffung interaktiver Tafelsysteme gehen, dann wäre zumindest eine Begleitung dieser in großer Zahl stattfindenden informellen Schulversuche durch erziehungswissenschaftliche Forschung geboten. Diese darf sich aber nicht zum Büttel der Technologieunternehmen degradieren lassen, sondern durchaus mit einer Portion Skepsis, verstanden als „methodische Maxime"[56], an ihren Untersuchungsgegenstand herantreten:

> „In einer so verstandenen skeptischen Untersuchung geht es vor allem darum, die *Legitimation* gängiger Betrachtungsweisen, üblicher Lösungswege, verbreiteter Argumentationsmuster, ʼeingespielterʼ Sprachspiele und weithin für selbstverständlich erachteter Lösungen [...] radikal und rückhaltlos in Frage zu stellen."[57]

Wenn dann nach gründlicher, abwägender Prüfung der Wirkungen und Nebenwirkungen des neuen Mediums deutlich positive Auswirkungen der interaktiven Tafelsysteme zu konstatieren sein sollten, dann stünde dem Siegeszug dieser vermeintlichen „interaktiven Alleskönner"[58] wohl nichts mehr im Wege – nicht einmal skeptische Anmerkungen aus der Schulpädagogik, die sich jetzt noch, frei nach dem eingangs zitierten Lichtenberg-Aphorismus, fragen kann: „Sind die Lobeshymnen auf interaktive Tafelsysteme berechtigt?", um dann Gründe zu finden, weshalb man geneigt sein könnte, dies positiv-skeptisch zu negieren.

---

55    Vgl. ebd., 234.
56    Müller, Skepsis – eine pädagogische Lebensform, a. a. O., 13.
57    Ebd., 14 (Hervorhebung im Original).
58    Rellecke, Interaktive Alleskönner, a. a. O., 12.

# Stimme und ihre Bedeutung für Verständigung – Möglichkeiten und Grenzen Leiblicher Stimmbildung

*Roswitha Eder*

> Uns're Lehrerin ist heiser,
> trotzdem werden wir nicht leiser,
> jetzt ist ihre Stimme hin –
> ach, die arme Lehrerin!
> *(Kinderlied)*

## 1 Angestrengte Stimmen – taube Ohren

Der Geräusch- und Stimmpegel in der Klasse ist hoch. Die Lehrerin doziert mit lauter, merklich angestrengter Stimme, viele der Schüler hören nicht zu. Dieses ‚Stimmungsbild' einer alltäglich möglichen Unterrichtssituation wirft viele Fragen auf: Ist die Lehrerstimme deshalb angestrengt, weil die Schüler nicht zuhören und der Lehrer dieser Unaufmerksamkeit mit Lautstärke zu begegnen sucht? Hört der Schüler deshalb nicht zu, weil die Lehrerstimme zu laut, zu dominant, zu gleichmäßig im Ohr klingt, oder ist das, was der Lehrer von sich gibt, für die Schüler einfach uninteressant? Bilden sich Sinn und Fähigkeit zu lauschen in unserer vordergründig visuellen Welt zurück? Gibt es im Zeitalter der Talkshows immer mehr Sprecher, jedoch kaum mehr Hörer? Sprechen die Sprecher in einer Art und Weise, die es schwierig macht, ihnen länger zuzuhören?

Lehren und Lernen, Erziehen und Ausbilden können als Prozesse konkreter kommunikativer Praxis begriffen werden. Auch im Zeitalter vieler technischer Medien zum Zwecke der Informationsbeschaffung, der Suche nach Lösungsstrategien und der Darstellung und Veranschaulichung von Unterrichtsinhalten ist das Sprechen und Hören zwischen Lehrer und Schüler hauptsächlich dafür verantwortlich, Verstehen und Verständigung vorzubereiten und zu ermöglichen. Angestrengte Stimmen und taube Ohren aber verweisen auf ein Leiden der Kommunizierenden.

Aus diesem Grunde werden in diesem Beitrag die Stimme des Lehrers in ihrer Bedeutung für die Ereignisse des Sprechens und Hörens und für die Verständigung zwischen Lehrer und Schüler thematisiert, Möglichkeiten und Grenzen des Verstehens und einer Lehrerstimmbildung diskutiert.

## 2    Wie ereignet sich Verstehen?

Die Frage nach dem Verstehen zwischen den Menschen ist eine Frage nach ihrem sozialen Sein. Angelehnt an die phänomenologischen Forschungen aus dem
Bereich der Wahrnehmung, der Leiblichkeit und Sozialität von Maurice Merleau-Ponty, Bernhard Waldenfels und Käte Meyer-Drawe, kann die Frage nach
dem Fremdverstehen solange nicht erschöpfend beantwortet werden, solange
nicht „nicht nur aus der Sicht des konkreten Koexistierens, sondern auch aus der
Sicht des gegenseitigen Verstehens mit dem Primat einer egozentrierten Evidenz
gebrochen wird [...]."[1]
Waldenfels zeigt einen Ausweg aus diesem Dilemma auf. Er „versetzt sub-
jektives und inter-subjektives Verstehen zurück in den Prozess, aus dem es sich
genetisch ergibt, nämlich in den konkreten Verständigungsvollzug [...]."[2], zum
Beispiel des Sprechens und Hörens.

> „Der Primat des einseitigen Verstehens ist dafür verantwortlich, daß der individuell
> gemeinte Sinn zum grundlegenden Sinn wird und daß das Ich in den Mittelpunkt
> rückt; der *egozentrische* Aufbau der sozialen Welt ist eine Konsequenz dieses An-
> satzes, die durch keine Zu(satzan)nahme zu beheben ist [...]. Gehen wir aus von der
> wechselseitigen Verständigung, so ist der gemeinte Sinn von vornherein ein gemein-
> samer Sinn, und das Ich ist von vornherein dezentriert durch den gleichursprüng-
> lichen Anteil des Anderen; der Aufbau der sozialen Welt nimmt eine *polyzentrische*
> Gestalt an [...]."[3]

Maurice Merleau-Ponty nimmt schließlich den sprechenden und hörenden Leib
als „Umschlagstelle von Geist und Natur" (Husserl). Er denkt sich die menschliche Existenz radikal als leibliche, das heißt: als geistige und körperliche, als
doppelgestaltige, schon immer von Fremdheit durchzogene und „[...] kann so
Inter-Subjektivität als intercorporéité begreifen und eine Lösung der ‚peinlichen
Rätselfrage' (Schütz) nach der Möglichkeit des Fremdverstehens finden [...]."[4] In
diesem Sinne fungiert also der dialektische Leib als Dreh- und Angelpunkt einer
polyzentrischen, sozialen Welt des Verstehens.

---

1    Käte Meyer-Drawe: Leiblichkeit und Sozialität. Phänomenologische Beiträge zu einer pädago-
     gischen Theorie der Inter-Subjektivität. München ³2001, 128.
2    Ebd.
3    Bernhard Waldenfels: Der Spielraum des Verhaltens. Frankfurt am Main 1980, 211 (Hervorhe-
     bung im Original).
4    Meyer-Drawe, Leiblichkeit und Sozialität, a. a. O., 133.

## 3    Der Leib als Medium

„Ich würde auch gern eine volle, tiefe Stimme haben", wünscht sich die angehende Lehrerin. „Wenn ich aufgeregt bin, versagt meine Stimme, sie wird piepsig und schrill." Der Wunsch, eine Stimme zu „haben", die klangvoll, leistungsstark und erfolgreich die jeweilige Unterrichtssituation meistert, basiert wohl auf der Vorstellung, dass die Stimme des Menschen etwas sei, was man habe oder wie einen unveränderlichen Besitz erwerben könne. Zum anderen aber verweist die Sprecherin darauf, dass ihr ihre Stimme nicht unabhängig von bestimmten Bedingungen zur Verfügung steht wie ein technisches Gerät, sondern dass der Klang ihrer Stimme und die Art und Weise ihres Sprechens etwas mit ihr, ihrer Zuhörerschaft und der jeweiligen konkreten Kommunikationssituation zu tun hat. Die Studentin umschreibt die Stimme als etwas, was man *hat* und zugleich *ist,* und vermutet, dass ihr „Aufgeregtsein" und das Schrille ihrer Stimme miteinander zusammenhängen. Worin aber gründet die Aufregung ihres Leibes, und wieso lässt diese leibliche (Über-) Spannung ihre Stimme versagen oder piepsig werden? Diese Fragen und mögliche Antworten werden nachfolgend im Zusammenhang mit der Doppelnaturigkeit und Paradoxität des menschlichen Leibes diskutiert.

### 3.1   Doppelnaturigkeit des Leibes und seiner Stimme

Der Leib ist das „Urmedium" (Waldenfels)[5] menschlicher Stimme. Er ist wahrnehmbar, im Falle des Sprechens hörbar und zugleich wahrnehmend, also hörend. „Unser Leib ist unser konkretes Engagiertsein in historischen und natürlichen Situationen. Er ist der Krankheit und der Gewalt zugänglich und fähig [...]."[6] Die Stimme ist eine Gebärde dieses doppelgestaltigen Leibes, der in der Spannung seiner Existenz auf eine andere hin tönt und hört. Mit anderen Worten, die Stimme ist das Ereignis anatomisch-physiologischer Abläufe eines Stimm- und Sprechapparates in einem lebendig fungierenden Leib.

Aus diesem Grunde gibt es zwei Herangehensweisen an das Phänomen der Stimme: Die Naturwissenschaft fokussiert die menschliche Stimm-, Sprech- und Höranatomie und ihre physiologischen Abläufe im Sinne einer „unveränderlichen material-funktionalen Gegebenheit"[7], die Phänomenologie aber „im Sinne eines sich ändernden inter-subjektiven und zugleich psycho-physischen Bedin-

5    Bernhard Waldenfels: Phänomenologie der Aufmerksamkeit. Frankfurt am Main 2004, 196.
6    Meyer-Drawe, Leiblichkeit und Sozialität, a. a. O., 31.
7    Vgl. Kristin Westphal: Wirklichkeiten von Stimmen. Grundlegung einer Theorie der medialen Erfahrung. Frankfurt am Main 2002, 29.

gungszusammenhangs, der nie als Ganzes hintergehbar oder aufdeckbar wäre [...].“[8] Der Leib, Ereignis- und Erfahrungsmedium von Sprechen und Hören, wird thematisiert als lebendiges, geschichtliches, soziales und naturhaftes Medium der Stimme, in das der Körper als anatomisch-physiologischer Funktionszusammenhang eingeht. Spricht der Mensch mit anderen, spricht, hört und denkt er mit und in seinem Leib. Dieser kommt also nicht nur als Sinnes-, Bewegungs- und Ausdrucksapparatur mit verschiedenen Sinnes- und Bewegungsorganen, die uns ein leibliches Merk- und Wirkfeld eröffnen, ins Bild, sondern zugleich als Empfindungsträger, der Eindrücke erfährt und behält, und als Ausdrucksorgan, mittels dessen das innerlich Erlebte sich äußerlich kundtut. Für Maurice Merleau-Ponty ist der Leib „Ausdruck der gesamten Existenz, nicht als deren äußere Begleiterscheinung, sondern weil sie in ihm sich erst realisiert [...].“[9] Im Fall der Studentin, die es aufregend findet, vor einer Seminargruppe oder einer Klasse zu sprechen, realisiert sich die Spannung ihrer (aufgeregten) Existenz auf eine andere hin in ihrem Leib, ist Ausdruck der koexistentiellen Spannung ihrer Sozialität und wird in ihrer Stimme für sie und andere hörbar.

Zentraler Aspekt dieser Doppelnatur ist dabei „die eigentümliche Selbstbezogenheit des Leibes, worin Nähe und Ferne, Vertrautheit und Fremdheit sich begegnen [...].“[10] Ich sehe mich (zumindest manche Bereiche meiner selbst), höre mich in einem inneren, stummen und in meinem nach außen laut werdenden Sprechen, ich fühle mich, trete zu mir in Beziehung. Zugleich zu dieser Selbstbezüglichkeit aber erfährt die Sprecherin einen Selbstentzug durch Auge und Ohr des Anderen. Sie ist für ihn sichtbar, hörbar, fühlbar ..., sie spürt diesen Selbstentzug nicht nur am Leibe, sondern im Leibe. Der Blick, besonders aber die Stimme des Anderen dringen in sie ein, berühren sie, beschämen sie, disziplinieren sie, regen sie auf, finden Widerhall in ihrem Leib, wie ihre Stimme im Leib des Anderen. Nicht nur in ihrer Hörbarkeit und Sichtbarkeit gibt sich die Sprecherin dem Anderen preis, sondern auch in ihrem eigenem Hören und Sehen.

Merleau-Ponty begreift diese Inter-Subjektivität als Zwischenleiblichkeit (intercorporéité), die in der Verwobenheit von Ich und Nicht-Ich gründet.

„Nur weil ein leibliches ego nie ganz bei sich sein kann und das leibliche tu nie ganz bei sich, können sich unsere ‚Identitäten‘ überschneiden, durchkreuzen (le chiasme) und Koexistenz ermöglichen [...].“[11] „In unserer radikal faktischen Koexistenz fungiert eine Verwobenheit von Ich und Nicht-Ich, von Anderem und Nicht-Anderem.

---

8    Ebd.
9    Maurice Merleau-Ponty: Phänomenologie der Wahrnehmung. Berlin 1966, 198.
10   Bernhard Waldenfels: Sinnesschwellen. Studien zur Phänomenologie des Fremden. Frankfurt am Main 1999, 17.
11   Meyer-Drawe, Leiblichkeit und Sozialität, a. a. O., 133.

In dieser Struktur unserer Inter-Subjektivität gründen die spezifischen Ausprägungen von Sozialität [...]."[12]

Eine Situation, ein Ding, eine Gebärde des Anderen fordern zu einem Tun auf und finden Widerhall in dem, der sich angesprochen fühlt. Ein Stuhl fordert uns auf, uns darauf zu setzen oder darauf zu steigen. Die Seminarkollegen, die Prüfungssituation, die Schülerklasse fordern die Studentin auf, mit dieser Anmutung umzugehen, entweder ruhig zu bleiben, forsch zu werden oder aufgeregt zu sein ...

„In der Aufforderung entstehen Auffälligkeiten und Einfälle, denen wir uns antwortend zuwenden"[13], sofern die Aufforderung den Anderen erreicht. Wenn dem nichts auffällt, wird er auch nicht antworten. Das Fremde, die Zuhörer bei einem Referat, die unaufmerksame Schülerklasse ... finden ihre Resonanz in der Fremdheit des eigenen Leibes. Sie generieren die Art und Weise des zwischenleiblichen Spannungsverhältnisses der Sprecherin. In der Stimme des sprechenden und hörenden Leibes der aufgeregten Studentin kommt also ein doppeltes, ineinander verwobenes, leibliches Spannungsverhältnis zum Ausdruck: das des ‚Leibhabens' mit dem des ‚Leibseins' und das des ‚Ich' mit dem des ‚Anderen'. Es konfiguriert die Spannungs- und Raumverhältnisse eines sich elastisch haltenden Leibes in der Überkreuzung von Verwurzelung und Aufrichtung, des Atemflusses in der „elastischen Spannhalte" (Oskar Fitz/Rudolf Schilling)[14] von Inspiration und Expiration, der Klangentwicklung im Kräftefeld von Resonanzboden und Mitschwingungsbereitschaft und der Artikulation in der Spannung von raumbegrenzender Formung der Laute. Die bewegliche Balancierung dieser gegensätzlichen und zugleich bedingenden Kräfte ermöglicht, im Gegensatz zu starker Unausgewogenheit, resonanzreiches, lebendiges Sprechen in einem sich aufrecht haltenden Leib.

Im geschilderten Fall der Studentin findet die Aufforderung der Dinge und Situationen sehr starken Widerhall in der Fremdheit ihres Leibes, was sich in der „Aufregung" ihrer leiblichen Spannungs- und Raumverhältnisse ausdrückt: (teilweise) Aufgabe leiblicher Verwurzelung, Zwerchfellhochstand, flacher, geschobener oder verhaltener Atemfluss, (Ver- beziehungsweise Über-) Spannungen des Brust-, Schulter- und Kehlbereiches, Hochstemmen des Kehlkopfes ..., Resonanzbereiche verengen sich oder bleiben ungenützt, die Stimme klingt hoch und piepsig.

---

12  Ebd., 30.
13  Bernhard Waldenfels: Antwortregister. Frankfurt am Main 1994, 484.
14  Siehe Horst Coblenzer/Franz Mulnar: Atem und Stimme. Schriften zur Lehrerbildung und Lehrerfortbildung. Wien ²1976, 68.

## 3.2 Sprechen – eine intersubjektive Geste

Warum aber stört diese Art zu sprechen die Rednerin und meist auch das hörende Umfeld?

Zunächst einmal deshalb, weil solche Stimmführungs- und Sprechgewohnheiten nicht pfleglich und ressourcenschonend mit dem vorhandenen Stimm- und Sprechapparat der Sprecherin umgehen. Zu hohe Anspannungen, verengte Räume und ein flacher Atem machen das Ereignis des Sprechens anstrengend und uneffektiv, sind aber für den Sprecher erst dann ein nennenswertes Problem, wenn er diese Art zu sprechen über eine längere Zeit oder andauernd beibehält. Solange seine Stimme nach kurzen Phasen der Anspannung immer wieder in die bewegliche Balance der Indifferenzlage zurückkehrt, kann sie eine kurzfristige Belastung gut bewältigen.

> „Unter physiologischer Sprechstimmlage oder Indifferenzlage (IL) versteht man jenen Tonbezirk innerhalb des Sprechbereichs unseres Stimmumfangs, der mit geringstem Kraftaufwand der Kehlkopfmuskulatur und mit geringstem Atemdruck erzeugt wird, d.h. mit physiologisch geringem Energieaufwand der spezifischen Sprechmuskulatur. In dieser Sprechstimmlage steht der Kehlkopf naturgemäß tief, Kehlkopf- und Rachenlumen sowie mittlerer und oberer Kehlraum sind optimal erweitert und somit das Ansatzrohr verlängert. Nur in der physiologischen Sprechstimmlage kann mühelos, ausdauernd und kräftig gesprochen werden. Die Variabilität und Modulationsfähigkeit der Stimme ist in der IL besonders gut [...]."[15]

Unser Kehlkopf ist ein leistungsfähiges Organ, das Sprechende zu stimmlichen Höchstleistungen befähigt. Aber bei ständigem, gewohnheitsmäßigem Überschreiten der physiologischen Sprechstimmlage wird er unweigerlich angestrengt beziehungsweise geschädigt, was allerdings oft schon nach dem Einpegeln der Indifferenzlage verschwinden oder sich doch wesentlich bessern kann.

Jedoch nicht nur wegen der Gefahr für die Stimme der Sprecherin sollte vermieden werden, dauerhaft über oder unter der Indifferenzlage zu sprechen, sondern auch deshalb, „weil dauernde forcierte Sprechspannung (die ja beim überhöhten Sprechen vorliegt) sich auf den Hörer überträgt [...]."[16] Mit anderen Worten: Spricht der Lehrer oder die Lehrerin längere Zeit oder andauernd mit überhöhter Sprechspannung und/oder problematischen Atemgewohnheiten ..., ist der Hörer in Gefahr, diese zu übernehmen und/oder die Ohren zu verschließen.

---

15   Heinz Fiukowski: Sprecherzieherisches Elementarbuch. Tübingen [7]2004, 46.
16   Ebd., 49.

Wie aber ist dies möglich? Die Vorstellung eines „egozentrischen Aufbaus der sozialen Welt" (Waldenfels) kann diese „Übertragung" zwischen Sprecher und Hörer letztendlich nicht erschöpfend durchsichtig machen. Erst wenn im Rahmen phänomenologischen Denkens Sprechen und Hören als zwischenleibliche Ereignisse non-egologischer Ichs begriffen werden, lässt sich die Frage der „Übertragung" beantworten: Die Anstrengung überhöhter Spannung und verengter Raumverhältnisse des sprechenden, zugleich selbst- und fremdbezüglichen Leibes durchspielt in ähnlicher Weise den selbst- und fremdbezüglichen Leib des Hörers, der wiederum in entsprechender Weise resoniert. Eine Atmosphäre des Nicht-Zuhörens und Über-die-Köpfe-hinweg-Sprechens breitet sich aus. Im umgekehrten Fall können wir davon ausgehen, dass beweglich balancierende Spannungs- und Raumverhältnisse eines Sprechers die Chance erhöhen, das durchlässige Spiel sich öffnender und verschließender Kommunikation zu begünstigen. Damit erschöpft sich die Bedeutung der Lehrerstimme für die Prozesse des Lehrens und Lernens nicht in ihrer Funktion als Transportmittel für wörtlichen Sinn. Sie ist vielmehr selbst, in ihrem zwischenleiblichen Fungieren als von vornherein soziale Gebärde, an der Genese von Sinn beteiligt.

Dabei wird die Sozialität dieser Geste zuallererst wahrgenommen und moduliert den institutionalisierten Sinn des Wortes. Ein Beispiel mag dies veranschaulichen: ,Lobt' der Lehrer den Schüler mit den Worten „Das hast du gut gemacht", kann es sein, dass der Schüler das wörtliche Lob nicht annehmen kann, weil ihm die Wahrnehmung der Spannungs- und Raumverhältnisse der Lehrerstimme und deren Art und Weise der Kommunikation Ablehnung, Ironie oder Spott bedeuten. In diesem Fall moduliert die Lehrerstimme dem Schüler das Gesprochene zum Vorwurf. Unser Leib ist immer in konkreten Situationen engagiert, bevor unser Denken mit seinen Ordnungsversuchen beginnt und sie thematisch macht. Er nimmt die Spannung der konkreten Situationen wahr und wandelt sie um in Bedeutung.

> „Nicht mit ,Vorstellungen' oder Gedanken kommuniziere ich zuerst, sondern mit einem sprechenden Subjekt, mit dessen bestimmter Weise zu sein, und mit der ,Welt', die er ,im Blick' [im Ohr] hat. So wie die Bedeutungsintention, die das Sprechen des Anderen ausgelöst hat, kein expliziter Gedanke war, sondern eher ein Mangel, der sich auszufüllen suchte, so ist auch die Übernahme dieser Intention durch mich keine Leistung des Denkens, sondern vielmehr eine synchrone Modulation meiner eigenen Existenz, eine Verwandlung meines Seins [...]."[17]

---

17  Merleau-Ponty, Phänomenologie der Wahrnehmung, a. a. O., 218.

Die zwischenleiblichen Spannungs- und Raumverhältnisse gesprochener Aufregung, Angst, Freude, Achtsamkeit, Verachtung ... ‚durchschwingen' auch den Leib des Hörers. Dieser verwandelt seine Wahrnehmung in Bedeutung.

> „[Der] Sinn eines Wortes ist nicht im Worte als bloßem Wortlaut enthalten. Doch ist es eben die Wesensbestimmung des menschlichen Leibes, in offen endlosen Folgen diskontinuierlicher Akte immer neue Bedeutungskerne sich einzuverleiben, die sein natürliches Vermögen überschreiten und überhöhen. Dieser Akt der Transzendenz begegnet uns zuerst in der Aneignung eines Verhaltens, sodann in der stummen Kommunikation der Gebärde [...]."[18]

Eine Verspannung des Leibes, ein Hochstemmen des Kehlkopfes, eine Kontraktion der Kehle, ein verhaltener Atemfluss, „eine gewisse Spielart des Leibverhaltens erschließt sich plötzlich einem *übertragenen Sinn* und bedeutet ihn unserer Umwelt [...]."[19] Maurice Merleau-Ponty entdeckt eine aller begrifflichen Sprachbedeutung zugrunde liegende existentielle Bedeutung, die sich in jene nicht lediglich überträgt, sondern ihr unablöslich innewohnt. In dieser Weise be‚stimmt' sie die Atmosphäre des Hörens, Lehrens und Lernens und ist maßgeblich an der Genese von Sinn zwischen Lehrer und Schüler beteiligt.

## 4    Stimmbildung im Spannungsfeld leiblicher Grenzen

Wird also die Stimme des Lehrenden als zwischenleibliche Gebärde (im Sinne Merleau-Pontys) eines zugleich wahrnehmenden und wahrnehmbaren, lebendig fungierenden Leibes akzeptiert, die, verwoben in die anatomisch-physiologischen Leibesorganisationen eines Stimm- und Sprechapparates, Ausdruck der existentiellen Spannung des Für-sich und Für-Andere ist, dann muss das Konzept einer Lehrerstimmbildung, das daran arbeitet, (Lehrer-) Stimmen und (Schüler-) Ohren für einander zu öffnen, die Frage des Anderen zugleich in der Pflege und Ressourcenschonung des anatomisch-physiologischen Stimm- und Sprechmaterials thematisieren und umgekehrt. Die Akzeptanz dieser Durchkreuzung von Leiblichkeit und Sozialität konfiguriert und begrenzt das Feld stimmbildnerischer Möglichkeiten.

Die Schüler dieser Stimmbildung werden eingeladen, die dialektischen Kräfte des sich generierenden Spannungsfeldes ihres stummen und sprechenden Leibes wahrzunehmen und, wenn möglich, zu balancieren. Sie lassen sich darauf ein, ihre leibliche Verwurzelung als Bedingung der Aufrichtung zu erspüren, im

---

18    Ebd., 229.
19    Ebd. (Hervorhebung im Original)

Erschließen ihrer leiblichen Resonanzräume Hörerräume zu öffnen, mit der elastischen Spannung des Atemflusses im Kräftefeld von Inspiration und Expiration zu experimentieren und im Zwischenfeld von Raumwahrung und präziser Fassung zu artikulieren. Dabei bleibt eine Schwierigkeit dieser Arbeit immer unlösbar:

> „[Es] besteht eine radikale Nicht-Koinzidenz von Vollzug und Reflexion. Das gilt für die Reflexionen der Sozialgenese, die immer zugleich auch Individualgenese ist, genauso wie für eine Theorie der Sprachentwicklung [und Stimmentwicklung]. Die Dichte (l'épaisseur) und die Undurchdringlichkeit (l'opacité) des faktischen Vollzugs setzen der Aufklärung Grenzen [...]."[20]

Die stimmbildnerische Arbeit entzieht sich einem eindeutigen Zugriff und der Vorstellung technischer Machbarkeitstheorien. Aus diesem Grunde müssen auch die Maßgaben der Stimmbildung, wie zum Beispiel Achtsamkeit und Wertschätzung, für sich und für andere in schillernder und undifferenzierter Weite bleiben. In diesem Rahmen intendieren sie eine Erhöhung der Sensitivität und Aufmerksamkeit für zwischenleibliche Spannungs- und Raumverhältnisse des sprechenden und hörenden Leibes, im Hinblick auf ein gemeinsames, humaneres Kommunizieren. Im Weiteren wird diese Lehrerstimmbildung, gründend in naturwissenschaftlichen Erkenntnissen um das Material des Stimm- und Sprechapparates und in phänomenologischen Theorien zur Doppelgestalt eines lebendig fungierenden Leibes, „Leibliche Stimmbildung" genannt.

## 4.1 Leibliche Stimmbildung

### 4.1.1 Die gegensätzlichen leiblichen Kräfte

Das hier vorgeschlagene Konzept einer Leiblichen Lehrerstimmbildung arbeitet an Haltung, Atemfluss, Resonanzwahrnehmung und Artikulation des Sprechenden. Es sucht eine tönungsbegünstigende Haltung in der Spannung von Verwurzelung und Aufrichtung, einen Atemfluss in der elastischen Spannhalte zwischen Expiration und Inspiration, tragfähige Klangfülle in der Wahrnehmung von Resonanzräumen an ihren Grenzen und ökonomische und verständliche Artikulation in präziser Fassung von Raum.

Um die Balancierung leiblicher Spannungs- und Raumverhältnisse zu erproben, müssen die sie konstituierenden gegensätzlichen Kräfte erfahren werden, wie dies am Beispiel eines liegenden, sitzenden und stehenden, stummen oder sprechenden Leibes im Verhältnis unterschiedlicher Aufrichtung praktiziert wird.

---

20   Meyer-Drawe, Leiblichkeit und Sozialität, a. a. O., 161.

Es muss eigenleiblicher, selbstbezüglicher Klangraum erkundet werden, um ihn als Hörerraum zu erfahren, und es müssen Artikulationsräume an der Grenzen setzenden Tätigkeit der Sprechwerkzeuge definiert werden. Diese Arbeit ist die Bedingung für die Suche nach dem beweglichen Spiel um Balancierung zwischen Ego und Tu. Dabei bleibt es nicht aus, dass Spannungsverhältnisse unausgewogener Haltungen, problematischer Atemflussvarianten, verengter Resonanz- oder Artikulationsmöglichkeiten auffällig werden und den Anstoß geben, diese auf das Ziel gemeinsamen humanen Existierens zu modifizieren und umzugestalten.

Während der Arbeit ist der Aufmerksamkeitsgrad für die vier Bereiche der Stimmbildung unterschiedlich stark; er behält jedoch die Verwobenheit des physisch-psychischen Systems immer im Blick. Wie in einer Symphonie, in der unterschiedliche Motive immer wieder auftauchen, sich modifizieren und sich wieder in den großen Bogen der Musik einfügen, so werden einzelne Bereiche zwischenleiblicher Spannungs- und Raumverhältnisse der Möglichkeit der Wahrnehmung zur Verfügung gestellt, reflektiert, eventuell umstrukturiert und dem verwobenen System von Leibesorganisationen eines lebendig fungierenden Menschen wieder eingegliedert.

## 4.1.2 Der Stimm- und Sprechapparat

Die Wahrnehmungsarbeit des Stimmbildungsschülers wird ergänzt durch Informationen über die Anatomie und Physiologie seines Stimm- und Sprechapparates. Diese geben ihm aus naturwissenschaftlicher Sicht Aufschluss darüber, wie Haltungs-, Atem-, Phonations- und Artikulationssysteme ineinandergreifen, einander ermöglichen und bedingen.

Auch bei dieser Arbeit kommt es zu Konfrontationen mit ungenauen oder ‚falschen‘ Vorstellungen um das Tönungsgeschehen. Es ergibt sich die Möglichkeit, diese zu konkretisieren oder zu korrigieren und eine Verbindung herzustellen zwischen den Erfahrungen des stummen oder sprechenden Leibes und den Reflexionen darüber. Wissen und reflektierte Erfahrungen greifen wiederum ein in den Prozess der Wahrnehmung eines sprechenden und hörenden Leibes und bilden mit denen des Anderen ein sich stets neu strukturierendes Geflecht von Erfahrungsknoten.

## 4.1.3 Pflegliches und achtsames Sprechen

Die Aufmerksamkeit dessen, der sich dem Phänomen seiner Stimme widmet, ist meist sehr hoch. Sie ermöglicht ihm die Thematisierung leiblicher Prozesse, die sich sonst im Bereich des ‚Automatischen‘ vollziehen, und zugleich das Erlebnis von balancierenden Haltungs-, Atem-, Resonanz- und Artikulationserfahrungen. Ist der Sprechende zum Beispiel in die konkrete Anforderung eines zu haltenden

Vortrags oder in die eines Streitgesprächs mit einem Kollegen eingebunden, sinkt meist der Grad der Achtsamkeit hinsichtlich stimmlicher Abläufe und die ‚alten' Spannungs- und Raumverhältnisse greifen wieder, verdrängen die neuen und der Sprecher spricht in gewohnter Art und Weise.

Die Möglichkeiten einer Veränderung der Stimm- und Sprechgewohnheiten im Hinblick auf einen pfleglicheren und ressourcenschonenderen Umgang mit dem stimmlichen Material oder der Balancierung der zwischenleiblichen Spannung sind begrenzt. Der zugleich habituelle und aktuelle Leib wird von der konkreten Kommunikationssituation häufig in ähnlicher Weise affiziert, und die Herausforderung, vor einer größeren Gruppe von Menschen zu sprechen, lässt ihn zum Beispiel ängstlich und aufgeregt werden. Das kann dazu führen, dass der Sprecher einen Teil seiner Erdung aufgibt, sich seine Kehle zuschnürt, seine Resonanzräume sich verengen und die lebendige Arbeit seiner Sprechwerkzeuge behindert wird. Andererseits eröffnet ihm die reflektierende Wahrnehmung dieser zwischenleiblichen Ereignisse und Zusammenhänge die Möglichkeit, problematische Stimmführungsgewohnheiten umzustrukturieren. Auch birgt die wiederholte Suche nach der Balancierung leiblicher Spannungs- und Raumverhältnisse die Chance, dass sich diese Arbeit dem Leib ‚einschreibt' und ihm in modifizierter Form auch dann zur Verfügung steht, wenn der aktuelle Anspruch der konkreten Kommunikationssituation ihn aus dem Gleichgewicht zu bringen droht.

Für die Sprecherin, die sich beklagte, dass ihre Stimme in der Aufregung piepsig und schrill wird, kann Leibliche Stimmbildung bedeuten, daran zu arbeiten, die Spannungs- und Raumverhältnisse ihres Leibes in Situationen der Aufregung wahrzunehmen und im Hinblick auf deren Unausgewogenheit zu reflektieren. In der geschützten Übungssituation lässt sie sich darauf ein, die Kräfte der Verwurzelung und Aufrichtung, der Inspiration und Expiration, des Raumnehmens an seinen Grenzen zu erfahren und deren Balancierung immer wieder zu suchen, um schließlich den, in der Aufregung überspannten Leib wieder zu verwurzeln, den schiebenden Atem in inspiratorische Gegenspannung zu holen und verengte Resonanzräume freizugeben. Sie muss sich damit auseinandersetzen, dass ihr leiblich-stimmliches Verhalten in Aufregung nicht einfach durch ein ‚besseres' zu ersetzen, sondern gegebenenfalls zu modifizieren ist. Weiterhin muss sie sich darin üben, die Verwobenheit ihrer leiblichen Spannungs- und Raumverhältnisse in die des Anderen wahrzunehmen, also die Aufmerksamkeit und Achtsamkeit für sich und den Anderen in der konkreten Situation zu erhöhen.

## 4.2  Praxis Leiblicher Stimmbildung

### 4.2.1  Erdung und Aufdehnung im Liegen

In der Vorstellung eines warmen, weichen Sandbettes legt sich der Stimmbildungsschüler auf den Boden, um sein Gewicht und die Haltearbeit seiner Knochen und Muskeln an die Erde abzugeben. Um den Brustkorb zu öffnen, werden die Arme seitlich neben dem Rumpf abgelegt, die geöffneten Handflächen nach oben gedreht. Nun richtet der Liegende seine Aufmerksamkeit darauf, die Rückseite seines Leibes wahrzunehmen und zu erspüren, welchen Kontakt sein Hinterkopf mit der Unterlage eingeht, ob und wie sein Schultergürtel, sein Rücken, sein Becken, seine Beine und Füße abgelegt sind. Zumeist bleiben dabei Anspannungen und Verspannungen zurück, die dem Übenden nicht bewusst werden. Deshalb lädt ihn die Stimmbildnerin ein, sich zunächst auf seine Leibesmitte einzulassen und sich über diese zu zentrieren.

Der Liegende stellt seine Beine auf, so dass das Becken eine größere Auflagefläche mit dem Boden eingehen kann. Nun konzentriert sich seine Aufmerksamkeit auf den Bereich des Kreuzbeins, der meist als kleine, mittige Erhebung am Ende der Wirbelsäule wahrgenommen werden kann, und beginnt dort mit der Arbeit. Mit geschlossenen Knien werden im Uhrzeigersinn zunächst winzig kleine, kreisende Bewegungen um diesen Bereich beschrieben, die zu Beginn die Fläche eines gedachten Zwei-Eurostückes umspielen. Langsam werden die Bewegungen größer und bis an den Rand des Beckens geführt, um dann zu stoppen und in umgekehrter Richtung, wieder kleiner werdend, zurück zur Mitte zu führen.[21] Die Aufmerksamkeit des Übenden nimmt den Bereich des Kreuzbeins mit in den Atemfluss, spürt einer möglichen Veränderung der Wahrnehmung nach, wie sie sich zum Beispiel in einem verstärkten Wärmegefühl bemerkbar machen kann.

So zentriert, kann sich der liegende Leib nach oben und nach unten aufdehnen. Der Stimmbildungsschüler lässt seinen Beckenbereich liegen, ‚krabbelt‘ jedoch mit seinem Schultergürtel weiter nach oben und dehnt damit seine Wirbelsäule und seinen Rumpf auf. Gegengleich bleiben seine Schultern am Boden, er fasst mit seinen Händen unter das Becken, hebt es an und schiebt es einige Zentimeter nach unten. Auch diese Bewegung hat nochmals eine Aufdehnung der Wirbelsäule zur Folge. Ihre natürlichen S-Kurven bleiben erhalten, der Rücken jedoch schmiegt sich besser in den Boden, mehr Gewicht kann an diesen abgegeben werden.

Während dieser Tätigkeiten sucht der Übende immer wieder seinen liegenden Leib und dessen Spannungsverhältnisse in die reflektierende Wahrnehmung

---

21    Vgl. Ingeborg Stengel/Theodor Strauch: Stimme und Person. Personale Stimmentwicklung. Personale Stimmtherapie. Stuttgart [4]2002, 110/111.

zu holen und zu erspüren, ob noch Blockaden oder Verspannungen den Energiefluss stören, wie es sich anfühlt, das Gewicht an den Boden abzugeben. Diese Arbeit ist wichtig, um später im Sitzen, Stehen oder Gehen die Haltung der getragenen Aufdehnung wieder aufzusuchen.

Jetzt lässt der Liegende seine Beine, die momentan nur über seine Fußsohlen geerdet sind, ausgleiten und die Füße locker zur Seite sinken. Er nimmt die Auflageflächen der Rückseite seiner Ober- und Unterschenkel, den Bereich seiner Kniekehlen und Fersen wahr und gibt nochmals Gewicht ab. Er lässt sich darauf ein, den Grad der Verwurzelung seines liegenden Leibes in Ruhe wahrzunehmen. Trotz geschlossener Augen ‚sieht' und spürt er sich auf dem Boden liegen und kann dann seine Aufmerksamkeit auf die Bewegung lenken, die sich in seinem Leib ereignet. Er nimmt das Auf und Ab, das Weiter- und Schmälerwerden des Leibes wahr und wird aufgefordert, seine Hände auf *den* Bereich seines Bauches zu legen, in dem dieser Rhythmus zu erspüren ist. Was der Stimmbildungsschüler dort wahrnimmt, ist die Folgebewegung des Leibes auf die Arbeit des Zwerchfells, das den oberen Teil des Leibes vom unteren trennt, einatmend sich nach unten zieht und ausatmend sich wieder entspannt.

Die Aufmerksamkeit des Wahrnehmenden wird darauf gelenkt, dieser Bewegung nicht nur vorne, im Bereich des Bauches, nachzuspüren, sondern sie auch im Rücken und in der Flankengegend zu erfahren. In der Intention, die Tätigkeit des Zwerchfellmuskels noch zu intensivieren, lädt die Stimmbildnerin dazu ein, zu erforschen, wie tief im Leib noch Auswirkungen der Zwerchfellarbeit zu erfühlen sind. Die auf dem Boden Liegenden können die dehnende und entspannende Bewegung bis in den Bereich des Scham- und Kreuzbeins wahrnehmen. Es stellt sich das Gefühl tiefer Verwurzelung und Entspannung und die Wahrnehmung eines Atemflusses ein, der den ganzen Leib mit sauerstoffreichem Blut ausreichend versorgt.

Nun richtet der Liegende seine Aufmerksamkeit auf die Spannungsverhältnisse seines Leibes. Er kann, ausgehend vom zentrierenden Bereich der Leibesmitte, wahrnehmen, dass ihn in Richtung seiner Füße und in Richtung seines Scheitels zwei ‚Zug'kräfte aufdehnen. Die Spannung seines Leibes und die Räumlichkeit seines Brustkorbes, seines Bauchraumes, seiner Kehle verändern sich mit unterschiedlicher Aufdehnung des Körpers. Als nächstes sucht der Stimmbildungsschüler nach leiblicher Durchlässigkeit bezüglich elastischer Spannung, Atemfluss und der Verbindung von Körperräumen. Da Spannungs- und Raumverhältnisse des Leibes einander ermöglichen und bedingen, kann er feststellen, dass das Gefühl der Durchlässigkeit Verspannungen lösen, Atemfluss intensivieren und Räume öffnen kann.

In der Intention der Konfrontation leitet die Stimmbildnerin den Wahrnehmenden an, kleine Blockaden aufzubauen und zu erfahren, welche Veränderungen dies zur Folge hat. Zum Beispiel sollen die Liegenden die Ober- und Unterkiefer aufeinander pressen und diese blockierende Anspannung/Verspannung zehn Sekunden halten. Dann werden die Kiefer ganz langsam voneinander gelöst, bis die Zahnreihen auseinander gehen und die Zunge freies Spiel zwischen ihnen hat. Diese Übung wird mehrmals mit dem Wahrnehmungsauftrag wiederholt, zu spüren, welche Veränderungen die Blockade der Kiefer und ihre Lösung im Leib auslösen. Langsam und tastend spüren die Schüler, dass in der Anspannung sehr häufig der Atemfluss ganz zum Stillstand kommt oder zumindest verflacht, dass das Aufeinanderpressen der Kiefer Spannungs- und Raumveränderungen bis tief in den Bauch oder gar bis zu den Füßen nach sich zieht, dass der Mundraum, der sich bei gelösten Kiefern zwischen den Zahnreihen auftut, zusammengepresst ist, dass in der Kehle ein Kloß zu spüren ist, und so weiter. Umgekehrt nehmen sie im Vorgang des Loslassens wahr, wie der Atemfluss wieder einsetzt, die Zwerchfelltätigkeit sich vertieft und intensiviert, der Kehlkopf sich absenkt und Raum in der Kehle freigibt, Mundraum groß wird, das Gefühl der Durchlässigkeit des Leibes sich erhöht ... Reflektierend können die Experimentierenden die Schlussfolgerung ziehen, dass auch die kleinste Bewegung im Lcib synergetisch wirkt.

### 4.2.2 Erdung und Aufdehnung im Sitzen

Spannungs- und Raumwahrnehmungsarbeit ist im Liegen besonders fruchtbar. Der Leib braucht keine oder kaum Haltearbeit zu leisten, kann sich der Erfahrung seiner Aufdehnung widmen und hat so die ‚Muße‘, einen ruhigen Atemfluss in der Mitte seines Leibes zu erfahren und Durchlässigkeit zu erspüren. Im Sitzen, Stehen und Gehen gibt der Körper einen Großteil seiner Erdung auf, um sich aufzurichten und zu balancieren. Aus diesem Grunde ist es wichtig, sich im Sitzen über das Becken und die Füße, im Stehen allein über die Füße bewusst zu verwurzeln.

Auf einem Stuhl sitzend, rutscht der Sprecher so weit Richtung Kante, dass er seine Sitzhöcker spüren kann. Das Becken kippt nach vorne und verlagert einen Teil des Körpergewichtes auf Beine und Füße, die, nebeneinander stehend, guten Bodenkontakt suchen. Nehmen Füße, Unterschenkel, Oberschenkel und Oberkörper dabei annähernd drei Neunzig-Grad-Winkel zueinander ein, kann der Oberkörper sich, dem natürlichen Schwung der Wirbelsäule folgend, aus dem Becken bis zur höchsten Stelle am Hinterkopf aufdehnen.[22] Um die Füße bewusst zu verwurzeln, ‚ziehen‘ die Übenden zunächst an der Sohle des rechten Fußes eine gedachte Linie vom Großzehballen zum Kleinzehballen, von dort zur Ferse und wieder zurück und schicken den so entstandenen Dreieckskeil, wie-

---

22  Vgl. Claudia Hammann: Übungsprogramm für eine gesunde Stimme. München 2001, 21/22.

derum gedanklich, fünf Meter tief in den Boden. Dieselbe Arbeit wird über die linke Fußsohle und die zwischen den beiden Sitzknochen und dem Steißbein gedachte Dreiecksform wiederholt.

Der Stimmbildungsschüler nimmt sich die Zeit, die sichere Verbindung seines Leibes mit der Erde wahrzunehmen, um sich dann elastisch aufzurichten und Wirbelsäule und Brustbein aufzudehnen. Seine Hände liegen locker auf den Knien oder Oberschenkeln, die Brust geht auf und gibt Brustraum frei. In der Sicherheit dieses zugleich geerdeten und aufgerichteten Leibes kann er sich darauf einlassen wahrzunehmen, ob sein Schädel frei und beweglich auf seiner Nackenwirbelsäule ruht oder ob es sich anstrengend anfühlt, den schweren Kopf ‚oben' zu halten. Er sucht nach einer Position, in welcher er den Kehlraum unbelastet und durchlässig wahrnehmen kann. Dazu experimentiert er auch mit über- oder unterspannten, Raum verstellenden, problematischen Haltungen.

Er legt den Kopf übertrieben weit in den Nacken. Er spürt, wie die Nackenwirbelsäule abknickt, der Kehlkopf gegen die vordere Halswand gedrückt und leicht angehoben wird, sich Verspannungen in Brust-, Kehl-, Nacken- und Schulterbereich aufbauen, die Zunge in den Kehlgrund rutscht und der Atemfluss verflacht … Sobald er den Nacken wieder aufrichtet, kann er erfahren, dass sich Verspannungen und Verengungen tendenziell lösen. Deshalb ist es wichtig, dass der Übende sich darauf einlässt, mit unterschiedlichsten Kopfhaltungen zu experimentieren, um den Grad der sie begleitenden Körperraum-Minimierungen zu reflektieren. Schließlich wird mit abgeknickter Nackenwirbelsäule achtsam ein „ho" in mittlerer Tonlage angestimmt und mehrere Sekunden gehalten, damit der Tönende die Verengung und Verspannung nicht nur fühlen, sondern auch hören kann. Wird dagegen, weiter tönend, der Kopf aus dem Nacken geholt und beweglich auf der Nackenwirbelsäule balanciert, sind Kehl- und Klangerlebnis von Weite, Fülle und Mühelosigkeit gekennzeichnet, so lange, bis das Kinn Richtung Brust bewegt wird, so dass sich die Nackenwirbelsäule stark überdehnt. Der Übende erfährt, dass auch diese Aktion die Beweglichkeit des Kehlkopfes stark einschränkt. Es treten Verspannungen des Nacken-, Schulter- und Kehlbereiches auf, die Kiefer werden aufeinander gepresst und der Mundraum verengt …, das „ho" klingt eingesperrt und kann sich schwer entfalten. Erst mit der Aufrichtung der Nackenwirbelsäule wird der Kehlraum wieder freigegeben, das Zwerchfell zieht tief und lässt Atem einfließen …, ein klangvoller, tragfähiger Ton entwickelt sich. Um den Zusammenhängen von Kopfhaltungen mit Spannungs- und Raumveränderungen nachzuspüren, werden die Experimentierenden eingeladen, mit unterschiedlichen Haltungen und ihren unterschiedlichen Wirkungen zu spielen.

Abschließend ist anzumerken, dass die wenigsten Sprecher mit derart problematisch übertriebenen Kopfhaltungen sprechen, wie sie gerade beschrieben wurden. Zu bedenken ist jedoch, dass oft schon feine Nuancen einer, nach hinten abgeknickten oder nach vorne überdehnten, Nackenwirbelsäule reichen, um Verengungen und Verspannungen der Kehle zu begünstigen. Manchmal hat der Sprecher, der gut aufgerichtet steht, aber auch den Drang, im Augenblick des Redebeginns, den Schädel nach vorn zu schieben, um seinem Sprechen Nach-,druck' zu verleihen. Dadurch gerät der Kopf aus der sich selbst tragenden Balance, wird als schwer und anstrengend empfunden, muss durch Muskeltätigkeiten der Kehle gehalten werden, und es kommt zu den oben beschriebenen klangbehindernden Einschränkungen. Äußerlich sichtbar wird diese Haltung durch deutlich hervortretende Muskelstränge im Kehlbereich. Sollte der Sprecher die Tendenz zu dieser, die Rede einleitenden, Bewegung bei sich entdecken, wird empfohlen, diese zu Übungszwecken wiederum bewusst zu übertreiben, um den so entstehenden Spannungs- und Raumverhältnissen nachzuspüren und dann, den Nachdruck aufgebend, den Kopf mit einer kleinen Rückwärtsbewegung wieder in die sichere Balance zu holen.

Um ein sensibleres Gespür für unausgewogene und balancierende Spannungs- beziehungsweise enge und weite Raumverhältnisse des stummen, sprechenden und hörenden Leibes zu bekommen, ist dem Stimmbildungsschüler zu raten, wechselweise mit ausgewogenen und über- oder unterspannten Leibeshaltungen zu jonglieren. Die Wahrnehmungen werden ihn befähigen, sie mit den Gewohnheitshaltungen seines eigenen Sprechalltags in Beziehung zu setzen. Er wird zunehmend in der Lage sein, eigene problematische Sprechhaltungen in der konkreten Kommunikationssituation wahrzunehmen und die Möglichkeit zu nutzen, diese umzustrukturieren oder loszulassen.

### 4.2.3 Erdung und aufrechter Stand

Mit der Aufrichtung in den Stand gibt der Sprecher noch einmal einen Teil seiner Verwurzelung auf und ist daher darauf angewiesen, diese bewusst über die kleine Fläche seiner Fußsohlen zu suchen. Dazu verlagert er das Gewicht auf beide Beine, die Füße ungefähr hüftbreit voneinander entfernt, so dass der Schwerpunkt seines Körpers, seine Leibesmitte, über dieser Sicherheit balanciert. Der Bereich um Scham- und Kreuzbein wird durch leichte Kreisbewegungen zentriert, der Bereich um die Kniegelenke durchlässig und offen gehalten.

Häufig neigen Sprecher gerade in ,spannenden' Situationen dazu, die Knie zu verriegeln, was zu teilweisen oder ganzleiblichen Verspannungen führen kann. Um solche zu vermeiden, wird der Stimmbildungsschüler zunächst wieder eingeladen, sie bewusst zu suchen. Im Versteifen der Kniegelenke erfährt er, wie die elastische Durchlässigkeit des Leibes zur Undurchlässigkeit erstarrt, wie sich dadurch der Atemfluss meist verflacht oder sogar staut, da das Zwerchfell nur sehr eingeschränkt arbeiten kann und Druck auf der Kehle lastet … Durch das

Blockieren seiner Kniegelenke gibt der Stimmbildungsschüler den Großteil seiner Verwurzelung auf, die erst im langsamen Lösen der Verriegelung wieder greifen kann: das Zwerchfell zieht tief, Luft fließt ein, der Kehlkopf senkt sich ab, Raum wird freigegeben, es breitet sich das Gefühl von Durchlässigkeit aus.

Verwurzelt, zentriert und elastisch aufgerichtet wird der Kopf dann mühelos auf der frei beweglichen Nackenwirbelsäule (siehe „Erdung und Aufdehnung im Sitzen") balanciert und der Blick auf ein Gegenüber in Augenhöhe gerichtet. Der stumme oder sprechende Körper hält sich im balancierenden Spannungszustand eines sich selbst und zugleich den Anderen aufmerksam wahrnehmenden Leibes, der in der Öffnung leiblicher Räume die Bedingung für Klangfülle und Hörerresonanz schafft.

## 5    Eine „skeptische" Lehrerstimmbildung?

Die Skepsis der Leiblichen Stimmbildung liegt zunächst in ihrer Herangehensweise an die Phänomene der Stimme und Sprache. Dieter Spanhel thematisiert Sprache als Instrument des Denkens[23] eines vermeintlich egologischen Sprechers, die Naturwissenschaft die Stimme als Transportmittel für Sprache oder als Ausdruck anatomischer Gegebenheiten und physiologischer Abläufe eines Stimm- und Sprechapparates. Im Rahmen phänomenologischer Theorien der Leiblichkeit jedoch kann die Sprache zwischen Lehrer und Schüler an die Vollzüge des Sprechens und Hörens in der konkreten Kommunikationssituation zurückgebunden werden. Das macht es möglich, das Ereignis der Stimme als Ausdrucksgebärde eines leiblich situierten, nicht egologischen, sondern non-egologischen Ichs zu begreifen. Sie wird zur sinnvollen, existentiellen Gebärde seiner Sozialität und be‚stimmt' maßgeblich das Verstehen zwischen den Menschen mit. „Die Ambiguität als lebendige Dialektik unserer Existenz ist unaufhebbar: vereinzelt und sozial engagiert, selbstbekümmert und offen dem Anderen gegenüber, non-egologisches Ego und solipsistische Sozietät, Produktivität und Zerfall [...]."[24] Maurice Merleau-Ponty kann Kommunikation deshalb als „Komödie eines Solipsismus zu vielen"[25] und „jede Kommunikation zugleich als Verweigerung von Kommunikation und Eröffnung von Verständigung"[26] bezeichnen.

In diesem phänomenologischen Denken gründend, entfaltet Leibliche Stimmbildung Skepsis im Hinblick auf „personalistische Konzeptionen pädago-

---

23    Vgl. Dieter Spanhel: Die Sprache des Lehrers. Grundformen didaktischen Sprechens. Düsseldorf 1971.

24    Meyer-Drawe, Leiblichkeit und Sozialität, a. a. O., 153.

25    Vgl. Merleau-Ponty, Phänomenologie der Wahrnehmung, a. a. O., 411.

26    Vgl. Meyer-Drawe, Leiblichkeit und Sozialität, a. a. O., 154.

gischer Praxis", die sich an einer „Idee der Subjektivität und nicht an der konkreten Praxis leiblicher Inter-Subjektivität" orientieren[27].
Stimmbildungs- und Kommunikationskonzepte, die die Vorstellung egolo-
gischer Sprecher favorisieren, lassen die Optimierung stimmlicher Fähigkeiten
als möglich erscheinen. „Personalistische Konzeptionen von Bildung und Erziehung, die die Vervollkommnung des Einzelnen und damit die seiner kulturellen
und sozialen Gemeinschaft anstreben, gleichsam von innen heraus betreiben
wollen, muten dem Einzelnen zu viel zu [...]."[28], dagegen laufen sozialwissen-
schaftliche Konzeptionen Gefahr, den Einzelnen gleichsam aus jeder Verantwortung für sein Leben[29] zu entlassen.

Das Konzept Leiblicher Stimmbildung thematisiert die Stimme als *sinnvolle*
Gebärde eines von vornherein sozialen Leibes und ist skeptisch im Hinblick auf
die Möglichkeit, sie in ihrer vermeintlichen Funktion als reines Transportmittel
für Sprache trainieren beziehungsweise therapieren zu können, als wäre die
Stimme die Ausdrucksgebärde eines egologischen Ichs, welches sich, in der
Gewissheit eines sich selbst genügsamen, in sich geschlossenen Systems, ganz
durchsichtig werden könnte. Leibliche Stimmbildung ist skeptisch im Hinblick
auf universalgültige Antworten, etwa auf die Frage nach ‚der' richtigen Methode
der Stimmbildung, oder nach der ‚idealen' oder der ‚gesunden' Lehrerstimme.
Sie will vielmehr die Bedeutung der Lehrerstimme für Lehren und Lernen aus
der Thematisierung ihrer inter-subjektiven Doppelgestalt herleiten und daraus
ein Stimmbildungskonzept entwickeln, das in der spannungsreichen Differenz
eines psycho-physischen, immer schon sozialen Leibes gründet und die Balancierung desselben mit dem pfleglichen und achtsamen Gebrauch der Stimme und
des Hörers in Verbindung bringt. Sie verweist neben den Möglichkeiten einer
Lehrerstimmbildung auf ihre Grenzen, die als Beschränkungen unserer Existenz
und unserer Rationalität weder zu bedauern, noch nur hinzunehmen sind[30].

Die phänomenologische Herangehensweise an die Lehrerstimme akzeptiert
die ‚Dunkelheiten' leiblichen Kommunizierens, ohne die Chance zu missachten,
Sprechen und Hören zwischen Lehrer und Schüler im Rahmen rationaler Humanität zu bilden. Leibliche Stimmbildung ist ein stimmbildnerisch-pädagogisches
Konzept „mittlerer Ebene" (Käte Meyer-Drawe), das, in der Kenntnis um phy-
siologisch pflegliche Sprechabläufe, die Balancierung zwischenleiblicher Spannung erprobt, diese aber der Opazität, Ambiguität und Kontingenz leiblichen
Existierens freigeben muss. Das Konzept „[...] respektiert die Tragik der Nicht-
Koinzidenz von Vollzug und Thematisierung, verzichtet aber deshalb nicht auf

---

27   Ebd., 225.
28   Ebd.,15.
29   Vgl. ebd.
30   Vgl. ebd., 239.

Erkenntnis überhaupt, sondern auf eine solche, die meint, selbst der Grund menschlichen Daseins sein zu können [...]."[31] Es zielt darauf, Wände und Blockaden in Ohren und Stimmen bröckeln zu lassen und das Feld möglicher Verständigung in balancierender Bewegung zu halten.

Die eingangs zitierte Sprecherin, die sich wünscht, ihre Stimme klänge voller, tragfähiger und hätte mehr Tiefe, ist einzuladen, sich wahrnehmend, reflektierend und experimentierend mit den leiblichen Spannungs- und Raumverhältnissen ihres stummen und sprechenden Leibes vertraut zu machen und aufmerksam und spielerisch unterschiedlichste Kräfteverhältnisse zu erproben, die mit der Fähigkeit des Leibes, für sich und Andere Aufmerksamkeit, Achtsamkeit und Wertschätzung zu bedeuten, in Zusammenhang gebracht werden können.

---

31   Ebd., 230.

# Die Anschaulichkeitsfalle
# Ein kleiner Beitrag zur Grundschuldidaktik

*Alfred Schirlbauer*

Dass Unterricht ‚anschaulich' zu erfolgen hat, wenn Kinder dabei etwas lernen sollen und das Gelernte auch dauerhaft behalten sollen, scheint eine weit verbreitete pädagogische Selbstverständlichkeitsannahme, genährt durch eine lange pädagogische Tradition. „Mit der Anschauung muss der Unterricht beginnen"[1] – so formulierte schon vor mehr als dreihundertfünfzig Jahren Comenius. Daraus entwickle sich sicheres Wissen. Das sinnlich aufgefasste Wissen hafte am festesten im Gedächtnis, mehr als hundertmal gehörte Erzählung und Beschreibung. Ich bin geneigt zu sagen, dass dieses comenianische Diktum durchaus Zweifel verdient. „Mit der Anschauung muss der Unterricht beginnen ..." – So? Jeder Unterricht? Jedes Mal? Daraus soll sich sicheres Wissen entwickeln?

Machen wir nicht auch die Erfahrung, dass gerade das sinnlich Wahrgenommene ziemlich flüchtig sein kann? Was habe ich nicht schon alles sinnlich wahrgenommen, ohne dass sich daraus *irgendein* Wissen entwickelt hätte. Aber bei Comenius ist es so, dass das sinnlich Aufgefasste am festesten im Gedächtnis haftet, mehr als hundertmal gehörte Erzählung und Beschreibung. Ist doch merkwürdig. Rilkes Herbstgedicht „... die Blätter fallen und so weiter" kann ich immer noch. Aber das, was ich am Vorabend im Fernsehen gesehen habe, daran kann ich mich schon beim Frühstück nicht mehr erinnern. Wir wissen, dass Comenius mit „Anschauung" und „sinnlich aufgefasst" nicht nur den Gesichtssinn gemeint hat, obwohl sein „Orbis sensualium pictus" solches nahelegt. Wie auch immer – ich will ja hier keine Comeniusinterpretation liefern. Jedenfalls hat seit damals – und nicht bloß durch Comenius begründet – der Gedanke der Anschauung in den didaktischen Zusammenhang Eingang gefunden. Und in der Reformpädagogik hatte er wohl eine seiner Hochkonjunkturen, natürlich in Verbindung mit dem Gedanken der Lebensnähe und auch dem des „learning by doing".

Anschaulichkeit und Lebensnähe, weiters Kindgemäßheit und Sachgemäßheit gelten ja auch seit Jahrzehnten in unseren (österreichischen) Lehrplänen als so genannte „didaktische Grundsätze" und damit als Garanten eines guten Unterrichts, wohlunterschieden von den so genannten „Unterrichtsprinzipien", die be-

---

1   Zit. nach Marian Heitger: Erziehen – Lehren – Lernen. ORF-Lehrgang. Wien o. J., 321.

kanntlich etwas anderes meinen und mit einem Prinzip gar nichts gemein haben (Sexualerziehung, Friedenserziehung, Umwelterziehung und anderes mehr). Ich musste noch 1969 eine Klausurarbeit über Anschaulichkeit und Lebensnähe schreiben, wofür ich auch eine „Eins" bekam, weil ich damals Reformpädagoge war.

Soweit ich mein Pädagogendasein überblicke, war Anschaulichkeit immer schon ‚in'. Sie war eines derjenigen pädagogischen Pseudoprinzipien, welche eben genau deswegen in den Prinzipienstatus aufrücken konnten, weil sie so plausibel und demgemäß unhinterfragt blieben. Ihr Status war der der Selbstverständlichkeit. Man konnte ja im didaktischen Zusammenhang über vieles streiten. Darüber zum Beispiel, ob der Bildungsbegriff für die Didaktik maßgeblich sein solle oder nicht, wie der so genannten ‚Stofffülle' zu begegnen sei, ob das ‚Prinzip' des Exemplarischen dabei hilfreich sei oder etwas anderes, ob Lernziele operationalisiert werden sollten oder nicht, ob man die Grundstrukturen der Fächer zur Maßgabe für Unterricht machen solle oder nicht vielmehr die von Klafki proklamierte „Laienperspektive", ob der Unterricht wissenschaftsorientiert gestaltet werden solle oder eher lebensweltorientiert. Über all das konnte man streiten, und über all das wurde auch lebhaft diskutiert. Über *Anschaulichkeit* wurde damals – zur Zeit der Didaktikhochkonjunktur (1965–1980) – nicht diskutiert. (So nebenbei: Darüber wird auch heute nicht diskutiert, die Medienfrage hat das Thema geschluckt.)

Es verwundert also nicht weiter, dass tatsächlich damals sehr viel Unterricht in die hier titelgebende „Anschaulichkeitsfalle" tappte.

Im nun Folgenden sollen zunächst Beispiele dafür präsentiert werden, inwiefern man sich gerade als pädagogisch engagierter Lehrer beziehungsweise auch als Schulbuchautor in dieser Falle verfangen kann. Die Arten und Weisen, wie man in die Anschaulichkeitsfalle tappen kann, sind aber, wie man sehen wird, durchaus verschieden. In einem zweiten Schritt möchte ich dann doch so etwas wie Grenzen der Veranschaulichung markieren und indirekt darauf verweisen, dass Anschaulichkeit je nach Fach etwas anderes bedeutet und dass daher der in jedem Fach irgendwie Powerpoint-gestützte Unterricht nicht die Lösung sein kann. Eine kleine und daher ergänzbare Systematik der Anschaulichkeitsfallen soll folgen. In einem dritten – vielleicht allzu kurzen Abschnitt möchte ich unter Rückgriff auf Hegel dem Abstrakten sein Recht einräumen, ohne dabei natürlich der Idee der Anschaulichkeit überhaupt den Abschied zu geben.

1. Ich beginne mit Erstens und ganz harmlos – Grundschule in den Fünfzigern: Schreib-Lese-Unterricht.

Manche meiner Zeitgenossen – speziell die (auch) Schulwandbildforscher (zum Beispiel Walter Müller) – erinnern sich noch an die damals üblichen „Schulwandbilder". Es gab ja damals für beinahe jedes unterrichtliche Thema ein solches (Walter Müller hat sie sogar gesammelt und archiviert): „Der Bauer im Märzen die Rösslein einspannt ...", „Die Kinder im Winter", „Allerheiligen und Allerseelen" und so weiter; ich muss gestehen: ich liebte als Kind diese Bilder (bilderarme Zeit). Einmal aber, es war im Januar und das so genannte „Wochenthema" (für circa drei Wochen) war ‚natürlich' der Winter, seine Härten und auch seine schönen Seiten, ging mir das Bild nicht auf, das an der Seitenwand des Klassenzimmers hing. Alles schneebedeckt, auf dieser schneebedeckten Wiese tummelten sich Kinder mit Schiern und Rodeln, bauten Schneemänner, alle lachten (pausbäckige Kinder mit roten Wangen), auf den gestrickten Fäustlingen klebte der Schnee. – Aber: Ein Blick aus den Fenstern des Klassenzimmers hinaus ins Freie zeigte grüne Wiesen, es hatte zwanzig Grad plus und vom Schifahren konnte keine Rede sein. Es gab also auch schon in den Fünfzigern milde Winter, und das ganze spielte im niederösterreichischen Lilienfeld, dem Ort also, in dem Matthias Zdarsky den alpinen Schilauf erfunden hatte (circa 1900).

Natürlich diente dieser Versuch der winterlichen Adjustierung unserer Gemüter dazu, unsere Motivation für das Erlernen der Schreibung von Schifahren, Rodeln, Mütze, Handschuhe et ceterea zu erhöhen. Aber: irgendetwas stimmte da nicht, „stimmte" jetzt nicht im Sinne von richtig und falsch nicht, sondern im Sinne von Stimmigkeit. Das real existierende Wetter war ein zu starker Kontrast zu den Bemühungen unserer engagierten Lehrerin, unseren Gemütern eine winterliche Gestimmtheit zu injizieren.

Zweites Bild – wieder ein Schulwandbild: Es gab ja auch für jeden neuen Buchstaben, den wir lernten, ein entsprechendes Schulwandbild. An zwei davon erinnere ich mich noch, das A und das R. Natürlich begannen wir nicht mit dem A. Man beginnt, wie wir wissen, mit dem I. Dann kommt das M. Wenn man das einmal hat, kann man schon MIMI schreiben und – wie es so schön grundschuldidaktisch heißt – ‚zusammenlauten'. Also irgendwann im Oktober kam das A, rechtzeitig zur Apfelernte. Die Kunst der Schulwandbildgestalter und ihrer didaktischen Berater bestand darin, das hochabstrakte Lautzeichen A irgendwie in einen sinnenfälligen Zusammenhang mit einem lebensrelevanten und anschaulichen Ereignis unseres Daseins zu bringen. Das Wandbild zeigte Folgendes: ein Knabe auf einer Leiter beim Äpfelpflücken im Geäst eines Apfelbaumes. Graphisch-sinnenfällig betont war natürlich die A-Form der Leiter, sofern man sie von der Seite aus betrachtet: Eine Leiter mit der entsprechenden Sicherheitskette, von der Seite aus betrachtet, ergibt – wer wollte daran zweifeln – ein A. Es werden wohl nicht allzu viele gewesen sein, die sich dadurch eine kleine Schreib-Lese-Schwäche eingehandelt haben und zum Beispiel beim ersten Wortdiktat das Wörtchen LEITER mit einem A begonnen haben.

So richtig didaktisch hochkomplex wurde es dann beim R. Ein Knabe namens Rudi auf einem Roller (Tretroller). Wie kriegt man ein aufrecht stehendes großes R in eine sinnenfällige Verbindung mit Rudi auf einem Roller? Was ich noch in Erinnerung habe: ein lachender Knabe auf einem Roller, eine Hand auf der Lenkstange, die andere dem Betrachter zuwinkend. Wo das R war, weiß ich nicht mehr. Man hat es auch damals suchen müssen.

Gut, das war 1954. Die Didaktik steckte gewissermaßen noch in den Kinderschuhen, obwohl wenige Jahre später (1959) Klafkis „Studien zur Bildungstheorie und Didaktik" in erster Auflage erscheinen und den Auftakt für eine lang anhaltende Didaktikdiskussion bilden werden.

Heute ist man – zum Beispiel in Wien – weiter. Heute bringen die Lehrerinnen Brezeln mit in den Unterricht, wenn das B dran ist. Die Kinder essen die Brezel, verleiben sich also das B buchstäblich ein. Und wenn man die Kinder das B auch noch gehen lässt (ein auf den Fußboden des Klassenzimmers gezeichnetes B wird abgeschritten), dann nennt man das „ganzheitliches Lernen", Lernen mit allen Sinnen, also Lernen „mit Kopf, Herz und Fuß". Die Schulen, in welchen so gelernt wird, nennen sich dann „Bewegte Schule", „Schule in Bewegung" oder so ähnlich und bekommen dann einen Förderpreis der Stiftung, die ich jetzt nicht nennen will.

Pädagogisch-theoretisch ist Derartiges aber dennoch ertragreich. Was lernen Pädagogen daraus?: Kinder lernen irgendwie dennoch lesen und schreiben. Es ist mit kaum einer Methode zu verhindern, dass sie es lernen. Sie lernen es nach ganzheitlich-analytischer Manier, sie lernen es nach synthetischer. Sie lernen es mit Brezeln und ohne Brezeln, mit Brezeln allerdings etwas langsamer. Es dürfte sich von selbst verstehen, dass man das auch noch steigern kann. Mit der Brezel und der Methode „Eundo" sind wir noch lange nicht am Ende der pädagogischen Phantasie in puncto Anschaulichkeit und Lebensnähe.

Im Zusammenhang meiner Beschäftigung mit der pädagogischen Literaturgattung „Gestaltpädagogik" bin ich schon vor einigen Jahren noch auf ganz Anderes gestoßen. In dieser seltsamen Pädagogik, welche praktisch häufiger vorkommt als theoretisch, gilt bekanntlich das Körper-Seele-Geist-Prinzip. Der Mensch bestehe – so heißt es – aus Körper, Seele und Geist. Ich nenne das die anthropologische Dreifaltigkeitslehre. Sie dürfte nach dem Tode Gottes im 19. Jahrhundert (Nietzsche) auf den Menschen übergegangen sein und lebt hier in menschlich-allzumenschlich reduzierter Form fort. Man dürfe – so sagt man – Körper, Seele und Geist nicht trennen, diese Einheit nicht spalten. In jedem Unterricht müssten diese drei Elemente zum Zuge kommen und eben nicht bloß der Geist. Das wäre sonst „Verkopfung". Die pädagogische Zentralkategorie im didaktischen Zusammenhang sei „Kontakt". Es müsse zu jedem Unterrichtsinhalt ein sinnlicher Kontakt hergestellt werden. Mitunter wird dieses didaktisch unverzichtbare Kontaktphänomen auch „Betroffenheit" genannt. Man lerne eine Sache angeblich besser, wenn man von ihr betroffen wäre. Aus dieser Basisprämisse werden dann auch mitunter abenteuerliche pädagogische Konsequenzen gezogen. Eine ist zum Beispiel diejenige mit der Brezel. Sie ist noch harmlos. Warum sollten die Kinder nicht zwischendurch eine kleine Jause einnehmen? Aber – wie gesagt – das lässt sich steigern. Ein gewisser Hans Ernst empfiehlt zum Beispiel in seiner Habil-Schrift zum grundschulischen Schreib-Lese-Unterricht Folgendes: Wenn die Kinder das Wort MAUS schreiben lernen, solle auch eine Maus (leibhaftig) im Unterricht anwesend sein.[2] Nur über den körperlich-sinnlichen Kontakt sei ein ganzheitlicher Zugang zur Schreibung von MAUS möglich. Was aber – so ist man versucht zu fragen – machen wir, wenn es um die Schreibung von Teufel geht, wenn es um die Wörter Krieg, Mord, Flugzeug, Engel oder Sex, Hass oder Enzym geht? Was macht man bei ATOM? Ich habe noch nie eines gesehen oder gar angefasst oder gestreichelt. Ich weiß sogar, wie man Tegucigalpa (Hauptstadt von Honduras) schreibt, ohne je dort gewesen zu sein. Stattdessen habe ich schon einmal – peinlich! – das Wort Grabmal in einem wissenschaftlichen Aufsatz mit h geschrieben, obwohl ich schon öfter vor einem Grabmal gestanden bin. Ein bisschen Beschäftigung mit der Sache der Schrift hätte meines Erachtens dem Unfug mit der Maus vorbeugen können, zum Beispiel der Gedanke daran, dass es sich bei unserer Schrift um eine abstrakte Lautsymbolschrift handelt, in welcher die Buchstaben/Lautsymbolzeichen nichts mit dem sinnlich wahrnehmbaren Laut zu tun haben und daher die Wortzeichen schon gar nichts mit dem damit bezeichneten Ding. Solches hätte zumindest bremsend wirken können, was den didaktischen Übermut anlangt. Wäre es anders, müsste ja eine lebendige Maus so ähnlich aussehen wie eine Laus oder gar ein Haus.

Was also den Kindern beim Schreibenlernen abverlangt wird, ist nichts Geringeres, als auf diese sinnlichen Assoziationen zu verzichten. Solche künstlich in diesen Abstraktionsvorgang einzuflicken und dazwischen zu schieben, erleichtert nicht die notwendige Abstraktionsleistung, sondern erschwert sie, wenngleich solches den Lernprozess – wie schon erwähnt – nicht ganz verhindern kann. Kinder lernen das Lesen zumeist trotzdem, sind also mitunter klüger als so manche Didaktiker.

---

2  Hans Ernst: Humanistische Schulpädagogik. Bad Heilbrunn 1993, 23.

Man könnte in diesem Zusammenhang auch auf den Unfug Bezug nehmen, der in den meisten Rechenbüchern vorkommt. Im Drang nach Anschaulichkeit, Lebensnähe, nach Lebendigkeit und Buntheit – ohne diese Dinge hat ja ein Rechenbuch keine Approbationschance – kommt es dann zu verwirrenden Seitengestaltungen. Es ist mitunter sogar für Eltern, die zum Beispiel studiert haben, unmöglich, die entsprechenden Aufgaben nicht nur zu lösen, sondern sie überhaupt ausfindig zu machen. Man verirrt sich zwischen den bunten Fähnchen, gedruckten Papierschlangen (mit Gesichtern) und vielfältigen anderen Bebilderungen und Verbilderungen.

Ich lasse das aber jetzt beiseite und komme zu einer Variante der Anschaulichkeits- beziehungsweise Lebendigkeitsfalle, in die ich als junger Lehrer (circa 1972) selber getappt bin. Man könnte diese Variante die „Zu den Sachen selber!-Falle" nennen.

Thema war das Hausschwein. Die Angelegenheit ist dem MAUS-Beispiel verwandt. Aber es geht hier nicht ums Schreiben, sondern um den so genannten Sachunterricht, und zwar um die naturkundlich-biologische Seite dieser Frage. Also 1972 – Volksschullehrer Alfred Schirlbauer in einer 3. Klasse in einer kleinen Marktgemeinde, zwanzig Kilometer südlich von Wien: Der achtjährige Jakob – Bauernsohn mit ausgeprägtem Interesse für alles, was kreucht und fleucht – hatte mir angeboten, sein Lieblingsschwein mit in die Klasse zu bringen. Und beim Blick in sein strahlendes Gesicht (weil jetzt endlich das Schwein ‚dran war'), konnte ich nicht ablehnen. Er brachte es also mit, in einer Einkaufstasche. Losgelassen spurtete es quiekend durch das Klassenzimmer. Die Atmosphäre war ziemlich aufgescheucht. Unterrichtet wurde nicht. Daran war gar nicht zu denken. Ich kann mich auch nicht mehr erinnern, was wir machten, nachdem Jakobs Mutter in der Zehn-Uhr-Pause das Schwein abgeholt hatte – wahrscheinlich die den üblichen Sachunterricht fortsetzenden deutschunterrichtlichen Wortschatzübungen in Form der so genannten „Vertiefung und Erweiterung der kindlichen Vorstellungswelt" durch pseudowissenschaftliche Sentenzen über Herkunft und Endzweck des Schweins als Fleischlieferant oder eine Wortschatzübung à la Schweinefutter, Schweinemast, ‚Schwein gehabt', Dinge also, die man ohne anwesendes Schwein auch hätte traktieren können. Mitunter – so sehe ich es – kann der unmittelbare Kontakt mit der Wirklichkeit durch diese Wirklichkeit den Unterricht über diese Wirklichkeit ziemlich lahmlegen. (Wir wissen allerdings auch, dass die Rede von einem Unterricht über *die Wirklichkeit* etwas irreführend ist. Genau genommen unterrichten wir nie über die Wirklichkeit, sondern eröffnen bestimmte Perspektiven auf die Wirklichkeit. Dazu muss man nicht Konstruktivist sein. Es genügt Kant – und das wiegt schwer genug.)

Es gibt meines Erachtens noch eine Variante möglicher Fallen, in die uns der Hang zur Anschaulichkeit lockt. Ich nenne sie die „Grausamkeitsfalle" und erinnere mich dabei an den grundschulischen Religionsunterricht der Fünfziger Jahre, den ein ansonsten vermutlich integrer Pfarrer für uns Grundschulkinder gehalten hat. Der Vorwurf trifft also nicht so sehr ihn als vielmehr die Schulbuchautoren. Ein Bild hat sich in besonderer Weise in meiner Vorstellungswelt gehalten. Manchmal trifft es schon zu, dass sich das sinnlich Aufgefasste am festesten im Gedächtnis hält. Von bunten Bildern, Farbdruck und so weiter war damals noch keine Rede. Ein ganzes Kapitel des Schulbuches, welches sich Katechismus nannte, war den frühen Christenverfolgungen gewidmet. Man sah als Achtjähriger Zeichnungen von Folterungen der frühen Christen, unter anderem Menschen mit abgehackten Gliedern in einer riesigen Pfanne in siedendem Öl schmoren. Einen differenzierteren Kommentar dazu will ich mir ersparen und komme zu Punkt Zwei.

2. Grenzen der Anschaulichkeit – ich markiere, ausgehend von den bisher präsentierten Fällen von Überschreitungen. nur drei. Wahrscheinlich gibt es mehrere beziehungsweise viele andere.

Das letzte Beispiel überschreitet wohl die eine oder andere Grenze pädagogischer Ethik. Man muss nicht alles zeigen, wozu Menschen fähig sind, Grundschülern schon gar nicht. Ich bin mir darüber im Klaren, dass die Medien dies in Permanenz tun und dass daher Unterricht, der solches tut und leistet, nur tut, was die Welt macht und dergestalt ziemlich lebensnah ist. Aber vielleicht muss Unterricht auch nicht ‚lebensnah' sein? „Wohin kommt man mit dem Prinzip der Lebensnähe? Doch nur in die Nähe des Lebens. Sehr weit ist das nicht." – So formulierte Alfred Petzelt schon in den Vierzigerjahren des 20. Jahrhunderts.

Die zweite Grenze will ich die didaktische nennen. „Didaktische Grenze" deswegen, weil an dieser Grenze der Unterricht sich gewissermaßen selbst überschreitet, nämlich auf das hin, was nicht mehr Unterricht ist. Ich meine das Schwein in der Klasse, tätige Arbeit im Saustall, überhaupt reale Arbeit in einem Betrieb statt Unterricht über die Modalitäten der Arbeit in einem Betrieb. (Auch solche Grenzüberschreitungen hat man fertiggebracht: Lehrer tun sich zusammen, kaufen ein abgewirtschaftetes Hotel, lassen die Schüler ihrer Handelsakademie darin arbeiten – an der Rezeption oder im Putzdienst – und stellen dann statt einer Entlohnung Zeugnisse für BWL und Rechnungswesen aus.)

Man kann das Problem der „didaktischen Grenze" auch durchaus an begrifflichen Überlegungen deutlich machen. Es gibt beziehungsweise gab eine Didaktikkonzeption, die Ende der Sechziger Furore gemacht hat. Ich habe sie damals nicht sonderlich geschätzt, einen systematischen Ort in meinen Didaktikvorlesungen hatte sie bis zuletzt. Und zwar wegen ihrer durchaus überzeugenden Definition von Unterricht. Ich meine das Didaktikmodell von Paul Heimann, Wolfgang Schulz und Gunther Otto. Dort heißt es: „Unterricht ist jene Form der Lehre und Belehrung, welche den Lebenszusammenhang, in dem eine Lehrnotwendigkeit auftaucht, verlässt, um das planmäßige Lehren von mehrgliedrigen Lehrgehalten in voneinander getrennten Zeitabschnitten zu ermöglichen."[3]

Die dritte Grenze könnte man die „Grenze der Repräsentation" nennen. Damit meine ich das, was ich in den ersten Beispielen vorgeführt habe (das A, das R, die MAUS …). Das Repräsentierte sollte schon dem, worum es eigentlich geht, einigermaßen entsprechen. Die Leiter führt nicht zum Buchstaben A im Wort „Apfel", wenn auch lebenspraktisch zum Erreichen der Äpfel im Geäst des Apfelbaumes. Die lebendige Maus repräsentiert in keiner Weise das Schriftbild des Wortes MAUS. Hier ist Abstraktion gefordert und gerade nicht sinnliche Repräsentation. Dort, wo um des Lernens willen die Abstraktion von sinnlichen Eindrücken erforderlich ist, muss man nicht justament mit sinnlich Wahrnehmbarem die Abstraktion zu verhindern versuchen.

3. Damit bin ich bei dem angekündigten Schuldirektor Hegel, der sich bereits vor circa zweihundert Jahren über diese Verfehlungen des Anschauungsunterrichts amüsiert hat. Im folgenden, etwas längeren Zitat, das aus seiner Schrift „Über den Vortrag der Philosophie auf Gymnasien" (1812) stammt, plädiert er – es geht ja um den Philosophieunterricht – für die Abstraktion und verwendet dabei aber ein Exempel, welches wohl eher aus dem Anfangsunterricht in Mathematik stammt.

> „Ferner, abstrakt lernt man denken durch abstraktes Denken. Man kann nämlich entweder vom Sinnlichen, Konkreten anfangen wollen und dieses zum Abstrakten durch Analyse heraus- und hinaufpräparieren, so – wie es scheint – den naturgemäßen Gang nehmen, wie auch so vom Leichteren zu Schwereren aufsteigen. Oder aber kann man gleich vom Abstrakten selbst beginnen und dasselbe an und für sich nehmen, lehren und verständlich machen. Erstlich, was die Vergleichung beider Wege betrifft, so ist der erste gewiß naturgemäßer, aber darum der unwissenschaftliche Weg. Obwohl es naturgemäßer ist, dass eine das Runde ungefähr enthaltende Scheibe aus einem Baumstamme, durch Abstreifen der ungleichen, herausstehenden Stückchen nach und nach abgerundet worden sei, so verfährt doch der Geometer nicht so, sondern er macht mit dem Zirkel oder der freien Hand gleich einen genauen abstrakten Kreis. Es ist der Sache gemäß, weil das Reine, das Wahrhafte natura prius ist, mit ihm in der Wissenschaft auch anzufangen; denn sie ist das Verkehrte des bloß naturgemäßen, d.h. ungeistigen Vorstellens; wahrhaft ist jenes das Erste, und

---

3    Wolfgang Schulz: Unterricht – Analyse und Planung. In: Otto Heimann/Wolfgang Schulz:
     Unterricht. Analyse und Planung. Hannover [6]1972, 18.

die Wissenschaft soll tun, wie es wahrhaft ist. – Zweitens ist es ein völliger Irrtum, jenen naturgemäßen, beim konkreten Sinnlichen anfangenden und zum Gedanken fortgehenden Weg für den leichteren zu halten. Er ist im Gegenteil der schwerere, – wie es leichter ist, die Elemente der Tonsprache, die einzelnen Buchstaben, auszusprechen und zu lesen als ganze Worte. – Weil das Abstraktere das Einfachere ist, ist es leichter aufzufassen. Das konkrete sinnliche Beiwesen [Beweisen?] ist ohnehin wegzustreifen; es ist daher überflüssig, es vorher dazu zu nehmen, da es wieder weggeschafft werden muß, und es wirkt nur zerstreuend."[4]

So sehr ich dem verehrten Schuldirektor grundsätzlich auch zustimme, eines muss doch dagegen eingewandt werden: Der gezeichnete Kreis ist ja schon eine Veranschaulichung und nicht mehr bloß der abstrakte Kreis. Der Kreismittelpunkt, zumeist als x markiert, ist ja auch kein Punkt, sondern markiert ihn bloß für unser sinnliches Bedürfnis. Die an die Tafel gezeichnete Gerade ist auch keine Gerade, sondern ein Strich, welcher die Gerade anschaulich machen soll. Genau genommen ‚gibt‘ es gar keinen Kreis. Wer das nicht wahrhaben will, hat in Mathe eigentlich noch nichts verstanden. Man kann es auch anders und einfacher sagen: Man muss schon eine Vorstellung, einen Begriff vom Kreis haben, um die Baumscheibe überhaupt als kreisförmig identifizieren zu können.

Dass die Formen der Anschauung nach Fächern variieren, dürfte demnach klar sein. Weiters auch, dass, je nach Aufgabenstellung, innerhalb der Fächer die Formen der Anschaulichkeit wechseln müssen. Ein Dokumentarfilm über Albert Einstein zeigt uns Einstein, erklärt aber nicht die Relativitätstheorie. Eine Doku über die Atombombenversuche der Fünfziger Jahre zeigt uns zwar einen Teil der Wirkungen einer atomaren Explosion, erklärt uns aber nicht die Kernspaltung. Und wenn man das „Alexander"-Thema mit Colin Farrell abhandelt, hat man geschichtsunterrichtlich noch gar nichts geleistet.

---

4 Georg Wilhelm Friedrich Hegel: Über den Vortrag der Philosophie auf Gymnasien [1812]. In: Nürnberger und Heidelberger Schriften. Band 4 der Werkausgabe. Hg. von Eva Moldenhauer und Karl Markus Michel. Frankfurt am Main 1986, 413.

# IV. Bildungsromane und Musealisierung

# Lehrerfiguren der deutschen Literatur in ihrer Bedeutung für die Schulpädagogik

*Matthias Erhardt*

## 1  Lehrerfiguren als Thema der Schulpädagogik

„Schützt denn Humanismus vor gar nichts?"[1], fragt Alfred Andersch im Nachwort zu seiner Schulgeschichte „Der Vater eines Mörders", in der der Oberstudiendirektor Himmler, Vater von Heinrich Himmler, eine Griechischstunde an ‚seinem' Gymnasium visitiert und bei der Gelegenheit sowohl gezielt einzelne Schüler als auch den Lehrer demütigt und dabei den Habitus des feinsinnigen Liebhabers alter Sprachen zu pflegen versucht. Neben ihm gibt es zahlreiche andere Lehrerfiguren in der deutschen Literatur, die wohl kaum als Identifikationsangebote in der Lehrerbildung taugen, die – wie wir noch sehen werden – zum Beispiel in ihrer Autoritätsgläubigkeit oder Schrulligkeit, kurz: in ihrer deutlichen Andersartigkeit gegenüber anderen Erwachsenen eher befremden. Die Schule und ihr Personal wirken in der belletristischen Literatur meist weltfremd und scheinen dem oft von Lehrern für Lernzwecke missbrauchten und daher verdrehten Motto von Seneca zu entsprechen: „Nicht fürs Leben, sondern für die Schule lernen wir." (non vitae, sed scholae discimus).[2] Kann da die Analyse von Lehrerfiguren aus der Literatur, wo Schule offensichtlich ohnehin ein künstlicher Raum der Welt- und Lebenserfahrung ist, für den pädagogischen Diskurs gewinnbringend sein? Sollte man nicht eher auf empirisch abgesicherte qualitative oder quantitative Erhebungen zum Lehrerberuf zurückgreifen, um Erkenntnisse über die besonderen Anforderungen und die Bedingungen dieses Berufs zu erhalten? Und wenn man sich schließlich auf literarische Quellen einlässt, welche Geschichten von Lehrern gibt es überhaupt und welche davon sind fruchtbringend für die Diskussion um Haltungen von Lehrern?

Mit diesen Fragen setzt sich der folgende Beitrag auseinander, wobei der übergeordneten Frage nach dem Erkenntnisgewinn in der Beschäftigung mit Lehrerfiguren in der Weise nachgegangen werden soll, dass zunächst die metho-

---

1  Alfred Andersch: Der Vater eines Mörders. Eine Schulgeschichte. Zürich 2009, 86.
2  Lucius Annaeus Seneca: Briefe an Lucilius. Gesamtausgabe II (Briefe 81–121). Neu übersetzt und mit Erläuterungen sowie einer Zeittafel hg. von Ernst Glaser-Gerhard. Reinbek bei Hamburg 1965, Brief 106, 156.

dische Zugangsweise geklärt wird, um dann, nach einem historischen Abriss über Lehrerfiguren und ihre Erscheinungsformen in der deutschen Literatur, der Skepsis beziehungsweise Affirmation zuneigende Lehrerfiguren vorzustellen und beispielhaft zu interpretieren. Diese inhaltliche Einschränkung bei der Auswahl der literarischen Lehrerbilder ist einerseits dem thematischen Zusammenhang dieses Bandes geschuldet und berührt andererseits einen zentralen Problembereich des Lehrerberufs: das Verhältnis des Lehrers zum Träger der Institution Schule.

## 2    Was lernen wir aus Geschichten über Schule?

Eine breite Öffentlichkeit, aber sicher auch die Mehrheit der mit Schule befassten Pädagogen ist heute beim Thema „Professionalisierung im Lehrerberuf" mehr denn je dazu geneigt, nach empirischen Studien zu fragen, um so ‚belastbare' Fakten zu erhalten, was wir über den ‚guten' beziehungsweise ‚schlechten' Lehrer wissen.[3] Es wurde oben schon angedeutet, dass in der wissenschaftlichen Debatte um Professionalität Geschichten über Lehrer erst einmal ihren Platz behaupten müssen. Wie ernst sind belletristische Quellen zu nehmen, wie lässt sich deren Aussagekraft methodisch absichern? Haben Geschichten einen Bezug zu unserem Leben? Wilhelm Schapp bemerkt dazu:

> „Für uns sind die Geschichten Urphänomene, Urgebilde, urhafter als die Gebilde der Wissenschaft. Die Geschichten bestehen in keiner Weise aus Sätzen, und das, was man für Sätze halten könnte, besteht wieder nicht aus Worten. Sie haben keinen Anfang und kein Ende. Sie sind auch nicht Gegenstände der Erkenntnis, sondern wir sind in sie verstrickt oder mitverstrickt. Die Geschichten stehen nur dem Mitverstrickten offen."[4]

Wir sind also nicht nur Teil der ‚großen' Geschichtsschreibung, sondern „wir leben alle in Geschichten", wie Baacke feststellt.[5] Diese Aussage bezieht sich nicht nur auf unsere Biographie, unsere ureigenste Geschichte, mit deren Inter-

---

3    Ein beredtes Beispiel für die seit der ersten PISA-Veröffentlichung stark verbreitete Zahlengläubigkeit ist der renommierte Schulpädagoge Hilbert Meyer, der in einer Art ‚realistischen' Wende fast ausschließlich empirisch abgesicherte Forschungsergebnisse zusammenfasst, um Merkmale guten Unterrichts zu beschreiben (vgl. Hilbert Meyer: Was ist guter Unterricht. Berlin 2004).

4    Wilhelm Schapp: Philosophie der Geschichten. 2., durchgesehene Auflage. Frankfurt am Main 1981, XVI f.

5    Dieter Baacke: Ausschnitt und Ganzes. In: Dieter Baacke/Theodor Schulze (Hg.): Aus Geschichten lernen. Zur Einübung pädagogischen Verstehens. Weinheim/München 1993, 87–125, hier: 104.

pretation sich beispielsweise die Psychoanalyse auseinandersetzt und die große Bedeutung für die Selbstreflexion gerade im Lehrerberuf hat[6], sondern auch auf unsere Alltagserfahrungen, die wir uns erzählen und aus denen wir auch unsere Weltdeutung ziehen.

Neben diesen alltäglichen gibt es artifizielle Geschichten in Form von narrativen Texten, also Prosatexte, wie zum Beispiel Romane und Erzählungen. Immer noch grundlegend sind Baackes Ausführungen, warum gerade diese fiktiven Texte für Pädagogen belehrend sein können,[7] er nennt folgende acht Punkte:

1. Erzählungen zeigen gegenüber soziologischen Untersuchungen, die zu Typisierungen neigen, auch die Zwischentöne und sind damit näher an der Wirklichkeit, „die meist widersprüchlicher, differenzierter, facettenreicher ist".[8]

2. Belletristische Texte präsentieren dem Pädagogen Jugendliche in Situationen, die sie sonst nie erfahren würden, und eben nicht „nur im defizienten Modus ihrer Realität"[9], der im alltäglichen pädagogischen Umgang vorherrscht.

3. In Erzählungen kann eine „Vielzahl zusammenwirkender Faktoren"[10] dargestellt werden, die in Realsituationen gar nicht erfasst werden kann.

4. Geschichten sind auch in dem Sinne „anschaulich", dass sie zu Betroffenheit beim Leser führen können und so zu Selbstreflexion anregen.[11]

5. Erzählungen sind zeitgebunden und können historisch gewordene Sichtweisen und Erfahrungen vergegenwärtigen.

6. Fiktive Fälle können Theoriedefizite aufdecken beziehungsweise korrigieren, da sich geschilderte Fälle und Ereignisse nicht immer „in theoretisch begründbare Handlungsanweisungen" auflösen lassen.[12]

---

6    Vgl. Helmwart Hierdeis: Selbstreflexion in der LehrerInnenbildung. Erfahrungen und Überlegungen. In: Edith Gumpler/Heinz S. Rosenbusch (Hg.): Perspektiven der universitären Lehrerbildung. Bad Heilbrunn 1997, 85–94; Stefan Rogal: Biographikum. Impulse zur pädagogischbiographischen Reflexion für (angehende) Lehrerinnen und Lehrer aller Schulformen. Donauwörth 2003.

7    Baacke zeigt sehr anschaulich am Beispiel von zwei Aufstehszenen aus unterschiedlichen Romanen (Thomas Manns „Buddenbrooks" und Marcel Prousts „Jean Santeuil"), welche Bedeutung „Narratives als Erkenntnisquelle für Pädagogen" haben kann (Baacke, Ausschnitt und Ganzes, a. a. O., 88). Für methodische Überlegungen sollen im Folgenden die acht Punkte, die Baacke bei der Darstellung der Ausschnitte für „sinnfällig" (ebd., 96) hält, gerafft und auf das Wesentliche reduziert wiedergegeben werden, da eine umfassende Würdigung von Baackes Argumentation den Rahmen dieses Beitrags überschreiten würde und auch so die Gründe klar werden.

8    Baacke, Ausschnitt und Ganzes, a. a. O., 96.

9    Ebd.

10   Ebd., 97.

11   Ebd.

7. „Erzählende Texte weisen uns wieder hin auf den Wert häufig umstrittener pädagogischer Kasuistik"[13], wie sie beispielsweise in der Rechtswissenschaft, der Medizin, aber auch der Sozialpädagogik üblich sind.

8. Neben diesem Besonderen des Einzelfalls steht aber auch das Typische, wie es sich in der „pädagogischen Alltagsroutine" in „kommunikativen Akten" zeigt.[14]

Ausgehend von dem letzten Punkt weist Baacke überzeugend auf ein auch allgemeines Problem quantifizierender sozialwissenschaftlicher Studien hin:

> „Denn jede Situation ist komplexer, als daß sie auszählbar gemacht werden könnte. Neben individuell-biographischen und allgemein-historischen Bedingungsfaktoren gibt es auch solche institutioneller und organisatorischer Art. Sie alle bestimmen Handlungsregeln und Handlungsabläufe und die Modi der diese begleitenden Verbalisierungen und Affekthaltungen entschieden mit. Dies alles *können* auf Quantifizierung bedachte Untersuchungen gar nicht berücksichtigen, wollen sie nicht Validität und Reliabilität verlieren. Andrerseits geben sie diese Gewinne an Genauigkeit und Verallgemeinerbarkeit preis um den Verlust von Welt. Es ist gerade die Wiederentdeckung des Narrativen, die uns hilft, die komplexe und komplizierte Struktur von Kommunikations-Akten in ihrer Totalität wieder in den Blick zu nehmen."[15]

Diese Kritik an quantitativer empirischer Forschung, die auch in anderen Zusammenhängen geäußert wurde,[16] lässt sich mit Einschränkung auch auf qualitative Untersuchungen im pädagogischen Kontext übertragen. Qualitative Ansätze in der Sozialforschung haben zwar den Vorteil gegenüber quantitativen, dass sie angemessener den Gegenstand sowie unterschiedliche Perspektiven berücksichtigen können und die Reflexion der Forschungsergebnisse „Teil der Erkenntnis" ist[17], aber auch die weithin rezipierten Ansätze von Meyring oder auch Oevermann kommen nicht ohne ein gewisses Maß an (Vor-) Strukturierung aus: Für Meyring ist die Bildung von Kategorien bei der Analyse von Aussagen ein zentraler Baustein seiner Vorgehensweise[18], und Oevermanns Methode der objekti-

---

12    Ebd., 98.
13    Ebd.
14    Ebd., 99.
15    Ebd. 100 (Hervorhebung im Original).
16    Jörg Ruhloff: „Einmaligkeit" oder Kritik einer wissenschaftspolitischen Machterschleichung. In: Pädagogische Korrespondenz. (2008), H. 37, 5–17.
17    Uwe Flick: Qualitative Sozialforschung. Eine Einführung. Vollständig überarbeitete und erweiterte Neuausgabe. Hamburg 2007, 26.
18    Vgl. Philipp Meyring: Qualitative Inhaltsanalyse. Grundlagen und Techniken. 10., neu ausgestattete Auflage. Weinheim/München 2008, vor allem 43 f.

ven Hermeneutik steht „im Rahmen des genetischen Strukturalismus"[19], setzt also ähnlich wie Noam Chomsky für Sprache bei sozialen Interaktionen eine tiefer liegende Sinnstruktur voraus.[20]

Die Suche nach Regelhaftem beziehungsweise die Orientierung daran und das davon abgeleitete aufwändige Instrumentarium der qualitativen Forschungsmethoden ist der wissenschaftlichen Überprüfbarkeit geschuldet. Aber gerade dadurch gerät das ‚Sperrige' an Texten, die besondere Aussagekraft von Geschichten, die sich zum Beispiel durch eine bestimmte Situationsgebundenheit auszeichnen, aus den Augen. Und insbesondere Pädagogen, die sich dem Ideal des „ganzen Menschen" verpflichtet fühlen und Erziehung nicht auf einzelne Wirkfaktoren reduzieren wollen, müsste diese Möglichkeit reizen, wenngleich der Anspruch an Wissenschaftlichkeit bei dieser Vorgehensweise eingeschränkt sein könnte.[21]

Neben den genannten Möglichkeiten, die die Beschäftigung mit belletristischen Quellen für pädagogische Fragestellungen bietet, darf ein letzter Punkt nicht unberücksichtigt bleiben: Die Texte, die in Form der Gattungen Roman oder Kurzgeschichte Schule und ihre Akteure zeigen, sind sehr bewusst gestaltet, wie Theodor Schulze am Beispiel von autobiographischen Texten ausführt:

> „Über einzelne Elemente des Erfahrungszusammenhanges, über thematisch bedeutsame Einzelerfahrungen und über Reflexionen geben eher schriftlich hervorgebrachte Autobiographien Auskunft – insbesondere die von schriftstellerisch begabten und interessierten Autoren. Literarisch ausgestaltete Autobiographien sind zwar exklusiv und untypisch, aber ihre Beschreibungen und Deutungen übertreffen viele wissenschaftliche Beobachtungen und Analysen in ihrer sprachlichen Gestaltung, Differenziertheit und Reflexivität."[22]

---

19    Detlev Garz: Die Methode der objektiven Hermeneutik – Eine anwendungsbezogene Einführung. In: Barbara Fiebertshäuser/Annedore Prengel (Hg.): Handbuch qualitative Forschungsmethoden in der Erziehungswissenschaft. Weinheim/München 1997, 535–543, hier: 536.

20    Dieter Baacke spricht in diesem Zusammenhang von „einer Art Aufklärungsoptimismus" bei Oevermanns Ansatz (Dieter Baacke: Biographie: Soziale Handlung, Textstruktur und Geschichten über Identität. In: Dieter Baacke/Theodor Schulze [Hg.]: Aus Geschichten lernen. Zur Einübung pädagogischen Verstehens. Weinheim/München 1993, 41–84, hier: 70 f.; zur Kritik im Detail: 70–74).

21    Baacke führt dazu aus: „Vertreter mit tolerantem Wissenschaftsverständnis – weil sie vielleicht gute Pädagogen sein wollen – könnten darum veranlasst sein, mit mir zu meinen: de singularibus *est* scientia, oder doch zumindest: de singularibus est disputandum." (Baacke, Ausschnitt und Ganzes, a. a. O., 101; Hervorhebung im Original)

22    Theodor Schulze: Interpretation von autobiographischen Texten. In: Barbara Fiebertshäuser/ Annedore Prengel (Hg.): Handbuch qualitative Forschungsmethoden in der Erziehungswissenschaft. Weinheim/München 1997, 323–340, hier: 328.

## 3 Die Schule als Thema der Literatur

Die Beschäftigung mit der Schule als Thema der Literatur kann also auch für den Erziehungswissenschaftler lohnenswert sein, und die deutsche Literatur hält für diesen Zweck eine Fülle an Beispielen parat. Um eine gewisse Ordnung in der Darstellung von Schule und vor allem Lehrerfiguren zu schaffen und die Gebundenheit der Texte an jeweils gültige sozio-kulturelle Bedingungen aufzuzeigen, soll im Folgenden, ausgehend von einer Gattungsbestimmung, in einem diachronen Überblick dargestellt werden, zu welcher Zeit auf welche Weise Lehrende in der deutschen Literatur thematisiert werden. Nachfolgend werden dann in einem eigenen Kapitel für den thematischen Schwerpunkt dieses Beitrags ausgewählte Beispiele vorgestellt.

Der Begriff des „Schul- oder Erziehungsromans", der sich zu Beginn des 20. Jahrhunderts bildete, bezeichnet ein problematisches Genre der Literatur. Es wird in der Literaturwissenschaft nicht als eigene Gattung gesehen, sondern als spezielle Spielart dem Bildungs- beziehungsweise Entwicklungsroman zugeordnet, obwohl der deutsche Bildungsroman (zum Beispiel Wielands „Agathon", Goethes „Wilhelm Meister", Kellers „Grüner Heinrich") die Bildungs- und Entwicklungsgeschichte eines Menschen in seiner Auseinandersetzung mit der Welt thematisiert, die zu einem Ausgleich von Ich und Welt führt beziehungsweise diese harmonische Vorstellung als Idee enthält.[23] Mix spricht von Kadetten- und Schulgeschichten als literarischem Genre, das „die aus den jeweiligen Gemeinschafts- und Machtverhältnissen erwachsenden Rollen- und Identitätskonflikte vor dem Hintergrund der dominierenden Leitbilder, Mittel und Absichten öffentlich sanktionierter Erziehung" erhellt.[24] Er sieht durch den Verzicht auf einen versöhnenden Schluss den Schulroman „in der Nähe des Desillusionsromans".[25]

### 3.1 „Schule" in der Literatur vor 1800 – Lehrer ohne Status

Bereits seit den Anfängen der deutschen Literatur wird Lehren und Lernen thematisiert, von Schule als institutionellem Ort der Ausbildung in den Kulturtechniken kann allerdings keine Rede sein.

In Wolframs „Parzival", einem der Hauptwerke der höfischen Dichtung (der Roman entstand etwa 1200–1210), wird von der Ausbildung und Bildung des jun-

---

23 Vgl. Rolf Selbmann: Der deutsche Bildungsroman. 2., überarbeitete und erweiterte Auflage. Stuttgart 1994, insbesondere die Gattungsbestimmung 27–33.
24 York-Gothart Mix: Die Schulen der Nation. Bildungskritik in der Literatur der frühen Moderne. Stuttgart/Weimar 1995, 32 f.
25 Ebd., 33.

gen Helden berichtet, allerdings geht es dabei um das Erreichen des Idealbildes eines Ritters, der der Idee eines utopischen Gralskönigtums untergeordnet ist. Die Rolle des Helden sowie der Endpunkt seiner Entwicklung sind festgelegt.[26] Ein weiteres berühmtes Beispiel für einen Entwicklungsgang in vormoderner Zeit ist „Der Abenteuerliche Simplicissimus" von Grimmelshausen (erschienen 1669). Aber auch hier steht nicht der Prozess der Entwicklung im Vordergrund. Der Weg des Helden vom naiven Hirtenknaben über den Narren zum Einsiedler „zeigt weder die Entwicklung noch gar die ‚Bildung' eines Individuums, sondern führt dem Leser verschiedene Verhaltensweisen des Menschen zu Gott und zur Welt allegorisch vor Augen."[27]

Das Drama „Die Hofmeister oder die Vorteile der Privaterziehung" (1774) des Sturm-und-Drang-Dichters Jakob Michael Reinhold Lenz machte das Thema Schule in der deutschsprachigen Literatur erstmals „salonfähig".[28] Der Kampf der sogenannten Hofmeister, Haus- und Volksschullehrer um gesellschaftliche Anerkennung wird zwar auch bei Jung-Stilling („Heinrich Stillings Jugend", 1777), Moritz („Anton Reiser", 1785-1790) und Pestalozzi („Lienhard und Gertrud") thematisiert, doch Lenz rückt das Schicksal eines Lehrers, des Privatlehrers Läuffers, in den Mittelpunkt seiner Komödie. Er kritisiert darin die herablassende Behandlung der Hofmeister durch den Adel und liefert damit „eine der ersten kritischen Spiegelungen des kulturellen und sozialen Lebens durch die Figur des Lehrers."[29]

In der Folge ist Goethes „Wilhelm Meisters Lehrjahre" (1795) als Bildungsroman von großer Bedeutung. Wie schon erwähnt ist aber hier nicht die Schule, sondern die Bildung beziehungsweise Ausbildung des Protagonisten durch das Leben selbst Gegenstand der Gattung. Das gilt auch für die Bildungsromane der Romantiker (Tiecks „Franz Sternbalds Wanderungen", 1798; Jean Pauls „Titan", 1800/1803, und „Flegeljahre", 1804/05; Novalis' „Heinrich von Ofterdingen", 1802; von Eichendorffs „Ahnung und Gegenwart", 1815, und Mörikes „Maler Nolten", 1832; ausgesprochen parodistisch bei E.T.A. Hofmanns „Lebensansichten des Kater Murr", 1819–21).

Satirisch wird Schule bereits in Goethes „Faust" (Mephisto als Gelehrter verkleidet, mit dem Schüler) 1808 dargestellt, und in Heines „Harzreise" (1824/26) „werden die Pedanterie und die Selbstzufriedenheit der Lehrer sowie

---

26 Vgl. Joachim Bumke: Wolfram von Eschenbach. 6., neu bearbeitete Auflage. Stuttgart 1991 (Sammlung Metzler Band 36), 47–206.

27 Gero von Wilpert (Hg.): Lexikon der Weltliteratur. Band 3. Hauptwerke der Weltliteratur in Charakteristiken und Kurzinterpretationen A–K. München 1997, 6.

28 Matthias Luserke: Schule erzählt: Literarische Spiegelbilder im 19. und 20. Jahrhundert. Göttingen 1999, 15.

29 Judith Ricker-Abderhalden: Problematische Pädagogen: Das Bild des Lehrers in der Literatur der siebziger Jahre. Bern/Frankfurt am Main/New York 1984, 16.

die Trockenheit des Schulwissens [...] aufs Korn genommen", die Schärfe der
Darstellung ist vergleichbar mit der späterer Werke zu Beginn des 20. Jahrhunderts, beispielsweise bei Heinrich Mann.[30]

### 3.2 Die zunehmende Institutionalisierung von Schule im 19. Jahrhundert

In der Darstellung der Realisten des 19. Jahrhunderts dominieren die ärmlichen
Dorfschulmeister, wie zum Beispiel bei Gotthelfs „Die Leiden und Freuden eines
Schulmeisters" (1839); ein Werk, das „eines der vollständigsten Lehrerportraits
in der deutschen Literatur" darstellt.[31] Attribute des Schulmeisters sind ärmliche
Lebensverhältnisse, biederes, aber auch schrulliges Verhalten (Fontanes „Jenny
Treibel", 1892; Raabes „Die Chronik der Sperlingsgasse", 1857, „Der Hunger-
pastor", 1864, und „Horacker", 1875; sowie Roseggers „Die Schriften des Wald-
schulmeisters", 1875).

### 3.3 Das Leiden der Schüler unter autoritär-repressiven Lehrern

Um 1890 wandelte sich der Geist in Deutschland, und dies manifestierte sich
auch in einer plötzlich anschwellenden Zahl von Romanen, Erzählungen und
Dramen, in denen die Schule zum eigenständigen Thema avancierte. Eingeleitet
wurde dieser neue Abschnitt der Darstellung von Schule in der Literatur durch
Conrad Ferdinand Meyers „Die Leiden eines Knaben" 1883. Diese „Strafnovel-
le", wie Meyer sie nennt,[32] spielt am Hof Ludwigs XIV.; Meyer hebt sich darin
von nachfolgenden Schulerzählungen ab und wagt noch nicht den Bezug auf die
unmittelbare Gegenwart, kann aber dadurch das Beispielhafte des Themas hervorheben. In Meyers Novelle geht es nicht um eine „nette Pennälergeschichte,
sondern um den Tod eines jungen Menschen."[33] Der Knabe Julian wird von seinem Lehrer, dem Jesuitenpater Tellier, misshandelt und stirbt an den Folgen. Ein
weiteres frühes und sehr drastisches Beispiel für das Leiden von Schülern ist die
Erzählung „Der erste Schultag" aus dem von Arno Holz und Johannes Schlaf
verfassten Buch „Papa Hamlet" 1889: Der kleine Jonathan freut sich auf die
Schule und bringt seinem Lehrer einen Strauß Blumen zur Begrüßung, die sein

---

30    Ebd., 18.
31    Ebd., 20.
32    Conrad Ferdinand Meyer: Sämtliche Werke. Historisch-kritische Ausgabe. Besorgt von Hans
      Zeller und Alfred Zäch. Band 12: Novellen II. Die Hochzeit des Mönchs, Das Leiden eines
      Knaben, Die Richterin. Bern 1961, 316.
33    Luserke, Schule erzählt, a. a. O., 24.

Lehrer, der sadistische Rektor Borchert, sofort wegwirft („Blumen stinken! Pfui!"[34]). Seine Autorität als Lehrer baut auf körperlicher Gewalt, die deutlich zu Tage tritt, als er den Judenjungen Lewin totschlägt. Die Erzählung von Holz und Schlaf ist eines der wenigen Beispiele aus der Volksschule/Grundschule, alle weiteren literarischen Werke, die Schule thematisieren, haben das Gymnasium zum Schauplatz.

Prominente Beispiele für ein Scheitern an dem System der menschenfeindlichen und repressiv autoritären Schule sind Wedekinds „Frühlings Erwachen" (1891, Erstaufführung 1912), Thomas Manns Figur Hanno Buddenbrook aus seinem Roman „Buddenbrooks" (1901), „Die Turnstunde" von Rilke (1904), Hesses „Unterm Rad" (1906) und Musils „Die Verwirrungen des Zöglings Törleß" (1906).

Wedekind greift in seinem Werk die verlogene Moral des Bürgertums an, an der Moritz zugrunde geht, die Lehrer sind allesamt karikaturenhaft gezeichnet. Für den empfindsamen Hanno Buddenbrook ist Schule eine fortwährende Qual[35]; Hans Giebenrath, der Held von Hesses Roman, hält dem überzogenen Leistungsdruck des evangelischen Internats nicht stand, isoliert sich und bringt sich schließlich um. In Rilkes kurzer Erzählung „Die Turnstunde" ist es der körperliche Leistungsfähigkeit betonende militärische Erziehungsstil, der den Jungen Karl Gruber in den Tod treibt. Bei Musil sind die Lehrer zwar hilflos und ignorant gegenüber den Problemen der pubertierenden Jungen, der Sadismus geht hier jedoch von den Schülern aus. Ein ausgesprochener Psychopath, in seiner Darstellung mit dem Volksschulrektor von Holz/Schlaf verwandt, ist Professor Unrat aus Heinrich Manns gleichnamigem Roman. Er verkörpert wie kein zweiter „das Anti-Bild eines Schulerziehers".[36]

Die auffallende Häufung der Klage über die seelenlose Institution Schule zu Beginn des 20. Jahrhunderts in verschiedenen Werken der Literatur spiegelt den Zeitgeist wider: Ellen Keys Buch „Das Jahrhundert des Kindes" (1900), ein Initialwerk der reformpädagogischen Bewegung, war gerade erschienen, und die Jugendbewegung, die sich gegen starre und alte Lebensmuster des Bürgertums auflehnte, begann sich zu formieren. Die Entdeckung des Kindes in der Pädagogik, Soziologie und Psychologie korrespondierte mit der Betonung der Kind- und Jugendzeit in der Literatur. Zusammenfassend kann man mit Meier sagen, ist „in der ersten großen Zeit der Schuldichtung – von wenigen Ausnahmen abgesehen – die Schule in einem extrem dunklen Lichte gesehen worden."[37]

---

34   Arno Holz/Johannes Schlaf: Papa Hamlet. Hg. und mit einem Nachwort versehen von Theo Meyer. Frankfurt am Main 1979, 93.
35   Vgl. Abschnitt 4.1 dieses Beitrags, S. 263.
36   Karl Ernst Meier (Hg.): Die Schule in der Literatur. Bad Heilbrunn 1972, 191.
37   Ebd., 186.

## 3.4 Die Lehrer als Opfer

Der aufkommende Nationalsozialismus und der damit verbundene Antisemitismus finden ab 1930 zusehends auch ihren Niederschlag in den Erzählungen und Romanen, die Schule und Erziehung zum Thema haben. Eine der erste Erzählungen in dieser Reihe ist „Boykott" (1930) von Arnold Ulitz.[38] Ähnlich wie der Lehrer in „Boykott" merkt auch der Gymnasiallehrer Friedrich Becker in Alfred Döblins Trilogie „November 1918", dass eine tiefe Kluft zwischen ihm und seinen Schülern besteht. Als er im dritten Teil des Romans, „Karl und Rosa", bei der Besprechung der „Antigone", offen für Antigone und ihr Aufbegehren eintritt und, damit verbunden, die faschistisch-nationalsozialistische Ideologie ablehnt, führt dies zu seiner Entlassung auf Wunsch des Schülerkollektivs. Ein weiteres eindrucksvolles Beispiel für die eingeschränkten Handlungsmöglichkeiten des Einzelnen ist die Erzählung „Die Neger" von Ödön von Horvath. Die Hauptfigur der Erzählung, ein Gymnasiallehrer für Geschichte und Geographie, muss einen Aufsatz über das Thema „Warum müssen wir Kolonien haben?" korrigieren. Die Aufsätze sind voll von nationalsozialistischem Gedankengut, und der Lehrer toleriert das, weil er seine Position nicht gefährden will. Als er sich bei der Besprechung der Aufsätze zu der Bemerkung hinreißen lässt, auch die Neger seien Menschen, wird er von einem Vater als Saboteur des Vaterlandes beschimpft und die Schüler wenden sich gegen ihn. Er behält seine Stellung, allerdings um den Preis, dass er fortan von seinen Schülern bespitzelt wird. Auch der Gymnasiallehrer Serenus Zeitblom, der Erzähler aus Thomas Manns „Doktor Faustus", kann sich mit der Zwischenkriegsgeneration nicht mehr verständigen und hatte bereits mit der Machtübernahme der Nationalsozialisten seine Lehrtätigkeit aufgegeben, da er die Diskrepanz zu der neuen Jugend spürte.[39]

Eine der traurigsten Lehrergestalten in der Zeit des Dritten Reichs, vielleicht überhaupt in der deutschen Literatur, ist der Studienrat Brunies aus Grass' „Hundejahre" (1963), auf den nachfolgend genauer eingegangen wird.[40]

## 3.5 Die 68er-Generation begehrt auf – Lehrer im Rollenkonflikt

Mit der 68er-Generation ändert sich das politische Klima in Deutschland. Wegen der Koalition der beiden Volksparteien CDU und SPD 1966 formiert sich eine

---

38 In der Art und Weise, wie sich der Lehrer um den verzweifelten jüdischen Jungen kümmert, sieht Ricker-Abderhalden eines „der schönsten und eindrücklichsten Lehrerportraits in der deutschen Literatur" (Ricker-Abderhalden: Problematische Pädagogen, a. a. O., 70).
39 Vgl. ebd., 78.
40 Vgl. Abschnitt 4.2 dieses Beitrags, S. 268.

außerparlamentarische Opposition (APO), die ihre radikale Kritik und ihren Protest vor allem in den höheren Schulen, also Gymnasium und Universität, vorbringt. Lehrer wurden mehr als andere Erwachsene in dieser Zeit in die Unruhen verwickelt und waren dadurch „in ihrer Selbst- wie auch in ihrer Fremdeinschätzung gefährdet".[41] Der Lehrer steckte in seiner Rolle in einem Dilemma: Für die Schüler vertritt er die Erwachsenenwelt, er kann allerdings aufgrund der raschen wirtschaftlichen und technischen Entwicklung nicht stets auf dem neuesten Stand sein und hat damit seine Überlegenheit, das „Monopol der Weltdeutung"[42] verloren, andrerseits ist der Lehrer durch seine Schularbeit von der Erwachsenenwelt weitgehend isoliert, die Mehrheit der Erwachsenen rechnen ihn der Kinderwelt zu.[43]

Der Rollenkonflikt des liberalen, progressiven Lehrers ist dabei besonders ausgeprägt: Er versteht die Probleme der Schüler und solidarisiert sich mit ihnen, muss aber in seiner Rolle als Lehrer über die Erhaltung von Autorität und schulische Anforderungen wachen. Ein Beispiel für einen solchen Lehrer ist der Biologielehrer Nonnenroth aus Thomas Valentins relativ unbekanntem Roman „Die Unberatenen" (1968). In der Figur des Hochschullehrers Brandeis aus Urs Jaeggis Roman „Brandeis" (1978) kumuliert der Rollenkonflikt. Brandeis ist Soziologe und somit berufsmäßig an gesellschaftlichen Fragen interessiert, er engagiert sich für die Belange der Studierenden, nimmt an Protesten teil, kann aber nicht alles gutheißen und macht sich damit zum Außenseiter. Da er nicht wie sein Kollege und Freund Kurt seinen Lehrstuhl aufgibt, um sich ganz der revolutionären Bewegung zu widmen, wird er als „Papiertiger" und „Scheißliberaler" von den Studenten und seinen radikalen Freunden beschimpft. Von der Mehrheit seiner Professorenkollegen ist er durch seine Sympathie mit der Studentenbewegung ebenfalls isoliert. Er sitzt sozusagen zwischen allen Stühlen, was zu einer persönlichen Krise, zu einem Nervenzusammenbruch führt. Das Dilemma lässt sich nicht auflösen, das Krisenhafte, das daraus entsteht, verbindet den Roman mit Walsers „Ein fliehendes Pferd" (1978), Siegfried Lenz' Roman „Das Vorbild" (1973), Adolf Muschgs „Albissers Grund", Günter Grass' „örtlich betäubt" (1969) und Jurek Beckers „Schlaflose Tage" (1979). In Walsers Novelle „Ein fliehendes Pferd" leidet der Mittelschullehrer Helmut Halm an seiner déformation professionelle, dem Trott des verbeamteten Lehrers. Er führt ein Doppelleben, er trägt Masken. In der Schule ist er der aufgeschlossene Lehrer, in seinem Privatleben ist er nicht fähig, mit seiner Frau zu reden. Hier kommt es zur Krise, als

---

41    Ricker-Abderhalden, Problematische Pädagogen, a. a. O., 113.
42    Ebd., 114.
43    Lehrer haben es mit Kindern und Jugendlichen zu tun und üben dadurch keine wirkliche Macht aus wie etwa Richter (vgl. Theodor W. Adorno: Tabus über dem Lehrberuf. In: ders.: Stichworte. Kritische Modelle 2. Frankfurt am Main 1969, 68–84, hier: 73).

ihn ein Jugendfreund durchschaut, wobei das Ende der Novelle die Lösung andeutet, als Halm gegenüber seiner Frau zu sprechen beginnt und sich damit öffnet. Die Lehrer in Lenz' Roman sind keine Vorbilder, sondern kaputte Typen, und Dr. phil. Albisser aus Muschgs Roman handelt zwanghaft und stellt eher einen interessanten Fall für die Psychoanalyse als eine vorbildliche Lehrerfigur vor. In Grass' Roman „örtlich betäubt" wird „das Bild eines zwiespältigen Mannes, eines sympathischen Versagers"[44] gezeichnet: der Studienrat Eberhard Starusch. In seinem späteren Werk „Kopfgeburten oder Die Deutschen sterben aus" (1980) kommt ein Lehrerehepaar vor, das durchaus positive Seiten hat, doch auch Harm und Dörte Peters leiden an ihren Unzulänglichkeiten und persönlichen Problemen. Jurek Becker stellt in seinem Werk „Schlaflose Tage" ungefähr ein Jahr aus dem Leben des 36jährigen Deutschlehrers Karl Simrock in der DDR dar, der interessanterweise Ähnlichkeiten zu Walsers Lehrer Halm aufweist.

Der Lehrer wurde in den 70er Jahren zum ersten Mal in der deutschen Literatur Hauptfigur der Handlung. Seine Probleme, die Zusammenstöße mit Schülern und Behörden, stehen exemplarisch für die gesellschaftlichen Spannungen jener Zeit. Ricker-Abderhalden glaubt deswegen, dass Lehrerfiguren in Zeiten gesellschaftlichen Wandels und Umbruchs im Mittelpunkt der Literatur stehen, und wagt die Prognose:

> „Ob sich der Lehrer in den ruhigeren achtziger Jahren als literarischer Gegenstand behauptet, wird sich noch herausstellen. Anzunehmen ist, dass er eine Zeitlang von der Bildfläche verschwinden wird, um später, in einer Epoche des gesellschaftlichen und politischen Umbruchs, erneut in das Zentrum des Interesses zu rücken."[45]

Tatsächlich finden sich in der Kohl-Ära (1983–1998), in der nach den forschen Ansätzen der 70er Jahre die Bildungsdebatte verstummt ist und Schule auf dem status quo der Endsiebziger verharrte, wenige belletristische Beispiele für die Auseinandersetzung mit dem Thema Schule.[46] Aber auch in der Zeit nach dem PISA-Schock (ab 2001), in der Schule und Bildung wieder öffentliches Thema

---

44  Ricker-Abderhalden, Problematische Pädagogen, a. a. O., 170.
45  Ebd., 200.
46  Luserke listet für die 80er und 90er Jahre drei Romane auf: „Die ewige Schule" von Christa Reinig (1982), „Knieriesen" von Stefan Thomas (1992) und „Crazy" von Benjamin Lebert (vgl. Luserke, Schule erzählt, a. a. O., 125–145). Die wenig bekannten Romane, in denen Schule unter jeweils bestimmten Blickwinkeln betrachtet wird – bei Reinig ist es weibliche Homosexualität, bei Thomas und Lebert wird vor allem Machtmissbrauch in Form einer Abrechnung thematisiert –, sind, besonders im Fall von Lebert, von zweifelhafter literarischer Qualität.

wurden, gibt es nur wenige Ausnahmen.[47] Es bleibt abzuwarten und aus der historischen Distanz zu bewerten, wie sich die erste Dekade des 21. Jahrhunderts zur These Ricker-Abderhaldens verhält.

## 4    Lehrerfiguren zwischen Affirmation und Skepsis

Der literaturhistorische Abriss hat wohl deutlich gemacht, dass es, längstens seit der Zeit des Nationalsozialismus, kaum ein Gegensatzpaar gibt, das das Rollenverständnis von Lehrern besser umschreibt als die Kategorien der Affirmation und der Skepsis. Mit Affirmation soll eine Haltung beschrieben werden, die sich dadurch auszeichnet, dass der Lehrer selbst seine Position, seine Rolle in der Institution Schule nicht hinterfragt und selbstverständlich die ihm durch die jeweils vorherrschenden sozio-kulturellen wie politischen Zeitumstände vorgegebenen Verhaltens- und Denkmuster zumindest bejaht, wenn nicht sogar ausgesprochen deutlich repräsentiert. Der Skepsis zuneigende Lehrerfiguren zeichnen sich im Gegenteil durch eine fundamental kritische Grundhaltung aus. Sie ist geprägt durch Skepsis gegenüber allem an sie von außen Herangetragenen und eine selbstkritische Sicht auf die Wirksamkeit des eigenen Handelns.[48]

Im Folgenden soll nun an einigen wenigen Charakteren, die sich durch ein hohes Maß an Differenziertheit und Plastizität in der Darstellung auszeichnen[49], exemplarisch die gewählte inhaltliche Einschränkung aufgezeigt und interpretiert werden.

### 4.1   Die Direktoren Wulicke und Himmler als Beispiele für Affirmation

Es ist nicht zufällig, dass die Wahl bei affirmativen Charakteren auf zwei Oberstudiendirektoren fällt. Die Position des Leiters eines Gymnasiums verlangt die Umsetzung und Überwachung kultusministerieller Vorgaben für eine ‚Elitean-

---

47    Markus Orths Roman „Lehrerzimmer" (2003) thematisiert unterhaltsam den Berufseinstieg eines Gymnasiallehrers. Daneben sticht der von vielen Rezensenten gefeierte Roman „Spieltrieb" (2004) von Juli Zeh hervor (vgl. <http://www.juli-zeh.de/spiel-rezensionen.php>, 30.07.2010), wobei hier die Geschichte zweier Schüler im Vordergrund steht.

48    Zur Diskussion um den Begriff der „Skepsis" verweise ich auf den Beitrag von Egbert Witte in der vorliegenden Festgabe, S. 73–96.

49    E. M. Foster hat in diesem Zusammenhang sehr treffend von einem „round" im Gegensatz zu einem „flat character" gesprochen. Ersterer ist komplexer und zeigt eine Entwicklung, während letzterer statisch bleibt (vgl. Edward Morgan Foster: Flat and Round Characters. In: Michael J. Hoffman/Patrick D. Murphy [Hg.]: Essentials of the Theory of Fiction. Durham/London ²1990, 40–47).

stalt' und repräsentiert gleichsam diese Institution nach außen. Paradoxerweise stünde es aber gerade dem mit großer Machtfülle ausgestatteten Direktor frei, Schwerpunkte in seiner Arbeit selbst zu setzen.

Ein besonders eindrucksvolles Beispiel für die Ausübung von Macht und Verinnerlichung der staatstragenden Bedeutung einer Aufgabe hat Thomas Mann in der Figur des Direktors Wulicke entworfen, der im Schlusskapitel der „Buddenbrooks" als Direktor des Gymnasiums, das Hanno Buddenbrook besucht, folgendermaßen eingeführt wird:

> „,Siehe, da kommt der liebe Gott!' sagte Kai. ,Er lustwandelt in seinem Garten.' [...] Es war Direktor Wulicke, der Leiter der Schule, der auf dem Hofe erschienen war: ein außerordentlich langer Mann mit schwarzem Schlapphut, kurzem Vollbart, einem spitzen Bauche, viel zu kurzen Beinkleidern und trichterförmigen Manschetten, die stets unsauber waren."[50]

Kai Graf Mölln, der Freund Hannos, hat Direktor Wulicke den Beinamen „der liebe Gott" gegeben[51], wohl wegen dessen Persönlichkeit, die der Erzähler so beschreibt: „Er war von der rätselhaften, zweideutigen, eigensinnigen und eifersüchtigen Schrecklichkeit des alttestamentarischen Gottes."[52] Als gottgleich wird seine Autorität von den Schülern empfunden, die in merkwürdigem Kontrast zu seiner äußeren Erscheinung steht. Der wenn auch kurze Vollbart und die enorme Körpergröße mögen noch mit einer Autorität heischenden Person korrespondieren, aber Schlapphut, Spitzbauch, zu kurze Hosen und dreckige Manschetten wirken eher wie eine Karikatur von Macht.[53] Offensichtlich legt Direktor Wulicke keinen Wert auf seine Erscheinung und erfüllt so einerseits das Klischee des weltfremden Lehrers[54], zeigt damit aber auch andererseits, dass seine Autorität sich aus anderer Quelle speist. Der Text gibt darüber genau Auskunft:

---

50   Thomas Mann: Buddenbrooks. Verfall einer Familie. Frankfurt am Main 1997, 721.
51   Vgl. ebd., 723.
52   Ebd., 722.
53   Eine Karikatur von R. Wilke aus dem „Simplicissimus" von 1907 mit der Überschrift „Gymnasiallehrer" zeigt drei ebensolche Herren mit Schlapphüten, Bärten und Spitzbäuchen. Die Bildunterschrift lautet: „Heute hatte ich einen wundervollen Traum: ich gab Cicero einen Fünfer im Latein." (zitiert nach Klaus Westphalen [Hg.]: Professor Unrat und seine Kollegen. Literarische Porträts des Philologen. Bamberg 1986, 1)
54   Mit Gymnasiallehrern wird gerne Weltabgewandtheit assoziiert (vgl. Gerhard Arnhardt/Franz Hofmann/Gerd-Bodo Reinert: Der Lehrer. Bilder und Vorbilder. Donauwörth 2000, 30, 75; Westphalen, Professor Unrat und seine Kollegen, a. a. O., 9 f.), die sich auch durch ihre äußere Erscheinung zeigt. Der Erzähler der „Buddenbrooks" stört sich allerdings an zu großem „Putz", wie es bei der Beschreibung des „feinen Oberlehrers" Doktor Geudner deutlich wird (vgl. Mann, Buddenbrooks, a. a. O., 718). „Bescheidner Leute Kind, wie er war, stand ihm solcher Prunk eigentlich gar nicht zu Gesicht", heißt es da (ebd.). Ein entsprechend gepflegtes Äußeres, das sich auch in der Wahl der Kleidung zeigt, war nach Meinung des Erzählers wohl nur

„Dieser Direktor Wulicke war ein furchtbarer Mann. Er war der Nachfolger des jo-
vialen und menschfreundlichen alten Herrn, unter dessen Regierung Hannos Vater
und Onkel studiert hatten und der bald nach dem Jahre einundsiebzig gestorben war.
Damals war Doktor Wulicke, bislang Professor an einem preußischen Gymnasium,
berufen worden, und mit ihm war ein anderer, ein neuer Geist in die alte Schule ein-
gezogen. Wo ehemals die klassische Bildung als ein heiterer Selbstzweck gegolten
hatte, den man mit Ruhe, Muße und fröhlichem Idealismus verfolgte, da waren nun
die Begriffe Autorität, Pflicht, Macht, Dienst, Carrière zu höchster Würde gelangt,
und der ‚kategorische Imperativ unseres Philosophen Kant‘ war das Banner, das Direktor Wulicke in jeder Festrede bedrohlich entfaltete. Die Schule war ein Staat im
Staate geworden, in dem preußische Dienststrammheit so gewaltig herrschte, daß
nicht allein die Lehrer, sondern auch die Schüler sich als Beamte empfanden, die um
nichts als ihr Avancement und darum besorgt waren, bei den Machthabern gut ange-
schrieben zu stehen."[55]

Mit Direktor Wulicke hielten, zusammen mit der Reichsgründung von 1871,
‚preußische Tugenden‘ Einzug in das bis dato biedermeierliche Gymnasium von
Hannos Vorfahren. Seine Autorität stützt sich dabei auf die Überzeugung der
Notwendigkeit von Disziplin und Gehorsam, die sich für ihn aus der Funktion
einer öffentlichen Lehranstalt für den neu gegründeten Nationalstaat ergeben, für
die Immanuel Kant mit seinem „kategorischen Imperativ" der oberste Gewährsmann ist. Wulicke ist von der Richtigkeit seines Tuns an der Spitze einer Behör-
de in einem solchen Gemeinwesen absolut überzeugt und braucht durch den
Bezug auf solche ‚höheren Werte‘ wie das Sittengesetz Kants keinen Wert auf
Äußerlichkeiten zu legen. Und so ist es nur folgerichtig, wenn er auf Basis dieser
Überzeugungen bei der Visitation des Kandidaten Modersohn einer ganzen Reihe von Schülern die „Carrière schon verderben will".[56]

Diese Szene gleicht dem Auftreten des Oberstudiendirektors Himmler aus
Al-fred Anderschs Schulgeschichte „Der Vater eines Mörders", obwohl diese gut
fünfzig Jahre später, Ende der 20er Jahre des 20. Jahrhunderts, spielt. Der Direktor Himmler hospitiert in einer Griechisch-Stunde und examiniert selbst Schüler,
darunter vor allem den Protagonisten der Geschichte, Franz Kien. Und auch
Himmler macht den Ordinarius der Untertertia, im Unterschied zu den „Budden-

---

Angehörigen des Großbürgertums vorbehalten, zu denen sich ein Gymnasiallehrer nicht zählen
durfte.

55   Ebd., 722.
56   Ebd., 740. Direktor Wulicke will sehen, was Hannos Klasse bei dem Lehramtskandidaten Mo-
     dersohn gelernt hat. Doch niemand außer dem Primus und Graf Mölln ist in der Lage, etwas
     zum Unterricht beizutragen, weswegen Wulicke „sechs oder sieben Schülern auf einmal" „ei-
     nen Tadel wegen Trägheit" ins Klassenbuch schreibt (ebd., 741). Über den Lehramtsaspiranten
     heißt es: „Herr Modersohn konnte nicht eingeschrieben werden, aber er war schlimmer daran,
     als Alle; er stand da, fahl, gebrochen und abgetan." (ebd.)

brooks" ein etablierter Studienrat mit Doktortitel, für das Versagen Kiens verantwortlich.[57] Zwar kommt Himmler auch unvermittelt, wenn auch weniger
überfallartig in die Klasse, doch seine Erscheinung hebt sich deutlich von Wulicke ab:

> „Der Rex hatte sich der Klasse zugewendet, er trug eine Brille mit dünnem Gold-
> rand, hinter der blaue Augen scharf beobachteten, das Gold und das Blau ergaben
> zusammen etwas Funkelndes, Lebendiges und jetzt ins Gütige Gewandtes, anschei-
> nend herzlich Geneigtes in einem hell geröteten Gesicht unter glatten weißen Haa-
> ren, aber Franz hatte sofort den Eindruck, dass der Rex, obwohl er sich ein wohlwol-
> lendes Aussehen geben konnte, nicht harmlos war; [...] ‚So, so‘, sagte er, ‚das ist al-
> so meine Untertertia B! Ich freue mich, euch zu sehen.‘ Er ist wirklich ein Rex,
> dachte Franz, nicht bloß ein Mann, dessen Titel man im Wittelsbacher Gymnasium
> auf dieses Wort abgekürzt hatte. Auch in den anderen Münchner Gymnasien wurden
> die Oberstudiendirektoren Rexe genannt, aber Franz glaubte nicht, daß die meisten
> wie Könige aussahen. Der da schon. Hellgrau und weiß – über dem Hemd lag, tadel-
> los, eine glänzend blaue Krawatte –, mit diesem an den Ecken abgerundeten Visier
> aus Gold und Blau im Gesicht, stand er vor dem Hintergrund der großen Schultafel,
> und weder Kandlbinder noch die Schüler schienen Anstoß daran zu nehmen, daß er
> die Klasse mit dem besitzanzeigenden Fürwort bedachte."[58]

Der Oberstudiendirektor Himmler ist zwar nicht gottgleich, aber immerhin eine
‚königliche Erscheinung‘. Scheinbar würde-, beinahe huldvoll tritt er in der
Klasse auf. Er kleidet sich seinem Amt gemäß, fast wirkt seine gepflegte Er-
scheinung etwas zu elegant, wie die Brille mit Goldrand und die „glänzend blaue
Krawatte"[59] als dazu passendes Accessoire verraten. Er scheint sich in seiner
Position wohlzufühlen – er wird als „gesund und korpulent" beschrieben[60] –, und
man könnte auf den ersten Blick meinen, er sieht seine Aufgabe als Leiter eines
Gymnasiums völlig anders als der prinzipientreue Wulicke. Franz Kien misstraut
seinem „Aussehen", und tatsächlich hat die bei Himmler dominierende Farbe
Blau zusammen mit der goldfarbenen Brille etwas Kaltes, die „scharf beobach-

---

57   Im Unterschied zu Wulicke ist Himmler allerdings bis aufs äußerste gereizt, da der Studienrat
     Dr. Kandlbinder ihn bei der Erklärung der Akzente im Griechischen höflich unterbricht und
     verbessert: „‚Schweigen Sie!‘ fauchte er den Klaßlehrer an. Und noch einmal: ‚Schweigen Sie,
     Herr Kandlbinder!‘ Sogar den Doktor hat er diesmal weggelassen, dachte Franz, so eine Wut
     hat er, daß er den Kandlbinder nur noch mit Herr Kandlbinder anredet. Er macht ihn ganz
     schön zur Sau. Und alles wegen mir! [...] ‚Da nehme ich mir einen Schüler aus der Klasse vor‘,
     rief der Rex voller Zorn, ‚und was stellt sich heraus? Er hat nicht einmal die allereinfachsten
     Grundlagen des Griechischen mitbekommen.‘" (Andersch, Der Vater eines Mörders, a. a. O.,
     65)
58   Ebd., 15.
59   Ebd.
60   Ebd., 14.

tenden" Augen etwas Berechnendes. Nur wenig später, nachdem der Primus der Klasse vom Lehrer präsentiert worden ist und sich wieder gesetzt hat, zeigt er sein ‚wahres Gesicht':

> „„Ich möchte jetzt einmal einen anderen Ihrer Schüler hören, Herr Doktor!' Sein Ton war jetzt nicht mehr leutselig. Der Vater der Schule, der gütig nach einer seiner Klassen sah – damit war es nun endgültig vorbei; dort oben, hinter dem Pult wie auf einem Anstand, saß jetzt ein Jäger, auf einer Pirsch in den Unterricht, dick ungemütlich, einer von der feisten Sorte der Revierbesitzer und Scharfschützen."[61]

Himmlers Ansinnen wird jetzt klar, sein freundliches Auftreten war nur gespielt, im Grunde geht es ihm bei der sehr gut präparierten Visitation[62] nur darum, ausgesuchte Schüler zu examinieren und dabei bloßzustellen und zu demütigen. Nachdem er Konrad Greiff relegiert hat,[63] wendet er sich Franz Kien zu. Die folgende Einzelprüfung erinnert in ihrer „erschreckenden Eindringlichkeit"[64] an Dr. Mantelsacks Examination von Hanno Buddenbrook. Während sich aber Hanno durch die Möglichkeit, aus einer Übersetzung abzulesen, aus der Affäre ziehen kann,[65] wird Franz Kien vor der ganzen Klasse an der Tafel vorgeführt. Der Direktor Himmler begnügt sich zudem nicht wie Direktor Wulicke, die Trägheit des Schülers zu tadeln, sondern kündigt ihm die Nicht-Versetzung an[66] und erwähnt die Schulgeldbefreiung für Franz und seinen Bruder coram publico. Die Erniedrigung Franz Kiens endet mit der Frage Himmlers nach dem Befinden des Vaters:

> „„Schlecht', antwortete Franz mürrisch. ‚Er ist krank. Schon lange.' ‚Oh', sagte der Rex, ‚das tut mir leid. Da wird es ihn nicht freuen zu erfahren, daß seine Söhne zur Ausbildung an höheren Schulen nicht geeignet sind.' Also auch wieder nichts weiter als eine kalte Dusche! Ein bißchen Bedauern, aber nur, um zu zeigen, daß die Krankheit des Vaters am Schicksal der Söhne nichts ändern würde."[67]

---

61  Ebd., 26.
62  Himmler hat im Vorfeld des Besuchs in der Klasse sich genau über die Leistungen und den familiären Hintergrund der einzelnen Schüler informiert (vgl. ebd., 30, 47 f., 72 f.).
63  Der Schlagabtausch zwischen dem Oberstudiendirektor Himmler und dem guten Griechisch-Schüler Konrad Greiff endet in der Entlassung Greiffs. Himmler greift hier zum äußersten Machtmittel, das ihm zur Verfügung steht, da er keine andere Möglichkeit sieht, mit dem selbstbewussten Schüler, der ‚kreativen Widerstand' leistet, fertigzuwerden. Er schafft es dadurch, dass der Schüler „sich nicht so gänzlich als Sieger fühlte, obwohl er doch aus diesem Zweikampf als Sieger hervorgegangen war." (ebd., 38)
64  Westphalen, Professor Unrat und seine Kollegen, a. a. O., 15.
65  Mann, Buddenbrooks, a. a. O., 729.
66  Vgl. Andersch, Der Vater eines Mörders, a. a. O., 55.
67  Ebd., 74.

Oberstudiendirektor Himmlers Verhalten ist sicherlich perfider als Wulickes, es grenzt in der Art und Weise des Umgangs mit Franz Kien an Sadismus, wobei Himmler sich selbst vermutlich nicht so wahrnimmt, er sieht sich als Angehöriger der „Crème" von München[68] und bewusst wertkonservativen (Anhänger der Bayerischen Volkspartei[69]) Sachwalter höherer Bildung, der nur streng darauf achtet, dass an ‚seinem' Gymnasium ordentlich gelehrt und gelernt wird. Und dafür ist ihm jedes Mittel recht. Es kommt ihm auch nicht darauf an, dass die Schüler unbedingt verstehen, was sie lernen, sondern dass sie Formen aufsagen können.[70] Ausgerechnet Sokrates wird als Autorität vom Altphilologen Himmler bewundert, offensichtlich geht es ihm dabei lediglich um ‚namedropping', denn durch sein Verhalten zeigt er, dass ihm die philosophischen Überzeugungen von Sokrates fremd geblieben sind,[71] zumindest für ihn in seiner Berufsausübung keine Bedeutung haben. Dr. Wulicke bezieht sich zwar auch inhaltlich auf seine Autorität, indem er Kants „kategorischen Imperativ" als Inbegriff von Pflichterfüllung darstellt, ignoriert aber offensichtlich dessen „sapere aude". Westphalen hat dieses Verhalten von Wulicke und Himmler so auf den Punkt gebracht:

> „Die Institution Schule zeigt sich in derartigen Szenen von ihrer widersprüchlichsten Seite. Hohe Literatur, große Gegenstände, ästhetische Kunstwerke werden in einem Übersetzungsritual mikroskopiert und bis ins feinste Detail erfasst, mitunter aber auch kleingehackt. Diese Feinarbeit, das Üben des Intellekts, das Ausbilden subtiler Sprachkompetenz (wenn man einmal von möglichen Skurrilitäten absieht) – all diese Tätigkeiten sind nun eben nicht nur ein Spiel des Geistes, sondern symbolisieren zugleich einen existenziellen *Ernst,* der nicht selten makabre Züge annimmt. Geistesschulung ist gleichzeitig Existenzkampf, der Vermittler des Geistigen zugleich Richter über die Tauglichkeit des heranwachsenden Menschen."[72]

### 4.2 Studienrat Brunies als Beispiel für Skepsis

Wie anders nimmt sich dagegen die Figur des Studienrats Brunies aus Günter Grass' Roman „Hundejahre" aus:

---

68  Ebd., 40. Die Griechisch-Stunde, von der Andersch erzählt, findet zwar zur Zeit der Weimarer Republik statt, Himmler ist als Anhänger der Bayerischen Volkspartei aber eher antirepublikanisch ausgerichtet und mit seinen Idealen von Disziplin und Ordnung (Form) geistig noch immer dem Kaiserreich verhaftet.

69  Vgl. ebd., 40.

70  Er spricht davon Formen „einzurichtern" (ebd., 66) und gibt Franz den Rat, Sätze auswendig zu lernen (vgl. ebd., 68).

71  Die Abfrage von Franz Kien ist geradezu das Gegenteil eines sokratischen Dialogs.

72  Westphalen, Professor Unrat und seine Kollegen, a. a. O., 17 (Hervorhebung im Original).

„Denn Oswald Brunies, der so ziemlich alles unterrichtete – Erdkunde, Geschichte, Deutsch, Latein, notfalls Religion –, war nicht jener überall gefürchtete Turnlehrer mit der schwarzkrausen Brust, mit den schwarzbewimperten Beinen, mit Trillerpfeife und Schlüssel zum Geräteraum. Nie hat Brunies einen Knaben unterm Reck zittern, auf den Holmen des Barren leiden, an den heißen Kletterseilen weinen lassen. [...] ein Fünfziger mit Bärtchen, zigarrenversengt, auf der Oberlippe. Süß alle Barthaarspitzen vom immer neuen Malzbonbon. Auf rundem Kopf grauer Filz, in dem oft einen Vormittag lang, angeworfene Kletten hingen. Gezwirbelte Haarbüschel aus beiden Ohren. Ein Gesicht, durchsponnen von Lach-Kicher-Schmunzelfalten. Eichendorff nistete in zerzausten Augenbrauen. Mühlrad, rüstige Gesellen und phantastische Nacht um immer bewegliche Nasenflügel. Und nur in den Mundwinkeln, auch quer über der Nasenwurzel, ein paar Mitesser: Heine, das Wintermärchen und Raabes Stopfkuchen. Dabei beliebt und nie ernstgenommen. Junggeselle mit Bismarckhut und Klassenleiter der Sexta."[73]

Studienrat Oswald Brunies, auch „Papa Brunies" genannt, ist ein ‚Original'.[74] Ein Charakter, der sich nicht leicht einordnen lässt und nicht nur das Gegenteil der auf ihre Autorität bedachten Direktoren Wulicke und Himmler darstellt, sondern sicher auch als Gymnasiallehrer zur Zeit der 20er und 30er Jahre des 20. Jahrhunderts einen Sonderfall. Er pflegt ausgefallene Vorlieben, wie das Sammeln von Glimmergneisen[75] und das Herstellen von Malzbonbons[76], und ist offensichtlich kein Anhänger von körperlicher Ertüchtigung, was ihn bei seinen Schülern beliebt macht und der teilweise ausgeprägten Körperkultur der Jugendbewegung der 20er Jahre entgegensteht, erst recht im Kontrast zum Programm der körperlichen Ertüchtigung als Teil der nationalsozialistischen Ideologie. Seine Erscheinung hat etwas Kauziges: Er trägt einen Filzhut, hat ein faltiges Gesicht und wirkt durch seinen versengten, beziehungsweise von Malzbonbons klebrigen Bart ungepflegt. Es wäre aber zu einfach, ihn in die Schublade des weltfremden höheren Lehrers zu stecken, beziehungsweise ihn als eine typische biedermeierliche Figur abzutun.[77] Brunies verehrt zwar Eichendorff, aber auch Heines durch ironische Kritik ausgezeichnetes „Wintermärchen" und die „See- und Mordgeschichte" „Stopfkuchen" von Raabe spiegeln sich in seinem Gesicht, seinem Charakter. Er hat nichts Bedrohliches an sich, seine Falten sind „Lach-

---

73   Günter Grass: Hundejahre. München ³1999, 120 f.

74   Vgl. ebd., 157. Der Erzähler verweist darauf, dass Brunies noch einmal besondere Bedeutung als Original durch seine Adoptivtochter Jenny erlangt.

75   Vgl. ebd., 120.

76   Vgl. ebd., 136–138.

77   Ricker-Abderhalden verweist darauf, dass Brunies „biedermeierliche Züge" habe und „ein Nachfahre jener freundlichen, humanistischen Lehrer des 19. Jahrhunderts" sei, „deren Aussterben um die Jahrhundertwende so lautstark beklagt wurde." (Ricker-Abderhalden: Problematische Pädagogen, a. a. O., 89)

Kicher-Schmunzelfalten", und nimmt sich und andere nicht zu ernst, weswegen ihn die Schüler auch nicht ernstnehmen.[78]

Der Hang zum Biedermeierlichen ist bei Brunies kein Eskapismus, er hat die Zeichen seiner Zeit genau erkannt und er setzt seinerseits Zeichen: 1932, als Mitglieder des Jungvolks auf dem Brösener Seesteg deutsches Liedgut zum Vortrag bringen und die Erwachsenen mit einstimmen, bleibt der Studienrat für alle deutlich sichtbar stumm und „setzt Spottlichterchen auf"[79]. Beim Besuch Hitlers in Danzig 1939 zeigt er sich nicht („ich vermißte seine Knollennase lange", kommentiert der Erzähler Harry Liebenau[80]) und flaggt nicht an seinem Haus: „Ein Fahnenhalter war leer, stellte alle gefüllten Fahnenhalter in Frage und gehörte Studienrat Brunies."[81] An Harry Liebenaus Aufsatz „Mein schönster Tag" zum Hitlerbesuch rühmt Brunies die gut beschriebenen Gemälde im Grand Hotel und lässt den Aufsatz nicht vorlesen.[82] Deutlichster Ausweis seiner skeptischen Haltung gegenüber den nationalsozialistischen Machthabern ist seine Frage an einen Ritterkreuzträger, der 1941 einen Vortrag in der Aula der Schule hält:

> „Nach den Vorträgen durften Fragen gestellt werden. Die Schüler wollten wissen, wie viele Spitfire man abschießen, wie viel Bruttoregistertonnen man versenken müsse. Denn wir waren alle darauf aus, später einmal das Ritterkreuz zu bekommen. Die Lehrer stellten entweder sachliche Fragen – ob es immer mit dem Nachschub klappe –, oder sie gefielen sich in starken Sätzen und sprachen vom Durchhaltevermögen und vom Endsieg. Studienrat Oswald Brunies fragte einen Ritterkreuzträger – ich glaub, es war der von der Luftwaffe –, was ihm durch den Kopf gegangen sei, als er zum erstenmal einen toten Menschen, Freund oder Feind, gesehen habe. Die Antwort des Jagdfliegers ist mir entfallen."[83]

Brunies hätte nicht nachbohren oder „Spottlichterchen" aufsetzen müssen, wie beim Besuch des Feldwebels Matern in seiner Klasse, als dieser von Kriegsereignissen berichten soll,[84] aber er tut es. Er zieht sich nicht in die bequeme Haltung des Opportunisten wie viele seiner Kollegen zurück und wählt auch nicht

---

78    Über seinen Unterricht führt der Erzähler beispielsweise aus: „Ich kann mich nicht erinnern, dass der Studienrat uns ernsthaft unterrichtete. Einige Aufsatzthemen fallen mir ein: ,Hochzeitsvorbereitungen bei den Zulus'. Oder: ,Das Schicksal einer Konservendose.' Oder: ,Als ich noch ein Malzbonbon war und im Munde eines kleinen Mädchens immer kleiner wurde.' Es kam dem Studienrat wohl darauf an, unsere Phantasie zu füttern." (Grass, Hundejahre, a. a. O., 362)
79    Ebd., 168.
80    Ebd., 327.
81    Ebd., 328.
82    Vgl. ebd., 333.
83    Ebd., 360 f.
84    Ebd., 361.

die für ihn vielleicht mögliche innere Emigration. Der Gymnasiallehrer Brunies bleibt seinen eigenen Prinzipien treu und lässt sich nicht beirren.[85] Wegen dieser Haltung und seiner Sucht nach Süßem – die wohl nur als Vorwand genutzt wird[86] – wird er später verhaftet und ins Konzentrationslager Stutthof gebracht, wo er 1943 verstirbt.

Oswald Brunies endet tragisch: Nachdem im Verlauf des Krieges Süßigkeiten rar geworden sind, bedient er sich der Cebiontabletten, die an die Schüler als Vitamintabletten verteilt werden. Immer unverhohlener nimmt er sich von den Tabletten, die für die Schüler gedacht sind, wobei seine Schüler – ein anrührendes Beispiel für das vertrauensvolle Schüler-Lehrer-Verhältnis und Brunies' liebenswürdige Art – ihn schützen: Als ihm vor der Klasse Cebiontabletten aus der Hosentasche fallen, reagieren die Schüler so:

> „Was auf geölten Dielen rollte, retteten wir. Eine Traube gebückter, eifrig sammelnder Schüler lieferte dem Studienrat halbe und viertel Tabletten ab. Wir sagten – dieser Spruch wurde zur Redensart: ,Herr Studienrat, Sie haben soeben mehrere Glimmersteine verloren.' Brunies antwortete gemessen: ,Wenn es sich um einfach Glimmergneise handelt, dürft ihr sie behalten; sollte es sich aber bei dem Fund um einen oder mehrere Zweiglimmergneise handeln, so bitte ich um die Rückgabe derselben.' Wir, und das war abgemacht, fanden nur Zweiglimmergneise [...]."[87]

Brunies begegnet seinen Schülern selbst in dieser Situation noch freundlich, und er wird von seinen Schülern gemocht, sogar als ihm die Kontrolle über sich selbst, seine Sucht, völlig entgleitet.[88]

Während Alfred Andersch und Thomas Mann facettenreich den Typ des tyrannischen, konformistischen Lehrers gezeichnet haben, setzt Günter Grass mit der Figur des Studienrats Brunies dem menschenfreundlichen, sympathischen und eben auch skeptischen Lehrer ein Denkmal.

---

85    Seine Skepsis kann nicht zu Ataraxie wie bei den Pyrrhoneern führen oder sich mit dem status quo abfinden (vgl. die entsprechenden Ausführungen im Beitrag von Egbert Witte im vorliegenden Band, S. 73–96.).

86    Vgl. Grass, Hundejahre, a .a. O., 368.

87    Ebd., 363 f.

88    Ricker-Abderhaldens Deutung, Brunies' Verlangen nach Süßem stünde in direkter Parallele mit der zunehmenden Macht der Nationalsozialisten und würde für die „Sehnsucht nach der guten alten Zeit" stehen (Ricker-Abderhalden, Problematische Pädagogen, a. a. O., 93), wirkt etwas strapaziert. Seine Beschäftigung mit Glimmergneisen als „Flucht vor verantwortungsbewusstem Verhalten" zu interpretieren und ihm die typische Passivität der Intelligenzija seiner Zeit vorzuwerfen (vgl. ebd., 97), ist in Anbetracht seiner kritischen Haltung abwegig.

## 5 Bilder vom Lehrer für die Lehrerbildung

Außer den Möglichkeiten, sich als Lehrer uneingeschränkt autoritär oder konsequent verständnisvoll zu zeigen, gibt es scheinbar kaum Handlungsmöglichkeiten: Entweder man zieht sich auf seine Amtsautorität zurück und lässt nichts an sich herankommen, oder man beginnt zu fragen.[89]

Für die Schulpädagogik ergeben sich aus der Beschäftigung mit Bildern vom Lehrer in der Literatur unterschiedliche Konsequenzen. Zum einen bietet sie die Möglichkeit, das eigene Lehrerhandeln zu reflektieren und sich mit Vor- oder Zerrbildern vom Lehrer auseinanderzusetzen. Auf diese Weise könnte das vielbeschworene Problem des Theorie-Praxis-Bezugs in der universitären Phase der Lehrerbildung auch angegangen werden.[90] Die Kultusministerkonferenz verweist in den von ihr formulierten Standards für die Lehrerbildung, bei der Entwicklung von Kompetenzen, auf die Möglichkeit, literarische oder filmische Beispiele heranzuziehen.[91] Und vielleicht sind es gerade die auffälligen Lehrertypen auch in ihrer literarischen Ausformung, an denen sich Lehrer wie Schüler reiben können.[92]

---

89  Die einzige Möglichkeit, die konsequent außerhalb dieser Optionen liegt, ist wohl die Groteske beziehungsweise ‚Schiltekse‘, wie sie in Hermann Burgers Roman „Schilten" auf höchst originelle und aberwitzige Weise vorgeführt wird. Vielleicht ist auch Burgers äußerst kreativer Umgang mit dem Stoff dafür verantwortlich, dass das Thema Schule in den 80er Jahren kaum Niederschlag in der Literatur gefunden hat. Der Protagonist des Romans, Peter Stirner alias Armin Schildknecht, hat es längst aufgegeben, nach Lehrplan zu unterrichten, seine Didaktik ist die Didaktik des an das Schulhaus angrenzenden Friedhofs. Trotz oder gerade wegen dieser grotesken Situation gelingen Burger tiefe Einblicke in den Lehreralltag (vgl. Hermann Burger: Schilten. Schulbericht zuhanden der Inspektorenkonferenz. München 2009).

90  Die Forderung nach engerer Verzahnung von Theorie und Praxis in der Lehrerbildung hat schon topische Züge. Lediglich die Akteure haben sich aktuell geändert: Während Lehrerverbände schon immer diese Forderung artikuliert haben, beteiligen sich neuerdings auch schulfernere Institutionen wie die Bildungs- oder Universitätsadministration – vermutlich aus Profilierungsgründen – an der Debatte.

91  Vgl. Sekretariat der Ständigen Konferenz der Kultusminister der Länder in der Bundesrepublik Deutschland (Hg.): Standards für die Lehrerbildung: Bildungswissenschaften. Beschluss der Kultusministerkonferenz vom 16.12.2004. In: Zeitschrift für Pädagogik. (2005), H. 2, 283.

92  Ina Katharina Uphoff hat dies im Zusammenhang mit der Frage nach dem Umgang mit auffälligen Lehrern vor dem Hintergrund der Professionalisierungsdebatte ausgeführt. Sie kommt zu dem Schluss: „Vielleicht liegt gerade in der Akzeptanz der Auffälligkeit des *Lehrers* der Vorschuss an Mündigkeit, der dem *Schüler* einzuräumen ist." (Ina Katharina Uphoff: Die Professionalisierung des Lehrerberufs – oder: Vom pädagogischen Umgang mit Auffälligkeiten. In: Andreas Nießeler/Ina Katharina Uphoff [Hg.]: Pädagogische Auffälligkeiten. Deutungsmuster von Verhaltensstörungen und Verhaltensauffälligkeiten – kritisch betrachtet. Würzburg 2009, 63–80 [Hervorhebungen im Original])

Eine zweite, wichtige Konsequenz führt Klaus Westphalen an. Er sieht im Ernstnehmen der im Unterricht behandelten Texte eine Möglichkeit für den Lehrer, „der berufsimmanenten Lebensentrückung"[93] zu entkommen:

> „Der zweite Weg, aus der Welt-Fremdheit in die uns umgebende Welt zu finden, verlangt hohe geistige Kunst. Sie verlangt, die Texte ernst zu nehmen, als Modell für heutiges Denken und Tun. Diese Kunst, die man existentiellen Transfer genannt hat, d.h. in der Literatur aufgeworfene Grundfragen menschlicher Existenz auf die Probleme unserer Zeit und unseres Lebens fruchtbringend zu übertragen [...]."[94]

Dieser „existentielle Transfer" ist von großer Bedeutung für die Schulpädagogik. Nicht nur die Auseinandersetzung mit dem Lehrerhandeln in einer bestimmten, fiktiven Situation, sondern auch die Unterrichtsgegenstände – nicht nur, wenn es um ethische Fragestellungen geht – sollten Anlass sein, über Handlungsoptionen nachzudenken und zur Selbstreflexion anzuregen. Die Beschäftigung mit großen Gegenständen kann so für Lehrende – Lehrer wie Lehrerbildner – Anregung sein, Wertmaßstäbe des eigenen Handelns zu überdenken. Und es sollte gerade Pädagogen ein Anliegen sein, bei der Beförderung der Bildung anderer sich selbst zu bilden, um sich nicht Anderschs Vorwurf auszusetzen. Denn alle Pädagogen sind in ihrem Tun immer zuerst der Humanität verpflichtet.

---

93    Westphalen, Professor Unrat und seine Kollegen, a. a. O., 10.

94    Ebd. Als Beispiele für einen gelungenen Transfer nennt Westphalen die „Antigone"-Interpretation des Studienrats Dr. Becker aus Döblins Erzählung „Antigone" (vgl. Abschnitt 3.4 dieses Beitrags, S. 260) sowie das Verhalten des Professors aus der Erzählung „Das höhere Prinzip" von Jan Drda (vgl. Westphalen, Professor Unrat und seine Kollegen, a. a. O., 10 f.).

# „Aus dem Jungen wird doch nie etwas!"
# Multatulis Bildungsroman „Woutertje Pieterse"

*Jacques Dane / Tijs van Ruiten*[1]

Multatuli[2] war das Pseudonym des niederländischen Schriftstellers Eduard Douwes Dekker (1820–1887). Sein bekanntestes Werk ist der Roman „Max Havelaar, oder Die Kaffee-Versteigerungen der Niederländischen Handels-Gesellschaft" (1860).[3] In „Max Havelaar" kritisierte Multatuli die Verbrechen der niederländischen Machthaber gegen die Bevölkerung von Niederländisch-Ostindien. Der Roman um den – titelgebenden – Schuljungen Woutertje Pieterse (1890) – 1901 in deutscher Übersetzung als „Die Abenteuer des kleinen Walther" erschienen[4] – ist ein weiteres bekanntes Werk des Schriftstellers. In den Geschichten des jungen Walther setzte sich Multatuli mit verschiedenen pädagogischen Ideen auseinander. In dem Roman spielen neben Walther und seiner Familie der Schulmeister Pennewip und die Nachbarin Jüffrau Laps eine wichtige Rolle. Der engstirnige, nicht sehr gebildete Meister Pennewip ist eine Personifizierung der schulischen Erziehung im 19. Jahrhundert und Jüffrau Laps der Prototyp der bürgerlichen, gottesfürchtigen Hausfrau.

Der Sozialist Adriaan H. Gerhard (1858–1948) schrieb 1910, dass vermutlich niemand so viel Einfluss auf Erziehung und Bildung hatte wie Multatuli, wenn auch „entlang unauffälligen Wegen".[5] Gerhards Worte sind ebenso viel- wie nichtssagend: Wie ließe sich Multatulis Einfluss auf Bildung und Erziehung

---

1   Dieser Beitrag ist eine Bearbeitung eines Artikels von Jacques Dane: „Van dien jongen komt nooit wat terecht." Woutertje Pieterse in pedagogisch perspectief. In: Over Multatuli. 23 (2001), Nr. 47, 27–41.

2   Multatuli [Latein: multa tuli]: „Ich habe viel (Leid) getragen." – Über Multatuli siehe: Dik van der Meulen: Multatuli. Leven en werk van Eduard Douwes Dekker. Amsterdam 2002. Über Multatuli in Deutschland siehe zum Beispiel: Mitteilungen der Internationalen Multatuli-Gesellschaft. Ingelheim 1992 ff.

3   Ursprünglicher Titel: Max Havelaar, of de koffij-veilingen der Nederlandsche Handel-Maatschappij. Amsterdam 1860. „Max Havelaar" wurde zweimal ins Deutsch übersetzt: 1900 von Karl Mischke (Hendel, Halle a. d. S.) und 1948 von Erich Stuck (Aufbau-Verlag, Berlin).

4   Es gibt zwei deutsche Übersetzungen: die erste von 1901 stammt von Wilhelm Spohr (Bruns, Minden in Westfalen), die zweite von 1955 von Hans Bruckman (Verlag Neues Leben, Berlin).

5   Adriaan H. Gerhard: Multatuli 1910. In: Adriaan H. Gerhard. Socialist/vrijdenker en opvoeder. Amsterdam 1949, 140–144, hier: 140.

messen? Hat er seine Ideen in einem pädagogischen System formuliert? Und kommt er im Kanon der niederländischen Pädagogik vor?

Um mit der letzten Frage zu beginnen: Im zweiten Band der „Historiese Pedagogiek" (1927) von Frater Sigebertus Rombouts, der sich systematisch mit der Geschichte des pädagogischen Denkens im 19. und 20. Jahrhundert befasst, fehlt Multatulis Name.[6] Rombouts wollte sicher nicht päpstlicher sein als der Papst, und er dürfte Multatuli wohl kaum links liegen gelassen haben, weil dieser nicht in sein katholisches Weltbild passte – schließlich behandelte er auch Sigmund Freud und Friedrich Nietzsche in seinem Abriss.[7] In Rombouts' Augen war Multatuli schlichtweg kein Pädagoge.[8] Auch in allgemeinen pädagogischen Übersichtsschriften späterer Zeit fand Multatuli keine Erwähnung.[9]

Innerhalb der Literaturwissenschaft sind einige von Multatulis erzieherischen Gedanken Gegenstand der Forschung gewesen. In „De schrijver Multatuli" (1995) hat sich Philip Vermoortel mit den Bildung und Erziehung gewidmeten „Ideen"[10] auseinandergesetzt. Vermoortel erklärt das Fehlen eines kohärenten pädagogischen Systems: Multatuli, ein romantischer Einzelgänger, empfand jede Art von System als Widerspruch zu seinen liberalen Vorstellungen – er hasste Systeme, weil „er nicht an eine Verbesserung durch die Veränderung des Sys-

6    Frater Sigebertus Rombouts: Historiese Pedagogiek. Zweiter Band. Tiburg 1927.
7    Über Freud und seine Anhänger bemerkt Rombouts feinfühlig, dass er sein Buch „nicht besudeln [will] mit der Darlegung der Widerwärtigkeit dieser Seelen- und Kinderzergliederer, die häufig nicht anders zu bezeichnen sind als als schäbige Vergehen an der Kinderseele und zynische Unschuldsmorde [...]." In: Rombouts, Historiese Pedagogik, a. a. O., 221.
8    Multatulis Œuvre stand auf dem Index, der Liste verbotener Bücher. Der Jesuit H. Padberg versuchte, das katholische Kirchenvolk vor dem verwerflichen Gedankengut des Gotteslästerers Multatuli zu schützen. Er riet, die Finger von seinen Büchern zu lassen, da diese die Grundlagen von Religion und Sittlichkeit untergrüben (vgl. H. Padberg s. j.: Multatuli's voornaamste ideeën tegen God, godsdienst en zedelijkheid. Geloof en wetenschap, Serie XIV, Nr. 2. 's-Hertogenbosch/Antwerpen 1921, 3).
9    Vgl. P. van Duyvendijk/J. B. Visser: Nieuwe geschiedenis der paedagogiek. Groningen/Batavia [4]1935; Bernhard Kruithof et al. (Hg.): Geschiedenis van opvoeding en onderwijs. Nijmegen [5]1994 [[1]1982]; Mineke van Essen/Jan Dirk Imelman: Historische pedagogiek. Verlichting, Romantiek en ontwikkelingen in Nederland na 1800. Baarn 1999. Van Essen und Imelman erwähnen Multatuli am Rande: Er sei ein Vertreter der romantischen Weltanschauung, in der die Autonomie des Individuums verklärt werde (ebd., 49).
10   Nach dem Roman „Max Havelaar" erschienen zwischen 1862 und 1877 sieben Bände mit unterschiedlichen Texten – unter anderem literarische Erzählungen, gesellschaftskritische Artikel, Aphorismen und das Theaterstück „Vorstenschool" –, die Multatuli unter dem Titel „Ideeën" publizierte. Das Theaterstück „Vorstenschool" wurde von Karl Mischke aus dem Niederländischen übersetzt als „Fürstenschule. Schauspiel in fünf Akten" (Halle a. S., 1901). Eine Auswahl aus den „Ideeën" wurde von Wilhelm Spohr übersetzt (Berlin, 1903).

tems glaubte".[11] Lut Troch veröffentlichte 1981 eine kurze Anthologie zu Multatulis pädagogischen Auffassungen in den „Ideen", in der sie treffend beschreibt, dass seine Pädagogik „ein Plädoyer für Freiheit und Natürlichkeit und für eine gute Betreuung des Kindes als Kind statt als Erwachsenem im Miniaturformat ist". Seine Vorstellungen richteten sich „gegen Theoretisiererei und Auswendiglernen"[12].

In dem vorliegenden Beitrag werden einige von Multatulis pädagogischen Darlegungen aus den „Abenteuern des kleinen Walther" in ihren historisch-pädagogischen Kontext gesetzt. Zunächst wird ein markantes Rezeptionsbeispiel des pädagogischen Gedankenguts aus diesem Bildungsroman[13] näher betrachtet: Wie wurde Multatuli von der Grundschullehrerin Ietje Kooistra als Experte in Sachen Erziehung bewertet? Anschließend werden die „Abenteuer des kleinen Walther" selbst eingehender untersucht: Welche pädagogischen Ideen wurden in diesem Buch verarbeitet? Und abschließend: War Multatuli im Bereich der Pädagogik ein Einzelgänger? Und wie sahen seine erziehungstheoretischen Auffassungen aus?

**Multatuli und die Pädagogik: Ietje Kooistra**

Erziehungsreformer und Pädagogikprofessor R. Casimir (1877–1957) sah Multatuli in erster Linie als Künder von Aufklärungsidealen, deren Verbreitung er durch seinen brillanten Schreibstil gefördert habe. Es ist bezeichnend für Casimir, dass er zwar Multatulis Bibel- und Religionskritik sowie Moralauffassung erwähnt, nicht aber dessen Ansichten zu Erziehung und Bildung.[14] Die wissenschaftliche Pädagogik, deren Befürworter Casimir war, bewertete Multatuli nicht als einen Denker der Erziehungswissenschaft. Vertreter einer ‚niederen Garde' – Lehrer und andere nichtwissenschaftliche Erzieher[15] wie Ietje Kooistra – betrachteten Multatuli hingegen als Autorität.

---

11  Philip Vermoortel: De schrijver Multatuli. Den Haag 1995, 12–13. Für Multatuli-Interpretationen siehe auch Henri A. Ett: De beteekenis van Multatuli voor onzen tijd. Amsterdam 1947, 17 ff.: „Multatuli ist kein Systembauer gewesen."

12  Lut Troch: Multatuli's pedagogische opvattingen. Een bloemlezing uit zijn ideeën. In: ‹‹De Fonteine››. Gent-Jaarboek 1980–1981. Teil 11 (XXXII, Zweite Reihe: Nr. 24), 169–178, hier: 169.

13  Siehe hierzu: Samuel Lublinski: Multatuli. Moderne Essays zur Kunst, Wissenschaft, Literatur. Berlin 1902, 29. Lublinski preist Multatulis Beschreibung der psychologischen Entwicklung des kleinen Walther.

14  Vgl. Rommert Casimir: Uit de ontwikkelingsgeschiedenis van het menschelijk denken. Teil II – Van Kant tot heden. Amsterdam o. J. [²1913], 233–235.

15  Vgl. Vermoortel, De schrijver Multatuli, a .a. O., 19.

1894 veröffentlichte Ietje Kooistra (1861–1923) ihr viel beachtetes Buch „Zedelijke opvoeding" (dt. „Sittliche Erziehung").[16] Berufserzieher rühmten und empfahlen dieses Erziehungshandbuch. Man schätzte es als Ratgeber für noch unerfahrene Erzieher.[17]

Das Buch orientierte sich am Gedankengut des deutschen Pädagogen Johann Friedrich Herbart (1776–1841).[18] Seine Pädagogik ging davon aus, dass alle körperliche und geistige Erziehung auf Sittlichkeit und die Ausbildung eines tugendhaften Menschen ausgerichtet sein müsse. Erreichen könnte man dies durch Einsicht. Der Unterricht sollte die Erfahrungswelt des Kindes zum Ausgangspunkt nehmen und aufgreifen. Kooistras Kritik an Herbarts Nachfolgern in den Niederlanden, den so genannten Neo-Herbartianern, lautete, dass die Grundideen dieser Pädagogik in der Folge zu starr angewandt worden seien. Innerhalb der Pädagogik bedeutete dies „eine zu starke Bewertung von Lehrstoff und Wissen, intellektuelle Willensbildung, strenge Methoden, einen klar umrissenen Lehrplan und eine zentrale Rolle für den Lehrer".[19] In den „Abenteuern des kleinen Walther"[20] bringt Multatuli an verschiedenen Stellen seine Abneigung gegen den Neo-Herbartianismus zum Ausdruck: In der Schule von Meister Pennewip lernten die Kinder lediglich „Lesen, Rechnen, Schreiben, vaterländische Geschichte, Psalmesingen, Wollnähen, Stricken, Wäschezeichnen und Religion",[21] und die Schulbänke sähen aus, „als hätten die Zöglinge all ihre Langeweile darauf zurückgelassen"[22]. Multatuli hätte Ietje Kooistras Auffassung sicher zugestimmt, dass ein Kind sich selbst anspornen muss: „Es muss dazu gebracht werden, sich nach Kräften anzustrengen: So lernt es seine Kräfte kennen und bekommt dadurch das Selbstvertrauen, welches eine Voraussetzung für den bewussten Willen ist."[23] Oder, in Multatulis Worten: „Jeder muß nach seiner Überzeugung handeln und nach seinem Geschmack."[24]

---

16   Ietje Kooistra: Zedelijke opvoeding. Groningen/Den Haag [9]1919 [[1]1894]. Im Jahr 1928 erschien die zehnte Auflage des Buches. Zu Ietje Kooistra siehe: Ellen Buursma: I. Kooistra (1861–1923). De levende zedenleer. In: Mineke van Essen/Mieke Lunenberg (Hg.): Vrouwelijke pedagogen in Nederland. Nijkerk 1991, 63–76.

17   Zitiert in: Buursma, Ietje Kooistra, a. a. O., 65.

18   Zu Herbart siehe unter anderem: Wilna A. J. Meijer: Perspectieven op mens en opvoeding. Nijkerk 1984, 87–102; Van Essen/Imelman, Historisch pedagogiek, a. a. O., 41–46.

19   Buursma, Ietje Kooistra, a. a. O., 68.

20   Zitiert wird aus: Multatuli: Die Abenteuer des kleinen Walther. Nach der Übersetzung von Wilhelm Spohr hg. und bearbeitet von Arnold Thünke. Köln 1999 [= Multatuli, Die Abenteuer (Spohr)].

21   Ebd., 48.

22   Ebd., 58.

23   Kooistra, Zedelijk opvoeding, a. a. O., 40.

24   Zitiert aus: Multatuli: Woutertje Pieterse. Amsterdam [4]1995, 361.

In ihrem Kapitel über die Ehrlichkeit widmet Kooistra fünf Seiten den „Abenteuern des kleinen Walther". Lügen, Stehlen und Petzen stellen in Kooistras Sittenlehre wesentliche moralpädagogische Probleme dar. Eine Mutter, so meint sie, findet es schlimm, wenn ihr Kind ein Lügner ist, aber der Gedanke: „Mein Kind hat gestohlen: mein Kind ist ein Dieb! – ist schrecklich."[25] Laut Kooistra liegt ein konventioneller Gedanke der mütterlichen Verzweiflung zugrunde, wenn „ein Kind das Eigentum anderer entwendet" hat, weil sich daran erkennen ließe, dass sein Rechtsgefühl noch nicht hinreichend entwickelt ist. Aber, so meint Kooistra, „bei der Lüge wie beim Diebstahl gibt es *Abstufungen* der Verwerflichkeit, und die höchsten Stufen der Lüge sind sehr viel schlimmer als die niedrigsten des Diebstahls [...]."[26] Kooistra unterscheidet in diesem Fall zwischen der „gemeinen Lüge", der gemeinen Heuchelei" und dem „fast unschuldigen Diebstahl". Für diesen fast unschuldigen Diebstahl war Walthers Verhalten in Kooistras Augen ein Exempel.[27]

Nach Ansicht der (Roman-) Brüder Gustav und Fränzchen Halleman – der „anständigen" Hallemännchen – war der einem niedrigeren Stand zugehörige Walther ein *Schmarotzer*.[28] Die Nachbarjungen hatten Walther vorgerechnet, was sie die Freundschaft mit ihm bereits gekostet hätte. Um seinen besudelten Namen zu säubern, sollte er einen Gulden für den Kleinhandel der Hallemännchen mit Pfefferminzplätzchen beisteuern. Walther bat zu Hause nicht um den Gulden: Die Familie Pieterse wäre vor Schreck umgefallen, argumentiert Kooistra. Aus Mutters unbeaufsichtigter Sparbüchse stahl Walther das Geld, mit dem er das Schmarotzertum von seiner Seele waschen wollte. Aber der Diebstahl war ein hässlicher Makel, wie sollte er den ausmerzen? Die Hallemännchen hatten Walther versichert, der Pfefferminzhandel sei gewinnträchtig: „Walther ging heim und träumte von unerhörten Reichtümern. Er würde der Sparbüchse seiner Mutter einen Thaler zurückgeben [...]."[29] Kooistra hat Mitleid mit dem kleinen Jungen: „Was für Illusionen in dem Diebstahl eines einzigen Guldens: ehrenhafte Befreiung als Schmarotzer, für zehn Stüber Edelmut der Mutter gegenüber [...]. Schade, dass diese Illusionen außer die der Schmarotzerei durch die Unehrenhaftigkeit der anständigen Hallemännchen in Rauch aufgingen. Der Diebstahl haftete wie ein Makel an Walthers Gemüt."[30]

Weil Multatuli die Geschichte nicht zu Ende bringt – der Leser erfährt nicht, ob der Diebstahl aufgedeckt wird oder nicht –, fantasiert Kooistra fröhlich

---

25   Kooistra, Zedelijke opvoeding, a. a. O., 230.
26   Vgl. ebd., 231 (Hervorhebung im Original).
27   Vgl. ebd.
28   Zu Ständen: Gary Lee Baker: Het esthetische leven van de hoogste en de laagste standen in Multatuli's *Woutertje Pieterse* en *Vorstenschool*. In: Over Multatuli. 36 (1996), 29–35.
29   Kooistra: Zedelijke opvoeding, a. a. O., 231.
30   Vgl., ebd., 232.

weiter: Der Diebstahl eines Guldens sei Jüffrau Pieterse nicht entgangen. Sie habe gleich ihren Sohn Walther im Verdacht gehabt: „Wer in ihrem Haus, mit Ausnahme des ‚Jungen', wäre imstande zu stehlen! Alle ihre Kinder, außer ihm, waren durch und durch aufrichtig!"[31] In Kooistras Version der Geschehnisse kommt das Delikt ans Tageslicht. Walther ist ein Dieb, und jeder – Meister Pennewip, Jüffrau Laps, Stoffel und alle anderen – fällt über ihn her. „Und von allen Seiten bekommt es der kleine Sünder zu spüren. ‚Hör auf meine Worte: Aus dem Jungen wird doch nie etwas!' ‚Der Junge wird im Gefängnis landen. Der Junge wird am Galgen enden!' ‚Der Junge bringt Schande über seine ganze Familie!' [...] ‚Marsch, verschwinde! So einen gemeinen Dieb wollen wir nicht mehr unter die Augen bekommen.'"[32] Kooistra stellt sich an Walthers Seite und klagt: „Eine vernünftige Mutter handelt ganz anders als Jüffrau Pieterse."[33] Aber, wie handelt eine vernünftige Mutter?

Wäre Mutter Pieterse eine vernünftige Frau gewesen, hätte ihr Walther nie gestohlen, meint Ietje Kooistra. Aber da Walther gestohlen hat, konstruiert die Pädagogin eine eigene Fortsetzung der Geschichte. Das erste Gefühl einer Mutter (einer vernünftigen Mutter – wie Kooistra betont – und das war Jüffrau Pieterse nicht) ist tiefe Traurigkeit: „ihr Kind hat gestohlen, ihr Junge ist ein Dieb". Die Mutter ergründet das Verhalten ihres Kindes, ruft es zur Verantwortung. Schon bald erfährt sie das Motiv des Diebstahls: „Und wenn die Mutter hört, dass der Vorwurf der Schmarotzerei ihn zum Stehlen veranlasst hat, fällt es ihr schwer, den lieben, lieben Jungen nicht voller Freude in die Arme zu schließen."[34] Gerührt schreibt Kooistra: „Voller Freude, ja, denn sie sieht ein, dass er trotz, oder gerade *wegen* seines Diebstahls höher steht als manch anderer, der nie gestohlen hat!"[35] Nach dieser Version des Hergangs teilt Kooistra Kinder in drei Kategorien ein:

- Kinder, die zu schmarotzen nicht schlimm finden, entsprechende Vorwürfe ignorieren und deshalb nicht stehlen;
- Kinder, die unter dem Vorwurf des Schmarotzens leiden und deshalb stehlen;
- Kinder, die nicht schmarotzen und deshalb nicht stehlen.[36]

---

31    Ebd., 232 f.
32    Ebd.
33    Ebd.
34    Ebd., 233.
35    Ebd. (Hervorhebung im Original)
36    Ebd. 233 f.

Die erste Kategorie ist, nach Kooistra, *zu niedrig*, einfach, weil ein Kind kein Schmarotzer sein darf. Walthers Verhalten gehört in die zweite Kategorie. Mütter wie Jüffrau Pieterse würden sich freuen, dass ihr Kind moralisch nicht niedrig stehe, aber sie wollten dessen Moral in die dritte Kategorie stemmen, „in der man über jeden ungerechten Vorwurf erhaben ist, in der man für eine Tat wie Walthers zu hoch steht [...]."[37] Kooistras Konstruktion eines vertraulichen Gesprächs zwischen dem unglücklichen Walther und (s)einer – vernünftigen – Mutter zeugt von großem Verständnis, einer Gabe, die Jüffrau Pieterse entbehrte:

> „Was, haben dich die Hallemännchen Schmarotzer genannt? Das ist schlimm. Ist der Vorwurf gegen Walther gerecht? Nein? Dann darf er sich dadurch nicht beeindrucken lassen, dann muss er den Hallemännchen, die offensichtlich doch nicht so anständig sind, ein bisschen aus dem Weg gehen. Oder ist der Vorwurf doch gerechtfertigt? Ein klein wenig vielleicht? Inwiefern? Woher kommt das? Weil er kein Taschengeld hat, wie die anderen Jungen? Dann spürt seine Mutter eine Mitschuld: Künftig wird sie ihm jede Woche etwas Taschengeld geben! Und wenn er etwas braucht, muss er seine Mutter *immer* fragen. Wenn möglich und wenn sie es in Ordnung findet, wird sie ihm das Gewünschte geben. Und wenn nicht – muss er ohne auskommen. Stehlen darf er aber unter keinen Umständen. Wie würdest du dich fühlen, wenn sie heimlich dein schönes Bilderbuch wegnehmen und für sich selbst behalten würden? Gemein, oder? Na also. – ‚Stehlen, Kind, stehlen darf man nie. – Komm, jetzt gib mir einen Kuss und mach *nie* wieder so etwas Dummes, hörst du!'"[38]

Ietje Kooistra verortete den Schriftsteller Multatuli mit ihrer Version dieses Kapitels aus Walthers Leben in der *Reformpädagogik*. Die Reformpädagogik kritisierte normative pädagogische Ideen wie auch die entsprechende Praxis, „sofern beide feste Normen und bindende Vorschriften im Umgang mit Kindern enthielten"[39] (wie Kooistra die Pädagogik des 19. Jahrhunderts kritisierte). Die Freiheit des Kindes stand in der Reformpädagogik an oberster Stelle: „Wenn Erzieher und Lehrer der Natur des Kindes genügend Freiraum lassen, werden sie merken, dass Kinder sich selbst entwickeln und erziehen."[40] In diesem Ansatz sollte „vom Kinde aus gedacht" werden: „Erzieher müssen das Kind als gleichwertig anerkennen und sich nach Kräften für die Entwicklung seiner in der Anlage vorhandenen schöpferischen Kräfte einsetzen."[41]

Die Entwicklung des Einzelnen spielte eine wichtige Rolle. Nach Auffassung der Reformpädagogen war es deshalb von großer Bedeutung, dass in der

---

37    Ebd., 234 f.
38    Ebd., 235 (Hervorhebung im Original).
39    Wilna A. J. Meijer: Stromingen in de pedagogiek. Baarn ³2000 [¹1996], 19.
40    Ebd.
41    Vgl. van Essen/Imelman, Historische pedagogiek, a. a. O., 108.

Beziehung von Erzieher und Kind ein natürliches Gleichgewicht zwischen Autorität und Freiheit herrschte. Des Weiteren war das *gegenseitige Vertrauen* ein wichtiger Teil der Erziehung.[42] Die schwedische Reformpädagogin Ellen Key (1849–1926) schrieb in ihrem Buch „Das Jahrhundert des Kindes" [43] (1900, dt. Übersetzung 1902): die „Natur des Kindes" müsse in Ruhe gelassen werden; Kinder sollten sich frei bewegen und entwickeln können – Kinder seien von Natur aus gut.[44]

Viele Ideen aus der Reformpädagogik fügen sich nahtlos in Multatulis Vorstellungen, in denen Themen wie selbstständiges Denken, das Bilden einer eigenen Meinung und insbesondere die Souveränität des Einzelnen Schlüsselbegriffe sind. In den „Abenteuern des kleinen Walther" schreibt Multatuli beispielsweise, dass man „seine Kinder nicht wie Packgüter in einer Bettstelle aufstapeln dürfe".[45] Multatuli ist damit ein früher Vorläufer des reformpädagogischen Denkens. Multatulis Geisteskind, der kleine Walther Pieterse, sehnt sich nach Zuwendung, Zärtlichkeit und Glück, in einem Umfeld, in dem er sich frei bewegen und entwickeln kann. Die Familie von Doktor Holsma, die Walther gerne aufsucht, ist ein Musterbeispiel für die ideale reformpädagogische Familie. Beim Erleben der Holsmaschen Kinder reibt sich Walther unvermittelt die Augen und traut seinen Ohren kaum. In der Familie des Doktors wird gelacht, jeder darf etwas sagen, und der Vater spielt ungezwungen mit seinen Kindern. Eines der Kinder ruft sogar: „Nieder mit den Eltern! Ruf' mit, Papa!"[46] Vater Holsma muss als Klettergerüst herhalten: „Aber daß Wilhelm, Hermann und Sietske ihrem Vater, so einem vornehmen Doktor, um den Hals fielen, an ihm hochkletterten und ihm beinahe die Kleider vom Leibe rissen ... unerhört!"[47] Die Holsmas verkörpern das genaue Gegenteil der Jüffrau Pieterse, die aus Walther einen ‚anständigen' Jungen machen, ihm seine Kreativität und Neugier abgewöhnen wollte. „Lasst das Kind Kind sein", schrieb der niederländische Reformpädagoge Jan Ligthart (1859–1916)[48] – Multatuli hätte diesem Gedanken aus tiefstem Herzen zugestimmt.

---

42    Zu Kooistra und Reformpädagogik siehe: Nelleke Bakker: Kind en karakter. Nederlandse pedagogen over opvoeding in het gezin 1845–1925. Amsterdam 1995, 234 f.
43    Deutsche Übersetzung des Schwedischen "Barnets århundrade". Zur Würdigung von Ellen Keys Buch: Jeroen J. H. Dekker: The Century of the Child revisited. In: International Journal of Children's Rights. 8 (2000), 133–150.
44    Vgl. Meijer, Stromingen, a. a. O., 20.
45    Multatuli, Die Abenteuer (Spohr), 187.
46    Ebd., 283.
47    Ebd., 281.
48    Vgl. Meijer, Stromingen, a. a. O., 20.

## Die Pädagogik in den „Abenteuern des kleinen Walther"

„Es gibt fast keinen Autoren von Rang und Namen, der nicht in mindestens einem seiner Werke zur eigenen Jugend zurückkehrt", schrieb der Arzt und Kinderpsychologe Arie Querido (1901–1983) in der renommierten Fachzeitschrift „Pedagogische Studiën" (1930). In seinem Artikel zu kindlichen Protagonisten in der Literatur konnte er Multatulis „Abenteuer des kleinen Walther", ein klassisches Beispiel für ein Buch, so Querido, in dem ein Autor das Kind „mit Erwachsenen-Geist in Kleinformat" [49] sieht, nicht ignorieren. Querido bezeichnet die „strenge Logik, mit der die Taten der Erwachsenen in Walthers Umfeld bestraft werden, den Gegensatz zwischen einleuchtenden, einfachen, klaren Kindergedanken und der verworrenen und gekünstelten Denk- und Handelsweise der Großen" mit einem Wort als „unkindlich".[50] Die vielen kritischen Aussagen zu Gott und Religion spiegelten nicht Walthers kindliche Auffassungsgabe wider, sondern drückten Multatulis eigene Ideen und Auffassungen aus. Bei Schriftstellern wie Multatuli hätten die Kinder eine „sekundäre Bearbeitung" erfahren: „die nicht wiederauffindbare Wirkung des Kindergeistes wurde gegen eine erwachsene Deutung der Erinnerung ausgetauscht."[51] Queridos Urteil über „Walther" ist ebenso kurz wie streng: Abgesehen von seiner literarischen Bedeutung hatte das Buch für den Kinderpsychologen wenig Nutzen.

Ohne Frage: Multatuli hat sein Geisteskind als Sprachrohr für seine eigenen Ideen eingesetzt. Er war jedoch nicht der Typ, der seine Kindheit restaurierte und einen naturgetreuen Roman darüber schrieb oder sie in einem Ego-Dokument wieder aufleben ließ. Nichtsdestoweniger führt Multatuli in den „Abenteuern des kleinen Walther" mitunter unverkennbare Beispiele authentischer Kindergefühle an, die er höchstwahrscheinlich seiner eigenen Erinnerung entnommen hat. Wenn Walther nach dem sonntäglichen Gottesdienst der unangenehmen Jüffrau Laps einen Besuch abstatten muss, um ihr von der Predigt zu berichten, hat er dazu natürlich gar keine Lust.[52] Als seine Mutter ihn fragt, warum er nicht zur Nachbarin gegangen sei, beruft Walther „sich auf die bekannten furchtbaren Bauchschmerzen, die allen Kinder zur Verfügung stehen, sobald sie sich unangenehmen Verpflichtungen entziehen wollen."[53]

---

49   Arie Querido: Kinderfiguren in de literatuur. In: Pedagogische Studiën. Maandblad voor onderwijs en opvoeding. XI (1930), 161–170, hier: 163.
50   Ebd., 163.
51   Ebd., 164.
52   Zu Religion und Jüffrau Laps siehe: Paul van 't Veer: De revolutie van juffrouw Laps. In: Maatstaf. 16 (1974), Nr. 322, 10–14. Zu Religion siehe auch: Isaäc A. Diepenhorst. Multatuli's morele en godsdienstige problematiek. In: Over Multatuli. (1983), Nr. 11, 6–22.
53   Multatuli, Die Abenteuer (Spohr), 261.

Auch Walthers wilde Fantasie nach dem Schreiben seines berüchtigten „Räuberliedes"[54] ist aus dem Kinderleben gegriffen. Dass der Gegenstand des Verses nicht die Tugend, sondern die Räuberei ist, würde Meister Pennewip ihm wohl nachsehen, so eingenommen war Walther von seinen eigenen Worten: „Er war überzeugt, daß der Meister dies auch sein würde und ihm von wegen der vortrefflichen Ausführung die Abweichung von der Tugend verzeihen würde. Das Gedicht würde sicher nach dem Bürgermeister gesand werden, der dem Papst davon Kenntnis geben würde, worauf dieser Walther zu sich rufen würde, um ihn als Haupträuber anzustellen."[55] Derlei Beobachtungen des kindlichen Gemüts sind im Übrigen dünn gesät.

Mögen die „Abenteuer des kleinen Walther" in Queridos Sichtweise für die Kinderpsychologie von nur geringem Nutzen sein, für die Pädagogik und ihre Geschichte enthält der Roman interessante Beobachtungen und Standpunkte zu einigen erzieherischen und pädagogischen Themen wie Taschengeld, Lesesucht und Poesie. Um Multatulis pädagogische und erzieherische Ansichten zu diesen drei Themen im Kontext seiner Zeit würdigen zu können, werden sie hier den Auffassungen eines seiner Zeitgenossen, des Lehrers und Pädagogen Jan Geluk (1835–1919), gegenübergestellt. Geluk war ein wichtiger Vertreter der konventionellen niederländischen Pädagogik und in den pädagogischen Kreisen des 19. Jahrhunderts ein Begriff. Er veröffentlichte im Laufe seiner Karriere Dutzende von Artikeln in den unterschiedlichsten Fachzeitschriften. In seinen Veröffentlichungen machte er – insbesondere ausländische – Theorien für eine große Gruppe von Lehrern und Pädagogen zugänglich. Sein „Woordenboek voor opvoeding en onderwijs" (1887; dt. „Wörterbuch für Erziehung und Unterricht"), der Höhepunkt seines umfangreichen Schaffens, war Jahrzehnte lang ein Vademecum mit pädagogischen Ratschlägen.[56]

---

54   „Glorioso" ist die niederländische Übersetzung von Christian A. Vulpius (1762–1827): Rinaldo Rinaldini, der Räuber-Hauptmann. Eine romantische Geschichte unseres Jahrhunderts. Leipzig 1800.

55   Multatuli, Die Abenteuer (Spohr), 55.

56   Zu diesem Lehrer und Pädagogen siehe: Jacques Dane. Jan Geluk (1835–1919). Dorpsschoolmeester en pedagoog. In: Jan van Oudheusden et al. (Hg.). Brabantse biografieën 3. Amsterdam/Meppel 1995, 58–62; Jacques Dane. Jan Geluk (1835–1919). In: Jaarboek Cultuur Historische Vereniging 'Nyen Aenwas van Nassau. 2 (1994), 43–57; P. L. van Eck jr.: Geluk (J.). In: Rommert Casimir/J. E. Verheyen (Hg.): Paedagogische Encyclopaedie. Groningen/ Antwerpen o. J. Teil 2 [1937–1949], 440–442. Für eine historisch-pädagogische Einordnung von Jan Geluk siehe: Van Essen/Imelman: Historische pedagogiek, a. a. O., 97; Jeroen J. H. Dekker: Straffen, redden en opvoeden. Het ontstaan en de ontwikkeling van de residentiële heropvoeding in West-Europa, 1814–1914, met bijzondere aandacht voor 'Nederlandsch Mettray'. Assen/Maastricht 1985, 134 f., 137, 155, 157, 202, 256, 322, 325, 477.

*Taschengeld*

Walther bekam kein Taschengeld. Seine Mutter meinte, das sei nicht notwendig, denn er bekomme ja zu Hause alles, was er brauche. Walther hatte des Öfteren „Kummer wegen seines fortwährenden Geldmangels".[57] Die ‚anständigen' Hallemännchen gaben Walther zu verstehen, dass sie keine Lust hätten, die Kosten ihrer Freundschaft zu tragen: Sie hätte die Brüder schon neun Stüber (heute etwa 45 Cent) gekostet – wahrscheinlich sogar mehr. In den Augen der Brüder Halleman war Walther ein Schmarotzer, jemand, der von anderen profitiert und immer sie bezahlen lässt. Multatuli stellte sich an Walthers Seite: „Gewiß ist, daß man ihm zu Haus nicht Gelegenheit gab, dann und wann über eine Kleinigkeit nach eigenem Willen zu verfügen. Was doch reizvoll ist für Kinder. Und für Menschen."[58]

Multatuli brachte damit zum Ausdruck, was in den Pädagogenkreisen, zu denen auch Geluk gehörte, allgemein anerkannt war, nämlich, dass „Kinder schon früh an den Umgang mit Geld zu gewöhnen seien".[59] Geluk zählt einige Aspekte auf, die Erziehende beim Taschengeld zu berücksichtigen hätten. Man sollte dem Kind nicht zu viel Geld geben, denn damit würde man der Verschwendung Vorschub leisten. Wie Multatuli empfiehlt auch Geluk, Kinder frei über ihr Taschengeld verfügen zu lassen. Wenn man einem Kind auftrüge, bestimmte Dinge selbst zu kaufen, zum Beispiel Bleistifte oder Radiergummis, lernte es dadurch zu rechnen. Erzählte ein Kind seinen Eltern, was es kaufen wolle – „und bei einer guten Erziehung geschieht das zweifelsohne", so Geluk –, könnte man von „unpraktischen Käufen *abraten;* man dürfe gleichwohl keinesfalls etwas verbieten". „Sogar dann, wenn das Geld nutzlos ausgegeben werde", rät Geluk, „lasse man dies zu, damit das Kind selbst die Erfahrung mache."[60]

*Lesesucht*

Ein Schulkamerad steckte Walther mit der „Romankrankheit" an. In der Bibliothek leiht er sich ein Exemplar des „Glorioso – Der große Teufel. Eine Geschichte des Achtzehnten Jahrhunderts" (1800) von Christian August Vulpius aus.[61] Multatuli verwendet in den „Abenteuern des kleinen Walther" den Begriff

---

57  Multatuli, Die Abenteuer (Spohr), 32.
58  Ebd.
59  Jan Geluk: Woordenboek voor opvoeding en onderwijs. Groningen 1882, Spalte 905–907, hier 905.
60  Ebd., Spalte 906.
61  Siehe Fußnote 54.

„Effekt-Romane" für Bücher, die auf die geistige Entwicklung großen Einfluss ausüben. Das Verschlingen von Büchern ist, nach Multatulis Ansicht, zwar nicht sonderlich gesund, könne andererseits aber auch keinen großen Schaden anrichten. Er ist davon überzeugt, dass es für junge Menschen wichtig sei, viel zu lesen; das Verarbeiten der Lektüre geschehe dann zu einem späteren Zeitpunkt. Dieses Verarbeiten war für Multatuli ein ausschlaggebender Punkt: „Es wäre zu wünschen, dass man einen sehr großen Teil der Zeit, die man mit dem Lesen zubringt, mit Nachdenken über das verbrächte, was man gelesen hat, auch wenn das dann wenig wäre. Mit anderen Worten, dass man sich übe in der Kritik."[62]

Multatuli und Jan Geluk sind in Sachen Lesehunger und Lesesucht unterschiedlicher Ansicht. Während Multatuli meint, es sei für Kinder unproblematisch, viel zu lesen, Hauptsache, sie verarbeiteten das Gelesene später, empfiehlt Geluk den Erziehenden, darauf zu achten, dass nicht zu viel gelesen werde. Der Pädagoge rät sogar dazu, ein festes Zeitfenster für das Lesen vorzugeben.[63] Der Grundgedanke ist bei beiden jedoch der gleiche: Lesesucht kann zu Flüchtigkeit und Oberflächlichkeit im Denken führen – und die gilt es zu vermeiden.

*Poesie*

Multatuli war von dem bekannten niederländischen Kinderdichter Hieronymus van Alphen (1746–1803) nicht sonderlich angetan. Van Alphen ist durch seine Sinnsprüche wie „mein Spielen ist Lernen, mein Lernen ist Spielen" oder „Geduld ist eine schöne Sache" bis zum heutigen Tag im kollektiven Gedächtnis der Niederlande verankert.[64] Nach Ansicht Multatulis machten die Verse in Hieronymus van Alphens „Proeve van Kleine Gedigten voor Kinderen" (dt. „Versuch kleiner Gedichte für Kinder"), in denen Gott und Autorität dominieren, „die Kindheit vieler zur Hölle"[65].In den „Abenteuern des kleinen Walther" schrieb Multatuli, es ekelte den Jungen „vor den papierenen Pfirsichen, die in den schönen Erzählungen als Lohn des Fleißes ausgeteilt wurden [...]."[66] Er verwies da-

---

62    Multatuli: Verzameld Werk IV. Amsterdam 1952, 464, 465.
63    Siehe hierzu: Jacques Dane: 'Nuttige kennis en goede gezindheden aan te kweeken.' School-
      bibliotheken in de negentiende eeuw. In: De Negentiende Eeuw. 24 (2000), Nr. 3–40, 228–246,
      hier: 232 f.
64    Henk J. A. Hofland: Jantje's pruimen. In: NRC/Handelsblad [Cultureel Supplement] vom
      9.10.1998.
65    Multatuli: Verzameld Werk III. Amsterdam 1951, 28.
66    Multatuli, Woutertje Pieterse, a. a. O., 12.

mit auf den „Pfirsich" in van Alphens gleichnamigem Vers, in dem ein eifrig lernender Junge für seine Strebsamkeit einen Pfirsich erhält.[67]

Die amüsanten und ironischen Passagen, in denen Meister Pennewip „die dichterischen Erzeugnisse des Genies seiner Schüler beurteilen sollte", zeigen Multatulis große Abneigung gegen die nachhaltige Wirkung der Pfarrerpoesie des 18. und 19. Jahrhunderts. Nicht umsonst notierte Multatuli, dass er über die Schultern des Schulmeisters sah, um „auch unsererseits bewegt zu werden durch Eindrücke unschätzbaren Kunstgenusses".[68] Die dichterischen Ergüsse der Schüler, die ungeniert die braven Gedulds-Verszeilen von van Alphen weiterspinnen: „[dieses oder jenes] sehr schön sein muß, es giebt der Menschheit viel Genuß", nutzte Multatuli, um seine Abscheu gegen derartige Reimereien zum Ausdruck zu bringen: Ob Religion, Freundschaft, Angeln, Träumen, Blumenkohl oder Betrügerei, all diese Dinge konnten der Menschheit „viel Genuß" geben. Multatulis Urteil über solche Verslein war harsch: „Die meisten Verse von Erwachsenen fügen an Torheit denen von Meister Pennewips Schülern nichts hinzu. Der einzige Unterschied ist wohl, dass die Reimereien ‚großer Menschen' meist weniger vergnüglich sind."[69]

Walthers „Räuberlied", in dem keine Spur von Tugend zu finden war, unterscheidet sich deutlich von den Versen seiner Mitschüler. Der Junge schrieb es, nachdem er „Glorioso" gelesen hatte. Walther verschlang das Buch mit glühenden Wangen, die Abenteuer des Räuberhauptmanns sollten noch lange auf ihn wirken. Die Tatsache, dass Multatuli sein durch diese Geschichte gefesseltes Geisteskind Walther ein derartiges Gedicht verfassen ließ, ist ein Hinweis auf die freie Entfaltung der kindlichen Fantasie. Multatuli ließ Walther seine Vorstellungskraft gebrauchen. Der Pädagoge Jan Geluk schreibt in seinem „Woordenboek", dass „die Entwicklung der Fantasie in der gesamten Erziehung eine höchst wichtige Rolle" spiele.[70] Geluk vertrat die Auffassung, dass jede Gelegenheit, in der ein Schüler „sein inneres Leben" offenbaren kann, aufzugreifen sei. Die Förderung der „Individualisierung – des freien Wachstums des Charakters" – war für Geluk ein wesentlicher Bestandteil der Erziehung. Seine Ansicht, Kinder seien ebenfalls „mit den Früchten der poetischen Fantasie" zu nähren, fügt sich problemlos in Multatulis Denkbilder. Geluks Anmerkung, dies habe „gleichwohl mit Umsicht zu geschehen, damit das Kind kein Fantast, kein Träu-

---

67  Für eine kurze Übersicht von Van Alphens Pädagogik siehe: Jacques Dane: Zwarigheid voor het kinderverstand – De *Kleine Gedigten* van Van Alphen. In: NRC/Handelsblad [Supplement Boeken] vom 28.08.1998, 7.

68  Multatuli, Die Abenteuer (Spohr), 59.

69  Multatuli: Verzameld Werk II. Amsterdam 1951, 718.

70  Geluk, Woordenboek, a. a. O., Spalte 614–618, hier: 617. Vgl. auch das Lemma 'Verbeeldingskracht', Spalte 824–826.

mer, kein Anhänger falscher, abergläubischer Vorstellungen aus früheren Jahr-hunderten werde"[71] könnte genauso gut aus Multatulis Feder stammen.

## War Multatuli im Bereich der Pädagogik ein Einzelgänger?

Seine Schwiegertochter Annetta Douwes Dekker (1870–1963) zeichnet in „De waarheid over Multatuli en zijn gezin" (1939; dt. „Die Wahrheit über Multatuli und seine Familie") ein ernüchterndes Bild von Multatuli als Erzieher seiner eigenen Kinder. Multatuli verabscheute Schulen, die in seinen Augen „Einrich-tungen des systematischen Verderbs" waren. Deshalb entschied er sich, seine Kinder selbst zu unterrichten: „Nach der Entdeckung, dass sie nicht lesen konn-ten, wollte er die Kinder selbst unterrichten, aber das dauerte nur wenige Tage. Er ließ [...] Diktate schreiben, und wenn sie dann Fehler machten, fiel er wie ein Besessener über sie her, schalt sie Esel und Dummköpfe, war wütend auf alles und jeden und bemitleidete sich selbst, dass *er* solch ‚dumme' Kinder hatte [...]."[72]

Ihr Urteil war unbarmherzig. In einem Brief an den niederländischen Litera-turkritiker Conrad Busken Huet (1826–1886) schrieb Multatuli, wie bitter es ihn stimmte, seine Kinder missen zu müssen. „Doch", so notierte er „oft stelle ich mir vor, es sei ihr Vorteil, ohne den Druck aufzuwachsen, den ich (gegen meinen Willen!) auf sie ausüben würde." Durch seine Abwesenheit würden sie „besser sie selbst" werden. Seine Frau sei „hervorragend für die Erziehung" – die „Kin-der kennen keinen Zwang".[73] Zynisch kommentierte Annetta Douwes Dekker: „Er vergaß jedoch hinzuzufügen: außer wenn er sporadisch zu Hause war, und *blinden* Gehorsam forderte, wie auch Bewunderung und größte Ehrfurcht für ihn selbst. Wie jung die Kinder auch sein mochten, ihnen war klar, dass sie ihm immer Recht geben mussten, wollten sie keine ‚Gewitter' über sich ergehen las-sen."[74] Nach der Schilderung seiner Schwiegertochter, erging es seinen Kindern nicht viel besser als seinem Geisteskind Walther Pieterse.[75] Ietje Kooistra hätte Multatulis erzieherische Praxis aufs Schärfste kritisiert: Er war keinen Deut bes-ser als Jüffrau Pieterse.

Hier geht es jedoch um pädagogische *Ideen*. Multatulis Auffassungen über Taschengeld, Lesesucht und Poesie deckten sich im Großen und Ganzen mit

---

71   Geluk: Woordenboek, a. a. O., Spalte 617.
72   Annetta Douwes Dekker: De waarheid over Multatuli en zijn gezin. 's-Gravenhage 1939, 196
      (Hervorhebung im Original).
73   Ebd., 198.
74   Ebd. (Hervorhebung im Original)
75   Hier drängt sich der Vergleich mit J. J. Rousseau (1712–1778) auf.

denen des Lehrers und Pädagogen Jan Geluk, der in seinem 1882 erschienenen „Woordenboek voor opvoeding en onderwijs" Ansichten vertrat, die sich in seinen Kreisen breiter Zustimmung erfreuten. Multatuli war in dieser Hinsicht sicher kein Einzelgänger. Ietje Kooistras Adaption einer Passage aus den „Abenteuern des kleinen Walther" verortet Multatuli jedoch in der Reformpädagogik. Der Roman sei *vom Kinde aus gedacht*: Wie denkt, fühlt und handelt Walther? Multatuli kann somit als Vorläufer der Reformpädagogik gewertet werden – die erst in den Jahren nach seinem Tod 1887 an Boden gewann.

Für Pädagogen blieb er allerdings ein *unsichtbarer* Vorläufer. Multatulis relative Unbekanntheit im historisch-pädagogischen Kanon hat Casimir treffend in Worte gefasst: „Reinwaschen wollte er die Menschen von Irrtümern, aber keine neue Weltanschauung, keinen neuen Irrtum an deren Stelle setzen."[76] Die uneinheitliche pädagogische Landschaft des 19. Jahrhunderts, in der nach Multatulis Geschmack irrende Pfarrer ihr Unwesen trieben, brauchte in seinen Augen kein neues Erziehungssystem. Die Wurzel des seit Jahrhunderten anhaltenden Verfalls der Pädagogik lag, nach Multatulis Überzeugung, in der Religion. Die Verbreitung von Glück und die Suche nach Genuss, zwei wichtige Multatulische Grundsätze, standen nicht im „Heidelberger Katechismus": „Ist es ein Wunder, daß all die Petersens nicht mit Kindern umzugehen wissen, sie, die einem Gott dienen, dessen Hauptbeschäftigung jahrhundertelang in Fluchen und Rasen gegen die Menschen bestanden zu haben scheint, die er selbst geschaffen hatte?"[77]

---

76    Casimir, Uit de ontwikkelingsgeschiedenis van het menschelijk denken, a. a. O., 234.
77    Multatuli, Die Abenteuer (Spohr), 346.

# Körpersprache der Demokratie – Körpersprache der Diktatur

*Ulla M. Nitsch / Hermann Stöcker*

Es war Walter Müller, der im Kontext des schulmusealen Diskurses der 1990er Jahre[1] immer wieder den Quellenwert von schulhistorischen Sammlungen herausstellte. Dabei sprach er den zu einem größeren Teil nichtsprachlichen Objekten, Dokumenten und Fotografien, die in Schulmuseen oder Universitäten zusammengetragen und bewahrt werden, unterschiedliche Funktionen zu. Selbstverständlich würden sie einerseits vergangene pädagogische Vorgänge belegen, andererseits verwiesen sie aber auch auf Aspekte, die in der erziehungswissenschaftlichen Literatur kaum nachvollziehbar seien. Die Informationen, die sie bergen, könnten neue Fragen evozieren und die Aufmerksamkeit auf bis dahin wenig beachtete regional- und alltagsgeschichtliche Gegebenheiten in pädagogischen Mikrokosmen lenken.[2] Dies lässt sich als Aufforderung verstehen, bei der Aufklärung historischer Pädagogik nicht allein den jeweiligen Theorieentwürfen und Behördenvorgaben zu trauen, sondern gleichermaßen die davon inspirierte oder angeleitete Praxis zu fokussieren. Die materiellen und ikonografischen Relikte, die dem Erziehungsalltag entstammen und ihn bezeugen, erweitern dann die Möglichkeiten, der jeweiligen Realität von Erziehung und Bildung in ihrer Beschaffenheit und Vielfalt nachzuspüren.

In dieser Perspektive werden hier Fotografien aus einer der drei reformpädagogisch orientierten Bremer Versuchsschulen in der Weimarer Republik und ihrem Schullandheim mit bremischen Fotografien aus Kindheit und früher Jugend im Nationalsozialismus verglichen, Bilder aus zwei Erziehungswirklichkeiten, die unter bremischen Bedingungen klar unterschieden waren.[3] In beiden wurde aber

---

1    Vgl. Ulla M. Nitsch: Schule wandert ins Museum – Eine kritische Rekonstruktion der Musealisierung von Schul- und Pädagogikgeschichte 1977–1997. Berlin 2001, bes. 49 ff.

2    Vgl. besonders Walter Müller: Vom Nutzen und Nachteil der Schulmuseen für die historische Pädagogik. In: Mitteilungen und Materialien der Arbeitsgruppe Pädagogisches Museum. (1994), H. 42, 54–61.

3    Zum politischen Standort der Bremer Versuchsschulpädagogik besonders an der Arbeits- und Gemeinschaftsschule an der Helgolanderstraße vgl. Hermann Stöcker: Die Bremer Versuchsschule an der Helgolanderstraße in Auseinandersetzung mit dem Nationalsozialismus in den Jahren 1931–1933. In: Reiner Lehberger (Hg.): Weimarer Versuchs- und Reformschulen im

der körperlichen Erziehung Bedeutung zugemessen.[4] So gab es in den Richtlinien für die Schularbeit an der Versuchsschule Helgolanderstraße keinen Sportunterricht, sondern „Körperbildung" als eine nicht nur dem Turnunterricht zugewiesene, sondern alle Fächer übergreifende Aufgabe mit dem Ziel „der Erweckung und Erhaltung des Körpergefühls und der Freude an körperlichen Bewegungen und körperlichem Ausdruck."[5] Im Nationalsozialismus wurde eine Erziehung, „die vom Leibe ausgeht und die Seele ergreift"[6], gefordert, eine „Sportpflicht [als] Mittel zur Reinigung unseres Blutes, zur Hebung, zur Stärkung, zur Züchtung unserer Rasse, eines urkräftigen Volkes."[7] Man kann daher fragen, ob und wie sich Ausdruck, Körperhaltung und Bewegungen der abgelichteten Mädchen und Jungen unter dem Einfluss der beiden unterschiedlichen Erziehungskontexte darstellten und veränderten. Dazu werden thematisch gruppierte Fotografien vor dem Hintergrund von Forschungsergebnissen zur Bremer Bildungsgeschichte, die teils im Zusammenhang von Ausstellungvorhaben des Bremer Schulmuseums,[8] teils für Einzelfalluntersuchungen erarbeitet wurden, beschrieben und gedeutet.


## Zur Provenienz und zur Auswahl der Fotos

Die zum Vergleich ausgewählten Fotos befinden sich im Fotoarchiv des Schulmuseums Bremen und/oder in der privaten „Sammlung Stöcker". Das Schulmuseum bewahrt mehr als 4000 Originale und Reproduktionen zu Bremer Kindheit und Jugend im Nationalsozialismus und etwa 2200 aus den Bremer Versuchsschulen. Die Sammlung Stöcker umfasst circa 700 Fotos und ist auf die gut be-

---

Übergang zur NS-Zeit. Beiträge zur schulgeschichtlichen Tagung vom 16.–17. November 1993 im Hamburger Schulmuseum. Hamburg 1994, 70–79.

4    Paula Diehl geht für den Nationalsozialismus davon aus, dass er „ohne die Bedeutung des Körpers für seine Ideologie und Politik nicht erschlossen werden [kann]." Vgl. Paula Diehl (Hg.): Körper im Nationalsozialismus. Bilder und Praxen. München 2006, 9 ff.

5    Versuchsschule an der Helgolandstraße Bremen: Richtlinien für die Schularbeit. Vom Lehrerkollegium als Entwurf aufgestellt, der Schulbehörde zur Genehmigung eingereicht. März 1930, 15.

6    Erziehung und Unterricht in der Höheren Schule, Berlin 1938, 13. Zit. nach: Harald Scholtz: Erziehung und Unterricht unterm Hakenkreuz. Göttingen 1985, 126.

7    Bruno Malitz: Die Leibesübungen in der nationalsozialistischen Idee. Nationalsozialistische Bibliothek. München (1943), H. 46, 56. Zit. nach: Daniel Wildmann: Begehrte Körper. Konstruktion und Inszenierung des ‚arischen' Männerkörpers im ‚Dritten Reich'. Würzburg 1998, 69.

8    Unter anderem: Ausstellungszyklus „Geh zur Schul und lerne was – 150 Jahre Schulpflicht in Bremen" (1994) und „Am Roland hing ein Hakenkreuz – Bremer Kinder und Jugendliche in der Nazizeit" (2002, 2004) sowie zahlreiche Sonderausstellungen zu einschlägigen Einzelaspekten.

legte „Arbeits- und Gemeinschaftsschule an der Helgolanderstraße" speziali-siert.[9] Die meisten Bilder wurden von Zeitzeug/innen überlassen und mit ihnen bestimmt. Daher können sie gut verortet und recht zuverlässig kontextualisiert werden. Aufgenommen sind sie ausschließlich von Amateuren – Lehrkräften, Schüler/innen und gelegentlich auch Eltern –, deren Fotoausstattung und Übung im Fotografieren sehr unterschiedlich waren.[10] Eine absichtsvolle Gestaltung nach fotografisch-künstlerischen Gesichtspunkten oder zu propagandistischen Zwecken lassen sie kaum erkennen. Versuchsschullehrkräfte begleiteten Unter-richt und Schulleben häufig mit der Kamera, teils zur Dokumentation der eige-nen Arbeit oder für Fachveröffentlichungen, teils für die Schulzeitungen oder als Erinnerung für die Schüler/innen. Wie viele dieser Fotos sind auch die aus der Zeit des Nationalsozialismus überwiegend ‚geknipst'; wenige stammen aus der Schule, die meisten sind im Dienst und den Lagern der Hitlerjugend (HJ) und ab 1941 auch in der Kinderlandverschickung (KLV) entstanden. Sie halten offenbar Situationen fest, die von den Kinder- oder Lehrerfotografen als erinnerungswür-dig angesehen wurden, oder gaben in den Jahren der KLV den Eltern und Ge-schwistern zuhause Auskunft über Wachstum und Befindlichkeit der verschick-ten Kinder.

Wegen dieser – gegenüber offiziellen – Fotos anders gelagerten Entstehung und Kommunikationsabsicht werden hier Bildaufbau und wirkungsanalytische Momente vernachlässigt.[11] Stattdessen wird die Bildinformation unter der ge-wählten Fragestellung fokussiert. Neben dem sorgfältigen Betrachten und der Nutzung von Informationen aus anderen Quellen hilft beim Verstehen auch das probeweise Einnehmen von Bewegungen, statischen Körperhaltungen und For-men der Bezugnahme, die in den Fotos aufscheinen. Auf diese Weise soll es gelingen, sich durch Beschreibung, Kontextualisierung, Einfühlung und Interpre-tation der sichtbaren und der latenten Sinnschichten dem anzunähern, was die

---

9   Das Fotoarchiv des Schulmuseums wurde in den Jahren 1996 bis 2002 maßgeblich von Ursula Carr in intensivem Kontakt mit Zeitzeug/innen aufgebaut; die private Sammlung von Hermann Stöcker entstand in den Jahren 1988 bis 1994, ebenfalls in Zusammenarbeit mit Zeitzeug/in-nen.

10  Von den Versuchsschullehrkräften sind mehrere, die gerne fotografiert haben, namentlich be-kannt. An zwei Versuchsschulen sind Fotoarbeitsgemeinschaften mit Schüler/innen belegt, in denen Filme entwickelt und Abzüge gemacht wurden. In den 1930er Jahren und besonders in der Kinderlandverschickung scheinen schon mehr Kinder einen eigenen Fotoapparat benutzt zu haben.

11  Vgl. dazu die Analysen von Andreas Schmidtke: Körperformationen. Fotoanalysen zur For-mierung und Disziplinierung des Körpers in der Erziehung der Nationalsozialismus. Münster 2007. Interessant wäre die Frage, inwieweit die öffentliche Fotografie auf die Sichtweisen im privaten Fotografieren abfärbte. In der NS-Zeit waren Kinder einer Flut propagandistischer Bilder ausgesetzt, beispielsweise in den zwangsabonnierten Schülerzeitungen „Hilf mit" und „Deutsche Jugendburg".

beiden gegensätzlichen Erziehungswirklichkeiten in Körperausdruck und Körpererleben der Kinder bewirkten.[12]

Die weitgehend verbürgte Provenienz und die recht genaue Bestimmung ist für einen Vergleich der Bilddokumente eine günstige Voraussetzung. Der Vergleichbarkeit dient außerdem eine Beschränkung bei der Auswahl der Bilder aus der NS-Zeit auf die Altersspanne zwischen sechs und vierzehn Jahren, denn die Bremer Versuchsschulen waren den Regelvolksschulen gleichgestellt und entließen ihre Schüler/innen nach acht Jahren. Außerdem wurden Fotos ausgewählt, die Mädchen und Jungen in *strukturell* ähnlichen Konstellationen zeigen, wie beispielsweise aufgestellt zum Klassenfoto, bei der Bewegung in der Gruppe, bei Spiel und Sport oder bei Gemeinschaftsaufgaben. In den ganzheitlich orientierten Versuchsschulen waren solche Elemente vereint, in der Schule und in den darüber hinaus erweiterten Bildungsräumen: Im Stadtteil mit seinen Plätzen für Kinder, mit den Wohnungen und den Arbeitsstätten der Eltern in Hafen, Fabrik und Gewerbe boten die von der Eltern- und Lehrerschaft erworbenen Schullandheime, die Ausflüge und Wanderfahrten immer wieder neue Gelegenheiten, lernend das individuelle und gesellschaftliche Leben oder aber die Natur zu erkunden und zu erfahren.[13] Diese unterrichtlich-außerunterrichtliche Ganzheit von Lernen und Leben wird von der nationalsozialistischen Schul- und Jugendpolitik zerrissen. Sie beschränkte die Schule vorrangig auf die Vermittlung von Kenntnissen und Ideologemen.[14] Daneben wurde die Hitlerjugend als der eigentliche pädagogische Raum für charakterliche, körperliche und kameradschaftliche Entwicklung etabliert. Ihre Bedeutung als der Schule mindestens gleichgestellte Erziehungsinstanz wurde mit ihrer Erhebung zur Staatsjugend am 1. Dezember 1936 und durch die Verordnung zur gesetzlichen Jugenddienstpflicht vom 25. März 1939, mit der der unbeschränkte Zugriff auf die nachwachsende Generation gesichert wurde, unterstrichen. Viele Elemente einer handlungs- und erlebnisorientierten Pädagogik, wie sie in den Versuchsschulen, aber auch in der Jugendbewegung entwickelt worden waren, wurden in den Gruppen der HJ im

---

12  Vgl. dazu zwei Artikel aus einem der ersten Forschungsvorhaben, das der Erschließung von bildungshistorischen Sachverhalten mittels Fotos galt: Heinz-Elmar Tenorth: Das Unsichtbare zeigen – das Sichtbare verstehen. Fotografien als Quelle zur Analyse von Erziehungsverhältnissen. In Fotogeschichte. 17 (1997), H. 66, 19–27, sowie Ulrike Mietzner/Ulrike Pilarczyk: Fahnenappell – Entwicklung und Wirkung eines Ordnungsrituals. Fotografie als Quelle in der bildungshistorischen Forschung. In: ebd., 57–63.

13  Vgl. Hermann Stöcker: Bildungs(t)räume am Beispiel von vier Fotografien aus der Bremer Versuchsschule an der Helgolanderstraße (1920–1933). In: Zeitschrift für Museum und Bildung. (2000), H. 66, 21–36.

14  Vgl. für Bremen: Sylvelin Wissman: Es war eben unsere Schulzeit. Das Bremer Volksschulwesen unter dem Nationalsozialismus. Bremen 1993.

Sinne nationalsozialistischer Ziele und Zwecke umgedeutet und in Dienst ge-
nommen. Daher werden für die Jahre 1933 bis 1945 nicht nur Fotos aus der
Schule berücksichtigt, sondern auch solche aus den Gruppen der deutschen
Jungmädel und des Deutschen Jungvolks sowie aus der Kinderlandverschickung
(KLV) im Zweiten Weltkrieg von 1941 bis 1945.

## Beschreibung und Deutung ausgewählter Fotografien[15]

Für diesen Beitrag konnten die umfangreichen Sammlungen nicht vollständig
durchgesehen werden. Stattdessen wurden die elektronisch erfassten Inventare
des Schulmuseums unter den für das Thema einschlägigen Stichwörtern durch-
sucht beziehungsweise der Katalog der Sammlung Stöcker durchgeblättert. Insgesamt kamen etwa 150 Fotografien in die engere Auswahl. Daher verbirgt sich
hinter jedem der im Folgenden vorgestellten Fotos eine Gruppe ähnlicher Ansichten, mit denen sich die Beobachtungen zusätzlich belegen und noch differen-
zieren ließen. Auch hinsichtlich der thematischen Aspekte war eine Beschränkung notwendig. Deswegen wird auf Situationen, die zwar im Untersuchungsmaterial ebenfalls repräsentiert sind, aber schon häufiger interpretiert wurden, wie
beispielsweise der Fahnenappell, verzichtet. Verglichen werden Klassenfotos,
Kinder bei gemeinschaftbezogenen Tätigkeiten, bei Sport und Spiel, beim Wandern und Marschieren oder in ihrer Beziehung zu identitätsvermittelnden Symbolen.

### *Als Klasse fotografiert werden*

Die 37 Mädchen und Jungen einer 2. Versuchsschulklasse (Abb. 1),[16] fotografiert von ihrem Klassenlehrer Reinhold Meuer, zeigen sich dem Betrachter als
munteres Völkchen, nicht extra herausgeputzt, sondern so, wie sie an einem
beliebigen Wochentag im Arbeiterstadtteil Walle zum Unterricht erschienen
sind. Jedes Kind hat sich seinen eigenen Platz gesucht und nimmt eine eigene,
ihm in diesem Augenblick entsprechende Körper- und Kopfhaltung ein. Zwischen Mädchen und Jungen scheint es keine Berührungsscheu zu geben. Einige
Jungen zeigen, dass sie gut befreundet sind. Mit individuellem Ausdruck – lä-
chelnd, neugierig, skeptisch oder frech-neckend – nehmen die meisten Kinder

---

15   Die Vorlagen für die in diesem Beitrag abgebildeten Fotos sind Reproduktionen, die oft die
     Qualität des Originals übertreffen.
16   Sammlung Stöcker, Konvolut Walter Hendel 21,34: 2. Schulj., VS Helgolanderstraße, Frühjahr
     1927.

**Abb. 1 – 1927**

**Abb. 2 – 1933**

selbstbewusst Kontakt zum Lehrer hinter der Kamera auf. Etwas von dieser Un-
befangenheit hat sich die Abschlussklasse der Lehrerin Klara Meuer (rechts im
Bild) bewahrt, die im März 1933 die Schule verließ (Abb. 2)[17]. In ihren ‚guten'
Kleidern präsentieren sich die Mädchen und Jungen in lockerer Gruppierung und
zeigen sich dem Lehrer-Fotografen eher unverstellt und ebenbürtig. Zwar stehen
mehr Mädchen bei Mädchen und mehr Jungen bei Jungen, eine völlige Entmi-
schung der Geschlechter, wie sie für die Altersgruppe typisch sein könnte, hat
aber nicht stattgefunden. Einige, in ihrer körperlichen Entwicklung fortgeschrittene Jungen erproben schon männliche Haltungen, bieten ihre ‚breite Brust' dar.
Von den Mädchen stehen schon die meisten sichtbar an der Schwelle zur Pubertät. Sie strahlen mit ihren „Bubiköpfen" und den ungezwungenen Haltungen ein,
für das Alter eher ungewöhnliches, fröhliches Selbstbewusstsein aus.

Nach der Aufhebung der Versuchsschulen im März 1933[18] wurde die Geschlech-
tertrennung wieder als Regel durchgesetzt und die in den Versuchsschulen unüb-
liche Frontalsitzordnung  angeordnet. Entsprechend nehmen die meisten Erst-
klässler auf ihrem Einschulungsfoto 1935 (mit dem frühen Bremer Reformpädagogen Fritz Gansberg[19] als Lehrer) eine geordnete, gleichförmige Körperhaltung
ein, die schon eingeübt wirkt (Abb. 3)[20]. Im deutlich auszumachenden Idealfall
sitzt jeder Junge ganz für sich, die Hände gefaltet, den Kopf zur Kamera gedreht,
den Rücken aufgerichtet und leicht angelehnt. Auch auf den Schreibflächen
herrscht Disziplin: Die Schiefertafeln liegen gerade, die Griffelkästen darüber,
Schwammdose und Lappen links oben. Aber hundertprozentig funktioniert das
mit der Ordnung nicht, kleine Widerspenstigkeiten lassen sich in den Körpern
hinter der mustergültigen ersten Reihe doch entdecken. Zwei Jahre später: eine
Mädchenabgangsklasse, die, eingeschult 1929, noch vier Jahre zur Versuchsschule an der Staderstraße gegangen war (Abb. 4)[21]. Verglichen mit den Mädchen aus der Klasse von Klara Meuer (Abb. 2), erscheinen diese ebenfalls Vier-
zehnjährigen deutlich ‚fraulicher'. Statt Bubiköpfen dominieren Zöpfe und Auf-

---

17  Sammlung Stöcker, Konvolut Ilse Behrens, 9,2: Abgangsklasse VS Helgolanderstraße, März
    1933.
18  Nachdem die NSDAP am 6. März 1933 auch in Bremen die Macht übernommen hatte, wurden
    die Versuchsschulen aufgehoben und in Regelvolksschulen zurückverwandelt. Eine Reihe von
    Lehrern erhielt Berufsverbot, einige wurden ihrer Schulleitungsfunktionen enthoben und
    zwangsversetzt.
19  Vgl. Ulla M. Nitsch: Eine jenseits des Schulozeans liegende bisher unbekannte Welt ... – Die
    Wendung zu kindgemäßen Stoffen und Methoden im Anschauungs- und Heimatkundeunter-
    richt bei Fritz Gansberg (1871–1950). In: Astrid Kaiser/Detlef Pech (Hg.): *Basiswissen Sach-
    unterricht*. Band 1–6. Baltmannsweiler 2004. Band 1, 122–125.
20  Schulmuseum Bremen: 1. Schuljahr, Schule an der Schaumburger Straße, 23.4.1935: 1997-F-
    177/1.
21  Schulmuseum Bremen: Abgangsklasse, Schule an der Stader Straße, 23.3.1937: 1997-F-20/1.

**Abb. 3 – 1935**

**Abb. 4 – 1937**

steckfrisuren, selbst die kurzen Haare sind straff gescheitelt. Nur drei Kleider erinnern mit ihren Karos an Kindheit, die übrigen aus dunklen Stoffen – wahrscheinlich handelt es sich um die Konfirmationskleider – haben einander ähnliche und erwachsene Schnitte. So entsteht eine Anmutung von Uniformität und Kompaktheit. Zwar wirkt die Gruppe nicht ganz so starr wie die kleinen Knaben (Abb. 3), aber kaum eines der Gesichter verzieht sich zu einem Lächeln, kaum ein Kopf neigt sich, kaum ein Körper dreht sich einem anderen zu, Hände und Arme bleiben auf der Bankhälfte, die jeder Schülerin zugemessen ist. Ernsthaft wirken diese Schulabgängerinnen, vielleicht auch angesichts des Auftrags, der ihnen an der Tafel erteilt wird: „Halte dein Blut rein ...“

*Etwas für die Gemeinschaft tun*

Aus den Bremer Versuchsschulen gibt es unzählige Fotos, die zeigen, wie Schüler/innen auf verschiedenste Weise im Klassenzimmer miteinander arbeiten oder mit Stift und Zeichenblock die Stadt und die Landheimumgebung erkunden[22] (vgl. Abb. 13). Dagegen existieren aus den Jahren 1933 bis 1945 – trotz des großen Gesamtbestandes – über Klassenfotos hinaus erstaunlich wenige Fotos von Unterricht oder Schulleben, meist wurden Fahnenappelle und besondere Ereignisse, wie beispielsweise Jubiläumsfeiern, fotografiert.[23] Aus beiden Zeitschnitten finden sich aber Bilder, die Kinder bei Gemeinschaftsaufgaben darstellen.

So produzieren beispielsweise die Jungen in der Holzwerkstatt der Versuchsschule (Abb. 5)[24] Gegenstände, die in Schule oder Landheim benutzt wurden: links einen Lampenschirm, rechts eine Trittleiter. Dabei lernen sie zu konstruie-

---

22   Vgl. unter anderem: Ulla M: Nitsch/Hermann Stöcker: „So zeichnen wir nicht nach irgendeiner muffigen Methode ...“ Aus der Praxis ästhetischer Erziehung an den Bremer Arbeits- und Gemeinschaftsschulen der Weimarer Zeit. In: Ulrich Amlung/Dietmar Haubfleisch et al. (Hg.): „Die alte Schule überwinden". Reformpädagogische Versuchsschulen zwischen Kaiserreich und Nationalsozialismus. Frankfurt am Main 1993, 137–157. Schulgeschichtliche Sammlung Bremen (Hg.): Kinderschule – Zukunftsschule. Eine Versuchsschule in ihren Bildern. Bremen 1994. Dies.: Aufbruch und Gleichschaltung. Lebendige Reformpädagogik an den Bremer Versuchsschulen und ihr Ende 1933. Bremen 2000 (mit Texten von Ursula Carr, Ulla M. Nitsch und Hans-Otto Steudle).

23   Es gibt eine kleine Fotoserie von 1936, die Mädchen bei der Arbeit im Schulgarten zeigt. Halb im Ernst, halb im Spaß marschieren sie mit geschultertem Gartengerät so, wie sie es bei den „Arbeitsdienstmännern" beobachtet hatten, die regelmäßig vom Bremer Marktplatz verabschiedet wurden (vgl. Schulmuseum: 1997-F-163.1).

24   Sammlung Stöcker, Konvolut Clara Lippke, 51.5: Holzarbeitsgemeinschaft, VS Helgolanderstraße, etwa 1927.

**Abb. 5 – etwa 1927**

**Abb. 6 – etwa 1926**

ren, hämmern, bohren, sägen und leimen in guter handwerklicher Qualität, wie
an dem komplizierten Muster im Lampenschirm oder an den ordentlichen Holz-
verbindungen der kleinen Leiter erkennbar. Sie sind in ihre jeweiligen Tätigkeiten vertieft und wirken bedacht. Ein andere Aufnahme zeigt Mädchen, Jungen
und „Kochmütter" mit ihren noch nicht schulpflichtigen Kindern, die die Klassen
ins Landheim begleiteten und sie dort bekochten, beim Pflücken von „Bickbee-
ren" für das geschätzte Abendessen „Blaubeerpfannkuchen" (Abb. 6)[25]. Ist der
kleine Sammelbecher voll, kommt der Inhalt in den großen Eimer, zwischendurch wandern wohl auch mal Beeren in den Mund.

In beiden Situationen nehmen die Schüler/innen unspektakuläre, selbstverständlich der Aufgabe entsprechende Haltungen ein, sie bleiben bei der Sache
und zollen dem Fotografen keine sichtbare Beachtung. Die Arbeiten dienen der
Klasse oder der Schule, einer Gemeinschaft also, in der sie den Sinn ihres Beitrags unmittelbar erfahren können und innerhalb derer sie auch selbst in den
Genuss ihres Arbeitsresultats kommen.

Besonders in den Jahren nach der Verordnung zur Jugenddienstpflicht im März
1939 und durch die langen Kriegsjahre hindurch wurden Mädchen und Jungen
sowohl innerhalb als auch außerhalb der Schule zu Tätigkeiten für die „Volksgemeinschaft" herangezogen. Sie sammelten alles nur irgendwie Wiederverwert-
bare, pflückten Heilpflanzen, befreiten beim Einsatz auf dem Land das Kartof-
felkraut von Kartoffelkäfern, ernteten später die Knollen und wurden schließlich
zu Aufräumarbeiten nach Luftangriffen und in Flakstellungen eingesetzt. Wie die
Mädchen mit der Sammelbüchse des Winterhilfswerks (Abb. 7)[26] verkauften tau-
sende von Jungmädeln und „Pimpfen" in ihrem HJ-Dienst an vielen Samstagen
Abzeichen. Diese drei wurden bei einem ihrer ersten Einsätze von einem Fotografen überrascht. Während das Mädchen in der Mitte etwas selbstbewusst –
vielleicht kennt sie den Fotografen – wirkt, erscheinen die beiden anderen
schüchtern. Ihre Körper müssen sich erst noch in die Uniform und den zugehörigen Habitus einfinden. Forscher erscheinen die etwas älteren Jungen (Abb. 8).[27]
In voller Montur, die meisten schon mit dem Fahrtenmesser, zu dessen Tragen
sie nach bestandener „Pimpfenprobe" berechtigt sind, zählen sie die Ausbeute
einer Altglassammelaktion im ersten Kriegswinter. Sie stehen mit anderen Bremer „Jungzügen" im Wettbewerb und können für ein gutes Sammelergebnis eine

---

25    Sammlung Stöcker, Konvolut Clara Lippke, 51.30: Schüler/innen der Klasse Stefanowsky, VS
      Helgolanderstraße, beim Schullandheim Ristedt, etwa 1926.

26    Schulmuseum Bremen: Die Jungmädel A. F., A. W. und A. K., Schule Delmestraße, sammeln
      in der Gastfeldstraße für das WHW, 1941: 2000-F-090/008.

27    Schulmuseum Bremen: Jungvolkjungen beim Sammeln von Altmaterial im Selbaldsbrücker
      Schlosspark, 1939/40: 1997-F-147/065.

**Abb. 7 – 1941**

**Abb. 8 – 1939/40**

Urkunde erwarten. Nur zwei, vermutlich die Zugführer, lassen sich von der Kamera ablenken. Dieses Foto, neben dem eine ganz Reihe mit ähnlicher Ausstrahlung existieren, ist ein Beispiel, wie der abstrakt-entfremdete Zweck, etwas für den „Führer" und die „Volksgemeinschaft" zu leisten, eifrige Begeisterung und, bei entsprechend belobigter Leistung, auch Stolz auslöste – Gefühle, mittels derer sich gerade die Jungen der Jahrgänge 1928 bis 1930, zu denen auch die auf dem Foto gehören, „bis in den Tod" an den „Führer" banden.[28]

*Bewegung bei Sport und Spiel*

Ungezählte Bilder aus beiden Zeitschnitten zeigen Kinder draußen und in Bewegung. Auf den Fotos aus den Versuchsschulen erscheinen Kinder bei gemeinsamen Aktivitäten, wie Kreis- oder Ballspielen, Stegreiftheater und Vorführungen, oder man sieht sie beim freien Spiel, beim Herumtollen, „Buddeln" oder Baden, mal einzeln, mal in individuell gewählter Gruppe, mal auch als Klassenverband. Aus der NS-Zeit gibt es vor allem Bilder, auf denen die Kinder und jungen Jugendlichen in Gruppen agieren und in meist vorgegebenen Tätigkeiten gebunden sind. Aber selbst auf den wenigen, die sie beim freien Spiel zeigen, scheinen die veränderten gesellschaftlichen Verhältnisse auf. So entstehen beispielsweise beim „Buddeln" im Sand Bunker statt Burgen.[29]

1932 wurde für ein Sommerfest mit der ganzen Schulgemeinde im Landheim Ristedt der „Circus von Pappe" ausgedacht und eingeübt. In der „Dressurnummer" (Abb. 9)[30] bewegen sich Jungen, die etwas kleinere Jungen auf den Schultern balancieren, nach dem Takt, den der ‚Zirkusdirektor' – Lehrer Hermann Rahtjen – auf dem Tambourin vorgibt. Obwohl sich die Blicke der ‚Pferdchen' und der ‚Reiter' auf ihn ausrichten, wirkt die Gruppe nicht wirklich dressiert. So setzen zwei der sechs ‚Pferde' den linken Fuß nach vorne, wo doch eigentlich der rechte dran wäre. Statt Perfektion bieten sie eine etwas wackelige Vorführung, die nicht nur die aufmerksamen Zuschauer, sondern auch sie selbst erheitert. Diese „Dressurnummer" hat übrigens wie der Name des Zirkus, der auf die Regierung von Papen anspielt, oder wie auch die anderen Programmpunkte –

---

28  Namentlich bekannt sind für Bremen circa 250 junge Soldaten dieser Jahrgänge, die gefallen sind.

29  Vgl. Schulmuseum: Spielen in Sandburgen. Lettow-Vorbeck-Schule. KLV Mengeringhausen 1943/44: 2000-F-114/031

30  Schulmuseum Bremen: Sommerfest im Schullandheim Ristedt, VS Helgolanderstraße, Circus von Pappe – Dressurakt, 1932: 1997-F-60/2.

**Abb. 9 – 1932**

**Abb. 10 – 1941**

Schaumschlagen, Eiertanz, Wasserträger, über den Löffel balbieren, den Kopf in den Sand stecken – eine politische Konnotation, die erraten sein will.

Fast die gleiche Körperposition findet sich im „Reiterkampf" wieder, der während eines Jungvolkdienstes in der KLV stattfand (Abb. 10)[31]. Hier scheint das Spielerische verloren, die Anspannung der ‚Pferde' ist in ihren Beinen zu spüren. Obwohl es um Sieg oder Niederlage geht, erhalten die Kämpfenden nicht die volle Aufmerksamkeit ihrer Kameraden. Diese sind abgelenkt, einige albern offensichtlich herum, andere interessieren sich für etwas, das dem Betrachter verborgen bleibt. Mehrere Jungen geben sich dabei entschlossen, soldatisch-männlich: Die Armhaltung – teils auf die Hüften gestützt, teils hinter dem Rücken verschränkt – strafft den Oberkörper, spannt die Schultern an; die leicht gespreizten Beine mit durchgedrückten Knien suggerieren einen festen Stand. Die ganze Attitüde wirkt altersunangemessen, wie ‚überzogen'. Besonders bei dem Jungen rechts am Bildrand wird man an die Haltung eines Oberfeldwebels erinnert, der seine Untergebenen im nächsten Moment per Kommando in Marsch setzen wird.

Die Versuchsschulbewegung nahm unterschiedlichste Zeitströmungen auf, unter anderem adaptierte sie Elemente der Lebensreformbewegung, wie deren körperfreundliche Reformkleidung oder ein unbefangenes, „natürliches" Verhältnis zum Körper, gleich welchen Geschlechts.[32] Im Unterricht der älteren Mädchen waren Gymnastik und Tanzen nicht unwesentlich von den in „Loheland" entwickelten Ideen vom weiblichen Körper beeinflusst.[33] Die sieben in lockere, zwar ähnliche, aber nicht identische Turnanzüge gekleideten ‚Grazien', die ihre Mitschüler/innen im Schullandheim mit einer spontanen abendlichen Tanzaufführung unterhalten (Abb. 11)[34], spielen mit ihren aus dem „Fischbeingefängnis"[35]

---

31  Schulmuseum Bremen: KLV Waldstetten. Jungen der Schule Schleswiger Straße beim Reiterkampf während des Jungvolkdienstes, 1943/44: 1988-F-008A/053.0.

32  Dazu gibt es mehrere Fotos, die Jungen und Mädchen gemeinsam, teils angezogen, teils nackt beim Bad im See, zeigen. Auch die tägliche Körperpflege, die ein erklärtes Erziehungsziel an den Versuchsschulen war, fand zumindest in der Unterstufe geschlechtergemischt in leichter Bekleidung im Waschraum des Landheims statt.

33  In „Loheland", einem 1919 gegründeten, von Rudolf Steiners Anthroposophie und dem Bauhaus beeinflussten Ausbildungszentrum in der Nähe von Fulda, wurde u. a. die „Loheland-Gymnastik" entwickelt und unterrichtet. Mehrere Bremer Versuchsschullehrerinnen haben dort eine Ausbildung oder Fortbildungen absolviert. Zum Vergleich wurde herangezogen: Iris Fischer/Eckhardt Köhn (Hg.): Lichtbildwerkstatt Loheland. Fotografien 1919–1939. Fulda 2004, ein Begleitband zur Ausstellung „Eine neue Generation Weib …" in den Fotografien der Lichtbildwerkstatt Loheland (1919–1939) im Vonderau Museum Fulda vom 3.9.–10.10.2004.

34  Sammlung Stöcker, Konvolut Clara Lippke, 51,27: Mädchen der Klasse Stefanowsky, Schullandheim Ristedt, VS Helgolanderstraße, etwa 1926.

35  Diese Entwicklung und Loheland beschreibt Karoline von Steinacker in ihrer Untersuchung: „Luftsprünge". Anfänge moderner Körpertherapien. München/Jena 2000.

**Abb. 11 – etwa 1926**

**Abb. 12 – 1938**

der Korsetts ihrer Mütter befreiten Körpern. Die Mädchen vermitteln, dass sie mit ihren Körpern und untereinander im Einklang sind und an ihren Bewegungen Freude haben, obwohl ein Blick auf die Beine keineswegs den Eindruck von Gleichklang erzeugt.

Dass es zu diesem Bild kein Gegenstück aus der NS-Zeit in der umfangreichen Sammlung des Schulmuseums gibt, überrascht. Denn die Entwicklung zum Tanzen, wie es auf den Fotos aus dem Umkreis der BDM-Abteilung für Siebzehn- bis Einundzwanzigjährige, „Glaube und Schönheit", dargestellt ist, scheint vorgezeichnet. Stattdessen finden sich mehrere Bilder, die eine große Anzahl von Mädchen – oder auch Jungen – bei Sportpräsentationen in Reih und Glied zeigen. Das hier ausgewählte Foto hält die Turnvorführung der jüngeren Schüler/innen bei der 25-Jahrfeier der Vietorschule im Sommer 1938 fest, die eine der traditionsreichen Bremer Oberschulen für Mädchen war (Abb. 12)[36]. Deutlich sieht man die einheitlich ärmellosen, gerippten Baumwollhemden in blendendem Weiß und die kurzen schwarzen Pumphosen, in die die Mädchen jetzt unterschiedslos gekleidet sind und die offenbar das Maß der erwünscht-erlaubten weiblichen Nacktheit bestimmten.[37] Hose und Hemd, bei dem häufig noch die BDM-Raute mitten auf der Brust prangte, stellten anscheinend eine Art sommerlicher Uniform dar, das jedenfalls legen Fotos aus verschiedenen Situationen nahe.[38] Die beiden Vorturnerinnen am unteren Bildrand sagen mit ihren Körpern die Bewegungen für die exakt aufgereihten Mitschülerinnen an. Dabei beugen sie sich weit nach hinten, die Beine sind eher steif durchgestreckt. Dieser Auftritt erinnert an die Bilder aus dem Umfeld der im Januar desselben Jahres von Baldur von Schirach gegründeten BDM-Abteilung „Glaube und Schönheit", in deren Gruppen junge Frauen gemäß dem nationalsozialistischen Frauenideal herangezogen werden sollten, um als „schöne, stolze und tapfere Mädel dem Führer zu dienen".[39]

---

36  Schulmuseum: Turnvorführung bei der 25-Jahrfeier der Vietorschule, September 1938: 2004-F-30/16.

37  Jungen inszenieren sich häufiger mit nacktem Oberkörper, beispielsweise Schulmuseum: Gruppenaufnahme in der Turnhalle der Schule an der Nürnberger Straße, gehobener Zug, März 1938: 1997-F-76/19.

38  So tragen zum Beispiel Schülerinnen 1936 bei der Arbeit im Schulgarten (Schulmuseum Bremen: 1997-F-163/1), Schülerinnen und die Lehrerin 1941 in der KLV bei einem Ausflug auf den „Watzmann" (Schulmuseum Bremen: 2000-F-050/020) oder drei Schülerinnen, die 1939 nachmittags während einer Freizeit in Annaberg/Sachsen im Garten spielen (Schulmuseum Bremen: 2001-F-68/14) diese Sportkleidung.

39  Vgl. zu „Glaube und Schönheit": Sabine Hering/Kurt Schilde: Das BDM-Werk „Glaube und Schönheit". Die Organisation junger Frauen im Nationalsozialismus. Berlin 2000.

*Unterwegs mit Wimpel und Fahne*

Zu den Schulversuchen der Weimarer Republik gehörte die Vorstellung einer nationalen „Versuchsschulbewegung", in die nicht nur die Versuchsschullehrkräfte oder interessierte Eltern, sondern auch die Kinder einbezogen sein sollten.[40] Es gab daher ein Bemühen, ihnen vor Ort eine Identität als „Versuchsschüler/innen" zu vermitteln. Dies geschah im Wesentlichen durch die Erfahrung einer Schule, in der sie mit ihren Fragen und Lebensperspektiven im Mittelpunkt standen und an der sie gestaltend mit ihren je besonderen Fähigkeiten beteiligt waren, wie es Lehrer Hermann Rahtjen für die Versuchsschule Helgolanderstraße in einer Fotocollage, als deren Portalfigur kein Lehrer, sondern ein in seine Arbeit vertiefter Schüler auftritt, programmatisch darstellte (Abb. 13)[41].

Es gab aber auch einige äußere Kennzeichen. So wurden, sofern unter den Lebensverhältnissen überhaupt eine Wahl bestand, bewegungsfreundliche und praktische Kleidung bevorzugt, auch aus selbstgewebten Stoffen und in der Schule nach Reformkleidungsschnitten angefertigt. Die Vorstellung einer Schuluniform gab es jedoch nicht. Das einzige sichtbare Symbol waren selbst genähte Wimpel in den unterschiedlichen Farben der drei Bremer Versuchsschulen mit einer, die jeweilige Schule kennzeichnenden Buchstabenkombination – bei der hier vorrangig betrachteten Schule „VSH" für „Versuchsschule an der Helgolanderstraße" (Abb. 15)[42]. Einen solchen Wimpel besaß jede Klasse. Er taucht aber auf keinem der in der Schule fotografierten Bilder auf und fehlt auch da, wo man ihn vielleicht am ehesten erwarten würde, auf den zur Erinnerung angefertigten Klassenfotos. Offenbar wurde er vor allem bei Ausfahrten ins Landheim oder bei Ausflügen mitgeführt, um die jeweilige Gruppe als Versuchsschulklasse unter einem Symbol zu vereinen.

Dass die Botschaft des kleinen flatternden Stoffstücks nicht unbedingt von Passanten erfasst wurde, illustriert die Betitelung von Versuchsschulklassen auf dem Weg durch ihr Landheimdorf als „Bremer Kosaken mit dem Pisspott obern Nacken".[43] Es stellte sich also, anders als bei den Symbolen der Jahre nach 1933, keine gesellschaftlich verbindliche Konnotation her. Daraus kann man schließen, dass der demonstrative Aspekt nach außen gegenüber der Bedeutung nach innen

40 Vgl. die unter Mitwirkung von Wilhelm Paulsen von Fritz Karsen herausgegebene Zeitschrift „Lebensgemeinschaftsschule: Mitteilungsblatt der neuen Schulen in Deutschland", 1924–1926.
41 Sammlung Stöcker, Konvolut Aevermann, 20,21: Titel der Zeitung „Unsere Schule", 1929.
42 Schulmuseum Bremen: Im Schullandheim Ristedt der Versuchsschule Helgolanderstraße, 1931: 2000-F-134/23.
43 Zeitzeugin Ilse Behrens, Jg. 1919, in: Schulgeschichtliche Sammlung Bremen (Hg.): Geh zur Schul und lerne was. 150 Jahre Schulpflicht in Bremen 1844–1994. Bremen 1994, 185.

**Abb. 13 – 1929**

**Abb. 14 – 1929**

nachrangig war. Auffällig ist, dass der Wimpel auf einer großen Zahl von Fotos fast immer mitten in einer Gruppe erscheint. Auch sind die Wimpelträger/innen nicht herausgehoben; entsprechend ist an ihnen kein besonderer Gestus gegenüber dem Wimpel zu beobachten. Auch der Junge, der ihn inmitten seiner Klasse auf dem Weg vom Bahnhof Barrien zum Schullandheim in Ristedt trägt, behandelt ihn nicht erkennbar ehrfürchtig (Abb. 14)[44]. Sein Gesichtsausdruck ist eher indifferent, und man weiß nicht, ob ihm Wimpel und Weg nicht gerade lästig sind, denn immerhin ist bis ins Landheim eine Strecke von etwa fünf Kilometern zu bewältigen. Angeführt wird der Zug von den Schüler/innen, die mit Flöte, Geige, Trommel, Bratsche, Gitarre oder Mandoline Musik machen. Ihr Spiel unterstützt offenbar einen gemeinsamen Rhythmus des Gehens, allerdings nicht in einem ans Militär erinnernden Sinn. Auch scheinen Aspekte wie Größe, Geschlecht oder Kleidung bei der Position, die jemand im Zug einnimmt, nebensächlich. So geht in der ersten Reihe der lang aufgeschossene Ernst Deppe neben dem kleinen Max Ethe, damit die Flötenspieler zusammen sind, ein Grund, der von der realen Tätigkeit her nachvollziehbar ist. Abbildung 15 gehört zu den vielen Fotos, auf denen mit dem Wimpel herumgespielt wird, hier ausnahmsweise

---

44    Sammlung Stöcker, Konvolut Ernst Deppe, 71,11: Klasse Paulmann auf dem Weg von Barrien
      ins Schullandheim Ristedt, 1929.

**Abb. 15 – 1931**

von etwa Zwölfjährigen. Bedeutend häufiger taucht der Wimpel in Verbindung mit den jüngeren Kindern auf, die sich sichtbar an seinem Flattern freuen.[45] Für sie hatte er vermutlich auch die sachliche Funktion eines weithin sichtbaren Zeichens, zu dem sie leicht zurückfinden konnten, falls sie ihre Gruppe aus den Augen verloren.

Die Marschkolonnen aus den Jahren 1933, 1938 und 1941 bieten ein deutlich anderes Bild. Die „Pimpfe" auf dem Foto aus dem Ostseebad Grömitz (Abb. 16)[46] wurden schon in den ersten Monaten nach der Machtübernahme mit der Verlockung eines Sommerlagers für den Eintritt ins Jungvolk geworben. Obwohl viele von ihnen aus einfachen Familienverhältnissen kamen, sind sie schon weitgehend ‚eingekleidet', ein nicht ganz billiges Unterfangen, denn die Uniformen mussten von den Eltern gekauft werden. Zumindest die in der Reihe rechts außen marschieren bereits in strammer Haltung und im relativen Gleichschritt. Wie ein nicht enden wollender Strom ergießt sich der Zug mitten durch das vom politischen Umschwung noch nicht sichtbar touchierte Strandleben.

---

45 Vgl. beispielsweise Sammlung Stöcker, Konvolut Ilse Behrens.
46 Schulmuseum Bremen: Marsch zu einer Kuchentafel. 31. Bremer Jungvolklager, Juli/August 1933: 1997-F-147/026.

**Abb. 16 – 1933**

**Abb. 17 – 1938**

Dieser Marsch mitten durch Menschen in leichter Bekleidung hat etwas Demonstrativ-Provokantes, das nicht aus der Haltung des je Einzelnen entspringt, sondern aus dem Auftreten als massierte Formation und aus der kompakten Anmutung, die durch die Uniformierung hervorgerufen wird. Die Gesichter wirken ernst und konzentriert, jedes Kind scheint damit beschäftigt, die Marschordnung nicht durcheinander zu bringen. Auch unter der Lupe lässt sich ein Lächeln oder Lachen oder eine freundschaftliche Bezugnahme nicht ausmachen.

Das Foto aus dem Vorkriegssommer (Abb. 17)[47] zeigt eine Gruppe auf einem Gepäckmarsch, deren vierzehn- bis fünfzehnjährige Mitglieder aus zwei HJ-„Gefolgschaften" stammen, wie an den beiden mitgeführten „Gefolgschaftsfahnen" mit verschiedener Nummerierung ersichtlich. Die Fahnen führen den Zug an. Haltung und Gleichschritt bei den Fahnenträgern und der Fahnenbegleitung stimmen überein und wirken nach vier Jahren Jungvolk routiniert. Die Decken sind straff gerollt und vorschriftsmäßig über die Tornister geschnallt, Resultat beständigen Übens und beständiger Kontrolle. Ein Teil des Zuges ist trotzdem in Unordnung geraten. Die Hinteren laufen wohl zu schnell und bedrängen die Vorderen, die offenbar bemüht sind, das Tempo der Fahnenträger einzuhalten. Im Vergleich mit den Jungvolkjungen (Abb. 16) scheinen sich die älteren HJ-Jungen in die abverlangten Haltungen eingefunden zu haben. Sie wirken, obwohl sie doch erst die Schwelle zur Pubertät überschreiten, fast schon wie Männer und vermitteln den Eindruck, dass sie immer so weiter – bis in „Feindesland"(?) – marschieren könnten. Obwohl sie sich auch hier in der Gruppe tendenziell vereinzeln, gibt es Formen der körperlichen Bezugnahme – einen Hauch kameradschaftlich verbundener oder verschworener Männergemeinschaft?

Obwohl der Standpunkt als Nachgeborene bei der Beschäftigung mit allen Bildern eine Rolle spielt, überlagert das Wissen um den damals noch bevorstehenden Zweiten Weltkrieg die Betrachtung dieser beiden Fotos besonders. Denn sie zeigen Jungen, die, in den 1920er Jahren geboren, einer Fahne folgen sollten, die, wie es im Lied der HJ heißt, mehr sei „als der Tod". Noch marschieren sie unter der Parole „Jugend kennt keine Gefahren" durch Sand und Heide und haben von den Schrecken und Grausamkeiten, die sie zugleich verbreiten und erleiden werden, keine Vorstellung.

1941, im zweiten Kriegsjahr, hat sich die „Jungmädelgruppe 57/75" zum Abmarsch aufgestellt (Abb. 18)[48]. Die Mädchen lassen sich offenbar gerne ablichten, die meisten drehen sich zum Fotografen oder versuchen sich durch Zwischenräume in der Vorderreihe ins Bild zu schieben. Nur die beiden „Führerin-

---

47    Schulmuseum Bremen: HJ-Sommerlager Dötlingen, 1938/39: 2000-F-023/046.
48    Schulmuseum Bremen: Jungmädelgruppe 57/75 des Gau Weser-Ems, abmarschbereit vor der Schule an der Kornstraße, 1941: 2000-F-28/6.

nen" ignorieren – zumindest tun sie so, als ob – den Fotoapparat. Sie nehmen eine vorbildliche Haltung ein, Blickrichtung nach vorne. Die vorderste Reihe des Zuges, in dem die Mädchen nach Größe geordnet sind, erscheint so aufgerichtet, wie es offenbar auch für Mädchen in der HJ angestrebt wurde: mit geradem Rücken, die Arme angelegt, Beine und Füße parallel und eng nebeneinander postiert. Von diesem ‚Ideal' sind die jüngere Wimpelträgerin und die beiden Mädchen der Wimpelbegleitung noch entfernt. Sie weisen, wie auch die Kleinen am Ende des Zuges, Spuren einer kindlichen Quirligkeit auf, die noch nicht unter Kontrolle gebracht ist. Insgesamt zeigt sich in diesem Zug gegenüber dem Anmutsideal von „Glaube und Schönheit" eine Tendenz, wenn bei den Mädchen auch weniger martialisch und konsequent ausgeprägt, zur Haltungsangleichung zwischen den Geschlechtern. Dies könnte den von Mädchen und Jungen gleichermaßen geforderten „Kriegshilfsdiensten"[49] und der veränderten Rolle der Frauen im Krieg geschuldet sein. Wenn die Mädchenkörper trotzdem unterschiedlicher wirken als die der Jungen in den Marschkolonnen, mag dies einerseits damit zusammenhängen, dass sie sich zwischen zehn und vierzehn Jahren körperlich sehr deutlich verändern. Anderseits waren sie wohl auch nicht im gleichen Maß paramilitärischem Drill ausgesetzt und wirken daher weniger ‚durchgebildet' als die gleichaltrigen Jungen. Zu diesem Eindruck trägt auch bei, dass nicht alle Mädchen eine Uniform beziehungsweise nur eine unvollständige Uniform tragen.

Nach der Durchführungsverordnung, mit der Anfang 1939 die Teilnahme an Veranstaltungen der HJ Pflicht wurde, mussten alle Kinder, also auch die, deren Eltern bis dahin aus recht unterschiedlichen Gründen einer Mitgliedschaft nicht zugestimmt hatten, Dienst tun. Allerdings konnten nicht alle Familien das Geld für die erwünschte Einheitskleidung aufbringen. Andere Eltern weigerten sich wegen ihrer oppositionellen Einstellung zum Regime, die HJ-Uniformen zu kaufen. Das brachte Kinder in eine von ihnen häufig als unangenehm empfundene Sonderrolle, wie beispielsweise Bremens Altbürgermeister Hans Koschnik, dessen Eltern aus politischen Gründen inhaftiert waren, anschaulich zu Protokoll gab: „Er musste trotz seiner Länge mit seinem weißen Hemd immer ganz hinten marschieren, ‚dass das braune Bild nicht gestört wurde'."[50] Aus ähnlichem Grund mag auch das Mädchen im karierten Kleid in der mittleren Kolonne der Jungmädelgruppe, der sie nun angehört, ‚versteckt' worden sein.

---

49    Vgl. dazu für Bremen: Friedrich Juchter: 98 Tage mit Gefechtstätigkeit – Der Einsatz von Bremer Mädchen und Jungen zu Kriegshilfsdiensten. In: Schulgeschichtliche Sammlung Bremen (Hg.): Am Roland hing ein Hakenkreuz, a. a. O., 103–111.
50    Ursula Carr: Kinder politisch verfolgter Eltern. In: Schulgeschichtliche Sammlung Bremen: Am Roland hing ein Hakenkreuz, a. a. O., 60–63, hier: 63.

**Abb. 18 – 1941**

**Zusammenschau**

Besonders fällt das unterschiedliche Verhältnis zwischen Mädchen und Jungen ins Auge. Das beschränkt sich nicht nur auf das äußere Erscheinungsbild – mit wenigen Ausnahmen in der Versuchsschule Koedukation, geschlechtergetrennte Unterrichtung in den Schulen der NS-Zeit –, sondern zeigt sich auch im Körperausdruck und der Körpermodellierung beider Geschlechter.

Auf den Versuchsschulbildern lässt sich bei Mädchen wie Jungen ein gelöster Umgang mit den Möglichkeiten des je eigenen und individuellen Körpers entdecken. Sie bewegen sich in ihren Lern- und Arbeitszusammenhängen vor allem sach- und situationsangemessen (vgl. besonders Abb. 5 und 6). Es gibt offensichtlich keine Ordnungen, die vom Geschlecht oder dem körperlichen und äußerlichen Erscheinungsbild abhängen, zum Beispiel von der Größe oder der Kleidung. Insgesamt erscheinen die Versuchsschüler/innen beweglicher, weicher in den Gelenken und fähig, die verschiedenen Drehrichtungen der Wirbelsäule für ihren Körperausdruck zu nutzen. Ihre Bewegungsformen korrespondieren so mit einem in den „Richtlinien für die Schularbeit" vom Kollegium der Versuchsschule Helgolanderstraße 1930 für die „Körperbildung" formulierten Ziel: „Um eine solche [ungezwungene und natürliche] Haltung zu erzielen, müssen folgende Forderungen besonders beachtet werden: naturgemäßes, gesundes Atmen, Lösung und Lockerung des Körpers, das Erfassen des Rhythmus in allen Bewegungen und eine organische Kraftentwicklung."[51] Der Umgang der Mädchen und Jungen miteinander wirkt bei den Kleinen wie selbstverständlich und bei den älteren Schüler/innen unverkrampft, auch wenn sie sich ihrer Geschlechtlichkeit allmählich bewusst werden, wie beispielsweise die Tänzerinnen (Abb. 11) oder die Jungen auf dem Klassenfoto (Abb. 2).[52] Dazu mag auch beigetragen haben, dass gelegentlich Mädchen, etwa beim Tanzen, in Jungenrollen schlüpften und Jungen auch mal ausprobierten, wie die Welt sich in Mädchenkleidern anfühlt. Einen anschaulichen Beleg dafür liefert das Foto „Verkehrte Welt", das nach einem Kleidertausch auf einer Klassenfahrt entstand (Abb. 19)[53].

Die Versuchsschulen haben, wie in den Fotos sichtbar, die Individualität ihrer Schüler/innen geachtet und entwickelt. Dies war nicht auf die Körperbildung beschränkt, sondern betraf die gesamte Schularbeit. Eindrucksvoll hat dies der Zeitzeuge Erich Arnold (Jg. 1915) aufgeschrieben: „Uns wurde kein fertiges Material angeboten. Wir waren viel draußen, erkundeten und beobachteten, was passierte, bis in die Einzelheiten. All das wurde zusammengetragen und besprochen. Wie aus Bausteinen entstand dann ein Gesamtbild. Persönliche Meinungen wurden anerkannt, sie wurden nicht interpretiert, sondern zur Diskussion gestellt. Die Lehrer haben oft nur zugehört, dann ab und zu einen Satz eingebracht. Ich glaube, es formt junge Menschen ungeheuer stark, wenn man sie anhört. [...] Die äußere Ordnung war ganz den Schülern überlassen. [...] Das ist wie selbst regieren, selber die Ordnung machen. Wir fühlten uns verantwortlich. Verantwortung zu übernehmen für alles, was vernachlässigt war, war das Größte, was die Schule uns vermittelte." Wie in diesen Zeilen klangen die Prägungen durch ‚ihre' Schule nach, wenn die Zeitzeug/innen die Fotos erklärten.

---

51   Versuchsschule an der Helgolanderstraße Bremen: Richtlinien für die Schularbeit. Vom Lehrerkollegium als Entwurf aufgestellt, der Schulbehörde zur Genehmigung eingereicht. März 1930, 16.

52   Diese Beobachtung könnte anhand von Fotos aus der Versuchsschuljugend gestützt werden, einer losen Organisation, in der Schulabgänger/innen der Versuchsschulen sich in der Zeit ihrer Lehre trafen, um ihre Erfahrungen auszutauschen und ihre Freizeit gemeinsam zu gestalten. Vgl. unter anderem: Sammlung Stöcker: Konvolute Fritz und Elsa Deppe, Rudolf Neubarth und Friedel Tietjen.

53   Schulmuseum Bremen: Verkehrte Welt. Kleidertausch auf der Klassenfahrt der Klasse Willi Koch ins Weserbergland. Versuchsschule Staderstraße, 1931/32: 1998-F-50/16. Bei dem Vierten von rechts handelt es sich um Dieter Hammerschlag, einen jüdischen Jungen, dessen Vater Dr. Ludwig Hammerschlag, Syndikus der Arbeiterkammer Bremen, ihn bewusst wegen deren pädagogischer Konzeption und demokratischer Ausrichtung auf die Versuchsschule schickte. Er konnte 1938 noch mit seiner Familie in die USA emigrieren.

**Abb. 19 – 1931/32**

Nach 1933 begegneten sich Mädchen und Jungen in den öffentlichen Räumen der Schule, der HJ und später der KLV kaum. Neben ihrer räumlichen Trennung sollten sie sich auch inhaltlich auf jetzt geschlechtsspezifisch formulierte Aufgaben ausrichten – kurz gefasst: Mutterschaft hier, Soldat dort. Diese Zielsetzungen legten ihnen einen je anderen Körpergestus nahe: eine, gemessen an einer unbeschwerten Entwicklung, bei den Vierzehn- und Fünfzehnjährigen frühreif wirkende Fraulichkeit und Männlichkeit. (siehe besonders Abb. 4, Abb. 15 und Abb. 16 – die älteren Mädchen). Dafür spielten ideologische und für Mädchen und Jungen unterschiedlich akzentuierte Unterrichtsinhalte eine Rolle. Körperlichkeit und Körperbild waren besonders in den neuen Schwerpunkten des Biologieunterrichts „Vererbungslehre" und „Rassenkunde" Gegenstand, die erwünschte Norm und Abweichung definierten und „die Wiedergeburt der Nation [...] durch die bewusste Züchtung eines neuen Menschen" propagierten.[54] Praktisch wirkte der auf bis zu fünf Wochenstunden ausgedehnte Sportunterricht auf

---

54   Vgl. beispielsweise die Proklamation Adolf Hitlers zum Bau des Reichstagsgeländes vom 7. September 1937. Zit. nach: Paula Diehl (Hg.), Körper im Nationalsozialismus, a. a. O., 9.

die Körper der Kinder ein. Dabei wurde er für Jungen um Kampf- und Wehrsportelemente mit paramilitärischem Charakter erweitert; bei Mädchen wurden die Mannschaftsspiele, die jetzt „Kampfspiele" genannt wurden, gestrichen und Gymnastik und Volkstanz betont.[55] Beides stand im Interesse des allgemeinen Erziehungsziels, „die Jugend unseres Volkes zu körperlich, seelisch und geistig gesunden und starken deutschen Männern und Frauen zu erziehen, die [...] zum vollen Einsatz für Führer und Volk bereit sind [...]," wie in den „Allgemeinen Richtlinien" des Reichserziehungsministeriums von 1939 – gegenüber der durch Verfügungen längst veränderten Wirklichkeit nachklappend – formuliert.[56] Außerdem galt ein sehr großer Teil der Aktivitäten bei den Jungmädeln und im Jungvolk der körperlichen Ertüchtigung. Die Fotos zeigen, welches Körperbild dabei die Orientierung angab: Die Wirbelsäule ist leicht überdehnt und bis in den Schädel hinein aufgerichtet, die Gelenke sind fest und besonders die Knie durchgestreckt. Die Atmung wird durch „Bauch rein, Brust raus" behindert und das Sehfeld durch die auffällige Steifigkeit des Nackens und die hochgezogenen Schultern eingeschränkt. Auch ist die beschriebene Position, die nach außen hin den Anschein von Stärke erweckt, in Wirklichkeit ziemlich instabil, schon ein unerwarteter Rempler kann sie, wie man leicht am eigenen Leib erproben kann, ins Wanken bringen.

Dass diese Körperhaltung bewusst und weitgehend erfolgreich durchgesetzt wurde, zeigt der Unterschied, der sich im Grad der Körperformierung zwischen den jüngeren und älteren Jungmädeln beziehungsweise deren Führerinnen und zwischen kleinen Pimpfen und vierzehn- bis fünfzehnjährigen HJ-Jungen feststellen lässt (vgl. Abb. 18, 16 und 17). Zweifellos entsprach der äußeren Ausrichtung der Körper eine innere Formierung, deren Funktion vor allem darin bestand, aufkommende Unsicherheit und Zweifel, Ängste und Minderwertigkeitsgefühle zu überdecken und Mitgefühl für diejenigen, die verachtet und vernichtet werden sollten, zu löschen. Die Panzerung des Körpers unterstützte dabei die innere Abwehr solcher ‚negativen' Gefühle und half, sie durch Großartigkeits- und Machtgefühle zu ersetzen.

Unterstützt wurde die Normierung der Körper durch die Uniformen. Sie scheinen – und dies ist auf Fotos zu Propagandazwecken deutlicher als bei dem hier untersuchten Material – wie eine Art Korsett zu wirken, ein Korsett, das seine Wirkung nicht unbedingt verliert, wenn es ausgezogen wird. So stehen die Jungen der 4. Klasse, die 1942 fast vollständig ins KLV-Lager nach Breitmoos verschickt wurden, auch ohne Koppel und Braunhemd ziemlich ‚stramm' (Abb. 20). Sie wurden, noch bevor alle das Pimpfenalter von zehn Jahren er-

---

55   Vgl. für Bremen: Wissmann, Es war eben unsere Schulzeit, a. a. O.
56   Ebd., 62.

**Abb. 20 – 1942**

reicht hatten, am 20. April 1942 zu Adolf Hitlers Geburtstag ins Jungvolk aufgenommen.[57]

Es gibt aber auch andere Bilder: So gehen einige der Kinder auf Abbildung 21[58] ebenfalls ins vierte Schuljahr. Zusammen mit Schüler/innen aus der 3. Klasse wurden sie als „Restklasse" im Frühsommer 1943 in der KLV in Plauen/Sachsen fotografiert. Begleitet wurden sie dorthin von Lehrer Tiemann, der sich, wie Karl K., Jg. 1933, erinnert, sehr gut um sie gekümmert habe. Von Drill

---

57     Schulmuseum Bremen: Lehrer Karl Hammer in der Uniform des Nationalsozialistischen Kraftfahrkorps (NSKK) und sein 4. Schuljahr der Schule an der Stader Straße in der KLV Breitmoos/Mittersill, 1942: 1997-F-098/002.

58     Foto: Schulmuseum Bremen: Kinder einer „Restklasse" aus einem 3. und 4. Schuljahr der Schule Stader Straße, mit dem Lehrer Tiemann verschickt in die KLV nach Plauen/Sachsen, 1942/43: 1997-F-097/002. Informationen aus einem Zeitzeugengespräch mit Karl K., Jg. 1933, aus Bremen am 2. Oktober 2010.

**Abb. 21 – 1943**

hätte er nicht viel gehalten. Deshalb wohl sitzen diese Kinder locker am Feldrain. Bei oberflächlicher Betrachtung könnte man sie für Versuchsschulkinder im Landheim halten. Sieht man aber genau hin und hat im Ohr, wie unmittelbar Karl, der mit gesenktem Kopf in der Mitte der Gruppe sitzt, heute noch von seinem und seines Freundes Heimweh erzählt, kann man etwas von ihrer Verlassenheit in den Gesichtern und Körperhaltungen erahnen.[59] Offenbar blieb die vorsichtige Distanz von Karls Lehrer zum NS-Regime nicht ohne Einfluss auf die Kinder, die er betreute. Karl jedenfalls berichtet, er sei nicht gerne dem Jungvolk beigetreten, denn das Strammstehen und Liederlernen sei „nicht sein Ding gewesen." Und auch sein Vater hätte „nicht so viel vom Militärischen gehalten."[60]

---

59  Solche etwas größere Ungezwungenheit ist häufiger dann auf Fotos aus der KLV zu beobachten, wenn in den Lagern Lehrkräfte arbeiteten, die aus dem Reformzusammenhang der Weimarer Republik kamen und trotz ihrer oppositionellen Haltung zum NS-Regime für die Betreuung eingesetzt waren.

60  Gespräch mit Karl K. am 1. November 2010.

**Abb. 22 – 1947/48**

So deuten diese beiden Bilder an, dass der Erziehungsalltag zwischen 1933 und 1945 nicht nur den Vorgaben der NSDAP oder des Reichserziehungsministeriums folgte, sondern auch vom häuslichen Umfeld und von den Lehrkräften, die ihn praktisch zu organisieren und auszufüllen hatten, beeinflusst wurde. Immer wieder merkten Bremer Zeitzeug/innen an, dass sie genau gewusst hätten, bei welcher Lehrkraft sie beim „Hitlergruß" am Beginn des Schultages ‚Haltung' annehmen mussten und bei wem es nicht so darauf angekommen sei.[61]

Neben diesen keineswegs vollständigen Schlussfolgerungen aus den Beobachtungen zum Untersuchungsmaterial, lassen sich, um bei der Eingangsbemerkung zur anregenden Funktion schulhistorischen Sammelgutes anzuknüpfen, weitere Fragen festhalten, die bei der Materialdurchsicht besonders bezogen auf die Bilder aus der NS-Zeit aufkamen. So bietet es sich in Anschluss an Abbildung 18 an, weiter zu prüfen, ob und wie sich die Durchsetzung der Jugenddienstpflicht im Körpergestus der Einzelnen und im Erscheinungsbild der Gruppen auswirkte

---

61  Vgl. dazu Sylvelin Wissmann: Auf dem Weg in den Krieg – Schule unter dem Diktat nationalsozialistischer Ideologie. In: Schulgeschichtliche Sammlung Bremen (Hg.): Am Roland hing ein Hakenkreuz, a. a. O., 31.

**Abb. 23 – 1947/48**

und ob sich für den Verlauf der Kriegsjahre weitere Veränderungen beobachten lassen.[62] Auch die Entwicklung von den zehnjährigen Jungmädeln und Pimpfen und bis hin zu denen, die mit vierzehn oder fünfzehn Jahren in die HJ übertraten, könnte noch genauer untersucht werden. Schließlich hat es den Anschein, dass die Kinder, die keine andere Gesellschaft als die nationalsozialistische kannten und also ausschließlich einen durch sie geprägten Alltag erlebt hatten, auch schon im frühkindlichen Spiel anfingen, ihre Körper den allgegenwärtig kommunizierten Haltungs- und Bewegungsidealen anzupassen.[63]

Außerdem bleibt die Frage offen, inwieweit die Körperbildung aus den beiden unterschiedlichen Erziehungskontexten im Leben nach der Schule, nach der Hitlerjugend und dem Krieg weiterwirkte. Bezogen auf die Versuchsschulen ließe sie sich anhand der Lebenswege beantworten, für die deren Schüler/innen sich entschieden. Dazu gibt es eine Reihe von Zeitzeugenerzählungen, die, wie der oben zitierte kurze Ausschnitt aus dem Manuskript von Erich Arnold andeutet, den Eindruck aus den Fotos vertiefend beleuchten könnten. Leider ist hier kein Platz, um sie darzustellen.

Eine Möglichkeit, die unmittelbaren Nachwirkungen des Nationalsozialismus in den Kinderkörpern zu untersuchen, stellt der Rückgriff auf eine kleine, aber kostbare Bilderserie aus dem Staatsarchiv Bremen dar, die die Education Division der amerikanischen Besatzungsbehörde im Schuljahr 1947/48 fotografieren ließ, um die Probleme und Fortschritte beim Neuaufbau eines Bildungswesens im Bremen der Nachkriegszeit zu illustrieren. „Wieder natürlich und unzensiert laufen lernen" steht auf der Rückseite eines Fotos. Es zeigt Jungen beim Dauerlauf in einer Reihe, deren Körper noch viele Lockerungsübungen brauchen, um den ‚inneren Zensor' auszuschalten und das Prädikat ‚natürlich' zu verdienen (Abb. 23)[64]. Und selbst die Mädchen, die im Schullandheim Cluven-

---

62  Deutlich scheint eine Verfestigung der Körperformierung auch in den Alltagsfotos und auch bei den Mädchen.

63  Auch dazu finden sich in der Sammlung des Schulmuseums Bremen einige Fotografien, zum Beispiel der beiden Brüder Urban und Klaus B., Jg. 1933 und 1935. Vgl. Schulgeschichtliche Sammlung Bremen (Hg.): Am Roland hing ein Hakenkreuz, a. a. O., 11 und 26.

64  Staatsarchiv Bremen: Kinder im Schullandheim Cluvenhagen, Teaching a natural and unstrained style of running, 1947/48: 10,B-Al-774 Nr. 10.

hagen Unterricht im Freien haben (Abb. 22)[65] – das Foto zeigt einen Versuch, an die reformpädagogische Arbeit der Jahre 1920 bis 1933 anzuknüpfen – zeichnet nicht die gleiche Selbstverständlichkeit, Neugier und Lebhaftigkeit aus, die in den Versuchsschulbildern zu spüren ist. Dafür ist in den zwölf Jahren dazwischen zu viel geschehen.

*Wir bedanken uns herzlich beim Schulmuseum Bremen und beim Staatsarchiv Bremen für Unterstützung bei der Recherche und die freundliche Genehmigung zum Abdruck von Bildern aus ihren Fotoarchiven.*

*Ulla M. Nitsch, Hermann Stöcker*

---

65  Staatsarchiv Bremen: Kinder im Schullandheim Cluvenhagen, Open air school, 1947/48: 10,B-Al-774 Nr. 13.

# Der Zeitensammler
# Über die Musealisierung der Lebenszeit

*Ina Katharina Uphoff / Andreas Dörpinghaus*

## 1 Wider die Abschaffung der Zeit

Der Zeitensammler ist widerständig gegen eine Abschaffung der Zeit. Die Abschaffung der Zeit ist die Abschaffung des Allzumenschlichen, es ist die Abschaffung der Schwäche und der Leidenschaft, die der Mensch hat, eine Schwäche und Leidenschaft zum Leben und zur Welt, die wir seit jeher Bildung nennen. Hans Blumenberg hat trefflich das Problem der Zeit benannt. Sie ist das am meisten unsrige und doch das am wenigsten Verfügbare.[1] Wie kommt der Mensch darauf, nach der Zeit zu fragen? Und was sammeln wir, wenn wir Zeit sammeln? *Ist* sie überhaupt, also hat sie ein Sein, so wie anderes in der Welt, oder ist sie eine Fiktion, eine Illusion, ohne die wir nicht leben können? –

Unser Leben ist, ob wir wollen oder nicht, auf verwickelte Weise mit der Frage nach der Zeit verwoben. Sie fällt uns zumeist nur in ihrem Entzug auf und bestimmt unbemerkt das Leben. Erst auf den zweiten Blick wird sichtbar, dass Temporalstrukturen, die uns quasi natürlich gegeben erscheinen, immer schon vorausgesetzt sind, wenn über das Denken und das Handeln der Menschen nachgedacht wird.

Zeit ist nur verstehbar unter der Form ihres Ausdrucks in Zeiten. Als physikalische Zeit ist sie Geschwindigkeit in Bezug auf die Bewegung im Raum, sie ist Endlichkeit und uns gegeben als gelebte, soziale, biografische, messbare intersubjektive oder historische Lebenszeit, sie ist die Zeit des Organismus, der Natur und des Körpers, sie kann zyklische und lineare Gestalten annehmen. Statt der *einen* Zeit gibt es also, als Entschädigung für das Menschsein, Zeiten; Zeiten, die sich belagern und umgarnen.

Der Begriff der Zeit ist entstanden, weil es im Leben der Menschen ein Rätselhaftes gibt, ein Werden und Vergehen, eine Dauer ohne Bestand, einen Augenblick, der nichts Haltbares hat, einen Anfang und ein Ende, die unverfügbar sind, ein Bewusstsein und Handeln, das zu spät kommt, Erinnerungen, die sich unwil-

---

1     Vgl. Hans Blumenberg: Lebenszeit und Weltzeit. Frankfurt am Main 1986, 74.

lentlich einschreiben, ein Vergessen, das sich entwindet, das Zukünftige, das hoffen und fürchten lässt, das Gespür für Rhythmik und die Macht der Stille, in der die Zeit Räume greift, und, nicht zuletzt, die Endlichkeit des Menschen, ohne Widerruf und Ausweg. Zeit ist Sinn, und darin eine bewegliche (Un-)Ordnung; Zeiten sind per se Ausdruck von Selbstverhältnissen, die nur unter der Gestalt der Zeit sichtbar sind.

Die Formen und Praktiken der Abschaffung von Zeit sind vielfältig: Die Zeit wurde in ihrer leiblichen Verbundenheit als „malum temporale" gedeutet,[2] klösterlich in der Tradition der Benediktinerregel wurde sie so verplant, dass sie kondensierte und verschwand, schließlich war sie nur in der Verfügung Gottes; in der Hinwendung zur Zukunft verliert sie ihr Sein, ist nur noch, wenn überhaupt ein Durchgangsstadium, in ihrer Ausrichtung auf den Fortschritt demontiert sie ihre Geschichte, ihre Abschaffung zielt auf ihre Enthistorisierung. Die taylorsche Rationalisierung schließlich macht sie nur noch zum Organ der Kontrolle von Körpern, und bis heute feiert sie unspektakulär ihren Abschied in Beschleunigungspraktiken und in der Radikalisierung der Lebenskürze bei gleichzeitiger Lebenszeitverlängerung; sie verliert sich in der Selbstentzifferung des Menschen nach Maßgabe einer Lebenseffizienzzeit, die eines nicht ist: lebenseffizient.

Wer heute ‚etwas auf sich hält', hat keine Zeit, ist in Eile; diese Eile ist Signum des Erfolgs – ein Erfolg der Unterwerfung. Die Zeit als „malum temporale" bedarf der Domestizierung, die am Ende die Selbstunterwerfung unter das Diktat der Nützlichkeit ist. In diesen Zusammenhang gehört, dass Zeit gleichsam als Ressource begriffen wird, ein Bodenschatz ohne Erdung. Es erübrigt sich, die Vielzahl der Ökonomisierungsstrategien von Zeit auszuführen. Sie reichen als Disziplinar- und Kontrolltechniken bis in das 17. und 18. Jahrhundert hinein. Marx hat erkannt, dass sich jede Ökonomie in einer Ökonomie der Zeit vollendet.

Einer Abschaffung der Zeit steht anachronistisch ihre *Musealisierung* entgegen, ihre Sammlung, Bewahrung, Ausstellung und Inszenierung. In der Musealisierung gewinnt die Zeit ihre Bedeutung für den Menschen zurück. Der Mensch ist ein Zeitensammler, denn er hat seine Zeit immer nur im Augenblick ihres Verlustes. Die Musealisierung seiner Lebenszeit ist die Symbolisierung dieses Verlustes und zugleich die Praktik, sie zu sammeln. Viele Musealisierungspraxen sind im Kontext der Beschleunigung und der Kompensationsstrategie der Moderne verständlich. Doch offenbart dies am Ende letztlich nur den Sinn der Mu-

---

2   Augustinus: Bekenntnisse. In: Kurt Flasch: Was ist Zeit? Augustinus von Hippo. Das XI. Buch der Confessiones. Text – Übersetzung – Kommentar. Frankfurt am Main ²2004.

sealisierung selbst: Als eine ästhetische Praxis ist sie eine Verzögerung der Zeit, eine rekursive Struktur, Zeit zu sammeln und darin die Widerständigkeit gegen subtile Praxen ihrer Abschaffung.

Praktiken der Musealisierung erhalten ihre Bedeutung im Lichte der menschlichen Endlichkeit. Nur wer endlich ist, sammelt. Mit anderen Worten: Der Begriff der Musealisierung radikalisiert den menschlichen Normalfall der Endlichkeit. Über die Institutionalisierung hinaus verweist die Musealisierungspraxis auf das menschliche Selbst- und Weltverhältnis als sinnstiftende Aufgabe. Vor allem wird die Frage nach der Zeit durch das Bündel dieser Praktiken zur Kernfrage der Subjektivität: Der Mensch wird zum Zeitensammler, das Leben zur Ausstellung, die Subjektivität zur Inszenierung.

## 2  Beschleunigte Zeiten

Seit dem 18. Jahrhundert erstarkt die Zukunft. Das Neue wird Signum einer Askese, die das Verbot und den Verzicht auf das Alte, das Gewesene und die Wiederholung, ja auf die Welt und deren Erfahrung ausspricht. Jeder Zeitpunkt ist mit Blick auf die Zukunft defizitär, so dass Eile und vermeintlicher Zeitgewinn zum Zeichen eines ‚erfolgreichen‘ Lebens werden. Zeitverzögerungen oder Formen der Langsamkeit werden zu schwarzen Schafen der Moderne.

In die Lebenswelt brechen Beschleunigungen sehr unterschiedlich ein, als permanenter Zeitdruck, als Suggestion unendlicher Möglichkeiten oder als Verlust des Abschieds. Die Beschleunigung zeigt sich vor allem in ihrer Missachtung des Vergangenen. Der Mensch in der Moderne lebt seine Lebenszeit in der Permanenz der Erwartung von Neuem. Das Alte und Vergangene werden gänzlich entpflichtet, bei gleichzeitiger Verpflichtung auf die Zukunft, auf das Neue und den auf Dauer gestellten Innovationszwang. Doch nur, wer das Alte kennt, kann das Neue erkennen.

In einer beschleunigten Gesellschaft, die ihre Aufmerksamkeit – durchaus mit Heilsversprechen – stets auf das Neue richtet, verliert sich die Gegenwart als ein verlässlicher und vertrauter Lebensraum. In der Denkmalpflege, darauf verweist Hermann Lübbe,[3] geht man davon aus, dass sich etwa zwei bis drei Prozent der Lebenswelt des Menschen pro Jahr ändern dürfen, ohne dass er sich in seiner Umgebung unwohl fühlte. Und nicht anders ist es mit seiner Lebenszeit bestellt.

---

3    Vgl. Hermann Lübbe: Der verkürzte Aufenthalt in der Gegenwart. Wandlungen eines Geschichtsverständnisses. In: P. Kemper (Hg.): ‚Postmoderne‘ oder Der Kampf um die Zukunft. Die Kontroverse in Wissenschaft, Kunst und Gesellschaft. Frankfurt am Main 1988, 145–164.

Immer schneller veralten die Dinge, die die eigene Gegenwart prägen und ihr eine vertraute Ästhetik verleihen könnten. Indem sich der moderne Temporalhabitus auf das Neue richtet, bekommt er Altes kaum noch in den Blick. Was heute den Glanz des Neuen hat, trägt morgen die Patina des Hinfälligen. Das Neue ist per se das Bessere, das Alte hat sich zu legitimieren. Die letztlich ethische Frage Friedrich Daniel Ernst Schleiermachers zu Beginn des 19. Jahrhunderts, was denn die alte mit der neuen Generation wolle, verschiebt sich zunehmend zu der Frage, was die neue Generation mit der alten anfange.

Damit einher geht ein bedenklicher Befund, denn in dieser beschleunigten und auf das Neue fokussierten Zeitgestalt verliert sich jede Verbindlichkeit. Das Neue ist, aus Gründen des Verzichts auf Wiederholungen und Dauer, nicht von Belang, es ist das bald Veraltete, das keine Verbindlichkeit besitzt. Es veraltet, ohne ein Ende zu haben oder zu Ende gebracht worden zu sein.[4] Es gibt keinen Abschied. Der Mensch hat seit jeher sein Augenmerk auf die Anfänge gerichtet, nicht auf das Ende. Verpflichtend ist nur noch die Veralterung ohne Abschied. Alles wird zu einem fade-out, das Leben hat kein Ende, es wird stiller, bis es sich ausblendet.

Der Begriff der „Beschleunigung" ist Ausdruck des menschlichen Unbehagens und der Entfremdung mit Blick auf temporäre Passungen. Die Welt, das Leben sind nicht nur schnell, sie sind zu schnell. Der Blick des Menschen findet keine Haftung, während der Innovationszwang als Sinngebung fungiert. Doch in einer permanent beschleunigten Lebenswelt kann der Mensch nicht leben, wenigstens nicht unbeschadet. Der Mensch muss Schonräume der Langsamkeit erschaffen, er muss seine Zeit verzögern: Er musealisiert seine Lebenszeit. Die ästhetische Praxis der Musealisierung gewinnt ihre Verschärfung als zunehmend notwendige Kompensation von Beschleunigung.

Beschleunigungen haben immer auch mit Sinntaumel zu tun; die Musealisierungspraxen sind in der Sammlung Fixpunkte, biografische oder historische Konstellationen, die vorübergehend Orientierung, Zeiterstreckung und eine Form der Verzögerung erlauben. Die Radikalisierung der Endlichkeit verschärft die Praxen der Musealisierung und schafft das Museum als Ort der Un-Endlichkeit.

## 3    Schonräume der Langsamkeit

Musealisierungspraktiken haben die Funktion, einen Raum der Verzögerung von Zeit einzurichten, die linearen Zeitgestalten zu unterbrechen und gelebte Zeiten zu sammeln. Als ästhetisch reflexive Praxis der Musealisierung und als ihr

---

4    Vgl. Byung-Chul Han: Duft der Zeit. Ein philosophischer Essay zur Kunst des Verweilens. Bielefeld 2009.

Brennpunkt gelten Museen. Sie sind der kosmologische Ernstfall menschlicher Endlichkeit und, auf den ersten Blick, als eine Antwort auf Beschleunigungstendenzen der Moderne zu deuten; auf den zweiten Blick sind sie der Ort, an dem sich ästhetische Praktiken der Verzögerung von Zeit, Formationen von Subjektivität und endliche Ewigkeiten finden. Museen bilden einen Kosmos, der sich im Widerstreit und allzumenschlich in der Kontingenz gründet. Sinnfällig sind die Konjunkturen von Museumsgründungen. Inzwischen – als Symptom der Selbsthistorisierung – ist kaum ein Lebens- und Kulturbereich nicht musealisiert: Technische Museen stellen beispielsweise Landmaschinen, Computer, Fahrräder und Firmengeschichten aus, gegründet werden Uhren-, Schokoladen-, Schnarchoder gar Bratwurstmuseen, Museen für alte und neue Künste - bis hin zum Schimmelmuseum, in dem die Vergänglichkeit des Musealen selbst thematisch wird. Allein in Deutschland dürften etwa 6500 Museen und Ausstellungshäuser mit jährlich bis zu 110 Millionen Besuchern existieren. Die Museen stellen längst nicht mehr nur Vergangenes aus, sondern auch Gegenwärtiges, wie das Beispiel des „Museums der Dinge" in Berlin zeigt. Die Fristen werden kürzer.

Die Grundlegung der Institution Museum im heutigen Sinne erfolgt im 18. Jahrhundert. Es ist das Zeitalter der Verzeitlichung des Menschen und vor allem der seines Denkens. Mit dem Aufkommen der Anthropologie und Ästhetik als eigene Disziplinen, mit einem Bewusstsein der Aufklärung und ihrer Geschichtlichkeit sowie einer Radikalität der Endlichkeit wird das Museum zur säkular-religiösen Kultstätte der Entmarginalisierung der Lebenszeit. Ohne Zweifel spielt die Französische Revolution bei der Frage nach den Gründungsanlässen der Institution Museum eine große Rolle. Es dient als Schutz für die kulturellen Zeugnisse des Ancien regime. Doch man verkennt seine Bedeutung, wenn es nicht als ästhetische Kraft des Sammelns begriffen wird. Das Museum ist die Sammlung par exellence, und zwar als Sammlung von Zeit. Es ist der Zusammenfall von Sammeln und Gesammeltwerden.[5]

In der Musealisierung erinnert sich der Mensch nicht der Vergangenheit, sondern eines Verlustes. Es ist der Verlust einer gelebten Zeit und eines gelebten Raumes, es ist der Raum des Verlustes der Lebenswelt für die Dinge. Sie werden ihrer Funktion enthoben, und aus dem Verlust entsteht ihre Bedeutung für das Museum. Aber auch der Besucher selbst ist verfangen in die Zeiten. Er erfährt die Weite der Zeiten. Es entstehen eigene Zeitformen von Vergangenheit und Gegenwart, Nähe und Ferne. Die Musealisierung ist in toto eine Form der Verzögerung, eine Sammlung und Versammlung von Lebenszeit.

---

5    Vgl. Boris Groys: Logik der Sammlung. München 1997.

Aufschlussreich zum Verständnis der Musealisierung ist daher auch ein Blick auf ihre Zeitstruktur. Die Musealisierung ist eine Art platonischer Wiedererinnerung (anamnesis) und in einer linearen Zeitstruktur in keiner Weise zu fassen. Sie ist vielmehr das Außerkraftsetzen dieser Struktur, ihre Unterbrechung. Die Zeitstruktur der Musealisierung ähnelt darin der des Festes[6] und weist eine ihr eigene immanente Rhythmik auf, die in der Wiederholung besteht. Kennzeichnend ist ein Zugleich, in dem das Fremde und Andere mit dem Eigenen verwoben ist, eine Zwischenzeit als Spiel mit Identität und Differenz. Das Fest wiederholt Vergangenes als Gegenwart und hat eine Eigenzeit, die sich aus der Wiederholung speist.

Die Analogie zum Fest verdeutlicht auch, dass die Musealisierung eine Zeit im Medium des Sozialen ist. Das Fest stiftet Gemeinsamkeit, darin Orientierung, es ist als ästhetische Inszenierung immer auch eine der Gemeinsamkeit und Sozialität. Feste werden begangen, indem wir uns auf das Fest hin versammeln. Diese Begehung absentiert die Vorstellung eines Zieles, das Fest ist in der Dauer des Begehens da. Es ist nicht in einzelne Zeitpunkte zu zergliedern. Es geht darum, dass wir in der Musealisierung eine spezifische Weise des Verweilens lernen. Ein Verweilen bei der Gleichzeitigkeit von Vergangenem und Gegenwärtigem. Das macht Museen zum Heterochronos.

Der Gedanke der Musealisierung ist nicht von der Erfindung des Museums zu lösen; wichtig ist allerdings, dass das Museum selbst ein Effekt einer ästhetischen Praxis der Musealisierung ist und lediglich ihren ästhetischen Sinn sichtbar macht, ja ausstellt. Damit haben Museen eine Bedeutung, die über die Bewahrung und das Ausstellen von historischen Gegenständen und Kunstwerken hinausgeht. Die bis heute anhaltende Konjunktur der Museen, sowohl was ihre Gründung als auch was ihre Besuchszahlen angeht, steht also im Kontext des übergreifenden Bedürfnisses nach Musealisierung der eigenen Lebenszeit, nach Formen der Verzögerung, nach Zeitensammlungen, nach Rekursivität, nach Un-Endlichkeit, nach dem Unsichtbaren im Sichtbaren, nach dem Sammeln seiner selbst.

## 4    Vom Sammeln seiner selbst

Der Begriff der Musealisierung bündelt in nuce eine ganze Reihe ästhetischer Praktiken des Sammelns, Ausstellens und Inszenierens. Diese Praktiken erhalten in der Institution des Museums zwar eine reflexive Radikalisierung; der Mensch

---

6    Vgl. Hans-Georg Gadamer: Die Aktualität des Schönen. Stuttgart 1998.

hat jedoch seit jeher seine Lebenszeit musealisiert, weil sie unter einem lebens-immanenten Sinndefizit leidet und stets nur als vergangene präsent ist. Anders: Die Musealisierung ist von Beginn an mit der menschlichen Endlichkeit und dem Umgang mit ihr verwoben. Daher waren und sind auch die Formen der Musealisierung breit gefächert: Die Aufbewahrung der Toten als Kult, Bestattungsrituale oder auch die Reliquienverehrungen sind bekannte ritualisierte religiöse Formen. Musealisierung beginnt nach Pomian[7] mit dem Grabkult und ist eine Verbindung zwischen der sichtbaren und der unsichtbaren Welt. Dadurch werden die Dinge zu Bedeutungsträgern, die über die Endlichkeit hinausweisen sollen. Mit den sa-kralen Gegenständen, den Domschätzen, werden Reliquien, Votiv- und Weihe-gaben, liturgische Geräte, Gewänder zum dinglichen Garant für die Wirksamkeit des Glaubens und die Präsenz des Göttlichen. Musealisierung steht also im Kon-text der Überschreitung menschlicher Endlichkeit. Ihre religiöse Praxis dient der menschlichen Selbstverortung. Der Mensch schafft sich in der Religion einen Ort der Distanz, der über Musealisierungsprozesse gestützt wird. In Glaubensformen, in der Verehrung sakraler Gegenstände wird die Kränkung der Endlichkeit ver-arbeitet. Museen führen dies in einer säkularisierten Praxis fort.

Stets sind Musealisierungen Begegnungen mit der eigenen Lebenszeit im Zeichen ihres Verlustes. Insgesamt sind religiöse Praxen nichts anderes als Mu-sealisierungsformen, hinter denen der Wunsch nach Teilhabe an der Ewigkeit eines Gottes steht, der eines nicht hat: ein Leben im Angesicht von Endlichkeit und Sterblichkeit. Gleichwohl und dessen ungeachtet gab es die tiefe menschli-che Intuition, dass die Götter die Menschen wegen gerade dieser Endlichkeit be-neiden könnten, die kein „malum physikum" oder „malum temporale" ist, son-dern die Bedingung der Möglichkeit von Lebenssinn. Nur ein Leben im Ange-sicht der Endlichkeit ist nicht gleichgültig.

Die Musealisierung der Lebenszeit, in welcher Weise auch immer, ist stets ein „memento mori", verbunden mit der Hoffnung auf eine Dauer, die sich an die symbolische Welt der Dinge und Rituale haftet. Musealisierungen ver-sammeln Zeit, durchbrechen den Zeitfluss und sind im Sich-Sammeln eine Überschreitung der bloßen Notwendigkeit. Das macht Musealisierungen so bedeutsam, das macht sie aber auch anachronistisch. Sie schreiben das Gelebte der Gegenwart ein.

Eine ästhetisierte Form der Musealisierung im Angesicht der Endlichkeit, gleichsam als Sammlung einer individualisierten Lebenszeit, nimmt ihren An-fang in der Porträtmalerei der Renaissance. Diese ästhetische Musealisierungs-praktik macht deutlich, wie eng diese Kunstform an die Lebenszeit gebunden ist.

---

7    Vgl. Krzysztof Pomian: Der Ursprung des Museums. Vom Sammeln. Aus dem Französischen von G. Roßler. Berlin 1993.

In der Hochkonjunktur des Porträts ab dem 14. Jahrhundert geht es natürlich auch um eine Weise der Anerkennung, darum, seinen sozialen Stand zu markieren, oder schlichtweg um Repräsentation. Doch hintergründig steht auch der Wunsch, seinem Leben durch die musealisierende Selbstinszenierung Dauer zu verleihen: gesammelt zu werden und Lebenszeit über den Tod hinaus zu bewahren. Die Porträtmalerei, die aus dem Totenkult entsteht, bedeutet immer auch das Eingedenken der endlichen Lebenszeit. Dazu gehört im Übrigen auch, dass man im 14. und 15. Jahrhundert auf die Rückseite der Porträts gelegentlich Totenköpfe malt. Vergänglichkeit und Endlichkeit war stets das große Thema der Kunst. Für die Renaissance lässt sich zugleich auch ein anderes Verständnis der Lebenszeit ableiten, die anders als vordem individueller und endlich gedacht wird. Dem Selbstbildnis und Porträt haften zugleich sakrale Strukturen an, die beispielsweise in Albrecht Dürers „Selbstbildnis im Pelzrock" aus dem Jahre 1500 sinnfällig werden. Er selbst *sammelt* sich unter der Zeit-Gestalt Christi. Zugleich zeigt Dürer, dass allein in der Kunst die Gleichzeitigkeit von Endlichkeit und Ewigkeit, von Materialität und Transzendenz möglich ist.

Aber auch die Biografie wird als Praxis der Musealisierung verstehbar, insbesondere die Autobiografie, die in dem Schreiben von Tagebüchern und der Bekenntnisliteratur seit Augustinus Vorläufer findet. Die Autobiografie ist die Sammlung von Lebenszeit, um sie zu bewahren, ihr Bedeutung zu verleihen und um eine Kontinuität herzustellen, die das diskontinuierliche Leben nicht vorsieht. Sie erreicht als neues Genre ihren Höhepunkt spätestens im 19. Jahrhundert und ist nicht von der Sinngebungsfrage der Lebenszeit zu lösen, eine Frage, die sich vormodern, etwa bei Augustinus, nicht stellt. Bis heute hält die Faszination von der eigenen und fremden Lebenszeit an. Inzwischen werden an Volkshochschulen Kurse zum Schreiben von Autobiografien angeboten, auch gibt es Ratgeber, wie genau eine Autobiografie zu verfassen sei, auf welche Fragen sie zu antworten habe.

Eine nach wie vor verbreitete Form der Lebenszeitpflege sind Floh- und Antiquitätenmärkte, die trotz Konjunktur immer auch Räume des Zwischen und der Langsamkeit sind. Sie sind Verwirbelungen in die Zeiten, sie erinnern und orientieren in einer eigenen Rhythmik der kontingenten Sammlung. Als scheinbare Trivialformen geben sie das Gefühl, in der Zeit zu sein, einen Hauch von Harmonie mit Verlorenem. Sie schaffen quasi private Museumsdinge,[8] die, aus der Zeit enthoben, einen Sinnkontext erhalten, der je individuell ausgestaltet wird. Die Lebenszeit begegnet ihrer Kindheit und Jugend. Alltagsutensilien, die an die Vergangenheit erinnern, haben in ihrer fremden und vertrauten Ästhetik

---

8    Vgl. Gottfried Korff: Museumsdinge. Deponieren – Exponieren. Köln/Weimar/Wien 2007.

bewegenden Charakter. Antiquitäten verbreiten den Hauch von Beständigkeit in Zeiten des Unbeständigen. Oldtimer und Youngtimer setzen das Bedürfnis fort.

Aber auch gänzlich neue Formen der Musealisierung betreten die Bühne der Lebenszeit. Auch eine medial strukturierte Pflege von Freundschaften wird zunehmend zu einer der bedeutendsten Formen der Musealisierung. Mittlerweile nutzen acht Millionen Menschen in Deutschland das biografische Netzwerk „stay friends". Das Alter der Nutzer liegt im Kern zwischen dreißig und neunundvierzig Jahren und bedient die Sehnsucht der Bewahrung von Lebenszeit in der „memoria", in der Erinnerung an und mit Freunden. Die Sicht der anderen auf sich wird zur Vergewisserung und Infragestellung der eigenen Subjektivität. Das Bild des Anderen ist das Verständnis des eigenen Alterns. Die Frage, wer man ist und zu dem geworden ist, der man ist, ob man sich verändert hat, kann ohne die anderen Menschen, die das Leben durchqueren und begleiten, nicht beantwortet werden. In der Vergänglichkeit und in den Spuren der Zeit der ‚Freunde' wird die eigene Vergänglichkeit vergewissert und erwogen. Es sind auf Dauer gestellte Klassentreffen und darin, auf den ersten Blick, die Fortsetzung der Schulzeit mit anderen Mitteln. Doch ist das Gegenteil der Fall. Man sucht Abschlüsse, nicht formal, sondern biografisch.

Möglicherweise gehören auch jüngst Tätowierungen solchen Praxen an. Tätowierungen schreiben dem Körper eine Erinnerung ein, wollen Dauer und Unvergänglichkeit in der Maßeinheit eines endlichen Lebens. Ihr Dauerhaftes ist, wie immer auch bewertet, nicht von marginaler Bedeutung. Man unterschätzt insbesondere solche Trivialformen der Musealisierung. Diese Formen versammeln in sakralähnlicher Weise Menschen im Zwischen von Eigenem und Fremdem und werden zum Ort auch der Sinnaushandlung. Als ästhetische Praxis sind sie allerdings bedingt reflexiver Natur.

## 5 Inszenierung von Lebenszeit

Die Musealisierung ist eine Form der Sorge um sich (epiméleia heautoû/cura sui). Sie deutet dabei auf die Rekursivität und Kontingenz von Subjektivität unter den Bedingungen gelebter Un-Ordnungen und ist darin eine Sammlung und Inszenierung von Lebenszeit. Doch welcher Art ist diese Inszenierung? Die Musealisierung der Lebenszeit besteht aus einer Inszenierung, die selbst gerade aus der Sammlung von Vergessenem und Erinnertem besteht. Das Vergessene und Vergangene erobert das Gegenwärtige, die Ästhetik des Vergangenen fordert ihr Recht der Vertrautheit, die zugleich befremdend ist und sich darin unterläuft. Das, was wir sind, sind Splitter des Vergangenen, ist die Willkür der Erinnerung,

Spuren, die sich unserem Körper eingeschrieben haben, Vergangenes, das nur unter der Gestalt der Musealisierung gegenwärtig ist.

Die Musealisierung braucht die Inszenierung, ob im Museum, auf Floh- und Trödelmärkten, beim Denkmalschutz, in Autobiografien und vielem mehr. Alle diese Formen sind, wie es die Porträtmalerei zur Meisterschaft bringt, eine Inszenierung von sozialer Lebenszeit. Damit wird aber auch deutlich, dass die Musealisierung Zeit ‚zusammensucht‘, in der Geschichte des Lebens, die keiner schreibt, die sich sammelt.

Kurzum: Es geht in der Musealisierung also nicht in erster Linie nur um den Gedanken der Beschleunigungskompensation, sondern vielmehr um die existentielle und wesenhafte Frage, wer ich bin, geworden gegenwärtig. Wir sammeln unser Leben, und die Lebenszeit ist eine Sammlung von Erfahrungen. Das Selbst ist eine Inszenierung dieser Erfahrungen, es ist in Szene gesetzt. Die Musealisierung ist der Prozess, in dem unsere gesammelten Erfahrungen in der Verzögerung der Zeit als ästhetische Praxis einen Resonanzboden erhalten. Diese Verzögerung macht den Kern menschlicher Bildungsprozesse aus, die in der Musealisierung ihre Subjektivitätsform finden. Als endliche Wesen sind wir nun mal in Szene gesetzt, und die Musealisierung in ihrer Kontingenz von Sammeln und Inszenieren enthält ein Bündel von Praktiken, die das Register des Selbst bestimmen.

Die Logik der Sammlung[9] gründet im Fremden. Gesammelt wird das Andere, das, was einen neuen Horizont eröffnet. Die Sammlung der Zeiten ist keine Erinnerungsarbeit, es ist eine Subjektivitätsform, die sich in der Wiederholung gelebter Zeit zeitigt. Der Zeitensammler kommt stets zu spät, daher muss er sammeln. Die Sammlung seiner selbst ist kontingent, keine Ordnung verbürgt sie. Er musealisiert seine Lebenszeit, das heißt, er lebt sie in der *Gleichzeitigkeit* von Vergangenem und Gegenwärtigem. In diesem Sinne unterscheidet Kierkegaard die Wiederholung von der Erinnerung, sofern sich die Wiederholung nicht „rücklings“, sondern „vorlings erinnert“.[10] Kierkegaard erläutert die Unterscheidung: „Wenn die Griechen sagten, alles Erkennen sei Erinnerung, so sagten sie, das ganze Dasein, das da ist, ist dagewesen; wenn man sagt, daß das Leben eine Wiederholung ist, so sagt man: das Dasein, das dagewesen ist, entsteht jetzt.“[11]

---

9    Vgl. Groys, Logik der Sammlung, a. a. O.
10   Sören Kierkegaard: Die Wiederholung. Übersetzt, mit Einleitung und Kommentar hg. von H. Rochol. Hamburg 2000, 3.
11   Ebd., 22.

## 6    Musealisierung als ästhetische Praxis

Derzeit gerät die Musealisierung selbst in den Strudel beschleunigter Zeiten und wird neurotisch. Ihre Vermarktung – durch die Kulturindustrie – ist Bestandteil ihrer Abschaffung. Aus widerständigen Dingwelten und Praxen wider die Endlichkeit werden Freizeitformen mit garantierter Spaßproduktion und Kurzweiligkeit. Auch die Denkmalpflege, der Archivierungswahn oder die weltumspannende Digitalisierung und die digitalisierte Permanentfotografie zeigen Gereiztheit und Unruhe. Dadurch verliert sich die Musealisierung, weil sie ihre Distanz verliert, ihr einwohnendes Fremdes.

Die Musealisierung der Lebenszeit aber fungiert als notwendiges Verstehensmedium für Wirklichkeit. Sie äußert sich im Sammeln, Bewahren, in der Ausstellung, der Entäußerung, in Ritualisierungen (Feste) als Ausdruck der Unterbrechung und Wieder-Holung von Lebenszeit. Als ästhetische Praxis markiert sie Wege der Widerständigkeit gegen die Abschaffung der Zeit und steht im Dienste einer verzögerten Wahrnehmung. Darin sind Musealisierungen Ausnahmeformen und Formen der Überschreitung. Die Auseinandersetzung mit Endlichkeit wird im Medium des ästhetischen Scheins (Friedrich Schiller) und der Zwischenzeiten verhandelt. Wenn ‚das Reale' zunehmend über Zeitdispositive gesteuert und im Rahmen von Beschleunigungsmechanismen konstituiert ist, wird die Aktualität eines anderen Umgangs mit Zeit *maßgeblich,* der in einem wahrnehmenden Denken als Verzögerung besteht. Eine Musealisierung der Lebenszeit schafft eine Sensibilität für die Kehrseite der Zeitdispositive und bleibt bildungsphilosophisch eine Sorge um die Zeit. Die Musealiserung wird dann zur Möglichkeit ästhetischer Erfahrung im Zwischen von Endlichkeit und Überschreitung und steht damit im Kontext von notwendigen, aber kontingenten Subjektivitätsprozessen. Angesichts der Komplexität von alltäglichen Funktionszusammenhängen entsteht durch das Sammeln, Inszenieren, Bewahren, Wiederholen eine Öffnung des außergewöhnlichen, extraterritorialen Bereichs der Un-Ordnung und der Funktionslosigkeit. Musealisierung hat damit eine Affinität zu Fest und Spiel durch die Konstituierung von Freiheit in einer eigenen Form der Rhythmisierung. Sie ist ein ästhetischer Zugang des Zeitensammlers zu sich und der Welt.

# Zu den Autorinnen und Autoren dieses Bandes

*Dorit Bosse,* Dr., Professorin für Schulpädagogik mit dem Schwerpunkt Gymnasiale Oberstufe an der Universität Kassel. Arbeits- und Forschungsschwerpunkte: Unterrichtsforschung, Mediendidaktik, Ästhetische Bildung, Lehrerbildung.

*Frank Coffield,* Frank Coffield, Professor für Pädagogik i. R., Institute of Education, London University. Arbeitsschwerpunkte: Lehren und Lernen in der Fort- und Weiterbildung sowie der Höheren Bildung, Lernformen, Bildung und Demokratie.

*Jacques Dane,* Dr., Historiker, Leiter der Abteilung Sammlung, Bibliothek und Forschung des Nationaal Onderwijsmuseum (Niederländisches Musuem für Bildungsgeschichte) in Rotterdam. Arbeitsschwerpunkte: Schul- und Erziehungsgeschichte, Lesekultur und Religionsgeschichte.

*Andreas Dörpinghaus,* Dr. phil. habil., Professor für Allgemeine Erziehungswissenschaft am Institut für Pädagogik der Julius-Maximilians-Universität Würzburg. Arbeitsschwerpunkte: Erziehungs- und Bildungsphilosophie, Historisch-systematische Pädagogik.

*Roswitha Eder,* Lehrerin, Lehrbeauftragte der Julius-Maximilians-Universität Würzburg. Arbeitsschwerpunkte: Stimmbildung für Studierende aller Lehrämter, Lehrerbildung.

*Matthias Erhardt,* Dr. phil., Akademischer Oberrat am Lehrstuhl für Schulpädagogik der Julius-Maximilians-Universität Würzburg. Arbeitsschwerpunkte: Konzeption und Struktur des Gymnasiums, Professionsforschung und Lehrerbildung.

*Walter Eykmann,* Dr. phil., Honorarprofessor für Pädagogik an der Julius-Maximilians-Universität Würzburg, Ehrensenator der Universität Würzburg, MdL a.D. Arbeitsschwerpunkte: Grundfragen der Allgemeinen Pädagogik, Historische Pädagogik, Bildungspolitik.

*Margarete Götz,* Dr., Professorin für Grundschulpädagogik und -didaktik an der Julius-Maximilians-Universität Würzburg. Arbeitsschwerpunkte: Historische Grundschulforschung, Grundschulspezifische Unterrichtsmodelle.

*Karl Helmer*, Dr. phil. habil., Professor für Allgemeine Pädagogik am Institut für Berufs- und Weiterbildung der Universität Duisburg-Essen. Arbeitsschwerpunkte: Kultur- und Bildungsphilosophie, Kultur- und Bildungsgeschichte, Argumentationstheorie, theoretische Rhetorik.

*Helmwart Hierdeis*, Dr. phil., Prof. i. R. Erziehungswissenschaftler (Erlangen-Nürnberg, Innsbruck, Bozen/Brixen) und Psychoanalytiker. Arbeitsschwerpunkte: Pädagogische Anthropologie und Historiographie, Psychoanalyse und Psychoanalytische Pädagogik.

*Frank Hörner*, M.A. Wissenschaftlicher Mitarbeiter am Lehrstuhl für Schulpädagogik der Julius-Maximilians-Universität Würzburg. Arbeitsschwerpunkte: Schulleitungsforschung und Schulentwicklung.

*Karlheinz König*, Dr. phil., Dipl. Ing., Studiendirektor. Lehrbeauftragter für Allgemeine Pädagogik, Schulpädagogik und Geschichte der Pädagogik/Historische Bildungsforschung an den Universitäten Erlangen, Flensburg, Jena und Würzburg. Arbeitsschwerpunkte: Allgemeine Pädagogik und Berufspädagogik, Historische Bildungsforschung.

*Käte Meyer-Drawe*, Dr. päd., Professorin für Allgemeine Pädagogik im Institut für Erzichungswissenschaft an der Ruhr-Universität Bochum. Arbeitsschwerpunkte: Bildung und Leiblichkeit; Selbst-, Welt- und Fremddeutungen des Menschen im Lichte technologischer Entwicklungen; philosophische Lerntheorien.

*Andreas Nießeler*, Dr. phil., Professor für Grundschuldidaktik am Institut für Pädagogik der Julius-Maximilians-Universität Würzburg. Arbeitsschwerpunkte: Grundschulpädagogik und Theorie des Sachunterrichts, Philosophieren mit Kindern, Kulturanthropologische Theorie der Bildung und des Lernens, pädagogische Anthropologie.

*Ulla M. Nitsch*, Dr. phil., 1990 bis 2007 Leiterin der Schulgeschichtlichen Sammlung Bremen, Mitarbeit in der Redaktion der Zeitschrift für Museum und Bildung. Wissenschaftliche Arbeitsschwerpunkte: Bildungsgeschichte des 20. Jahrhunderts am Beispiel Bremens und Schulmuseums-Museologie.

*Tijs van Ruiten*, Studiengang Museologie an der Reinwardt Academie (FH) in Amsterdam. Seit 1982 beschäftigt am Nationaal Onderwijsmuseum (Niederländisches Musuem für Bildungsgeschichte) in Rotterdam, zunächst als pädagogischer Mitarbeiter, später als Konservator. Seit 2006 Museumsdirektor.

*Alfred Schirlbauer,* Dr. phil., Ao. Univ.Prof. i. R. an der Universität Wien. Arbeitsschwerpunkte: Allgemeine Pädagogik, Schulpädagogik, Soziologie der Erziehung.

*Hermann Stöcker,* Diplom-Psychologe, Psychoanalytiker und Lehranalytiker. Arbeitsschwerpunkte: Pädagogik und Didaktik der Grundschule, Geschichte der Bremer Versuchsschule an der Helgolanderstraße sowie Studien zur analytischen Situation und zum analytischen Prozess.

*Ina Katharina Uphoff,* Dr. phil., Akademische Rätin am Lehrstuhl für Allgemeine Erziehungswissenschaft der Julius-Maximilians-Universität Würzburg. Arbeitsschwerpunkte: Bildtheorie, Bildung und Museen, Bildungsphilosophie.

*Egbert Witte,* PD Dr. phil., wissenschaftliche Tätigkeiten an den Universitäten Bochum, Dortmund, Trier, Bremen, Zürich und Würzburg. Übernahme von Vertretungsprofessuren an der Pädagogischen Hochschule Schwäbisch Gmünd und an der Universität Würzburg. Arbeitsschwerpunkte: Ästhetik des 18. Jahrhunderts, Bildlichkeit und Bildungsphilosophie.